2023

广西调查年鉴

GUANGXI SURVEY YEARBOOK

国家统计局广西调查总队 编
Compiled by Survey Office of the National Bureau of Statistics in Guangxi

图书在版编目（CIP）数据

广西调查年鉴. 2023 = Guangxi Survey Yearbook 2023 : 汉英对照 / 国家统计局广西调查总队编. -- 北京 : 中国统计出版社, 2023.8
ISBN 978-7-5230-0185-1

Ⅰ. ①广… Ⅱ. ①国… Ⅲ. ①统计资料－广西－2023－年鉴－汉、英 Ⅳ. ①C832.67-54

中国国家版本馆CIP数据核字 (2023) 第148707号

广西调查年鉴2023

作　　者/ 国家统计局广西调查总队
责任编辑/ 姜　洋
校　　对/ 王雪梅　文　著
封面设计/ 蔡　英　吴福海
出版发行/ 中国统计出版社有限公司
通信地址/ 北京市丰台区西三环南路甲6号
邮政编码/ 100073
发行电话/ 邮购（010）63376909　　书　　店（010）68783171
网　　址/ http://www.zgtjcbs.com
印　　刷/ 广西民族印刷包装集团有限公司
经　　销/ 新华书店
开　　本/ 890mm × 1240mm　1/16
字　　数/ 660千字
印　　张/ 20　彩页7.5
版　　别/ 2023年8月第1版
版　　次/ 2023年8月第1次印刷
定　　价/ 350.00元

《广西调查年鉴2023》

编委会和编辑工作人员

Guangxi Survey Yearbook 2023

EDITORIAL BOARD AND STAFF

编者说明

一、《广西调查年鉴2023》系统收录了广西及各市、县（区）2022年城乡居民收入和消费、居民消费价格与生产者价格、主要粮食和畜禽生产、脱贫县农村住户监测等方面的各项统计调查数据，以及收录了近年全国及各省（自治区、直辖市）主要统计指标的统计调查数据，是一部记录和反映广西城乡居民生活、物价、农村农业经济发展等情况的大型资料性年刊。

二、本年鉴正文内容分为6个篇章，即：1. 综述；2. 人民生活；3. 脱贫县农村住户监测；4. 价格调查；5. 农业生产；6. 分析资料；另外，还有附录篇章，即：附录. 全国及各省（自治区、直辖市）主要统计调查指标。

为方便读者使用，各篇章前设有《简要说明》，对本篇章的主要内容、资料来源、统计范围、统计方法予以简要说明，主要篇章末附有《主要统计指标解释》。

三、本年鉴所涉及的全国性统计数据，除行政区划、森林资源及特殊注明外，均未包括香港、澳门特别行政区和台湾省数据。

四、本年鉴所使用的度量衡单位均采用国际统一标准计量单位，并统一使用最新颁布实施的产品目录。

五、本年鉴总量指标计算所采用的价格均为现行价格。

六、本年鉴中涉及的历史数据，均以最新出版的本年鉴数据为准；本年鉴中部分数据合计数或相对数由于单位取舍不同而产生的计算误差，均未做机械调整。

七、资料中部分药品、化学、矿产品名称采用中文汉语拼音拼写。

八、符号使用说明：

“…”表示数据不足本表最小计量单位数；

“#”表示其中的主要项；

“空格”表示该项统计指标数据不详或无该项数据；

“①”表示本表下有注解。

九、在本年鉴的编辑过程中，得到了许多单位和同志的大力支持，在此我们深表谢意。限于我们的水平，年鉴中的错误和不足之处在所难免，恳请广大读者给予批评指正。

Editor's Explanatory Notes

Ⅰ. Guangxi Survey Yearbook 2023 is an annual statistical publication, which refects comprehensively the expenditure and consumption of urban and rural residents,prices,rural agricultura economic development of Guangxi. It covers data for 2022 and key statistical data in income and consumption expenditure of urban and rural residents,consumption price and producer price, main grain and livestock production,rural household monitoring in poverty alleviation areas,etc of Guangxi,Cities and counties (districts) . At the same time it collects the statistical survey data of the main socio–economic indicators of the main statistical indicators of the whole country and provinces (autonomous region and municipality) .

Ⅱ. The Yearbook contains the following five chapters: 1.Review; 2. People's Livelihood; 3. Rural Household Monitoring in Poverty Alleviation Areas; 4. Price Survey; 5. Agriculture Production; 6. Analytical Data; In addition, there are appendix chapters: Appendix.Main Statistical Survey Indicators by Region.

To facilitate readers, the Brief Introduction at the beginning of each chapter provides a summary of the main contents of the chapter, data sources, statistical scope, statistical methods. At the end of each chapter, Explanatory Notes on Main Statistical Indicators are included.

Ⅲ. The national data in this book do not include those of the Hong Kong Special Administrative Region, the Macao Special Administrative Region and Taiwan Province, except for the divisions of administrative areas, forest resources and otherwise specified.

Ⅳ. The units of measurement used in the Yearbook are internationally standard measurement units, and newly published and implemented Product Categories are uniformly used.

Ⅴ. The computation of all the gross indicators in the Yearbook is equipped with current prices.

Ⅵ. Please refer to the newly published version of the Yearbook for updated historical data. Statistical discrepancies on totals and relative figures due to rounding are not adjusted in the Yearbook.

Ⅶ. Some of the materia medica, chemistry, mining product is adopted by Chinese spelling translation.

Ⅷ. Description of signs or symbols in the Yearbook:

"…" for data with insufficient decimal place;

"#" indicates a major breakdown of the total;

"blank space" indicates that the data are unknown, or are not available;

"①" indicates footnotes at the end of the table.

Ⅸ. During the editions of this Yearbook, we have won wide support from many departments and comrades, and we deeply thanks for this all. Based on our limited level, perhaps there are some mistakes in the book, we welcome all candid comments and criticism from our readers.

目 录

CONTENTS

第一篇 综 述
Chapter 1 Review

第二篇 人民生活
Chapter 2 People's Livelihood

第三篇　脱贫县农村住户监测
Chapter 3 Rural Household Monitoring in Poverty Alleviation Counties

第四篇 价格调查
Chapter 4 Price Survey

第五篇 农业生产
Chapter 5 Agriculture Production

第六篇 分析资料
Chapter 6 Analytical of Data

附录：全国及各省（自治区、直辖市）主要统计调查指标
APPENDIX：Main Statistical Survey Indicators by Region

第一篇 综述

Chapter 1 Review

国家统计局广西调查总队概况

【机构沿革】

国家统计局广西调查总队（以下简称广西调查总队）既是政府统计调查机构，也是统计执法机构，依法独立行使统计调查、统计监督的职权，独立向国家统计局上报调查结果，并对上报的调查资料的真实性负责。同时，承担地方政府委托的各项统计调查任务。

（一）组织实施住户调查、劳动力调查、价格调查、农业与农村调查，组织实施有关社情民意调查、企业和个体经营户调查等。

（二）组织实施国家统计快速反应制度，组织开展经济社会重大问题和经济发展新动能专项调查，及时报告本地区的突发性经济事件和重大社会经济问题等方面信息。

（三）参与组织实施国家有关普查项目。

（四）根据国家统计局的授权，管理和公布有关统计调查数据。

（五）依法查处其组织实施的统计调查活动中发生的统计违法行为。

（六）组织开展统计信息化的有关工作。

（七）负责调查总队机关人事、财务工作，管理下属各级调查队人事、财务工作。

（八）加强党对调查队工作的全面领导，承担总队和下属调查队系统党的建设、全面从严治党主体责任，组织落实总队和下属调查队系统党的建

2022年9月16日，国家统计局党组书记、局长康义（前排中）到广西调查总队调研指导工作

2022年3月25日，自治区党委常委、常务副主席蔡丽新（前排中）到广西调查总队调研指导工作

设、纪检监察、巡察工作。

（九）受国家统计局委托管理下属各级调查队；组织领导地方调查队的业务工作。

（十）接受地方党委政府的委托，开展统计调查和提供信息服务。

（十一）完成国家统计局交办的其他事项。

2005年，根据国务院办公厅《关于印发国家统计局直属调查队管理体制改革方案的通知》（国办发〔2005〕14号）、中央编办《关于国家统计局各级调查队机构设置和人员编制的批复》（中央编办复字〔2005〕149号）和《国家统计局直属调查队管理体制改革实施方案》（国统字〔2005〕158号），国家统计局撤销广西壮族自治区农村社会经济调查队（1984年5月成立）、城市社会经济调查队（1984年5月成立）、企业调查队（1997年3月成立），设立国家统计局广西调查总队。国家统计局广西调查总队是国家统计局的派出机构，为正厅级单位，事业编制106名（含华南数据中心编制10名）。2005年12月为了加强对统计工作的领导，成立广西调查总队党组。

2006年4月，经自治区直属机关工委批准，成立广西调查总队机关党委。广西调查总队内设：办公室、执法监督处、制度方法处、综合处、农业调查处、农村调查处、居民收支调查处、住户监测处、劳动力调查处、生产价格调查处、消费价格调查处、专项调查处、社会调查处、信息技术应用处、人事教育处、财务管理处、纪律检查室（巡察办）、机关党委办公室、业务应用处、系统运维管理处。

国家统计局广西调查总队受国家统计局委托，管理区内14个市级调查队、30个县级调查队，全系统在职在编人员628人，是一支重要的政府统计调查力量，可快速、高效、灵活、准确地进行全自治区的统计调查，是为各级党政部门制定政策、企业决策、社会各界咨询提供科学统计调查数据信息服务的权威专业调查机构。

【工作情况】

2022年，广西调查总队坚持以习近平新时代中国特色社会主义思想为指导，认真学习贯彻党的十九届历次全会精神和党的二十大精神，深入贯彻落实习近平总书记关于统计工作重要讲话指示批示精神和党中央关于统计工作重大决策部署，在国家统计局党组正确领导下，守正创新，踔厉奋发，以高站位推进高水平、以高标准引领高质量，谱写广西国家调查事业高质量发展壮美篇章。

2022年，广西调查总队突出抓好中央关于统计改革发展重大决策部署的贯彻落实，统筹完成中央和地方的各项统计调查任务，统计调查发展取得新突破。率先在全国调查队系统实行畜牧业调查电子记账，年内大型养殖场（户）电子化记账覆盖率达到91.3%；市级城镇调查失业率统计工作运转进入常态化管理，分市数据提供已经顺利实现；住户调查大样本轮换的换户率比上一轮降低30%，得到自治区主要领导肯定批示，住户调查“日审”工作在全国住户调查工作会议上作先进经验发言；持续推动“e农调”系统应用，工作成效得到国家统计局两位局领导高度肯定；坚持协同推进农作物对地抽样调查样本轮换工作，争取自治区领导牵头推动，各环节工作进展顺利。

一、深入推进全面从严治党

巩固拓展党史学习教育成果，开展学习贯彻党的十九届六中全会精神视频培训班，举办领导干部专题读书班，切实提升党员干部政治理论水平；持续巩固全国文明单位和模范机关创建成果，大力打造清廉机关，开展清廉机关“六个一”建设活动；严格执行“第一议题”制度，认真落实意识形态工作责任制，持续加强对网站、微信公众号、出版物等阵地和网络意识形态工作的管理。落实援疆重要政治任务，以人才援疆、智力援疆、业务援疆和资金项目援疆为重点，用心用情做好对口援疆工作。创新推进“巡察+审计、统计执法”贯通协同和专项巡察，全面完成巡察任务；组织开展巡视巡察整改“回头看”，切实推动以巡促治。开好全面从严治党工作会议和专题研究会议，重点解决作风问题；聚焦领导干部党风廉政责任和权力运行流程，修订《廉政风险防控手册》，完善“三级联动”防控体系；组织开展纪律教育、廉洁教育、家庭家教家风教育、警示教育和廉政谈话，合力建设清廉机关。深入开展问题风险专项排查和“三项清理”专项治理全覆盖检查，严格落实中央八项规定精神；依规依纪处置处理问题线索及“三项清理”问题责任人员，持续提升执纪效果。

2022年9月17日，国家统计局党组成员、副局长毛有丰（中）到百色督导百色调查队党建工作

2022年8月16日，国家统计局总工程师文兼武赴广西调查总队调研华南数据中心建设和运维情况，并召开相关工作专题会议

2022年9月22日，广西调查总队党组书记、总队长廖金昌，党组成员、副总队长黄茂平深入柳州市鱼峰区南亚名邸社区督导住户大样本轮换摸底工作并接受柳州电视台采访

二、持续抓实数据质量管控

2022年3月15—16日，广西调查总队举办全系统学习贯彻党的十九届六中全会精神集中培训班

坚决落实数据质量管控职责，常态化发挥总队数据质量领导小组作用，集体审议把关市级城镇调查失业率统计、农业调查和住户调查的实施工作方案制定、样本抽选等工作，凝聚集体智慧，科学决策，为保证源头数据质量奠定良好基础。统筹推进制度执行与基层基础工作检查，切实减轻基层负担；定期开展报表质量通报，全年组织开展报表质量通报2次；不断健全数据质量管控体系，修订业务规范化实施细则15项；实行地方调查项目联审机制，审批市县队地方调查项目26个，报请国家统计局审批调查项目7个，调查项目审批越来越规范。保学习教育工作质量，切实做到巡回指导严督实导。持续落实工业生产者价格调查“七必访”要求，加大房地产价格调查网签数据现场核验力度，基础工作不断夯实。实施“专业化”培训、“精细化”核查、“特色化”分布、“规范化”填报、“标准化”审核，建立统一规范的采购经理调查数据质量控制体系。分阶段、分层次有序推进扫描数据采价工作，消费价格调查与信息化手段融合范围不断拓展。为有效提高系统在地

2022年6月16—17日，广西调查总队党组成员、副总队长陆奉昌（前排左一）率队前往玉林市开展二季度采购经理调查数据质量抽查核查

2022年5月12日，广西调查总队举办第四期首席统计分析师访谈活动，廖金昌总队长、黄茂平副总队长出席

方的知名度和影响力，系统上下同心协力，努力克服时间紧、任务重和疫情防控难度大等实际困难，顺利开展了自治区文明城市测评工作，圆满完成测评任务。

三、充分发挥统计监督作用

认真学习贯彻《监督意见》，第一时间传达学习和研究部署，聚焦提高数据质量、提升监测能力、强化执法监督持续发力；协同自治区统计局争取自治区党委政府印发《关于更加有效发挥统计监督职能作用的实施意见》，强化推动落实。坚持调查业务学法制度，完善防范和惩治统计造假、弄虚作假报告制度，全面清理纠正违反统计法律法规的文件和做法。强化统计普法宣传，全系统派员到地方党校或部门讲授统计法治课104次，创新推动在广西国家工作人员学法用法考试中增加统计法律法规内容。组织95人报考统计执法证，举办1期执法骨干培训班，选派6人参加国家统计督察或执法检查，首次设立2名公职律师，首次开展优质执法案卷集中评查。坚持执法监督常态化机制，加大统计执法检查力度，始终保持打击统计违纪违法行为高压态势。加强对重点专业和基层一线执法检查，突出对数据生产源头和重要风险点的监督。强化执法监督协同联动，试点执法检查与巡察、审计联合进行、同步开展，有效提高执法监督

2022年7月4日，广西调查总队党组纪检组听取部分市级调查队纪检组长2022年上半年履职汇报

2022年6月14—17日，广西调查总队党组成员、副总队长邱洪刚（左三）带队赴柳州市开展价格基础工作检查及价格走势调研工作

效能。开展统计造假问题专题调研，深入排查风险隐患，强化防惩举措落实。

四、强化系统管理体制建设

加强干部队伍建设，大力营造良好的干事创业环境。制定实施干部专业能力提升三年规划，选派268名干部参加线上线下培训，精心筹办首届广西国家调查队系统统计建模大赛，组织全系统145人报名参加统计职称考试，形成比学赶超良好学风。强化财务保障作用。扎实推进系统财务内部控制建设，优化县账省管工作，审计与财务检查同向发力。2022年完成12个市县队审计工作，2018—2022年累计完成44个市县队的65个审计项目，顺利实现五年审计全覆盖目标，构筑防控财务风险的长效机制。按月跟踪市县队经费收支情况，推进基层“三保”工作；落实“过紧日子”要求，下拨市县队的自治区财政经费比上年增加37.5%，有效提高市县队经费保障水平。构建档案综合管理体系，总队综合档案室成功晋升为自治区直属机关一级档案室，全系统档案室上等级建设定级率达到80%；构建基层减负赋能工作机制，落实减负赋能措施48项；统筹推进节约型机关建设，强化多领域的节约节能制度性设计，推动减负赋能和节约节能工作减在真处、节到实处。

2022年8月5日，广西调查总队开展“聚力消费扶贫 助推乡村振兴”主题活动

五、推进信息化与调查业务融合

2022年9月26—28日，广西调查总队党组成员、副总队长李青（左二）带队前往金秀县，调研畜牧业、劳动力、住户等调查信息化电子记账情况，并督导网络安全和信息化有关工作

推进信息化工作归口管理，完善信息化建设系列管理规定，明确职责与分工，规范管理和流程，以制度破解信息化工作的难点、堵点，切实做到信息化系统一体建设、资源一体统筹、终端一体管理、安全一体构建、人员一体协调，促进信息化建设管理效能迈上新台阶。高质量完成信创终端替代工作。坚持“发一台收一台”“非必要不保留”原则，全系统早计划早部署，真抓真干、真替真用，统筹做好顶层设计和推动落实，回收率达到100%，信创工作走在全国调查队系统前列。发挥信息化引领赋能作用，深入开展农村畜牧业电子记账、劳动力调查机器人智能回访、信息化资产管理、制度方法数据管理、脱贫县农村住户监测调查数据审核等子系统的开发利用，持续推进信息化和调查业务深度融合，信息化核心服务能力进一步提升。主动探索国家统计局华南数据中心运维管理工作新模式，实现

2022年5月26日，广西调查总队党组成员、副总队长黄茂平（右四）到横州市开展2022年上半年居民收入情况调研

2022年6月2日，广西调查总队与崇左市委、市政府召开涉农统计调查工作座谈会

基础环境“零事故”安全运行。

六、高质完成重要统计综合服务

坚持提质赋能导向，全年编发调查信息214篇，调查报告290篇，信息采用分在广西中区直单位分类考核中均位居第一。《中国信息报》新闻宣传工作取得新突破，2篇新闻作品分获好新闻评选二、三等奖。总队微信公众号累计关注用户超过1.3万户，获“统计微讯”和中国信息报微信公众号采用22篇。深入开展喜迎党的二十大主题宣传，公开出版发行《壮乡奋进新时代 八桂民生谱新篇——十八大以来广西调查资料汇编（2012—2021）》一书，创作主题宣传歌曲《心有数 心如初》，发布“非凡十年·数说民生”系列图文报道，大力宣传新时代取得的历史性成就。“中国统计开放日”线上线下宣传活动取得圆满成功。《中国信息报》稿件采用达到88篇次，较上年增长1.5倍。立项开展经济类和制度方法类课题共22项，对上年结项的13项课题进行成果转化，统计成果研究运用取得良好效果。

【主要调查指标运行情况】

据国家统计局广西调查总队抽样调查资料显示，2022年，广西居民收入增长与经济增长基本同步，其中：城镇居民收入增长放缓、农村居民收入稳步增长，居民消费价格温和上涨、工业生产者价格涨幅大幅回落、农产品生产者价格上涨0.8%，畜

2022年6月6—10日，广西调查总队党组成员、副总队长孟兆维（左一）带队赴柳州市开展党风廉政建设工作监督检查及目标管理考核工作调研

牧业生产平稳发展，粮食生产实现播种面积、单产和产量“三增长”，农民工总量保持稳定增长。

一、广西居民收入情况

（一）居民收入增长与经济增长基本同步

2022年，广西全体居民人均可支配收入27981元，比上年增长4.7%，扣除价格因素，实际增长2.7%，与广西GDP增速2.9%基本同步。

（二）城镇居民收入增长放缓

2022年，广西城镇居民人均可支配收入39703元，同比增加1173元，增长（如无特别说明，均为名义增长，下同）3.0%，扣除价格因素，实际增长1.2%。与上年的7.4%名义增幅相比，回落4.4个百分点，2022年广西城镇居民收入增长放缓。

（三）农村居民收入稳步增长

2022年，广西农村居民人均可支配收入为17433元，比上年增加1064元，增长6.5%（如无特别说明，为名义增速，下同），扣除价格因素，实际增长4.3%；与2021年相比，增速回落3.9个百分点。

二、广西价格运行情况

（一）居民消费价格温和上涨

2022年，广西居民消费价格上涨1.9%，其中，城市上涨1.8%，农村上涨2.2%；食品价格上涨2.3%，非食品价格上涨1.8%。CPI（居民消费价格指数）涨幅比上年高1个百分点，比全国低0.1个百分点，低于3.0%的年度控价目标，物价运行总体平稳，处于温和上涨区间。

（二）工业生产者出厂价格涨幅大幅回落

2022年，广西工业生产者出厂价格上涨2.5%，较2021年涨幅8.9%回落6.4个百分点，比全国平均水平（4.1%）低1.6个百分点，在全国31个省

2022年11月1—2日，广西调查总队一级巡视员梁开光（后排右一）带队赴横州市调研晚稻粮食生产形势和大豆玉米带状复合种植情况，开展晚稻粮食产量实割实测工作，检查农作物对地调查样本落实情况

（区、市）中排第26位，总体呈高位大幅回落态势。

（三）农产品生产者价格上涨0.8%

2022年，广西农产品生产者价格上涨0.8%，呈现止跌回升、小幅上涨的态势；与全国相比，涨幅高0.4个百分点，排位居全国31个省（区、市）第14位。

三、广西主要畜禽生产情况

（一）猪牛羊禽肉产量持续增加

2022年，广西猪牛羊禽肉产量445.98万吨，比上年增长3.1%，肉产量为近5年新高。其中，猪肉、禽肉、牛羊肉产量占主要畜禽肉产量比重分别为58.9%、36.8%和4.3%，猪肉仍然占据肉类产品中的主导地位。

（二）生猪生产规模不断壮大

2022年末，广西生猪存栏为2219.70万头，比上年增长4.3%；全年生猪出栏3347.44万头，比上年增长7.5%，猪肉产量262.65万吨，比上年增长7.1%，增速高于全国平均水平2.5个百分点。

（三）家禽生产持续恢复

2022年末，广西家禽存栏为35534.68万羽，比上年下降2.6%；全年家禽出栏为105357.81万羽，比上年下降3.1%，其中四季度出栏31151.78万羽，同比增长2.7%，单季度增幅实现2021年2季度来的首次“转正”。全年家禽出栏量处于近年较高生产水平。

（四）牛羊产业稳步发展

2022年末，广西的牛、羊存栏分别为363.77和276.14万头，比上年分别增长2.3%和6.6%；全年牛、羊出栏分别为142.82和261.85万头，比上年分别增长6.3%和6.5%；牛羊肉产量分别为14.94万吨和4.31万吨，比上年分别增长6.5%和7.4%，高出全国平均水平3.5和5.4个百分点；牛奶产量13.12万吨，比上年增长0.3%。

2022年11月15日，广西调查总队一级巡视员杨锡虹（右二）带队赴防城港市港口区开展就业工作形势调研和劳动力调查现场回访督导等工作

四、粮食生产实现播种面积、单产和产量“三增长”

2022年，广西粮食播种面积为2829.3千公顷（4244万亩），比上年增加6.4千公顷，增长0.23%；单位面积产量为4924公斤/公顷（328.27公斤/亩），比上年增加12.3公斤/公顷，增长0.25%；总产量为1393.1万吨，比上年增加6.6万吨，增长0.48%，实现了播种面积、单产和产量“三增长”，连续三年保持稳定增长。

五、农民工总量保持稳定增长

2022年，广西农民工总量1314万人，比上年1302万人增加12万人，增长0.9%。从务工去向看，2022年外出农民工（离开本乡镇）888万人，比上年886万人增加2万人，增长0.2%；本地农民工（在本乡镇）426万人，比上年416万人增加10万人，增长2.4%。在外出农民工中，2022年农民工区外就业人数比上年下降1.2%，其中广东就业人数下降1.3%；农民工区内就业人数增长2.1%。

2023年3月10日，自治区副主席苗庆旺到广西总队调研指导工作

城镇居民家庭人均可支配收入（元）

Per Capita Disposable Income of Urban Households (RMB)

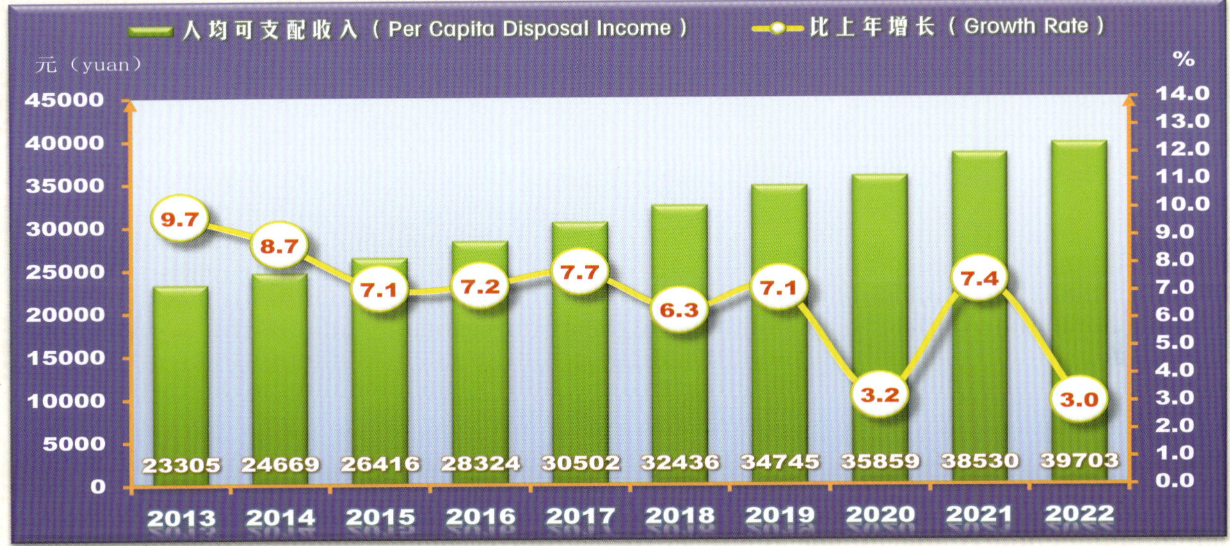

城镇居民家庭人均消费支出（元）

Per Capita Consumer Expenditure of Urban Households (RMB)

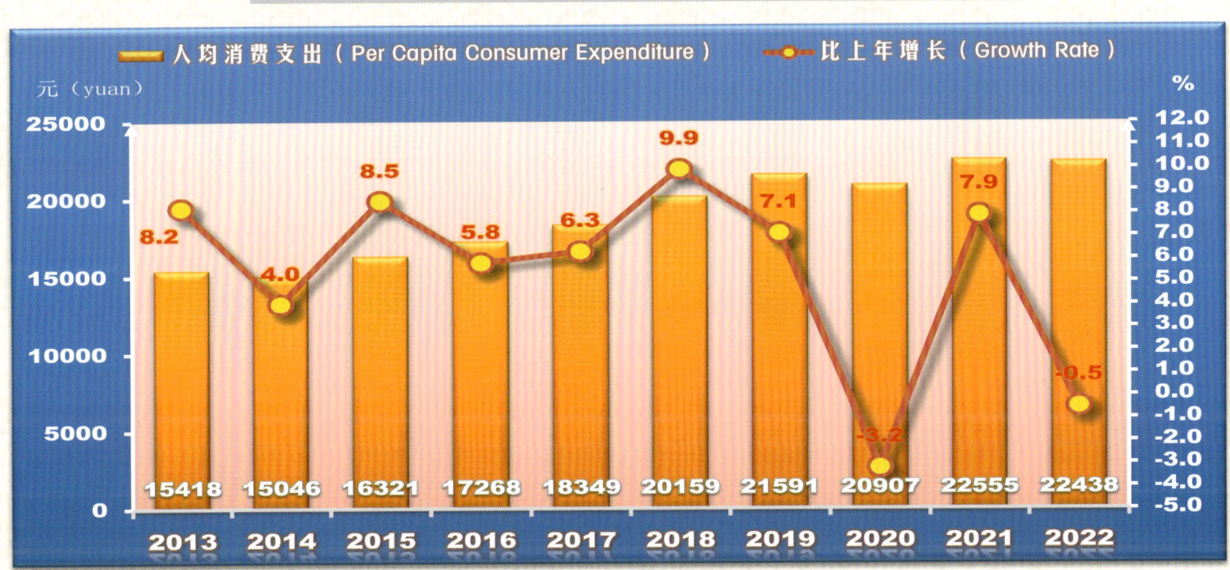

说明：从2014年起，开展城乡一体化的住户收支与生活状况调查，与2013年及以前分别开展的城镇和农村住户调查的调查范围、调查方法、指标口径有所不同。

Note: Started an integrated household income and expenditure survey in 2014.The coverage, methodology and definitions used in the survey are different from those used for the separated urban and rural household surveys prior to 2013.

农村居民家庭人均可支配收入（元）

Per Capita Disposal Income of Rural Households（RMB）

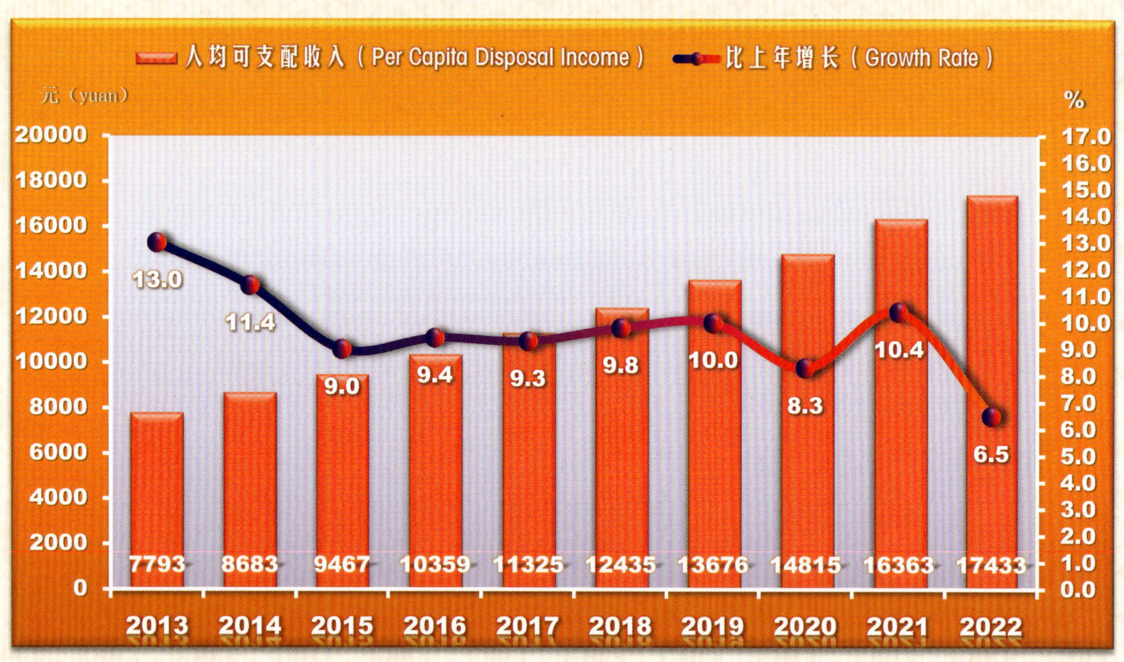

农村居民家庭人均消费支出（元）

Per Capita Consumer Expenditure of Rural Households（RMB）

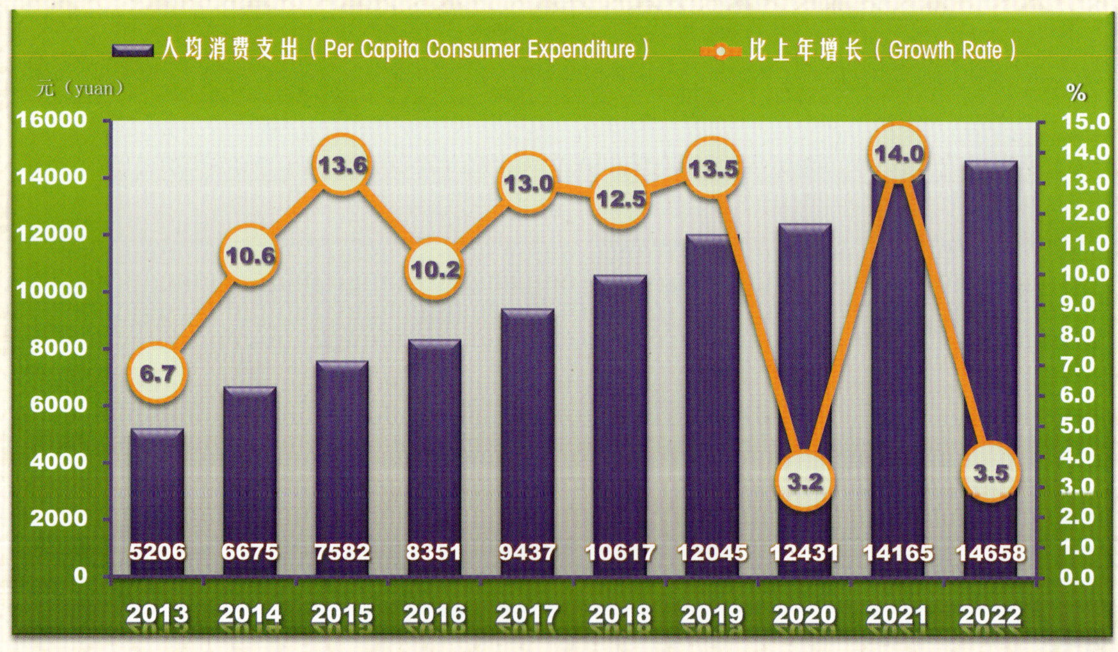

说明：从2014年起，开展城乡一体化的住户收支与生活状况调查，与2013年及以前分别开展的城镇和农村住户调查的调查范围、调查方法、指标口径有所不同（2014年及以前农村居民家庭人均可支配收入为农村居民家庭人均纯收入）。

Note: Started an integrated household income and expenditure survey in 2014.The coverage, methodology and definitions used in the survey are different from those used for the separated urban and rural household surveys prior to 2013（In 2014 and before, the per capita disposable income of rural households was the per capita net income of rural households）.

居民消费价格指数（上年=100）

Consumer Price Index (Preceding Year=100)

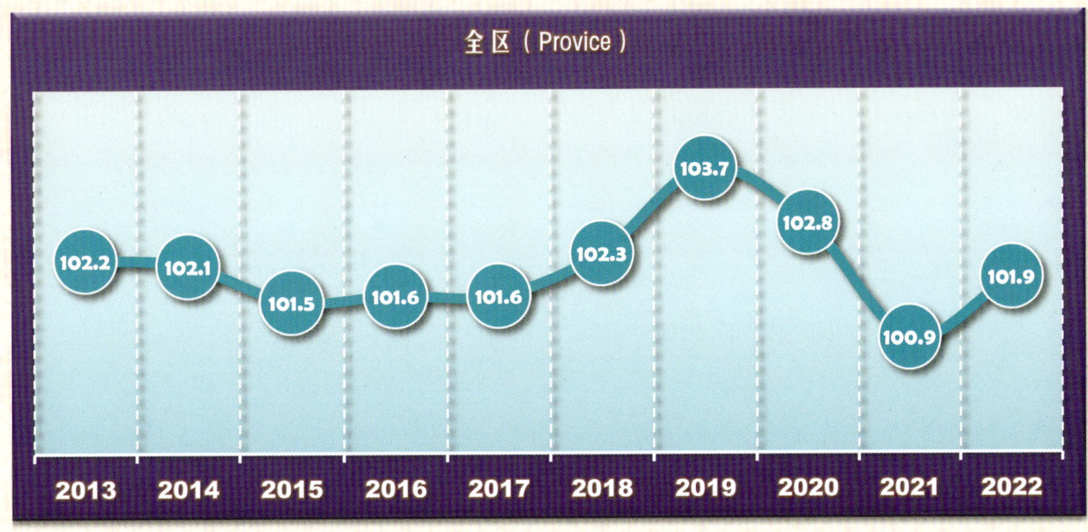

商品零售价格指数（上年=100）

Retail Price Index (Preceding Year=100)

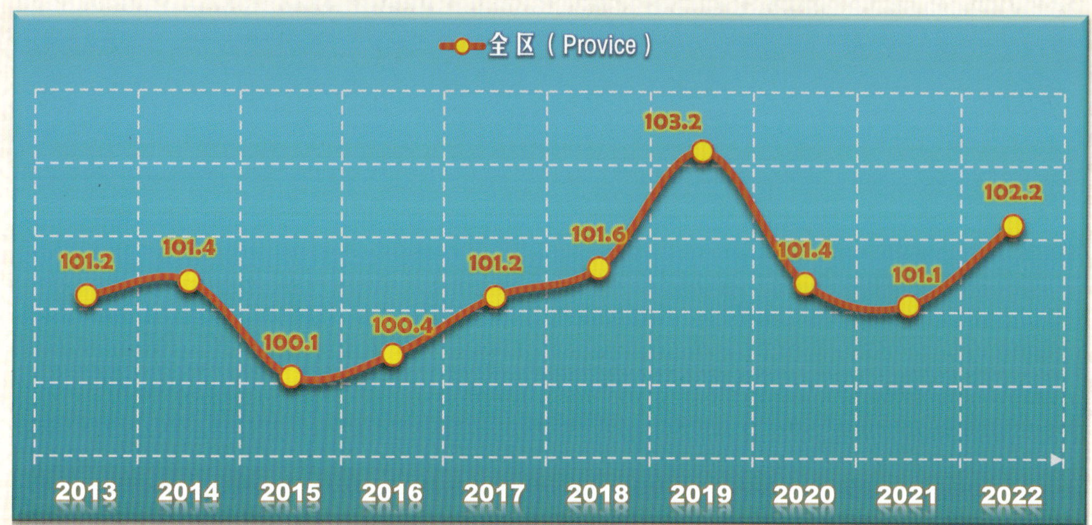

工业生产者出厂价格指数（上年=100）

Producer Price Indices for Industrial Products (Preceding Year=100)

工业生产者购进价格指数（上年=100）

Purchasing Price Indices for Industrial Producers (Preceding Year=100)

农产品生产价格指数（上年=100）

Indices of Producers' Prices for Farm Products (Preceding Year=100)

粮食作物播种面积（千公顷）

Sown Area of Grain Crops (1000 hectares)

粮食作物总产量（万吨）

Total Output of Grain Crops (10 000 tons)

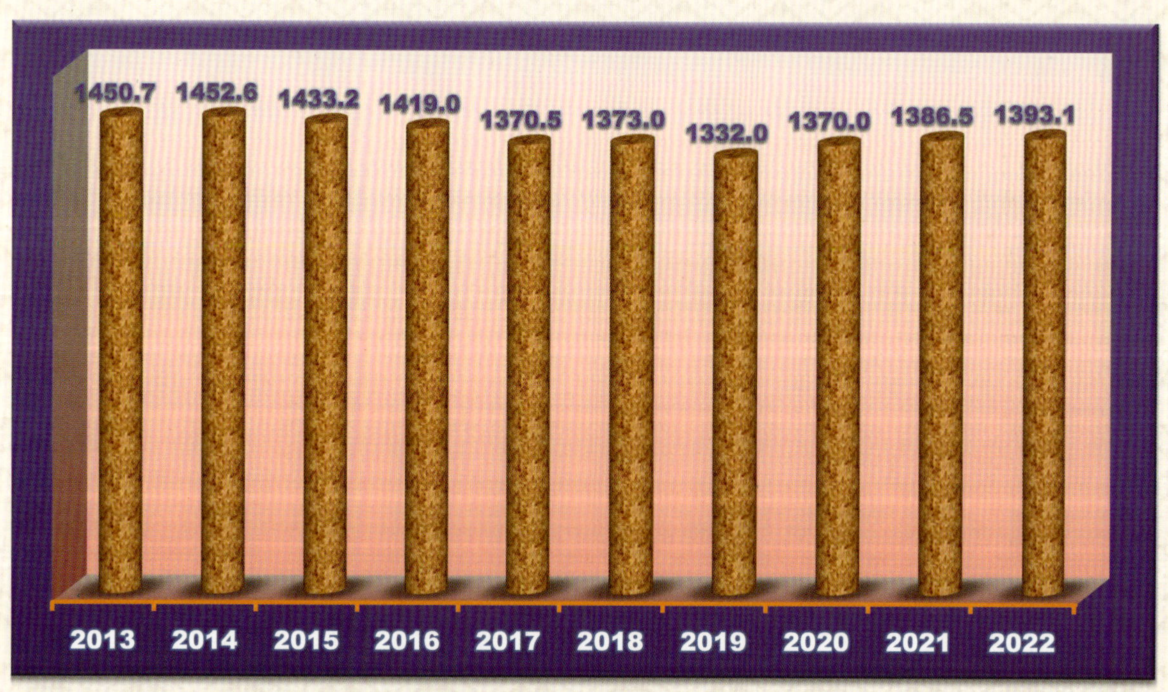

第二篇　人民生活

Chapter 2　People's Livelihood

（编辑：陈娟　张建裕）

（Editor: Chen Juan　Zhang Jianyu）

简要说明

一、本篇资料的主要内容

本篇资料反映广西人民生活现状及变化情况，主要包括居民家庭基本情况及生活状况、收入及支出、住房等。

二、城乡一体化住户收支与生活状况调查数据来源及调查方法

国家统计局住户调查司（原住户调查办公室）从2012年四季度起实施城乡一体化住户收支与生活状况抽样调查。主要内容包括：居民收入和消费情况，同时收集反映居民就业、社会保障参与、住房状况、家庭经营和生产投资以及收入分配影响因素等调查内容。

城乡一体化住户收支与生活状况调查是以各省(区、市)为总体，采用分层、多阶段、与人口规模大小成比例的概率抽样方法，随机抽选调查住宅，确定调查户。全国共抽选出1650个县(市、区)的1.6万个调查小区进行全面摸底调查，在此基础上随机等距抽选出住户参加记账调查。其中广西共抽选出约13000户参与住户调查，调查小区和调查户定期进行轮换。

城乡一体化住户收支与生活状况调查是在95%的置信度下，采用调查户记日记账的方式采集居民收支数据，同时辅之以统一的调查问卷，收集与收入支出有关的其他调查内容。所有调查工作由国家统计局派驻各地的调查队及各地统计局完成。各地统计机构使用统一的方法和数据处理程序对原始调查资料进行编码、审核、录入，然后将分户基础数据直接传输至国家统计局广西调查总队统一汇总计算，汇总计算出各地居民可支配收入、城镇居民可支配收入、农村居民可支配收入等收支数据。

根据城乡一体化住户收支与生活状况调查，新口径的城镇和农村居民人均可支配收入等数据的覆盖人群主要变化：一是计算城镇居民人均可支配收入时分母包括了在城镇地区常住的农民工，计算农村居民人均可支配收入时分母不包括在城镇地区常住的农民工；二是由本户供养的在外大学生视为常住人口。新口径的城镇居民和农村居民人均可支配收入及消费等指标口径变化主要是：计算城镇居民和农村居民人均可支配收入和消费支出时，包括了自有住房折算租金。

三、城镇住户调查数据来源及调查方法

2012年及以前，国家统计局城市司组织开展城镇住户调查。调查内容主要包括家庭人口及其构成、家庭现金收支、主要商品购买数量及支出金额、劳动就业状况、居住状况和耐用消费品的拥有量等。

调查对象在2001年以前为全国非农业住户，2002至2012年改为全国城市市区和县城关镇区住户。

城镇住户调查采用分层随机抽样的方法确定，首先，按照城镇规模将全国所有省（自治区、直辖市）的城镇划分为三层：第一，大中城市（地级和地级以上的城市）、县级市和县城（镇）。第二，按各层人口占全省（自治区、直辖市）人口的比例来分配每层的样本量。第三，按城镇就业者年人均工资从高到低排队，依次计算各城镇人口累计数，然后根据样本量的大小随机起点等距抽取所需数量的调查城镇。

城镇调查户的抽选工作分两步进行。第一步进行一次性的大样本调查；第二步从大样本调查中抽出一个小样本，作为经常性调查户，开展记账工作。

大样本调查每三年进行一次，其目的主要是为经常性调查提供抽样框和为经常性调查数据评估提供基础资料。在大样本调查中，各调查市、县采取分层、二（多）阶段、与大小成比例（PPS方法）的随机等距方法选取调查样本。即先按区分层，在层内按照PPS方法随机等距抽选调查社区/居委会，在抽中社区/居委会内随机等距抽选调查住宅。部分大城市根据需要可以采用三阶段抽样，即先抽选社区/居委会，再抽选调查小区，最后抽选调查住宅。对选出的大样本或一相样本开展调查，取得调查户家庭人口、就业人口、收入等辅助资料，然后，根据这些资料进行分组，从中按比例抽出一个小样本也称二相样本，作为经常性调查户，开展日记账工作。

四、农村住户调查数据来源及调查方法

2012年及以前，国家统计局农村司组织开展农村住户调查。主要内容包括农村居民家庭基本情况、住房情况、收入、生活消费支出、主要食品消费量、耐用消费品拥有量等。

农村住户调查是以各省(自治区、直辖市)为总体，直接抽选调查村，在抽中村中抽选调查户。综合运用多种抽样方法确定住户调查网点，农村住户调查在95%的概率把握程度下要求抽样误差不得超过±3%。

为解决调查户的厌烦情绪及样本老化问题，增强抽样调查网点的代表性，更加准确、及时地反映农村社会经济情况，对农村住户调查网点实行样本轮换制度，每五年为一个周期。

2-1 城镇居民人均收支及恩格尔系数（1981—2022年）

Per Capita Income and Expenditure & Engle's Coefficient of Urban Households（1981—2022）

年 份 Year	城镇居民人均可支配收入 Per Capita Disposable Income of Urban Households		城镇居民人均消费支出 Per Capita Consumption Expenditure of Urban Households		城镇居民恩格尔系数（%） Engel's Coefficient of Urban Households（%）
	绝对数（元） Value（yuan）	比上年±% Growth Rate Over Preceding Year（%）	绝对数（元） Value（yuan）	比上年±% Growth Rate Over Preceding Year（%）	
1981	429		423		58.7
1982	427	-0.6	442	4.5	60.4
1983	444	4.1	466	5.3	61.4
1984	563	26.8	542	16.4	57.9
1985	683	21.4	664	22.5	56.6
1986	784	14.7	740	11.4	58.0
1987	899	14.7	861	16.4	59.1
1988	1159	28.9	1198	39.2	54.6
1989	1304	12.5	1296	8.2	59.3
1990	1448	11.0	1338	3.2	58.6
1991	1614	11.4	1584	18.4	55.3
1992	2104	30.4	1740	9.9	55.9
1993	2895	37.6	2303	32.4	53.7
1994	3981	37.5	3327	44.5	50.4
1995	4792	20.4	4046	21.6	51.0
1996	5033	5.0	4339	7.3	50.4
1997	5110	1.5	4453	2.6	47.5
1998	5412	5.9	4381	-1.6	46.3
1999	5620	3.8	4587	4.7	44.3
2000	5834	3.8	4852	5.8	39.9
2001	6666	14.3	5225	7.7	37.7
2002	7315	9.8	5413	3.6	40.7
2003	7785	6.4	5763	6.5	40.0
2004	8177	5.0	5862	1.7	44.0
2005	8917	9.0	6424	9.6	42.5
2006	9899	11.0	6792	5.7	42.1
2007	12200	23.2	8151	20.0	41.7
2008	14146	16.0	9627	18.1	42.4
2009	15451	9.2	10352	7.5	39.9
2010	17064	10.4	11490	11.0	38.1
2011	18854	10.5	12848	11.8	39.5
2012	21243	12.7	14244	10.9	39.0
2013	23305	9.7	15418	8.2	37.9
2014	24669	8.7	15046	4.0	35.2
2015	26416	7.1	16321	8.5	34.4
2016	28324	7.2	17268	5.8	34.4
2017	30502	7.7	18349	6.3	33.2
2018	32436	6.3	20159	9.9	30.7
2019	34745	7.1	21591	7.1	30.5
2020	35859	3.2	20907	-3.2	33.9
2021	38530	7.4	22555	7.9	31.4
2022	39703	3.0	22438	-0.5	32.0

注：1. 1992年及以前可支配收入为生活费收入；2. 从2014年起，开展城乡一体化的住户收支与生活状况调查，与2013年及以前分别开展的城镇和农村住户调查的调查范围、调查方法、指标口径有所不同（以下相关表同）。

Note: 1.Disposable income is income from living expenses before 1992 and before; 2.Started an integrated household income and expenditure survey in 2014.The coverage, methodology and definitions used in the survey are different from those used for the separated urban and rural household surveys prior to 2013 (The same applies to the relevant tables following).

2-2　城镇居民家庭基本情况

Basic Conditions of Urban Households

单位：人　(person)

指　标	Item	2021	2022
年末住户常住成员数（人）	**Number of Permanent Residents Per Households（person）**	**8306**	**8236**
调查样本住户数（户）	**Number of Households Surveyed Sample（household）**	**2330**	**2330**
年末人均自有现住房面积（平方米）	**Per Capita Floor Space of Houses（sq.m）**	**47.4**	**47.9**
常住成员从业人数	**Number of Employed by Permanent Residents**	**3995**	**3874**
户主文化程度	**Degree of Education of Householder**		
未上过学	Not in School	10	10
小学	Primary School	257	252
初中	Junior Secondary Schools	914	913
高中	Senior Secondary School	569	564
大学专科	Junior College	322	329
大学本科	Undergraduate College	242	247
研究生	Graduate Student	16	15
常住从业人员就业类型	**Employed Types of Permanent Residents**		
雇主	Employer	24	20
公职人员	Public Officers	121	124
事业单位人员	Business Unit Personnel	319	313
国有企业雇员	State-owned Enterprises Employee	181	177
其他雇员	Other Employees	2179	2113
农业自营	Agricultural Own Business	539	496
非农自营	Non Agricultural Own Business	632	631
常住从业人员从事主要行业	**Engaged in Major Industries of Permanent Residents**		
第一产业	Primary Industry	609	563
第二产业	Secondary Industry	800	773
第三产业	Tertiary Industry	2586	2538

2-3　城镇居民人均收入与支出

Per Capita Disposable Income and Consumption Expenditure of Urban Households

单位：元　　　　　　　　　　　　　　　　　　　　　　　　　　（yuan）

指　标	Item	2021	2022
可支配收入	**Disposable Income**	**38530**	**39703**
工资性收入	Income from Wages and Salaries	20640	21321
工资	Wages	19299	19865
实物福利	Benefit in Kind	267	293
其他	Other	1073	1163
经营净收入	Net Business Income	6848	7222
第一产业经营净收入	Net Business Income of Primary Industry	1557	1830
农业	Agriculture	969	1201
林业	Forestry	207	209
牧业	Animal Husbandry	344	379
渔业	Fishery	37	42
第二产业经营净收入	Net Business Income of Secondary Industry	781	468
第三产业经营净收入	Net Business Income of Tertiary Industry	4510	4924
财产净收入	Property Net Income	4015	4206
转移净收入	Transfer Net Income	7027	6954
转移性收入	Income form Transfer	9004	9259
#养老金或离退休金	# Pensions and Retirement Pay	5528	5901
转移性支出	Transfer Expenditure	1977	2305
#社会保障支出	# Social Security Expenditure	1721	1950
消费支出	**Consumption Expenditure**	**22555**	**22438**
食品烟酒	Food, Tobacco and Liquor	7089	7172
衣着	Clothing	996	905
居住	Residence	4704	4760
生活用品及服务	Household Facilities, Articles and Services	1371	1250
交通通信	Transport and Communications	3009	3033
教育文化娱乐	Education, Cultural and Recreation	2812	2791
医疗保健	Health Care and Medical Services	2163	2097
其他用品和服务	Other Goods and Services	413	429

2-4 城镇居民人均现金收入与支出

Per Capita Cash Income and Expenditure of Urban Households

单位：元 (yuan)

指 标	Item	2021	2022
现金可支配收入	**Cash Disposable Income**	**35998**	**36920**
现金工资性收入	Cash Income from Wages and Salaries	20373	21028
工资	Wages	19299	19865
其他	Other	1073	1163
现金经营净收入	Cash Net Business Income	7065	7180
第一产业现金经营净收入	Cash Net Business Income of Primary Industry	1304	1500
农业	Agriculture	774	910
林业	Forestry	188	199
牧业	Animal Husbandry	309	354
渔业	Fishery	33	37
第二产业现金经营净收入	Cash Net Business Income of Secondary Industry	885	522
第三产业现金经营净收入	Cash Net Business Income of Tertiary Industry	4875	5158
现金财产净收入	Cash Property Net Income	2410	2550
现金转移净收入	Cash Transfer Net Income	6151	6163
现金转移性收入	Cash Income form Transfer	8128	8468
#养老金或离退休金	# Pensions and Retirement Pay	5528	5901
现金转移性支出	Cash Transfer Expenditure	1977	2305
#社会保障支出	# Social Security Expenditure	1721	1950
现金消费支出	**Cash Consumption Expenditure**	**18337**	**18230**
食品烟酒	Food, Tobacco and Liquor	6562	6624
衣着	Clothing	995	905
居住	Residence	1892	1858
生活用品及服务	Household Facilities, Articles and Services	1333	1224
交通通信	Transport and Communications	3004	3021
教育文化娱乐	Education, Cultural and Recreation	2810	2790
医疗保健	Health Care and Medical Services	1348	1393
其他用品和服务	Other Goods and Services	393	414

2-5　城镇居民人均消费支出

Per Capita Consumption Expenditure of Urban Households

单位：元　　　　　　　　　　　　　　　　　　　　(yuan)

指　标	Item	2021	2022
消费支出	**Consumption Expenditure**	**22555**	**22438**
食品烟酒	Food, Tobacco and Liquor	7089	7172
食品	Food	4944	5032
烟酒	Tobacco and Liquor	418	428
饮料	Beverages	134	143
饮食服务	Catering Services	1592	1569
衣着	Clothing	996	905
衣类	Clothes	833	747
鞋类	Footwear	162	158
居住	Residence	4704	4760
租赁房房租	Rental Housing Accommodation	115	96
住房维修及管理	Housing Maintenance and Management	878	804
水电燃料及其他	Water, Electricity and Other Fuels	919	973
自有住房折算租金	Owned Housing of Convert Rent	2791	2888
生活用品及服务	Household Facilities, Articles and Services	1371	1250
家具及室内装饰品	Furniture and Interior Decorations	208	178
家用器具	Household Appliances	379	330
家用纺织品	Home Textiles	107	97
家庭日用杂品	The Family Daily Sundry Goods	292	276
个人用品	Personal Products	270	246
家庭服务	Household Service	115	122
交通通信	Transport and Communications	3009	3033
交通	Transport	2300	2299
通信	Communications	708	734
教育文化娱乐	Education, Cultural and Recreation	2812	2791
教育	Education	2278	2349
文化娱乐	Cultural and Recreation	533	442
医疗保健	Health Care and Medical Services	2163	2097
医疗器具及药品	Medical Apparatus and Drugs	425	445
医疗服务	Medical Services	1738	1652
其他用品和服务	Other Goods and Services	413	429
其他用品	Other Goods	164	186
其他服务	Other Services	249	243

2-6 城镇居民人均现金消费支出

Per Capita Cash Consumption Expenditure of Urban Households

单位：元 （yuan）

指 标	Item	2021	2022
现金消费支出	**Cash Consumption Expenditure**	**18337**	**18230**
食品烟酒	Food, Tobacco and Liquor	6562	6624
食品	Food	4606	4686
烟酒	Tobacco and Liquor	418	428
饮料	Beverages	134	143
饮食服务	Catering Services	1404	1368
衣着	Clothing	995	905
衣类	Clothes	833	747
鞋类	Footwear	162	158
居住	Residence	1892	1858
租赁房房租	Rental Housing Accommodation	115	96
住房维修及管理	Housing Maintenance and Management	878	804
水电燃料及其他	Water, Electricity and Other Fuels	899	958
生活用品及服务	Household Facilities, Articles and Services	1333	1224
家具及室内装饰品	Furniture and Interior Decorations	208	178
家用器具	Household Appliances	379	330
家用纺织品	Home Textiles	107	97
家庭日用杂品	The Family Daily Sundry Goods	254	250
个人用品	Personal Products	270	246
家庭服务	Household Service	115	122
交通通信	Transport and Communications	3004	3021
交通	Transport	2296	2288
通信	Communications	708	734
教育文化娱乐	Education, Cultural and Recreation	2810	2790
教育	Education	2278	2349
文化娱乐	Cultural and Recreation	532	442
医疗保健	Health Care and Medical Services	1348	1393
医疗器具及药品	Medical Apparatus and Drugs	393	434
医疗服务	Medical Services	955	958
其他用品和服务	Other Goods and Services	393	414
其他用品	Other Goods	157	181
其他服务	Other Services	236	233

2-7　城镇居民人均主要食品消费量

Per Capita Consumption of Major Foods of Urban Households

指　标	Item	单位	Unit	2021	2022
粮食	Grain	千克	kg	118.6	103.5
谷物	Cereal	千克	kg	110.8	96.4
薯类	Tuber	千克	kg	1.1	1.1
豆类	Beans and the Products	千克	kg	6.7	6.0
大豆	Soybean	千克	kg	0.3	0.3
油脂类	Grease	千克	kg	8.8	8.0
植物油	Vegetable Oil	千克	kg	8.1	7.4
蔬菜及菜制品	Vegetable and Vegetable Products	千克	kg	97.3	92.6
鲜菜	Fresh Vegetables	千克	kg	94.5	90.0
肉类	Meat	千克	kg	36.1	36.9
猪肉	Pork	千克	kg	30.2	31.4
牛肉	Beef	千克	kg	2.7	2.5
羊肉	Mutton	千克	kg	0.8	0.7
禽类	Poultry	千克	kg	25.3	22.5
水产品	Aquatic Products	千克	kg	15.4	14.2
蛋类及蛋制品	Eggs and Egg Products	千克	kg	6.6	6.5
奶和奶制品	Milk and Milk Products	千克	kg	9.5	7.3
鲜瓜果	Fresh Melons and Fruits	千克	kg	47.4	43.6
食糖	Sugar	千克	kg	1.1	1.1

2-8　城镇居民平均每百户年末主要耐用消费品拥有量

Main Durable Goods Owned Per 100 Urban Households

指　标	Item	单位	Unit	2021	2022
家用汽车	Automobile	辆	unit	48.1	49.3
摩托车	Motorcycle	辆	unit	42.1	39.9
助力车	Electric Bicycle	辆	unit	115.2	120.9
洗衣机	Washing Machine	台	set	102.8	103.2
电冰箱（柜）	Refrigerator	台	set	106.5	107.2
微波炉	Microwave Oven	台	set	69.1	70.7
彩色电视机	Color Television Set	台	set	112.7	112.9
空调	Air Conditioner	台	set	183.2	186.9
热水器	Water Heater	台	set	105.8	106.8
排油烟机	Vacuum Cleaner	台	set	66.4	67.6
固定电话	Telephone	部	set	4.6	3.8
移动电话	Mobile Telephone	部	set	285.9	287.2
计算机	Computer	台	set	63.6	64.7
照相机	Camera	架	set	9.0	9.2

2-9 农村居民人均收支及恩格尔系数（1981—2022年）

Per Capita Income and Expenditure & Engle's Coefficient of Rural Households（1981—2022）

年 份 Year	农村居民人均可支配收入（元） Per Capita Disposable Income of Rural Households（yuan）	比上年±% Growth Rate Over Preceding Year（%）	农村居民人均消费支出（元） Per Capita Consumption Expenditure of Rural Households（yuan）	比上年±% Growth Rate Over Preceding Year（%）	# 食品消费支出（元） # Food Expenditure（yuan）	比上年±% Growth Rate Over Preceding Year（%）	农村居民恩格尔系数（%） Engel's Coefficient of Rural Households（%）
1981	204	17.6	171	13.6	116	20.9	67.6
1982	235	15.4	210	22.6	139	20.0	66.2
1983	262	11.2	224	6.6	148	6.6	66.2
1984	267	2.1	238	6.1	154	3.6	64.6
1985	303	13.4	268	12.9	167	8.6	62.2
1986	316	4.3	284	5.8	176	5.3	61.9
1987	354	12.0	309	9.0	192	9.2	62.1
1988	424	19.9	362	17.0	216	12.4	59.6
1989	483	13.9	419	15.8	244	13.2	58.3
1990	639	32.4	537	28.1	346	41.6	64.4
1991	658	2.9	581	8.2	360	4.1	62.0
1992	732	11.2	616	6.1	381	5.8	61.8
1993	885	21.0	705	14.4	448	17.6	63.6
1994	1107	25.1	926	31.4	552	23.2	59.6
1995	1446	30.6	1143	23.4	700	26.9	61.3
1996	1703	17.8	1399	22.4	795	14.6	56.8
1997	1875	10.1	1376	-1.7	800	0.6	58.2
1998	1972	5.2	1415	2.8	809	1.1	57.2
1999	2048	3.9	1457	3.0	849	5.0	58.3
2000	1865	-9.0	1488	2.1	825	-2.9	55.4
2001	1944	4.3	1551	4.2	811	-1.7	52.3
2002	2013	3.5	1686	8.7	875	7.9	51.9
2003	2095	4.1	1751	3.9	899	2.7	51.3
2004	2305	10.1	1929	10.1	1048	16.5	54.3
2005	2495	8.2	2350	21.8	1187	13.3	50.5
2006	2771	11.1	2414	2.7	1196	0.8	49.6
2007	3224	16.4	2747	13.8	1379	15.3	50.2
2008	3690	14.5	2985	8.7	1595	15.7	53.4
2009	3980	7.9	3231	8.2	1573	-1.4	48.7
2010	4543	14.1	3455	6.9	1675	6.5	48.5
2011	5231	15.1	4211	21.9	1845	10.1	43.8
2012	6008	14.8	4878	15.8	2086	13.1	42.8
2013	6791	13.0	5206	6.7	2085	-0.1	40.1
2014	8683	11.4	6675	10.6	2463	11.2	36.9
2015	9467	9.0	7582	13.6	2681	8.8	35.4
2016	10359	9.4	8351	10.2	2880	7.5	34.5
2017	11325	9.3	9437	13.0	3043	5.6	32.2
2018	12435	9.8	10617	12.5	3195	5.0	30.1
2019	13676	10.0	12045	13.5	3724	16.6	30.9
2020	14815	8.3	12431	3.2	4297	15.4	34.6
2021	16363	10.4	14165	14.0	4715	9.7	33.3
2022	17433	6.5	14658	3.5	4704	-0.2	32.1

注：从2014年起，开展城乡一体化的住户收支与生活状况调查，与2013年及以前分别开展的城镇和农村住户调查的调查范围、调查方法、指标口径有所不同（2014年及以前农村居民家庭人均可支配收入为农村居民家庭人均纯收入）。

Note: Started an integrated household income and expenditure survey in 2014.The coverage,methodology and definitions used in the survey are different from those used for the separated urban and rural household surveys prior to 2013 (In 2014 and before, the per capita disposable income of rural households was the per capita net income of rural households).

2-10　农村居民家庭基本情况

Basic Conditions of Rural Households

单位：人　　(person)

指　标	Item	2021	2022
年末住户常住成员数（人）	**Number of Permanent Residents Per Households（person）**	**9630**	**9472**
调查样本住户数（户）	**Number of Households Surveyed Sample（household）**	**2670**	**2670**
年末人均自有现住房面积（平方米）	**Per Capita Floor Space of Houses（sq.m）**	**56.5**	**57.9**
常住成员从业人数	**Number of Employed by Permanent Residents**	**5243**	**5129**
户主文化程度	**Degree of Education of Householder**		
未上过学	Not in School	29	28
小学	Primary School	714	703
初中	Junior Secondary Schools	1483	1488
高中	Senior Secondary School	379	383
大学专科	Junior College	52	54
大学本科	Undergraduate College	13	14
研究生	Graduate Student		
常住从业人员就业类型	**Employed Types of Permanent Residents**		
雇主	Employer	13	8
公职人员	Public Officers	6	7
事业单位人员	Business Unit Personnel	106	103
国有企业雇员	State-owned Enterprises Employee	6	7
其他雇员	Other Employees	1863	1847
农业自营	Agricultural Own Business	2676	2586
非农自营	Non Agricultural Own Business	573	571
常住从业人员从事主要行业	**Engaged in Major Industries of Permanent Residents**		
第一产业	Primary Industry	2870	2777
第二产业	Secondary Industry	1001	955
第三产业	Tertiary Industry	1372	1397

2-11 农村居民人均收入与支出

Per Capita Disposable Income and Consumption Expenditure of Rural Households

单位：元 （yuan）

指 标	Item	2021	2022
可支配收入	**Disposable Income**	**16363**	**17433**
工资性收入	Income from Wages and Salaries	5536	5922
工资	Wages	5280	5650
实物福利	Benefit in Kind	117	121
其他	Other	139	150
经营净收入	Net Business Income	6391	6982
第一产业经营净收入	Net Business Income of Primary Industry	4270	4756
农业	Agriculture	2653	2998
林业	Forestry	691	761
牧业	Animal Husbandry	763	827
渔业	Fishery	163	169
第二产业经营净收入	Net Business Income of Secondary Industry	278	250
第三产业经营净收入	Net Business Income of Tertiary Industry	1842	1976
财产净收入	Property Net Income	385	430
转移净收入	Transfer Net Income	4051	4099
转移性收入	Income form Transfer	4696	4842
#养老金或离退休金	# Pensions and Retirement Pay	942	1016
转移性支出	Transfer Expenditure	645	743
#社会保障支出	# Social Security Expenditure	526	617
消费支出	**Consumption Expenditure**	**14105**	**14658**
食品烟酒	Food, Tobacco and Liquor	4715	4704
衣着	Clothing	460	444
居住	Residence	2814	3112
生活用品及服务	Household Facilities, Articles and Services	784	718
交通通信	Transport and Communications	2003	1904
教育文化娱乐	Education, Cultural and Recreation	1821	2041
医疗保健	Health Care and Medical Services	1393	1539
其他用品和服务	Other Goods and Services	175	196

2-12　农村居民人均现金收入与支出

Per Capita Cash Income and Expenditure of Rural Households

单位：元　　　　(yuan)

指　标	Item	2021	2022
现金可支配收入	**Cash Disposable Income**	**14809**	**15880**
现金工资性收入	Cash Income from Wages and Salaries	5419	5801
工资	Wages	5280	5650
其他	Other	139	150
现金经营净收入	Cash Net Business Income	5637	6202
第一产业现金经营净收入	Cash Net Business Income of Primary Industry	3356	3837
农业	Agriculture	1873	2114
林业	Forestry	611	711
牧业	Animal Husbandry	722	856
渔业	Fishery	150	156
第二产业现金经营净收入	Cash Net Business Income of Secondary Industry	303	268
第三产业现金经营净收入	Cash Net Business Income of Tertiary Industry	1978	2097
现金财产净收入	Cash Property Net Income	385	430
现金转移净收入	Cash Transfer Net Income	3368	3447
现金转移性收入	Cash Income form Transfer	4013	4190
#养老金或离退休金	# Pensions and Retirement Pay	942	1016
现金转移性支出	Cash Transfer Expenditure	645	743
#社会保障支出	# Social Security Expenditure	526	617
现金消费支出	**Cash Consumption Expenditure**	**10735**	**11198**
食品烟酒	Food, Tobacco and Liquor	3700	3656
衣着	Clothing	460	443
居住	Residence	1030	1270
生活用品及服务	Household Facilities, Articles and Services	733	693
交通通信	Transport and Communications	2003	1904
教育文化娱乐	Education, Cultural and Recreation	1820	2041
医疗保健	Health Care and Medical Services	829	1006
其他用品和服务	Other Goods and Services	160	185

2-13 农村居民人均消费支出

Per Capita Consumption Expenditure of Rural Households

单位：元 （yuan）

指 标	Item	2021	2022
消费支出	**Consumption Expenditure**	**14165**	**14658**
食品烟酒	Food, Tobacco and Liquor	4715	4704
食品	Food	3732	3729
烟酒	Tobacco and Liquor	413	415
饮料	Beverages	97	101
饮食服务	Catering Services	473	458
衣着	Clothing	460	444
衣类	Clothes	368	351
鞋类	Footwear	92	93
居住	Residence	2814	3112
租赁房房租	Rental Housing Accommodation	32	33
住房维修及管理	Housing Maintenance and Management	450	621
水电燃料及其他	Water, Electricity and Other Fuels	629	668
自有住房折算租金	Owned Housing of Convert Rent	1704	1789
生活用品及服务	Household Facilities, Articles and Services	784	718
家具及室内装饰品	Furniture and Interior Decorations	128	106
家用器具	Household Appliances	217	196
家用纺织品	Home Textiles	44	52
家庭日用杂品	The Family Daily Sundry Goods	235	212
个人用品	Personal Products	139	129
家庭服务	Household Service	21	24
交通通信	Transport and Communications	2003	1904
交通	Transport	1447	1337
通信	Communications	556	567
教育文化娱乐	Education, Cultural and Recreation	1821	2041
教育	Education	1653	1828
文化娱乐	Cultural and Recreation	168	214
医疗保健	Health Care and Medical Services	1393	1539
医疗器具及药品	Medical Apparatus and Drugs	279	268
医疗服务	Medical Services	1113	1271
其他用品和服务	Other Goods and Services	175	196
其他用品	Other Goods	93	110
其他服务	Other Services	82	86

2-14　农村居民人均现金消费支出

Per Capita Cash Consumption Expenditure of Rural Households

单位：元　　　　　　　　　　　　　　　　　　　　　　　　　　　(yuan)

指　标	Item	2021	2022
现金消费支出	**Cash Consumption Expenditure**	**10735**	**11198**
食品烟酒	Food, Tobacco and Liquor	3700	3656
食品	Food	2819	2787
烟酒	Tobacco and Liquor	413	415
饮料	Beverages	94	99
饮食服务	Catering Services	374	354
衣着	Clothing	460	443
衣类	Clothes	368	350
鞋类	Footwear	92	93
居住	Residence	1030	1270
租赁房房租	Rental Housing Accommodation	32	33
住房维修及管理	Housing Maintenance and Management	450	621
水电燃料及其他	Water, Electricity and Other Fuels	548	616
生活用品及服务	Household Facilities, Articles and Services	733	693
家具及室内装饰品	Furniture and Interior Decorations	128	106
家用器具	Household Appliances	217	196
家用纺织品	Home Textiles	44	52
家庭日用杂品	The Family Daily Sundry Goods	184	187
个人用品	Personal Products	139	129
家庭服务	Household Service	21	24
交通通信	Transport and Communications	2003	1904
交通	Transport	1447	1337
通信	Communications	556	567
教育文化娱乐	Education, Cultural and Recreation	1820	2041
教育	Education	1652	1827
文化娱乐	Cultural and Recreation	168	214
医疗保健	Health Care and Medical Services	829	1006
医疗器具及药品	Medical Apparatus and Drugs	247	258
医疗服务	Medical Services	582	748
其他用品和服务	Other Goods and Services	160	185
其他用品	Other Goods	86	107
其他服务	Other Services	74	79

2-15 农村居民人均主要食品消费量

Per Capita Consumption of Major Foods of Rural Households

指 标	Item	单位	Unit	2021	2022
粮食	Grain	千克	kg	171.3	161.9
谷物	Cereal	千克	kg	164.6	155.6
薯类	Tuber	千克	kg	0.8	0.6
豆类	Beans and the Products	千克	kg	5.9	5.7
大豆	Soybean	千克	kg	0.4	0.5
油脂类	Grease	千克	kg	10.4	9.3
植物油	Vegetable Oil	千克	kg	8.6	7.7
蔬菜及菜制品	Vegetable and Vegetable Products	千克	kg	96.0	93.6
鲜菜	Fresh Vegetables	千克	kg	94.7	92.3
肉类	Meat	千克	kg	33.2	36.9
猪肉	Pork	千克	kg	30.5	34.4
牛肉	Beef	千克	kg	1.0	1.0
羊肉	Mutton	千克	kg	0.4	0.3
禽类	Poultry	千克	kg	26.8	23.2
水产品	Aquatic Products	千克	kg	10.6	10.1
蛋类及蛋制品	Eggs and Egg Products	千克	kg	6.2	6.0
奶和奶制品	Milk and Milk Products	千克	kg	3.5	3.0
鲜瓜果	Fresh Melons and Fruits	千克	kg	32.0	30.3
食糖	Sugar	千克	kg	1.1	1.0

2-16 农村居民平均每百户年末主要耐用消费品拥有量

Main Durable Goods Owned Per 100 Rural Households

指 标	Item	单位	Unit	2021	2022
家用汽车	Automobile	辆	unit	23.4	31.2
摩托车	Motorcycle	辆	unit	88.2	85.5
助力车	Electric Bicycle	辆	unit	84.4	94.9
洗衣机	Washing Machine	台	set	90.4	94.0
电冰箱（柜）	Refrigerator	台	set	103.6	105.0
微波炉	Microwave Oven	台	set	36.7	39.5
彩色电视机	Color Television Set	台	set	107.4	108.9
空调	Air Conditioner	台	set	76.8	95.1
热水器	Water Heater	台	set	91.8	95.3
排油烟机	Vacuum Cleaner	台	set	22.9	27.8
固定电话	Telephone	部	set	1.2	1.2
移动电话	Mobile Telephone	部	set	285.4	296.0
计算机	Computer	台	set	21.9	24.6
照相机	Camera	架	set	0.4	0.6

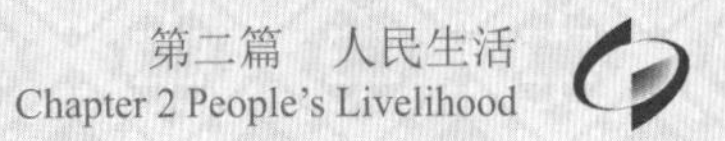

2-17　农村居民家庭固定资产投资情况

Fixed Assets Investment of Rural Households

单位：亿元　　(100 million yuan)

项　目	Item	2018	2019	2020	2021	2022
新增固定资产原值	**New Original Value of Fixed Assets**	**580.62**	**612.48**	**584.54**	**645.87**	**587.72**
固定资产投资完成额	**Finished Value of Investment of the Fixed Assets**	**596.16**	**619.39**	**585.57**	**645.87**	**587.72**
按投资来源分	Investment by Source					
国内贷款	Domestic Loans	17.19	18.17	17.88	17.70	13.18
自筹资金	Self-raising Funds	570.90	591.51	558.95	615.40	562.48
其他资金	Others	8.06	9.71	8.74	12.77	12.06
按投资构成分	According to Constitute Sub-investment					
建筑工程	Construction	454.87	437.58	431.14	422.09	387.46
设备工、器具购置	For Equipment, the Purchase of Equipment	83.28	103.15	77.51	90.46	99.95
其他	Others	58.01	78.66	76.91	133.32	100.31
按投资方向分	According to the Investment Direction Pm					
农业	Agriculture	128.63	156.12	145.25	181.57	184.69
采矿业	Mining	…	…	…	…	
制造业	Manufacturing	2.09	2.29	1.45	1.40	1.99
建筑业	Construction	0.82	1.01	1.39	1.56	0.43
交通运输、仓储和邮政业	Transport, Storage and Post	25.24	31.61	34.99	16.59	15.54
批发和零售业	Wholesale and Retail Trades	3.25	4.21	4.57	2.77	5.14
住宿和餐饮业	Hotels and Catering Services	…	…	…	2.57	…
房地产业	Real Estate	423.40	408.77	385.06	403.95	320.35
租赁和商务服务业	Leasing and Business Services	0.46	0.51	0.43	0.48	0.74
居民服务和其他服务业	Serices to Households and Other Services	12.27	14.87	12.42	35.00	58.84
按具体投资项目分	Based on specific investment projects pm					
房屋	Housing	436.75	420.02	375.78	403.95	320.35
设备	Equipment	83.28	103.15	93.72	109.37	120.85
水利	Water	0.88	0.94	0.87	1.29	1.81
其他	Others	75.25	95.28	115.20	131.26	144.72
施工房屋面积（万平方米）	**Acreage of House Construction（10 000 sq.m）**	**6684.81**	**6423.49**	**6106.01**	**6030.17**	**4496.95**
竣工房屋面积（万平方米）	**Acreage of House Completion（10 000 sq.m）**	**6142.39**	**6020.09**	**5747.40**	**5556.24**	**4145.70**
竣工房屋投资完成额	**Completion Amount of Investment in House**	**372.62**	**365.20**	**383.74**	**403.53**	**286.48**

2-18 各市城镇居民人均可支配收入（1981—2022年）

单位：元

年 份 Year	南宁市 Nanning	柳州市 Liuzhou	桂林市 Guilin	梧州市 Wuzhou	北海市 Beihai	防城港市 Fangchenggang
1981	445	385	442	438	432	
1982	478	420	498	459	486	
1983	513	447	505	436	491	
1984	624	540	621	545	701	
1985	716	668	757	708	751	
1986	851	761	884	849	895	
1987	949	871	1033	991	990	
1988	1166	1226	1228	1189	1296	
1989	1274	1307	1335	1327	1376	
1990	1454	1515	1501	1545	1591	
1991	1658	1794	1829	1790	1910	
1992	2105	2306	2453	2315	2727	
1993	3081	3544	3168	3246	4516	
1994	4544	4243	4672	4309	5649	
1995	5544	4884	5506	4909	6365	
1996	5973	5243	5977	4945	6396	
1997	5931	5457	6025	4934	6558	
1998	6570	5552	6230	4838	6306	
1999	6947	5328	6494	5415	6483	
2000	7448	5740	6997	5221	6167	
2001	7906	7547	7547	5837	7013	
2002	8796	7928	7852	6282	7692	
2003	9162	8369	8246	7062	8007	
2004	9531	9155	8803	7325	8773	
2005	10078	9986	9502	8190	9520	
2006	10905	10592	10244	8855	11071	
2007	12955	11919	11514	10123	13090	
2008	14983	14536	13665	13351	14625	
2009	16531	15395	15001	14617	15536	
2010	17741	17532	16566	16578	16612	
2011	19972	18631	17915	18631	10347	
2012	22024	22261	19450	21416	20296	
2013	24817	24355	24552	22537	23407	24423
2014	27075	26693	26811	24272	25818	26523
2015	29106	28722	28768	25898	27729	28433
2016	30728	30270	30124	27260	29412	29758
2017	33217	32661	32534	29359	31912	32079
2018	35276	34849	34649	31209	33954	34325
2019	37675	37358	37178	33518	36602	36385
2020	38542	38479	38145	34591	37956	37185
2021	41394	41442	40739	37185	40727	39676
2022	42636	42478	42043	38524	41704	40470

注：1. 1992年及以前可支配收入为生活费收入；2. 从2016年起，各市人均可支配收入为新口径数据，2015年及以前的数据不可比。

Per Capita Disposable Income of Urban Households by Cities（1981—2022）

（yuan）

钦州市 Qinzhou	贵港市 Guigang	玉林市 Yulin	百色市 Baise	贺州市 Hezhou	河池市 Hechi	来宾市 Laibin	崇左市 Chongzuo
	416		442	401			
	525		549	520			
	695		663	653			
	787		784	776			
	981		947	926			
	1179		1163	1251			
	1304		1288	1521			
	1410		1421	1590			
	1523		1427	1615			
	1876		2002	2060			
	2417		2703	2536			
	4241		4017	3494			
	5258		5035	4355			
	4987		5180	4542			
	4927		5049	4520			
	5235		5495	4940			
	5590		5607	5199			
	5468		5747	5549			
	6118		6807	5997			
	6927		7215	7030			
	7607		7362	7869			
	7906		8532	10530			
	8253		9510	10105			
	8965		10116	10612			
	9880		11685	12020			
	11414		12984	13643			
	12455		14219	15013			
	14447		15554	16761			
	16276		16929	18612			
	18595		19242	21442			
23695	21361	24366	21458	21682	19653	23563	21288
25425	23262	26681	23282	23590	21363	25401	23184
27281	24890	28842	24958	25194	22752	27077	24668
29360	26771	30083	26919	26883	23660	28962	26605
31415	28806	32159	29126	28899	25647	31047	28813
33488	30506	33960	30611	30864	27468	32910	30916
35732	32916	36133	32784	33179	29665	34950	33297
37126	34002	37362	33964	34075	30881	36173	34562
40170	36756	40314	36375	36665	33351	38705	36947
41094	37748	41564	37721	38058	34518	40021	38166

Note: 1.1992 disposable income before income for living expenses; 2.From 2016 onwards, the per capita disposable income of each city is a new caliber of data, which is incomparable from 2015 and before.

2-19 各市城镇居民人均消费支出（1981—2022年）

单位：元

年 份 Year	南宁市 Nanning	柳州市 Liuzhou	桂林市 Guilin	梧州市 Wuzhou	北海市 Beihai	防城港市 Fangchenggang
1981	440	398	423	414	428	
1982	456	394	458	461	447	
1983	499	435	480	440	450	
1984	566	503	568	512	508	
1985	724	645	813	691	713	
1986	825	718	883	794	855	
1987	944	862	1031	956	933	
1988	1229	1367	1366	1224	1257	
1989	1293	1357	1320	1333	1327	
1990	1360	1462	1445	1418	1449	
1991	1667	1755	1807	1780	1860	
1992	1852	1936	2179	1916	2091	
1993	2624	2916	2595	2510	3483	
1994	4288	3708	3935	3794	4482	
1995	5055	4385	4531	4405	5014	
1996	5425	4577	5082	4580	5302	
1997	5456	4732	5221	4455	5394	
1998	5800	4273	5358	4424	5214	
1999	6321	4351	5786	4475	5693	
2000	6705	4458	5893	4604	5092	
2001	7107	6010	6111	5116	5407	
2002	6970	5992	6123	5129	5898	
2003	7217	6033	6326	6136	5865	
2004	7329	7117	6755	6417	6681	
2005	7882	7850	7186	6670	7128	
2006	8160	7245	7915	7100	8447	
2007	9459	8723	8252	7914	9289	
2008	10268	11351	8992	9552	9917	
2009	11120	11276	9880	9965	12414	
2010	12867	11978	10934	11126	11746	
2011	14834	13720	11890	12995	13176	
2012	15292	14115	14470	13630	14224	
2013	17128	15398	15555	14748	15191	14792
2014	19032	16970	16930	15899	16461	16058
2015	20897	18314	17998	17008	17959	17452
2016	15886	19360	17649	17969	18861	19005
2017	17279	20909	19005	19017	20238	20538
2018	18724	22421	20465	21215	21152	22752
2019	20143	24023	22450	23602	22875	24815
2020	19237	23254	21507	22870	22326	24071
2021	20584	24672	23335	23991	23219	25467
2022	20626	24919	22262	24639	23743	25824

注：从2016年起，各市人均消费支出为新口径数据，与2015年及以前的数据不可比。

Per Capita Consumption Expenditure of Urban Households by Cities（1981—2022）

（yuan）

钦州市 Qinzhou	贵港市 Guigang	玉林市 Yulin	百色市 Baise	贺州市 Hezhou	河池市 Hechi	来宾市 Laibin	崇左市 Chongzuo
	375		431	377			
	417		485	447			
	608		632	634			
	667		776	762			
	840		886	904			
	1215		1153	1258			
	1337		1259	1672			
	1344		1334	1336			
	1479		1355	1558			
	1470		1622	1633			
	1845		2094	1879			
	3257		3213	2786			
	4092		4396	3562			
	3923		4647	3515			
	4198		4639	3902			
	4120		4661	3813			
	4739		4785	3791			
	4134		5409	4076			
	4677		5701	4610			
	4563		5635	5075			
	5661		5766	5287			
	5143		6405	6230			
	5997		7245	6792			
	6313		7615	7545			
	6692		8176	8529			
	8189		9079	8063			
	7979		10268	9129			
	9686		11528	11084			
	11505		12344	11493			
	13123		12327	11706			
14361	14646	14938	13448	12635	12021	14676	12378
15316	15779	15996	14474	13493	14203	15654	13219
16446	16650	17299	15531	14322	14867	16757	14026
17173	15995	17207	16488	15206	15708	17389	15953
18392	17791	18306	17985	16335	16784	18619	17453
19513	19329	19596	19009	17564	18301	19325	18814
20898	21029	21535	19977	18736	19592	20195	20291
20543	20293	20954	19298	17987	19043	19529	19763
21509	22647	22442	20186	19948	20471	20525	21463
20842	22828	22698	19689	20150	20205	20812	21086

Note: Since 2016, the per capita consumption expenditure of each city is a new caliber data, which is incomparable with the data of 2015 and before.

2-20 各市城镇居民恩格尔系数（1981—2022年）

单位：%

年　份 Year	南宁市 Nanning	柳州市 Liuzhou	桂林市 Guilin	梧州市 Wuzhou	北海市 Beihai	防城港市 Fangchenggang
1981	57.7	57.4	58.2	62.4	60.5	
1982	59.6	60.4	61.4	60.3	60.7	
1983	58.3	60.9	62.2	63.2	64.7	
1984	56.6	58.0	55.4	62.5	64.0	
1985	54.5	59.3	54.4	63.8	59.4	
1986	58.6	61.1	57.6	67.7	59.1	
1987	59.3	63.8	57.7	65.7	64.1	
1988	58.9	51.1	55.8	56.4	58.9	
1989	63.7	64.1	60.5	64.4	65.8	
1990	62.1	61.0	57.5	62.0	60.4	
1991	56.1	57.9	56.6	53.9	56.8	
1992	57.0	54.8	52.7	56.9	58.8	
1993	52.9	48.3	54.0	56.6	50.1	
1994	49.2	48.4	48.8	50.4	51.8	
1995	49.9	53.3	52.3	54.6	55.9	
1996	49.7	51.0	49.8	53.7	57.0	
1997	46.5	46.4	48.0	53.2	55.2	
1998	42.4	48.5	43.5	50.2	52.0	
1999	37.5	45.9	41.6	49.5	48.9	
2000	36.5	43.8	38.7	44.4	47.1	
2001	34.7	35.3	37.2	43.3	46.9	
2002	37.5	38.8	40.3	47.6	45.3	
2003	37.5	40.8	40.4	46.5	46.3	
2004	40.1	44.0	42.1	45.5	48.0	
2005	40.5	39.1	39.1	48.0	42.7	
2006	39.0	39.3	39.7	46.8	41.3	
2007	39.6	40.3	45.2	50.4	44.1	
2008	41.0	39.7	50.8	51.9	44.9	
2009	38.8	37.4	49.4	47.5	37.5	
2010	35.1	37.6	46.0	48.4	43.3	
2011	36.0	37.0	40.3	47.2	45.1	
2012	39.2	41.5	41.0	45.1	46.9	
2013	39.0	40.8	41.1	43.8	46.3	40.4
2014	38.8	40.5	40.6	42.8	46.1	40.9
2015	37.9	40.6	40.2	42.3	44.9	40.9
2016	35.9	40.4	36.7	42.3	44.8	41.0
2017	35.3	40.2	36.4	40.8	43.0	33.5
2018	31.1	39.4	35.4	36.6	41.6	30.9
2019	32.0	39.0	34.3	33.0	39.9	31.4
2020	32.7	36.8	33.9	31.4	38.6	34.6
2021	31.8	34.8	33.8	31.0	36.7	33.1
2022	32.1	34.6	33.9	31.0	36.4	32.7

注：从2016年起，各市城镇居民恩格尔系数采用新口径数据进行计算，2015年及以前为老口径数据计算。

Engel's Coefficient of Urban Households by Cities（1981—2022）

（%）

钦州市 Qinzhou	贵港市 Guigang	玉林市 Yulin	百色市 Baise	贺州市 Hezhou	河池市 Hechi	来宾市 Laibin	崇左市 Chongzuo
	61.9		56.1	56.7			
	58.6		55.5	55.7			
	49.9		57.8	59.2			
	54.0		55.5	56.0			
	53.4		59.5	57.1			
	49.3		52.9	49.8			
	53.2		59.7	46.4			
	57.1		59.4	59.1			
	53.4		59.5	54.1			
	55.3		57.9	57.4			
	58.0		57.0	58.6			
	48.3		49.9	51.1			
	48.3		47.5	50.9			
	50.2		45.8	55.1			
	47.2		45.8	49.3			
	48.0		45.8	47.9			
	41.1		44.9	49.9			
	42.0		36.4	46.8			
	36.5		35.8	39.6			
	40.8		39.2	41.3			
	35.9		39.0	42.0			
	42.3		39.0	40.1			
	40.3		40.3	42.1			
	40.4		38.1	39.9			
	47.9		42.2	38.7			
	43.8		42.4	46.3			
	46.1		37.3	41.9			
	39.9		35.0	36.2			
	38.8		40.6	40.2			
	42.3		40.0	39.8			
45.8	41.8	39.5	39.6	39.5	40.0	37.8	41.1
45.7	41.7	40.0	39.1	38.9	33.8	37.6	39.2
45.6	41.6	40.0	38.4	38.7	33.3	37.1	40.3
35.4	41.3	40.5	31.1	38.7	33.5	36.5	41.4
35.3	39.4	39.3	34.2	38.4	32.4	35.8	40.6
34.5	38.1	38.0	33.2	37.3	32.2	35.7	40.3
34.7	36.9	36.0	32.7	35.0	32.3	34.6	41.2
35.0	35.0	33.1	34.4	34.1	34.1	37.1	35.8
33.9	34.8	31.1	33.5	31.5	33.6	35.7	35.0
34.4	34.4	30.9	33.5	31.3	33.0	35.3	34.9

Note: Since 2016, the Engel's coefficient of urban residents in various cities has been calculated with the new caliber data, and calculated for the old caliber data before 2015.

2–21 各市城镇居民人均收支情况（2022年）

单位：元

项　目	Item	南宁市 Nanning	柳州市 Liuzhou	桂林市 Guilin	梧州市 Wuzhou
城镇居民人均收入	**Per Capita Income of Urban Households**				
可支配收入	Disposable Income	42636	42478	42043	38524
工资性收入	Income from Wages and Salaries	24382	25745	23334	21989
经营净收入	Net Business Income	6395	4704	5255	6116
财产性收入	Income from Properties	5277	1832	2733	2870
转移性收入	Income from Transfers	6582	10197	10721	7549
城镇居民人均支出	**Per Capita Expenditure of Urban Households**				
消费性支出	Consumption Expenditure	20626	24919	22262	24639
食品烟酒	Food, Tobacco and Liquor	6622	8610	7541	7640
衣着	Clothing	918	1655	1165	1915
居住	Residence	5030	2963	4660	3360
生活用品及服务	Household Facilities, Articles and Services	1125	1892	1327	2156
交通和通信	Transport and Communications	2379	4436	2251	3544
教育文化娱乐	Education, Culture and Recreation	2242	3004	2759	3156
医疗保健	Health Care and Medical Services	1897	1605	2161	2295
其他用品和服务	Other Goods and Services	413	754	398	573

Per Capita Income and Consumption Expenditure of Urban Households by Cities（2022）

（yuan）

北海市 Beihai	防城港市 Fangchenggang	钦州市 Qinzhou	贵港市 Guigang	玉林市 Yulin	百色市 Baise	贺州市 Hezhou	河池市 Hechi	来宾市 Laibin	崇左市 Chongzuo
41704	40470	41094	37748	41564	37721	38058	34518	40021	38166
23765	21935	21525	25603	23840	23722	21736	19534	24054	21602
7099	7432	8165	4642	7402	6044	5433	5829	6425	8969
2183	3168	3039	1519	2485	2758	4074	2200	2177	2061
8657	7935	8365	5984	7837	5197	6815	6955	7365	5534
23743	25824	20842	22828	22698	19689	20150	20205	20812	21086
8634	8444	7162	7848	7009	6589	6316	6671	7348	7359
1025	1198	827	1774	1478	1254	1435	859	923	865
3071	5867	4978	1940	2546	3584	2486	4135	3972	4850
1285	2210	946	1726	1752	1201	1348	1314	1133	1328
5242	3052	3033	4891	3589	2828	3686	2821	2862	2594
2572	2238	2283	3184	3596	2464	2901	2158	2482	1919
1400	2080	1255	1015	2031	1443	1612	1787	1772	1750
514	735	358	450	697	326	366	460	320	422

2-22 各市农村居民人均收支情况（2022年）

单位：元

项 目	Item	南宁市 Nanning	柳州市 Liuzhou	桂林市 Guilin	梧州市 Wuzhou
农村居民人均收入	**Per Capita Income of Rural Households**				
可支配收入	Disposable Income	19001	18515	20095	17474
工资性收入	Income from Wages and Salaries	8397	5694	8560	7803
经营净收入	Net Business Income	6891	9475	8420	5590
第一产业	Primary Industry	5598	8144	5515	3114
第二产业	Secondary Industry	148	116	775	373
第三产业	Tertiary Industry	1145	1215	2130	2103
财产性收入	Income from Properties	796	186	402	474
转移性收入	Income from Transfers	2917	3160	2713	3607
农村居民人均支出	**Per Capita Expenditure of Rural Households**				
消费支出	Consumption Expenditure	14276	12745	11666	10413
食品烟酒	Food, Tobacco and Liquor	4416	4527	4146	3165
衣着	Clothing	429	525	388	385
居住	Residence	3517	3466	2465	2305
生活用品及服务	Household Facilities, Articles and Services	716	661	751	750
交通和通信	Transport and Communications	1760	775	1393	1558
教育文化娱乐	Education, Culture and Recreation	1733	897	1173	1019
医疗保健	Health Care and Medical Services	1538	1620	1163	987
其他用品和服务	Other Goods and Services	167	274	187	244

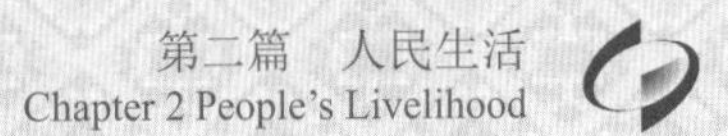

Per Capita Income and Consumption Expenditure of Rural Households by Cities（2022）

（yuan）

北海市 Beihai	防城港市 Fangchenggang	钦州市 Qinzhou	贵港市 Guigang	玉林市 Yulin	百色市 Baise	贺州市 Hezhou	河池市 Hechi	来宾市 Laibin	崇左市 Chongzuo
19475	19944	18081	19576	20872	15817	16445	13225	16405	16761
6690	7053	7147	8326	6105	4778	7401	4462	5469	4023
10350	8309	6235	9307	9432	7591	7168	5651	7494	10358
7282	6706	3522	6783	6238	5935	5437	3884	5725	8463
337	172	661	975	243	241	316	391	121	218
2731	1431	2052	1550	2951	1415	1415	1376	1648	1678
529	573	273	354	281	121	323	139	195	218
1906	4009	4426	1588	5054	3327	1553	2973	3247	2162
12112	14132	10335	11623	13903	9805	10289	9121	13467	9995
4336	4797	3698	4210	4442	3287	3335	3080	4355	3488
434	490	305	281	548	391	420	335	422	310
2771	3038	2399	2070	3076	1949	2422	1821	3022	1879
691	825	543	663	1047	507	717	602	701	600
1190	1554	1277	2078	1735	1515	1096	985	1849	1399
1559	1442	1237	1314	1348	1377	1056	1244	1656	1299
961	1660	701	768	1322	652	1008	905	1296	870
170	326	175	238	385	127	235	149	166	150

2-23 各市城镇居民家庭基本情况（2022年）

Basic Statistics of Urban Households by Cities（2022）

地　区	Region	平均每户家庭人口（人） Average Households Size（person）	平均每户就业人口（人） Average Number of Employed Persons per Households（person）	平均每一就业者负担人数（人） Average Number of Persons Supported by a Laborer（person）	平均每人年末拥有房屋面积（平方米） Per Capita Have House Space at Year-end（sq.m）	平均每百户拥有家用汽车（辆） Average per 100 Households of Ownership of Automobile（unit）
南宁市	Nanning	3.5	1.7	2.0	48.3	47.3
柳州市	Liuzhou	3.2	1.6	2.1	45.6	61.1
桂林市	Guilin	3.2	1.5	2.1	47.8	49.5
梧州市	Wuzhou	3.8	1.7	2.2	56.2	44.2
北海市	Beihai	3.5	1.6	2.2	50.0	42.8
防城港市	Fangchenggang	4.2	1.7	2.4	53.3	52.1
钦州市	Qinzhou	4.3	2.0	2.1	62.5	62.2
贵港市	Guigang	3.8	1.7	2.2	57.5	44.2
玉林市	Yulin	4.0	1.9	2.1	59.3	56.6
百色市	Baise	3.6	1.8	2.0	48.7	45.1
贺州市	Hezhou	3.7	1.8	2.1	55.0	65.5
河池市	Hechi	3.5	1.6	2.1	52.4	45.7
来宾市	Laibin	3.4	1.6	2.1	51.5	50.9
崇左市	Chongzuo	3.4	1.7	2.0	48.4	50.3

2-24　各市农村居民家庭基本情况（2022年）

Basic Statistics of Rural Households by Cities（2022）

地　区	Region	平均每户家庭人口（人）Average Households Size（person）	平均每户整半劳动力（人）Average Number of Semi Labour Force Per Household（person）	平均每一劳动力负担人数（人）Average Number of Dependents per Labour Force（person）	平均每人年末拥有房屋面积（平方米）Per Capita Have House Space at Year-end（sq.m）	平均每百户拥有生活用汽车（辆）Average per 100 Households of Life for Automobile（unit）
南宁市	Nanning	3.5	2.3	1.6	55.0	34.8
柳州市	Liuzhou	3.5	2.4	1.4	57.4	49.9
桂林市	Guilin	3.6	2.4	1.5	55.1	32.1
梧州市	Wuzhou	3.7	2.2	1.6	57.0	24.9
北海市	Beihai	4.0	2.6	1.5	60.2	37.7
防城港市	Fangchenggang	4.0	2.5	1.6	47.1	37.2
钦州市	Qinzhou	3.8	2.3	1.7	57.3	29.2
贵港市	Guigang	3.7	2.3	1.6	60.6	36.5
玉林市	Yulin	4.1	2.5	1.7	52.8	39.5
百色市	Baise	3.7	2.3	1.6	47.8	30.1
贺州市	Hezhou	3.8	2.4	1.6	62.1	33.5
河池市	Hechi	3.4	2.1	1.6	60.0	28.5
来宾市	Laibin	3.4	2.2	1.5	56.7	34.9
崇左市	Chongzuo	3.5	2.2	1.5	54.4	30.0

2-25 广西及各市、县（市、区）居民人均可支配收入

Per Capita Disposable Income of Households by Guangxi and Region

单位：元 （yuan）

地 区	Region	2018	2019	2020	2021	2022
广 西	**Guangxi Total**	**21485**	**23328**	**24562**	**26727**	**27981**
南宁市	**Nanning**	**26798**	**28929**	**30114**	**32679**	**33903**
兴宁区	Xingning District	34859	37520	38592	41775	42913
青秀区	Qingxiu District	42863	45655	47219	50632	52506
江南区	Jiangnan District	30658	33113	33928	36695	37857
西乡塘区	Xixiangtang District	31724	33969	34929	37887	38962
良庆区	Liangqing District	26044	27933	29064	31578	32836
邕宁区	Yongning District	20983	22874	24129	26328	27566
武鸣区	Wuming District	23723	25774	26977	29551	30808
隆安县	Long'an	16364	17818	18985	20755	21758
马山县	Mashan	15034	16409	17560	19281	20305
上林县	Shanglin	16026	17491	18553	20305	21343
宾阳县	Binyang	21984	23961	24945	27234	28507
横州市	Hengzhou	21407	23347	24658	26868	28042
柳州市	**Liuzhou**	**27041**	**29209**	**30500**	**33036**	**34110**
城中区	Chengzhong District	42201	45260	46544	50368	51731
鱼峰区	Yufeng District	38249	41075	42054	45527	46520
柳南区	Liunan District	40127	42980	43927	47485	48530
柳北区	Liubei District	37846	40363	41949	45414	46493
柳江区	Liujiang District	23777	25895	27718	30468	31727
柳城县	Liucheng	21947	23943	25257	27570	28694
鹿寨县	Luzhai	24007	25950	27467	29779	30931
融安县	Rong'an	18938	20745	21829	23766	24861
融水苗族自治县	Rongshui	18212	19850	21197	23120	24234
三江侗族自治县	Sanjiang	16683	18328	19565	21252	22268
桂林市	**Guilin**	**24289**	**26381**	**27745**	**29964**	**31167**
秀峰区	Xiufeng District	35486	37828	39076	41694	42653
叠彩区	Diecai District	33184	35766	37124	39477	40500
象山区	Xiangshan District	35566	38129	38995	41959	43050
七星区	Qixing District	36625	39700	40656	44059	44986
雁山区	Yanshan District	27130	29241	30763	33067	34540
临桂区	Lingui District	24981	27903	29476	31667	32541
阳朔县	Yangshuo	24433	25917	27569	29976	31200

2-25　续表 1　continued

单位：元　　(yuan)

地　区	Region	2018	2019	2020	2021	2022
灵川县	Lingchuan	24666	26776	27934	30103	31490
全州县	Quanzhou	20480	22392	24241	26478	27789
兴安县	Xing'an	23790	25980	27698	29712	30904
永福县	Yongfu	21212	23079	24554	26686	28043
灌阳县	Guanyang	18300	20175	21235	22972	24037
龙胜各族自治县	Longsheng	18308	20106	21412	23480	24622
资源县	Ziyuan	17539	19319	20576	22558	23697
平乐县	Pingle	19859	21778	23085	25188	26606
荔浦市	Lipu	23982	25911	27183	29071	30477
恭城瑶族自治县	Gongcheng	18810	20517	21658	23374	24523
梧州市	**Wuzhou**	**21936**	**23827**	**25140**	**27338**	**28584**
万秀区	Wanxiu District	30742	33026	34319	37044	38355
长洲区	Changzhou District	31081	33527	34777	37454	38786
龙圩区	Longxu District	19506	21269	22581	24578	25737
苍梧县	Cangwu	13316	14603	15554	17090	18024
藤　县	Tengxian	18869	20656	22005	24023	25229
蒙山县	Mengshan	16808	18276	19453	21248	22352
岑溪市	Cenxi	23893	25847	27239	29616	31006
北海市	**Beihai**	**25374**	**27684**	**29196**	**31602**	**32595**
海城区	Haicheng District	34784	37677	39035	41769	42730
银海区	Yinhai District	28744	31378	32839	35613	36567
铁山港区	Tieshangang District	20798	22869	24489	26730	27769
合浦县	Hepu	21619	23764	25230	27404	28447
防城港市	**Fangchenggang**	**25824**	**27679**	**28880**	**31222**	**32065**
港口区	Gangkou District	33394	35717	36891	39748	40968
防城区	Fangcheng District	26082	27885	28970	31180	32481
上思县	Shangsi	15625	16896	18036	19756	20764
东兴市	Dongxing	33694	35936	37088	39855	39337
钦州市	**Qinzhou**	**20749**	**22556**	**24061**	**26413**	**27406**
钦南区	Qinnan District	25564	27538	29078	31727	32771
钦北区	Qinbei District	21877	23745	25180	27693	28589
灵山县	Lingshan	18994	20728	22323	24505	25558
浦北县	Pubei	18938	20652	22062	24226	25257

2-25 续表 2 continued

单位：元 (yuan)

地 区	Region	2018	2019	2020	2021	2022
贵港市	**Guigang**	**21894**	**23930**	**25326**	**27664**	**28756**
港北区	Gangbei District	28350	30600	31965	34775	35836
港南区	Gangnan District	20942	23048	24641	26953	28109
覃塘区	Qintang District	22358	24552	26091	28499	29621
平南县	Pingnan	21241	23289	24696	26954	28022
桂平市	Guiping	20875	22811	24148	26437	27595
玉林市	**Yulin**	**24041**	**25882**	**27401**	**29912**	**31156**
玉州区	Yuzhou District	34169	36652	38386	41609	42801
福绵区	Fumian District	22927	24782	26312	28747	30015
容 县	Rongxian	21535	23192	24668	26881	28098
陆川县	Luchuan	21284	22924	24205	26563	27871
博白县	Bobai	19634	21321	22776	25006	26209
兴业县	Xingye	19352	20787	22135	24324	25479
北流市	Beiliu	26977	29052	30646	33448	34799
玉东新区	Yudongxin District	30954	32960	34590	37530	38709
百色市	**Baise**	**18065**	**19669**	**20962**	**22817**	**23985**
右江区	Youjiang District	26305	28612	29916	32204	33475
田阳区	Tianyang District	20404	22121	23532	25710	27035
田东县	Tiandong	21699	23656	25031	27288	28641
平果市	Pingguo	22481	24554	26012	28341	29867
德保县	Debao	16902	18468	20035	21755	22888
那坡县	Napo	12629	13783	14792	16130	17000
凌云县	Lingyun	13947	15159	16159	17555	18486
乐业县	Leye	14444	15676	16806	18498	19578
田林县	Tianlin	15285	16864	18099	19866	21073
西林县	Xilin	14840	16064	17333	18917	19997
隆林各族自治县	Longlin	14398	15640	16809	18244	19205
靖西市	Jingxi	15307	16793	17965	19733	20707

2-25 续表 3 continued

单位：元 (yuan)

地 区	Region	2018	2019	2020	2021	2022
贺州市	**Hezhou**	**20160**	**21975**	**23185**	**25248**	**26502**
八步区	Babu District	22140	24129	25390	27748	29082
平桂管理区	Pinggui District	20156	22011	23320	25451	26757
昭平县	Zhaoping	19435	21188	22098	24023	25224
钟山县	Zhongshan	18430	20122	21468	23301	24538
富川瑶族自治县	Fuchuan	17973	19596	20758	22623	23761
河池市	**Hechi**	**15865**	**17379**	**18637**	**20414**	**21416**
金城江区	Jinchengjiang District	21222	23199	25058	27905	29292
宜州区	Yizhou District	20294	22241	23697	26049	27331
南丹县	Nandan	20868	22805	24313	26633	27831
天峨县	Tian'e	15136	16479	17555	19260	20181
凤山县	Fengshan	11850	13012	14015	15387	16150
东兰县	Donglan	11639	12798	13789	15154	15987
罗城仫佬族自治县	Luocheng	12607	13845	14977	16381	17259
环江毛南族自治县	Huanjiang	15077	16551	17716	19420	20547
巴马瑶族自治县	Bama	12794	14146	15539	16967	17782
都安瑶族自治县	Du'an	13930	15237	16385	17911	18887
大化瑶族自治县	Dahua	12396	13708	14937	16330	17147
来宾市	**Laibin**	**20844**	**22498**	**23849**	**25874**	**27065**
兴宾区	Xingbin District	22433	24259	25687	27963	29249
忻城县	Xincheng	17921	19373	20765	22499	23632
象州县	Xiangzhou	20335	21939	23279	25130	26362
武宣县	Wuxuan	20503	22101	23471	25430	26608
金秀瑶族自治县	Jinxiu	18432	19817	21186	22936	24052
合山市	Heshan	25028	26732	27901	30136	31370
崇左市	**Chongzuo**	**19140**	**20967**	**22253**	**24114**	**25242**
江州区	Jiangzhou District	23004	25131	26893	29186	30538
扶绥县	Fusui	21912	24106	25430	27524	28851
宁明县	Ningming	16469	18004	19142	20855	21905
龙州县	Longzhou	17401	18916	19875	21534	22560
大新县	Daxin	17955	19871	21087	22972	24130
天等县	Tiandeng	15004	16518	17817	19317	20371
凭祥市	Pingxiang	24435	26953	28289	30184	31226

2-26 各市、县（市、区）城乡居民人均可支配收入

Per Capita Disposable Income of Urban and Rural Households by Region

地 区	Region	城镇居民人均可支配收入（元）Per Capita Disposable Income of Urban Households（yuan）		农村居民人均可支配收入（元）Per Capita Disposable Income of Rural Households（yuan）	
		2021	2022	2021	2022
南宁市	**Nanning**	**41394**	**42636**	**17808**	**19001**
兴宁区	Xingning District	45211	46341	18939	20132
青秀区	Qingxiu District	53013	54921	19565	20993
江南区	Jiangnan District	40660	41798	19511	20779
西乡塘区	Xixiangtang District	39706	40778	17741	18841
良庆区	Liangqing District	36084	37347	19446	20691
邕宁区	Yongning District	37670	38838	18385	19672
武鸣区	Wuming District	40037	41078	20824	22261
隆安县	Long'an	32117	33082	15465	16486
马山县	Mashan	32177	33239	14213	15222
上林县	Shanglin	31463	32470	14648	15703
宾阳县	Binyang	38865	40186	18165	19400
横州市	Hengzhou	39289	40428	17878	19076
柳州市	**Liuzhou**	**41442**	**42478**	**17369**	**18515**
城中区	Chengzhong District	50434	51796	29154	30962
鱼峰区	Yufeng District	46015	46981	29742	31616
柳南区	Liunan District	47493	48538	27202	28861
柳北区	Liubei District	46317	47382	22052	23463
柳江区	Liujiang District	42025	43286	17943	19199
柳城县	Liucheng	39106	40123	18321	19530
鹿寨县	Luzhai	41779	42823	18459	19714
融安县	Rong'an	34505	35471	16825	18003
融水苗族自治县	Rongshui	34800	35809	16524	17697
三江侗族自治县	Sanjiang	34319	35108	16036	17142
桂林市	**Guilin**	**40739**	**42043**	**18993**	**20095**
秀峰区	Xiufeng District	41694	42653		
叠彩区	Diecai District	41240	42271	19148	20086
象山区	Xiangshan District	41975	43066	18585	19440
七星区	Qixing District	44198	45126	23089	23967
雁山区	Yanshan District	39002	40758	17940	18694
临桂区	Lingui District	44365	45253	22165	23029
阳朔县	Yangshuo	44739	46081	21865	23024

2-26　续表 1　continued

地　区	Region	城镇居民人均可支配收入（元） Per Capita Disposable Income of Urban Households（yuan）		农村居民人均可支配收入（元） Per Capita Disposable Income of Rural Households（yuan）	
		2021	2022	2021	2022
灵川县	Lingchuan	41489	43066	19950	21166
全州县	Quanzhou	39293	40589	19695	21014
兴安县	Xing'an	41148	42259	22580	23822
永福县	Yongfu	41194	42842	18275	19463
灌阳县	Guanyang	37651	38818	14146	15150
龙胜各族自治县	Longsheng	38845	39933	15408	16579
资源县	Ziyuan	38589	39979	14726	15742
平乐县	Pingle	39388	41081	18357	19642
荔浦市	Lipu	40096	41500	19306	20715
恭城瑶族自治县	Gongcheng	37855	39407	16494	17451
梧州市	**Wuzhou**	**37185**	**38524**	**16331**	**17474**
万秀区	Wanxiu District	38884	40167	20951	22501
长洲区	Changzhou District	39153	40484	19975	21313
龙圩区	Longxu District	34197	35462	15862	16925
苍梧县	Cangwu	28251	29353	12108	12968
藤　县	Tengxian	34203	35434	16264	17451
蒙山县	Mengshan	33395	34731	14018	14985
岑溪市	Cenxi	38782	40178	19229	20613
北海市	**Beihai**	**40727**	**41704**	**18460**	**19475**
海城区	Haicheng District	41791	42752	19760	20807
银海区	Yinhai District	40216	41101	20638	21814
铁山港区	Tieshangang District	40041	41042	19269	20329
合浦县	Hepu	39874	40951	18183	19201
防城港市	**Fangchenggang**	**39676**	**40470**	**19031**	**19944**
港口区	Gangkou District	42539	43730	20645	22070
防城区	Fangcheng District	40990	42302	19219	20507
上思县	Shangsi	27518	28454	15840	16885
东兴市	Dongxing	46296	45648	23439	23251
钦州市	**Qinzhou**	**40170**	**41094**	**17041**	**18081**
钦南区	Qinnan District	40909	41932	17663	18740
钦北区	Qinbei District	39852	40689	17206	18152
灵山县	Lingshan	40126	41089	16884	17981
浦北县	Pubei	39916	40874	16665	17732

2-26 续表 2 continued

地　区	Region	城镇居民人均可支配收入（元）Per Capita Disposable Income of Urban Households（yuan）		农村居民人均可支配收入（元）Per Capita Disposable Income of Rural Households（yuan）	
		2021	2022	2021	2022
贵港市	**Guigang**	**36756**	**37748**	**18381**	**19576**
港北区	Gangbei District	39143	40161	19261	20474
港南区	Gangnan District	37934	39034	18723	19921
覃塘区	Qintang District	37032	38032	19553	20804
平南县	Pingnan	36736	37654	18003	19209
桂平市	Guiping	36172	37185	18729	20003
玉林市	**Yulin**	**40314**	**41564**	**19635**	**20872**
玉州区	Yuzhou District	46324	47510	22303	23521
福绵区	Fumian District	42830	44158	19315	20543
容　县	Rongxian	37570	38735	18607	19865
陆川县	Luchuan	36561	37877	18592	19893
博白县	Bobai	34095	35275	18757	19976
兴业县	Xingye	34676	35786	17706	18889
北流市	Beiliu	42830	44243	21148	22417
玉东新区	Yudongxin District	41439	42591	21524	22815
百色市	**Baise**	**36375**	**37721**	**14755**	**15817**
右江区	Youjiang District	39455	40678	19359	20714
田阳区	Tianyang District	37634	38914	17611	18967
田东县	Tiandong	39417	40836	19252	20561
平果市	Pingguo	10218	41070	10702	18108
德保县	Debao	38132	39581	13773	14751
那坡县	Napo	29122	30316	11098	11842
凌云县	Lingyun	32980	34134	11757	12604
乐业县	Leye	34854	36213	12162	13135
田林县	Tianlin	34435	35812	14921	16070
西林县	Xilin	30277	31549	13542	14531
隆林各族自治县	Longlin	35902	37230	12066	12899
靖西市	Jingxi	34224	35353	13777	14686

2-26 续表 3 continued

地 区	Region	城镇居民人均可支配收入（元） Per Capita Disposable Income of Urban Households（yuan）		农村居民人均可支配收入（元） Per Capita Disposable Income of Rural Households（yuan）	
		2021	2022	2021	2022
贺州市	**Hezhou**	**36665**	**38058**	**15312**	**16445**
八步区	Babu District	39317	40811	16331	17507
平桂管理区	Pinggui District	35523	36944	15483	16675
昭平县	Zhaoping	35177	36549	14430	15483
钟山县	Zhongshan	34981	36415	14797	15892
富川瑶族自治县	Fuchuan	34191	35353	14756	15877
河池市	**Hechi**	**33351**	**34518**	**12325**	**13225**
金城江区	Jinchengjiang District	42513	44128	14555	15734
宜州区	Yizhou District	41901	43368	15699	16861
南丹县	Nandan	40781	42086	14561	15668
天峨县	Tian'e	30864	31975	11956	12757
凤山县	Fengshan	28394	29246	10757	11488
东兰县	Donglan	28804	29783	10768	11554
罗城仫佬族自治县	Luocheng	28053	29203	10846	11594
环江毛南族自治县	Huanjiang	32817	34097	13197	14253
巴马瑶族自治县	Bama	31721	32641	11054	11828
都安瑶族自治县	Du'an	28783	29934	10945	11810
大化瑶族自治县	Dahua	28667	29556	11090	11877
来宾市	**Laibin**	**38705**	**40021**	**15317**	**16405**
兴宾区	Xingbin District	39602	41028	16122	17267
忻城县	Xincheng	38296	39521	14704	15792
象州县	Xiangzhou	39015	40459	15800	16890
武宣县	Wuxuan	38418	39724	15951	17036
金秀瑶族自治县	Jinxiu	39099	40350	13279	14315
合山市	Heshan	37545	38859	15906	16988
崇左市	**Chongzuo**	**36947**	**38166**	**15694**	**16761**
江州区	Jiangzhou District	40284	41734	17887	19139
扶绥县	Fusui	38821	40296	18269	19475
宁明县	Ningming	32780	33862	15472	16509
龙州县	Longzhou	34032	35189	13916	14862
大新县	Daxin	38627	39824	16559	17702
天等县	Tiandeng	32618	33825	13767	14758
凭祥市	Pingxiang	41501	42539	15646	16694

2-27 各市、县（市、区）城乡居民人均消费支出

Per Capita Consumption Expenditure of Urban and Rural Households by Region

地 区	Region	城镇居民人均消费支出（元）Per Capita Consumption Expenditure of Urban Households（yuan）		农村居民人均消费支出（元）Per Capita Consumption Expenditure of Rural Households（yuan）	
		2021	2022	2021	2022
南宁市	**Nanning**	**20584**	**20626**	**14276**	**14276**
兴宁区	Xingning District	21736	21779	13575	13371
青秀区	Qingxiu District	35178	35987	18467	18707
江南区	Jiangnan District	26089	26298	12167	12057
西乡塘区	Xixiangtang District	23913	23770	16995	17267
良庆区	Liangqing District	17094	17299	11528	11378
邕宁区	Yongning District	20648	20669	13402	13643
武鸣区	Wuming District	15748	15905	13829	13815
隆安县	Long'an	18339	18559	12660	12787
马山县	Mashan	17807	17647	14935	15054
上林县	Shanglin	17571	17676	15592	15732
宾阳县	Binyang	12153	12214	15360	15544
横州市	Hengzhou	15904	15856	13136	13254
柳州市	**Liuzhou**	**24672**	**24919**	**11990**	**12745**
城中区	Chengzhong District	28735	29540	16166	17427
鱼峰区	Yufeng District	25613	25690	19972	20052
柳南区	Liunan District	32946	33012	18241	18296
柳北区	Liubei District	29209	30085	19540	20107
柳江区	Liujiang District	26244	27477	12269	12821
柳城县	Liucheng	23525	24043	11183	11876
鹿寨县	Luzhai	19918	20018	11016	11721
融安县	Rong'an	19414	20093	11158	11214
融水苗族自治县	Rongshui	20096	20699	10861	11589
三江侗族自治县	Sanjiang	19139	19407	11340	11816
桂林市	**Guilin**	**23335**	**22262**	**12358**	**11666**
秀峰区	Xiufeng District	23317	21288		
叠彩区	Diecai District	24573	22705	12129	11814
象山区	Xiangshan District	24541	22529	12550	12337
七星区	Qixing District	25057	22977	15337	15414
雁山区	Yanshan District	22424	22760	10856	10281
临桂区	Lingui District	24874	23829	12748	11754
阳朔县	Yangshuo	25361	23053	13542	12201

2-27 续表 1 continued

地 区	Region	城镇居民人均消费支出（元） Per Capita Consumption Expenditure of Urban Households（yuan）		农村居民人均消费支出（元） Per Capita Consumption Expenditure of Rural Households（yuan）	
		2021	2022	2021	2022
灵川县	Lingchuan	22703	20705	11370	10278
全州县	Quanzhou	21492	21685	12618	12757
兴安县	Xing'an	22215	21837	13580	12344
永福县	Yongfu	22788	21808	11010	10283
灌阳县	Guanyang	20474	19737	9390	8573
龙胜各族自治县	Longsheng	22614	22049	9805	9432
资源县	Ziyuan	21669	20954	9321	8641
平乐县	Pingle	20637	20761	11111	10111
荔浦市	Lipu	23725	22183	12438	11219
恭城瑶族自治县	Gongcheng	21305	20218	10679	10743
梧州市	**Wuzhou**	**23991**	**24639**	**9984**	**10413**
万秀区	Wanxiu District	28445	29156	10534	11019
长洲区	Changzhou District	26007	26683	15496	16131
龙圩区	Longxu District	19085	19619	8482	8830
苍梧县	Cangwu	20154	20738	8147	8497
藤 县	Tengxian	22004	22598	9422	9846
蒙山县	Mengshan	16185	16671	10155	10582
岑溪市	Cenxi	14333	14720	12375	12920
北海市	**Beihai**	**23219**	**23743**	**12656**	**12112**
海城区	Haicheng District	25104	25221	15726	14596
银海区	Yinhai District	22310	22670	14579	13674
铁山港区	Tieshangang District	21024	22011	13321	12678
合浦县	Hepu	18342	18855	11012	11122
防城港市	**Fangchenggang**	**25467**	**25188**	**14406**	**14567**
港口区	Gangkou District	25819	24256	13893	13022
防城区	Fangcheng District	26689	27247	12384	13152
上思县	Shangsi	17225	17494	9299	9357
东兴市	Dongxing	25420	25318	13435	13438
钦州市	**Qinzhou**	**21509**	**20842**	**10284**	**10335**
钦南区	Qinnan District	22027	22354	10009	10055
钦北区	Qinbei District	21095	20041	10338	10348
灵山县	Lingshan	20672	19442	9982	10078
浦北县	Pubei	20624	20023	9994	10077

2-27　续表 2　continued

地　区	Region	城镇居民人均消费支出（元） Per Capita Consumption Expenditure of Urban Households（yuan）		农村居民人均消费支出（元） Per Capita Consumption Expenditure of Rural Households（yuan）	
		2021	2022	2021	2022
贵港市	**Guigang**	**22647**	**22828**	**11528**	**11623**
港北区	Gangbei District	24012	24780	12912	12783
港南区	Gangnan District	20588	20867	10076	10025
覃塘区	Qintang District	19352	19391	10542	10806
平南县	Pingnan	25267	25873	12213	13194
桂平市	Guiping	24998	24258	12188	12310
玉林市	**Yulin**	**22442**	**22698**	**14143**	**13903**
玉州区	Yuzhou District	28018	28859	15983	15519
福绵区	Fumian District	14232	14536	11189	11066
容　县	Rongxian	17543	17607	11215	11865
陆川县	Luchuan	19362	19536	13183	13332
博白县	Bobai	19769	19885	12274	12732
兴业县	Xingye	21188	22032	11656	11961
北流市	Beiliu	26379	27404	11757	11800
玉东新区	Yudongxin District	24920	24237	14608	14484
百色市	**Baise**	**20186**	**19689**	**10016**	**9805**
右江区	Youjiang District	23305	22466	12820	12717
田阳区	Tianyang District	17782	16857	11679	11235
田东县	Tiandong	20227	20045	10983	10906
平果市	Pingguo	20067	20032	10154	10296
德保县	Debao	17051	16983	9279	9168
那坡县	Napo	18295	17874	8257	7902
凌云县	Lingyun	16798	16580	9141	9223
乐业县	Leye	16913	16423	9138	8928
田林县	Tianlin	18581	17745	10282	9696
西林县	Xilin	20169	20411	8221	8163
隆林各族自治县	Longlin	18318	17970	8150	7881
靖西市	Jingxi	16982	16099	8746	8615

2-27　续表 3　continued

地　区	Region	城镇居民人均消费支出（元） Per Capita Consumption Expenditure of Urban Households（yuan）		农村居民人均消费支出（元） Per Capita Consumption Expenditure of Rural Households（yuan）	
		2021	2022	2021	2022
贺州市	**Hezhou**	**19948**	**20150**	**10499**	**10289**
八步区	Babu District	22451	22833	11537	11122
平桂管理区	Pinggui District	18752	18714	11127	11172
昭平县	Zhaoping	18104	18376	10546	10177
钟山县	Zhongshan	18205	18187	8939	8957
富川瑶族自治县	Fuchuan	15847	16148	8731	8443
河池市	**Hechi**	**20471**	**20205**	**9241**	**9121**
金城江区	Jinchengjiang District	23254	30264	10994	10277
宜州区	Yizhou District	29671	23331	11749	11547
南丹县	Nandan	21911	21386	9712	9803
天峨县	Tian'e	18851	19643	9719	9694
凤山县	Fengshan	15902	16447	7389	7659
东兰县	Donglan	15265	14295	7527	7341
罗城仫佬族自治县	Luocheng	15296	15254	7566	7906
环江毛南族自治县	Huanjiang	18852	19731	10891	10735
巴马瑶族自治县	Bama	15952	15897	7597	6900
都安瑶族自治县	Du'an	19616	21358	7469	7314
大化瑶族自治县	Dahua	15375	14609	8921	10050
来宾市	**Laibin**	**20525**	**20812**	**13087**	**13467**
兴宾区	Xingbin District	21577	21944	13347	13774
忻城县	Xincheng	19644	19860	11589	11902
象州县	Xiangzhou	19564	19857	13306	13692
武宣县	Wuxuan	20359	20624	12856	13255
金秀瑶族自治县	Jinxiu	21454	21754	12095	12409
合山市	Heshan	14574	14807	10679	10999
崇左市	**Chongzuo**	**21463**	**21086**	**10045**	**9995**
江州区	Jiangzhou District	22859	22488	11124	11068
扶绥县	Fusui	22952	22978	11941	11679
宁明县	Ningming	18661	17873	9684	9442
龙州县	Longzhou	18428	17640	9443	9528
大新县	Daxin	22536	22005	11440	11532
天等县	Tiandeng	18154	19166	9129	9394
凭祥市	Pingxiang	25328	23940	9982	9703

主要统计指标解释

从2012年四季度起，国家统计局对分别进行的城乡住户调查实施了一体化改革，统一了城乡居民收入指标名称、分类和统计标准，建立了城乡统一的一体化住户调查《住户收支与生活状况调查》。广西从2014年开始，正式发布此项改革后的一体化城乡住户收支与生活状况调查数据。

住户 指居住在一个住宅内，共同分享生活开支或收入的一群人。居住在同一房间内、不共同分享生活开支的人群，每个人都视为一个住户。住家保姆、住家家庭工视为单独的住户。

常住居民 指住户成员中，经常在家居住，或者调查期内居住时间超过一半的人员，以及本住户供养的学生。常住居民是住户收支的调查对象。

居民可支配收入 指居民可用于最终消费支出和储蓄的总和，即居民可用于自由支配的收入，既包括现金收入，也包括实物收入。按照收入的来源，可支配收入包含四项，分别为：工资性收入、经营净收入、财产净收入、转移净收入。

工资性收入 指就业人员通过各种途径得到的全部劳动报酬和各种福利，包括受雇于单位或个人、从事各种自由职业、兼职和零星劳动得到的全部劳动报酬和福利。

经营净收入 指住户或住户成员从事生产经营活动所获得的净收入，是全部经营收入中扣除经营费用、生产性固定资产折旧和生产税净额（生产税减去生产补贴）之后得到的净收入。计算公式具体为：

经营净收入=经营收入-经营费用-生产性固定资产折旧-生产税净额（生产税-生产补贴）

财产净收入 指住户或住户成员将其所拥有的金融资产和自然资源交由其他机构单位、住户或个人支配而获得的回报并扣除相关的费用之后得到的净收入。计算公式为：

财产净收入=财产性收入-财产性支出

转移净收入 指国家、单位、社会团体对住户的各种经常性转移支付和住户之间的经常性收入转移。包括政府、非行政事业单位、社会团体对居民转移的养老金或退休金、社会救济和补助、政策性生活补贴、救灾款、经常性捐赠和赔偿以及报销医疗费等；住户之间的赡养收入、经常性捐赠和赔偿以及农村地区（村委会）在外（含国外）工作的本住户非常住成员寄回的收入等。计算公式为：

转移净收入=转移性收入-转移性支出

居民收入五等份分组 指将所有调查户按人均收入水平从低到高顺序排列，平均分为五个等份，处于最高20%的收入群体为高收入组，依此类推依次为中高收入组、中等收入组、中低收入组、低收入组。

居民消费支出 指居民用于满足家庭日常生活消费需要的全部支出，既包括现金消费支出，也包括实物消费支出。根据用途不同，消费支出包括食品烟酒、衣着、居住、生活用品及服务、交通通信、教育文化娱乐、医疗保健、其他用品及服务八大类。

食品烟酒 指用于各种食品和烟草、酒类的支出。

衣着 指与居民穿着有关的支出，包括服装、服装材料、鞋类、其他衣类及配件、衣着相关加工服务的支出。

居住 指与居住有关的支出，包括房租、水、电、燃料、物业管理等方面的支出，也包括自有住房折算租金。

生活用品及服务 指家庭及个人的各类生活品及家庭服务。包括家具及室内装饰品、家用器具、家用纺织品、家庭日用杂品、个人用品和家庭服务。

交通通信 指用于交通和通信工具及相关的各种服务费、维修费和车辆保险等支出。

教育文化娱乐 指用于教育、文化和娱乐方面的支出。

医疗保健 指用于医疗和保健的药品、用品和服务的总费用。包括医疗器具及药品，以及医疗服务。

其他用品及服务 指无法直接归入上述各类支出的其他用品与服务支出。

Explanatory Notes on Main Statistical Indicators

In the fourth quarter of 2012, the NBS launched its reform on the household survey programme in order to produce aggregates with the same concepts and definitions for the urban and rural population. This new survey Programme is an integrated one whereas there had existed two separate household surveys of the urban and rural households. The reform took a number of measures, including the integration of concepts, classifications and standards, which provided a basis for producing data covering all households. Guangxi from 2014, officially announced the integration of urban and rural household income and expenditure survey data after the reform.

Households A group of people who live in a house and share their living expenses or incomes. Living in the same room, not to share the living expenses of the crowd, everyone is considered as a household. Nanny, home family work as a separate household.

Permanent Resident Of the members of the household, who often live at home, or have more than half the residence time of the survey period, and the students who are supporting the residents. Residents are residents of household income and expenditure survey.

Disposable Income of Households refers to the income of households for purpose of final expenditure and savings. It includes income both in cash and in kind. By sources of income, disposable income includes four categories: income from wages and salaries, net business income, net income from properties and net income from transfer.

Income from Household Operations refers to all the labor remuneration and various benefits obtained by the employed persons through various means, including all the labor remuneration and benefits obtained from the employment of the unit or individual, in various kinds of free occupations, part – time, and sporadic work.

Net Business Income refers to the net income received by the household or household members engaged in the production and operation activities, and the net income after deducting operating expenses, depreciation of productive fixed assets, and net production tax (net income of production tax). Calculation formula is concrete:

Net Business Income = Operating Income – Operating Expenses – Depreciation of Productive Fixed Assets – Net Production Tax (Production Tax – Production Subsidies)

Property Net Income refers to the net income of the household or household members of the financial assets and natural resources owned by the financial assets and natural resources by other institutional units, households or individuals to obtain the return and deduct the relevant expenses. Calculation formula:

Property Net Income = Property Income – Property Expenses

Transfer Net Income refers to the country, the unit, the social group to the resident's each kinds of regular transfer payment and the inhabitant's regular income transfer. Including the government, non administrative institutions, social groups on the transfer of pension or pension, social relief and subsidies, policy of living subsidies, relief funds, regular donations and compensation and reimbursement of medical expenses, etc.. Calculation formula:

Transfer Net Income = Transfer Income – Transfer Expenditure

Per Capita Disposable Income of Households by Income Quintile refers to all households surveyed by per capita income level from high to low order arrangement, the average score for five equal parts, 20% of the highest income groups in the high income group, by analogy in order to high income group, medium income group and low income group and low income group.

Consumption Expenditure of Households refers to all expenditure of households for living expenditure to satisfy family daily living. It includes expenditure in cash and in kind. It includes eight categories: food, tobacco and liquor; clothing; residence; household facilities, articles and services; transport and communications; education, cultural and recreational activities; health care and medical services, and miscellaneous goods and services.

Food, Tobacco and Liquor refers to expenditure for food, tobacco and liquor of all kinds.

Clothing refers to expenditure related to clothing, including clothes, clothing materials, footwear, other clothing and accessories, processing services related to clothing.

Residence refers to expenditure related to residence, including housing rents, water, electricity, fuel, property management, and including converted self–owned housing rents.

Household Facilities, Articles and Services refers to expenditure for family and individual articles for living purpose and family services. It includes furniture and interior decoration, home appliances, home textiles, household miscellaneous daily articles, personal articles, and family services.

Transport and Communications refers to expenditure for transport and communication and related services, maintenance and repairs, and vehicle insurance.

Education, Cultural and Recreational Activities refers to expenditure on education, cultural and recreational activities.

Health Care and Medical Services refers to expenditure on drugs, supplies and services of medical and health care. It includes medical appliances and drugs, and medical services.

Miscellaneous Goods and Services refers to expenditure of all kinds of expenditure of other articles and services that can not divided into the category above.

第三篇 脱贫县农村住户监测

Chapter 3 Rural Household Monitoring in Poverty Alleviation Counties

（编辑：杨宁琳　罗宗序）

（Editor: Yang Ninglin　Luo Zongxu）

简要说明

一、本篇资料的主要内容

本篇资料是根据国家统计局开展的脱贫县农村住户监测调查收集反映广西脱贫地区（共33个国家监测县）农村居民收支与生活现状、变化趋势和帮扶成效等情况。

二、脱贫县农村住户监测调查数据来源及调查方法

在国家统计局统一领导下，广西调查总队具体负责本地区的脱贫县农村住户监测调查工作。有国家调查队的县，现场调查工作由县级调查队承担；没有国家调查队的县，由县级统计局承担。所有基础数据由市县调查队、县统计局直接上报调查总队，经调查总队审核后，上报国家统计局住户调查司（原住户调查办公室）。

调查对象为广西脱贫地区的县（市、区），即33个监测县以及抽中行政村、农村住户及住户成员。

脱贫县农村住户监测调查户样本抽选是以省(区、市)为总体，采用分层、多阶段、与人口规模大小成比例（PPS）的概率抽样方法，随机抽选调查住宅，确定调查户。广西共抽选出33个县(市、区)的271个调查小区，2710个住户参加记账调查。

脱贫县农村住户监测调查内容主要包括居民现金和实物收入、住户及劳动力从业情况、居民家庭住房和耐用消费品拥有情况，家庭经营和生产投资情况、社区基本情况、县（市）社会经济基本情况等。

脱贫县农村住户监测调查内容由两部分组成，分别为住房收支与生活状况调查内容和脱贫县农村住户监测补充调查内容。脱贫县在统一开展住户收支与生活状况调查的基础上，补充调查与巩固拓展脱贫攻坚成果同乡村振兴有效衔接等方面高度相关的内容。

脱贫县农村住户监测调查采用日记账和问卷调查相结合的方式采集基础数据。其中，居民现金收入与支出、实物收入与支出等内容主要使用记账方式采集。住户成员及劳动力从业情况、住房和耐用消费品拥有情况、家庭经营和生产投资情况、社区基本情况及村和户的产业发展等情况使用问卷调查方式采集。县级统计表和社区基本情况补充调查表中的村庄治理与公共服务情况全部指标数据均来源于《县域社会经济基本情况统计报表制度》，由国家统计局农村司相关数据库过录得到，无须基层采集。

所有基础数据由调查县、市直接上报调查总队，经调查总队审核，上报国家统计局住户调查司（原住户调查办公室）。

3-1　脱贫地区农村居民家庭基本情况

Basic Conditions of Rural Households in Poverty Alleviation Areas

项　目	Item	2021	2022
调查户类别（户）	**Household Survey Categories（household）**		
调查户数	Number of Household Surveyed	2710	2710
低保户	Low Income Households	232	191
建档立卡户	Cardholder Archiving Legislation	744	725
退耕还林户	Grain for Green by Households	358	155
当年参加专业性合作经济组织的户	Specialized Cooperative Economic Organizations of Households	185	173
当年家中是否发生大事	The Occurrence of Events at Home		
没有大事	No Big Thing	2190	2270
盖房买房	Build a House Buy a House	125	94
婚丧嫁娶	Wedding and Funeral	48	47
子女上大学（含大中专）	Their Children to University（Including College）	176	168
大病治疗	Serious Illness Treatment	171	131
家庭成员基本情况（人）	**Basic Statistics of Family Members（person）**		
家庭全部人口	Family Entire Population	12063	11971
常住人口	Resident Population	9456	9285
男	Male	4879	4802
女	Female	4577	4483
少数民族人口	Minority Population	9850	9765
有病是否能及时就医	Whether Prompt Medical Illness		
是	Yes	12051	11986
否	No	12	12
不能及时就医的主要原因	Main Reasons for Not Timely Medical Treatment		
经济困难	Economic Difficulties	2	2
医院太远	Hospitals Too Far	3	8
没有时间	No Time		
本人不重视	I Do Not Pay Attention		
小病不用医	Minor Ailments Without Doctors	4	
其他	Other	3	2
5周岁及以下人口是否接受计划免疫人数	Whether to Accept the Number of Planned Immunization	847	816

3-1 续表 1 continued

项　目	Item	2021	2022
劳动力素质及就业状况（人）	**Quality of Labor Force and Employment Status（person）**		
常住从业人员中劳动力人数	Number of Permanent Employees	6120	6073
住房及生活设施情况（户）	**Household and Living Facilities（household）**		
居住住房主要建筑材料	Residential Housing Construction Materials	2710	2710
钢筋混凝土	Reinforced Concrete	608	636
砖混材料	Masonry Materials	1914	1899
砖瓦砖木	Brick and Tile Brick	176	173
竹草土坯	Bamboo Grass Adobe	2	
其他	Other	10	2
住宅外道路路面情况	Road Surface State of the Road Outside the House	2710	2710
水泥或柏油路面	Cement or Road Surface of Pitch	2392	2426
沙石或石板等硬质路面	Stone, Sand gravel or Other Hard-surface	469	238
其他	Other	49	46
对家庭饮用水所采取的主要处理措施	Main Treatment Measures for Domestic Drinking Water	2710	2710
煮沸	Boiled	2505	2541
加漂白剂/氯等	Add Bleach/Chlorine	12	9
使用水过滤器	Use Water Filter	44	46
其他处理措施	Other Treatment Measures	50	35
没有任何水处理措施	No Water Treatment Measures	99	79
厕所类型	Toilet Type	2710	2710
水冲式卫生厕所	Water Flush Sanitary Toilet	2658	2693
水冲式非卫生厕所	Water Flush Non-sanitary Toilet	28	
卫生旱厕	Sanitary Toilet	14	11
普通旱厕	Ordinary Toilet	8	6
无厕所	No Toilet	2	
厕所使用情况	Situation of Toilet Use	2710	2710
本住户独用	Household Use Alone	2584	2648
几户合用	Several Families Sharing	126	62
公用厕所	Communal Lavatories		
洗澡设施	Facilities for Bathing	2710	2710
统一供热水	Unity of Hot Water Supply	23	15

3-1　续表 2　continued

项　目	Item	2021	2022
家庭自装热水器	Families Install Their Own Water Heater	2190	2304
其他	Other	335	245
无洗澡设施	No Bathing Facilities	162	146
主要炊用能源状况	Mainly to Cooking Energy Situation	2710	2710
柴草	Firewood	567	550
煤炭	Coal		
罐装液化石油气	Bottled Liquefied Petroleum Gas	1579	1616
电	Electricity	530	511
沼气	Biogas	24	22
其他	Other	2	11
使用照明电的	Use of Lighting Electricity	2710	2710
社会事务参与情况（户）	**Statistics of Participation in Social Affairs（household）**		
当年有人参加过村务会议的户	Households of Participated in Village meetings This Year	1319	1376
当年有人为村级公共事务提过建议的户	Households of Village-level Public Affairs When Someone Mentioned Recommendations This Year	830	792
本村的低保户是如何确定的	The Village is How to determine the minimal Assurance Households		
村民公开评议	Public Comment by Villagers	2251	2514
村干部指定	Specified by Village Cadres	11	6
大家轮流	Everyone Take Turns	2	
关系户优先	Priority of Family Relations	3	
其他	Other	443	190
您家当年面临的主要问题	The Main Problem That Faces in Your Home		
缺乏致富技术	Lack of Enrichment Technology	670	659
缺乏资金	Lack of Funds	794	858
缺乏劳动力	Lack of Labour Force	230	213
家中有人患大病	Someone Suffering From a Serious Illness by Households	100	77
家中有人残疾	Someone Disability by Households	34	31
容易遭受自然灾害	Vulnerable to Natural Disasters	24	30
其他	Other	142	109

3-2 脱贫地区农村居民家庭人均总收入及构成

Per Capita Gross Income and Composition of Rural Households in Poverty Alleviation Areas

项　目	Item	2021	2022
总收入（元）	**Total Income（yuan）**	**18665.1**	**19747.5**
工资性收入	Wages Income	4582.0	5095.4
家庭经营收入	Household Business Income	9219.4	9311.0
第一产业	Primary Industry	6665.6	6931.9
农业	Farming	3739.0	3838.5
林业	Forestry	836.2	901.3
牧业	Animal Husbandry	1992.2	2107.0
渔业	Fishery	98.2	85.1
第二产业	Secondary Industry	727.2	574.8
工业	Industry	533.3	400.8
建筑业	Construction	193.9	174.0
第三产业	Tertiary Industry	1826.6	1804.2
批发和零售业	Wholesale & Retail Trade	666.9	596.2
交通、运输、邮电业	Transport and Telecommunications Industries	636.2	691.9
住宿和餐饮业	Hotel & Catering Trade	47.0	52.5
居民服务修理和其他服务业	Residents Service Repair & Other Services	200.2	218.9
其他行业	Other Industry	276.4	244.8
财产性收入	Property Income	179.3	260.5
转移性收入	Transferred Income	4684.4	5080.5
总收入构成（%）	**Composition of Total Income（%）**		
工资性收入	Wages Income	24.5	25.8
家庭经营收入	Household Business Income	49.4	47.2
第一产业	Primary Industry	35.7	35.1
农业	Farming	20.0	19.4
林业	Forestry	4.5	4.6
牧业	Animal Husbandry	10.7	10.7
渔业	Fishery	0.5	0.4
第二产业	Secondary Industry	3.9	2.9
工业	Industry	2.9	0.9
建筑业	Construction	1.0	2.0
第三产业	Tertiary Industry	9.8	9.1
批发和零售业	Wholesale & Retail Trade	3.6	3.0
交通、运输、邮电业	Transport and Telecommunications Industries	3.4	3.5
住宿和餐饮业	Hotel & Catering Trade	0.3	0.3
居民服务修理和其他服务业	Residents Service Repair & Other Services	1.1	1.1
其他行业	Other Industry	1.5	1.2
财产性收入	Property Income	1.0	1.3
转移性收入	Transferred Income	25.1	25.7

3-3 脱贫地区农村居民家庭人均可支配收入及构成

Per Capita Disposable Income and Composition of Rural Households in Poverty Alleviation Areas

项 目	Item	2021	2022
可支配收入（元）	**Disposable Income（yuan）**	**14663.5**	**15796.1**
工资性收入	Wages Income	4582.0	5095.4
经营净收入	Net Business Income	5648.0	5933.8
第一产业	Primary Industry	4062.9	4280.1
农业	Farming	2418.6	2526.1
林业	Forestry	731.2	733.6
牧业	Animal Husbandry	851.0	955.9
渔业	Fishery	62.1	64.6
第二产业	Secondary Industry	271.1	279.2
工业	Industry	154.4	85.4
建筑业	Construction	116.7	193.8
第三产业	Tertiary Industry	1314.0	1374.5
批发和零售业	Wholesale & Retail Trade	600.9	559.3
交通、运输、邮电业	Transport and Telecommunications Industries	365.0	402.7
住宿和餐饮业	Hotel & Catering Trade	34.9	46.0
居民服务修理和其他服务业	Residents Service Repair & Other Services	146.6	170.7
其他行业	Other Industry	166.6	195.8
财产净收入	Net Income from Property	162.4	238.2
转移净收入	Net Income from Transfer	4271.0	4528.6
可支配收入构成（%）	**Composition of Disposable Income（%）**		
工资性收入	Wages Income	31.2	32.3
经营净收入	Net Business Income	38.5	37.6
第一产业	Primary Industry	27.7	27.1
农业	Farming	16.5	16.0
林业	Forestry	5.0	4.6
牧业	Animal Husbandry	5.8	6.1
渔业	Fishery	0.4	0.4
第二产业	Secondary Industry	1.8	1.8
工业	Industry	1.1	0.5
建筑业	Construction	0.8	1.2
第三产业	Tertiary Industry	9.0	8.7
批发和零售业	Wholesale & Retail Trade	4.1	3.5
交通、运输、邮电业	Transport and Telecommunications Industries	2.5	2.5
住宿和餐饮业	Hotel & Catering Trade	0.2	0.3
居民服务修理和其他服务业	Residents Service Repair & Other Services	1.0	1.1
其他行业	Other Industry	1.1	1.2
财产净收入	Net Income from Property	1.1	1.5
转移净收入	Net Income from Transfer	29.1	28.7

3–4 脱贫地区农村居民家庭人均现金可支配收入及构成

Per Capita Cash Disposable Income and Composition of Rural Households in Poverty Alleviation Areas

项　目	Item	2021	2022
现金收入（元）	**Cash Income（yuan）**	**16695.4**	**17795.0**
工资性收入	Wages Income	4547.8	5060.1
经营性收入	Net Business Income	7810.9	7890.7
第一产业	Primary Industry	5257.0	5511.6
农业	Farming	2798.4	2912.5
林业	Forestry	751.5	819.4
牧业	Animal Husbandry	1622.2	1706.9
渔业	Fishery	84.9	72.8
第二产业	Secondary Industry	727.2	574.8
工业	Industry	533.3	174.0
建筑业	Construction	193.9	400.8
第三产业	Tertiary Industry	1826.6	1804.2
批发和零售业	Wholesale & Retail Trade	666.9	596.2
交通、运输、邮电业	Transport and Telecommunications Industries	636.2	691.9
住宿和餐饮业	Hotel & Catering Trade	47.0	52.5
居民服务修理和其他服务业	Residents Service Repair & Other Services	200.2	218.9
其他行业	Other Industry	276.4	244.8
财产性收入	Property Income	179.3	260.5
转移性收入	Transferred Income	4157.5	4583.7
现金收入构成（%）	**Composition of Cash Income（%）**		
工资性收入	Wages Income	27.2	28.4
经营性收入	Net Business Income	46.8	44.3
第一产业	Primary Industry	31.5	31.0
农业	Farming	16.8	16.4
林业	Forestry	4.5	4.6
牧业	Animal Husbandry	9.7	9.6
渔业	Fishery	0.5	0.4
第二产业	Secondary Industry	4.4	3.2
工业	Industry	3.2	1.0
建筑业	Construction	1.2	2.3
第三产业	Tertiary Industry	10.9	10.1
批发和零售业	Wholesale & Retail Trade	4.0	3.4
交通、运输、邮电业	Transport and Telecommunications Industries	3.8	3.9
住宿和餐饮业	Hotel & Catering Trade	0.3	0.3
居民服务修理和其他服务业	Residents Service Repair & Other Services	1.2	1.2
其他行业	Other Industry	1.7	1.4
财产性收入	Property Income	1.1	1.5
转移性收入	Transferred Income	24.9	25.8

3–5　脱贫地区农村居民家庭人均总支出及构成

Per Capita Total Expenditure and Composition of Rural Households in Poverty Alleviation Areas

项　目	Item	2021	2022
总支出（元）	**Total Expenditure（yuan）**	**18471.6**	**18382.9**
生活消费支出	Consumption Expenditure	12143.5	11993.9
食品	Food	3164.6	3076.7
衣着	Clothing	410.5	382.7
居住	Residence	2529.8	2424.1
家庭设备、用品及服务	Household Facilities, Articles and Services	704.2	566.9
医疗保健	Medicines and Medical Services	1204.1	1161.6
交通通信	Transport and Communications	1580.9	1621.4
文化娱乐用品及服务	Stationery & Recreation Goods and Services	1667.2	1763.6
其他商品和服务	Other Commodities and Services	142.9	198.6
家庭经营费用支出	Expenditure for Household Business	3320.5	3164.3
第一产业	Primary Industry	2449.9	2518.8
农业	Farming	1252.1	1248.1
林业	Forestry	104.4	166.2
牧业	Animal Husbandry	1059.4	1084.7
渔业	Fishery	34.1	19.8
第二产业	Secondary Industry	428.1	275.1
工业	Industry	360.0	81.6
建筑业	Construction	68.2	193.4
第三产业	Tertiary Industry	442.5	370.5
批发和零售业	Wholesale & Retail Trade	49.5	19.7
交通、运输、邮电业	Transport and Telecommunications Industries	235.2	255.4
住宿和餐饮业	Hotel & Catering Trade	4.4	4.6
居民服务修理和其他服务业	Residents Service Repair & Other Services	49.8	45.9
其他行业	Other Industry	103.4	44.8
财产性支出	Expenditure for Property	16.9	22.3
转移性支出	Transferred Expenditure	413.3	551.9
购置生产性固定资产支出	Expenditure for Productive Fixed Assets	2173.1	2350.9

3-5 续表 continued

项 目	Item	2021	2022
总支出构成（%）	**Composition of Total Expenditure（%）**		
生活消费支出	Consumption Expenditure	65.7	65.2
食品	Food	17.1	16.7
衣着	Clothing	2.2	2.1
居住	Residence	13.7	13.2
家庭设备、用品及服务	Household Facilities, Articles and Services	3.8	3.1
医疗保健	Medicines and Medical Services	6.5	6.3
交通通信	Transport and communications	8.6	8.8
文化娱乐用品及服务	Stationery & Recreation Goods and Services	9.0	9.6
其他商品和服务	Other Commodities and Services	0.8	1.1
家庭经营费用支出	Expenditure for Household Business	18.0	17.2
第一产业	Primary Industry	13.3	13.7
农业	Farming	6.8	6.8
林业	Forestry	0.6	0.9
牧业	Animal Husbandry	5.7	5.9
渔业	Fishery	0.2	0.1
第二产业	Secondary Industry	2.3	1.5
工业	Industry	1.9	0.4
建筑业	Construction	0.4	1.1
第三产业	Tertiary Industry	2.4	2.0
批发和零售业	Wholesale & Retail Trade	0.3	0.1
交通、运输、邮电业	Transport and Telecommunications Industries	1.3	1.4
住宿和餐饮业	Hotel & Catering Trade	0.0	0.0
居民服务修理和其他服务业	Residents Service Repair & Other Services	0.3	0.2
其他行业	Other Industry	0.6	0.2
财产性支出	Expenditure for Property	0.1	0.1
转移性支出	Transferred Expenditure	2.2	3.0
购置生产性固定资产支出	Expenditure for Productive Fixed Assets	11.8	12.8

3-6　脱贫地区农村居民家庭人均现金支出及构成

Per Capita Cash Expenditure and Composition of Rural Households in Poverty Alleviation Areas

项　目	Item	2021	2022
现金支出（元）	**Cash Expenditure（yuan）**	**15427.8**	**15213.6**
生产费用现金支出	Cash Expenditure of Productive Costs	3082.0	2813.2
第一产业	Primary Industry	2211.4	2167.5
农业	Farming	1212.3	1189.4
林业	Forestry	104.4	166.2
牧业	Animal Husbandry	861.2	792.4
渔业	Fishery	33.5	19.5
第二产业	Secondary Industry	428.1	275.0
工业	Industry	360.0	81.6
建筑业	Construction	68.2	193.4
第三产业	Tertiary Industry	442.5	370.4
批发和零售业	Wholesale & Retail Trade	49.5	19.7
交通、运输、邮电业	Transport and Telecommunications Industries	235.2	255.4
住宿和餐饮业	Hotel & Catering Trade	4.4	4.6
居民服务修理和其他服务业	Residents Service Repair & Other Services	49.8	45.9
其他行业	Other Industry	103.4	44.8
购置生产性固定资产支出	Expenditure for Productive Fixed Assets		
生活消费支出	Consumption Expenditure	9338.2	9175.8
财产性支出	Expenditure for Property	16.9	22.3
转移性支出	Transferred Expenditure	413.3	551.9
现金支出构成（%）	**Composition of Cash Expenditure（%）**		
生产费用现金支出	Cash Expenditure of Productive Costs	20.0	18.5
第一产业	Primary Industry	14.3	14.2
农业	Farming	7.9	7.8
林业	Forestry	0.7	1.1
牧业	Animal Husbandry	5.6	5.2
渔业	Fishery	0.2	0.1
第二产业	Secondary Industry	2.8	1.8
工业	Industry	2.3	0.5
建筑业	Construction	0.4	1.3
第三产业	Tertiary Industry	2.9	2.4
批发和零售业	Wholesale & Retail Trade	0.3	0.1
交通、运输、邮电业	Transport and Telecommunications Industries	1.5	1.7
住宿和餐饮业	Hotel & Catering Trade	0.0	0.0
居民服务修理和其他服务业	Residents Service Repair & Other Services	0.3	0.3
其他行业	Other Industry	0.7	0.3
购置生产性固定资产支出	Expenditure for Productive Fixed Assets	0.0	0.0
生活消费支出	Consumption Expenditure	60.5	60.3
财产性支出	Expenditure for Property	0.1	0.1
转移性支出	Transferred Expenditure	2.7	3.6

3–7 脱贫地区社区基本情况

Basic Situation of Community in Poverty Alleviation Areas

项　目	Item	2021	2022
社区情况（个）	**Situation of community（unit）**		
调查村个数	Number of Surveyed Villages	271	271
自然村个数	Number of Natural Village	3303	3295
主干道路面经过硬化处理的自然村	Natural Village by Trunk Road Through Hardened	3278	3064
通宽带的自然村	Broadband Came to Natural Village	3220	3124
被通信信号覆盖的自然村	Natural Village Covered by the Communication Signal	3291	3290
饮用水经过集中净化处理的自然村	Purified Drinking Water Treatment of Natural Village	1970	1952
上幼儿园或学前班的便利程度如何	How to Facilitate the Extent Kindergarten or Preschool		
村内有，且便利	Village Have, and Convenient	153	
村内无，但入园较便利	Village Not Have, But More Convenient to Go to Kindergarten	104	
不便利	Not Convenient	14	
上小学的便利程度	Convenience Degree of go Elementary School		
村内有，且便利	Village Have, and Convenient	165	
村内无，但入学较便利	Village Not Have, But More Convenient to Go to School	95	
不便利	Not Convenient	11	
人口和资源情况	**Condition of Population and Resource**		
年末户籍人口（人）	Household Population at Year-end（person）	763361	795489
年末常住户数（户）	Number of Resident Households at Year-end（household）	190593	199561
年末常住人口数（人）	Number of Usual Residents（person）	637332	628014
耕地面积（亩）	Area of Cultivated Land（mu）	1004503	1017872
# 有效灌溉面积（亩）	# Irrigated Area（mu）	401806	380347
园地面积（亩）	Area of Garden Plot（mu）	191940	286016
林地面积（亩）	Area of Forests Land（mu）	2998238	2935452
牧草地面积（亩）	Area of Grassland（mu）	31434	45178
养殖水面面积（亩）	Water Area of Breeding Aquatics（mu）	24483	25736
救济及社会保障情况	**Situation of Relief and Social Security**		
年内收到过救济、救灾款物的户数（户）	Number of Households by Received Relief, Relief Funds and Materials（household）	5362	5303
享受农村最低生活保障人数（人）	Number of Rural Residents with Minimum Living Allowance（person）	62064	51091

第四篇　价格调查

Chapter 4　Price Survey

（编辑：蒋志华　罗宇连　叶雪莹）

（Editor: Jiang Zhihua　Luo Yulian　Yu Xueying）

简 要 说 明

一、本篇资料的主要内容

本篇价格指数资料，反映生产、流通、消费与投资等环节的价格变动趋势和变动幅度。主要包括居民消费价格指数、商品零售价格指数、农业生产资料价格指数、农产品生产者价格指数、工业生产者出厂价格指数、工业生产者购进价格指数、固定资产投资价格指数、房地产价格指数、农产品集贸市场价格及指数等。

二、本篇的资料来源

价格指数编制由国家统计局城市社会经济调查司和农村社会经济调查司组织实施。由各省、自治区、直辖市及抽选出的市、县调查队依据国家统计局统一制定的价格统计调查制度从基层采集原始数据汇总后上报。

三、居民消费、商品零售价格指数

编制居民消费、商品零售价格指数的资料采用抽样调查和重点调查相结合的方法取得，即在广西壮族自治区选择不同经济区域和分布合理的地区，以及有代表性的商品作为样本，对其市场价格进行定期调查，以样本推断总体。目前，参加广西省级数据汇总的调查市、县21个。编制过程按下列几个步骤进行：

1. 选择调查地区和调查点。调查地区按照经济区域和地区分布合理等原则，选出具有代表性的大、中、小城市和县作为广西的调查地区，在此基础上选定经营规模大、商品种类多的商场(店)、超市、农贸市场、服务网点等作为调查点。

2. 选择代表规格品。代表规格品是选择那些消费量大、价格变动有代表性的商品；代表规格品的确定是根据商品零售资料和城乡居民的消费支出记账资料，按照有关规定筛选的。筛选原则：（1）与社会生产和人民生活关系密切；（2）消费(销售)数量(金额)大；（3）市场供应稳定；（4）价格变动趋势有代表性；（5）所选的代表规格品之间性质差异大，价格变动特征的相关性低。

目前，居民消费价格调查按用途划分为8大类，268个基本分类，各调查市县每月调查800种以上的规格品价格；商品零售价格按用途划分为16个大类，197个基本分类，各调查市县每月调查500种以上的规格品价格。

3. 价格调查方法。通过手持数据采集器，采用定人、定点、定时的方法直接调查。

4. 权数的确定。居民消费价格指数的权数主要根据城乡居民家庭消费支出构成确定。商品零售价格指数的权数主要根据社会商品零售额资料确定；农业生产资料价格指数权数主要根据农村居民家庭消费支出构成确定。

四、工业生产者出厂价格指数

工业生产者出厂价格是工业品第一次出售时的出厂价格。该项调查采用重点调查与典型调查相结合的调查方法。重点调查对象为年主营业务收入2000万元及以上的工业法人企业；典型调查对象为年主营业务收入2000万元以下的工业法人企业。

1. 选择代表企业的原则：(1)按工业行业选择调查企业，各中类行业原则上都要有调查企业；(2)大型企业应尽量都选上(或占相当大比重)；(3)选择生产正常、稳定的企业作为调查对象。

2. 选择代表产品的原则：(1)按工业行业选择代表产品；(2)选择对国计民生影响大的产品；(3)选择生产较为稳定的产品；(4)选择有发展前景的产品；(5)选择具有地方特色的产品。

目前《工业生产者出厂价格调查目录》包括11000多种产品，并将其划分为1638个基本分类；《工业生产者购进价格调查目录》包括6000多种产品，并划分为900多个基本分类。

3. 价格调查方式。采用企业报表形式，每月约1100家工业企业上报数据资料。

4. 权数的确定。工业生产者出厂价格统计中，工业小类及小类以上的权数资料来源于工业统计中分行业工业销售产值数据资料；基本分类的权数资料来源于独立的工业企业产品权数调查。权数一般五年更换一次。

五、房地产价格指数

房地产价格指数由新建住宅销售价格指数和二手住宅销售价格指数组成。调查周期为月度。

1. 调查城市。包括原有统计的70个大中城市和2019年1月起新增的80个城市。广西壮族自治区的调查城市有南宁市、桂林市、北海市3个市和新增的柳州市、防城港市2个市。

2. 调查范围。调查范围为南宁市、桂林市、北海市、柳州市和防城港市的市辖区，不包括县。

3. 指标设置。各城市新建商品住宅和二手住宅均设置90平方米及以下、90～144平方米、144平方米以上三个基本分类。

4. 二手住宅销售价格调查中的房地产经纪机构和住宅样本选取原则：

（1）选取房地产经纪机构要注重代表性。统筹考虑各种因素，选择规模大、实力强、营业额占当地总营业额比重较大、经营状况比较稳定的房地产经纪机构，并尽量兼顾内资、港澳台商投资、外商投资等不同注册登记类型。选取的房地产经纪机构的总营业额一般应占当地二手住宅总营业额的75%以上。房地产经纪机构应按规定内容和要求填报调查表。

（2）各城市按照具体情况划分统计单位（包括但不限于各商圈、片区、街道、住宅小区或社区以及房地产经纪机构下辖门店等），要综合考虑住宅类型、区域、地段、结构等统计口径的一致性。

5. 价格调查方式。70个大中城市新建住宅销售价格调查为全面调查，基础数据直接采用当地房地产管理部门的网签备案数据。二手住宅销售价格为非全面调查，采用重点调查与典型调查相结合的方法，按照房地产经纪机构上报、房地产管理部门提供与调查员实地采价相结合的方式收集基础数据。新增80个城市新建住宅和二手住宅销售价格调查均为全面调查，采用房地产主管部门的网签备案数据。

六、农产品生产者价格指数

农产品生产者价格是农产品生产者直接出售其产品时实际获得的单位产品价格。农产品生产价格调查采用抽样调查和重点调查相结合的方法。内容包括被调查单位生产并出售的主要农产品。农产品代表产品的选择涵盖农、林、牧、渔四大类、各中类以及90%以上的小类，一般是生产量和销售量大的对国计民生影响大、稳定性强的产品，具有发展前景的新产品和具有地方特色的产品。代表品一般稳定五年。

（1）农产品生产者价格：在广西41个调查市县内，由国家调查队通过对抽样确定的农业生产经营单位和农户生产并出售的主要农产品进行登记台账取得。调查周期为季报。

（2）农产品集贸市场价格：在全国选中的农产品主产县的集贸市场调查农牧渔业31种主要产品价格取得。调查周期为月报。

4-1 居民消费、商品零售、农业生产资料价格总指数（1985—2022年）

Consumer Goods Retail, Agricultural Production Materials Price Index（1985—2022）

（上年=100） (preceding year=100)

年份 Year	居民消费价格指数 Consumer Price Index			商品零售价格指数 Retail Price Index			农业生产资料价格指数 Price Indices of Farming Production Material
	全区 Province	城市 Urban Areas	农村 Rural Areas	全区 Province	城市 Urban Areas	农村 Rural Areas	
1985	113.0	114.7	111.8	111.2	114.5	109.3	104.6
1986	106.2	106.2	106.2	105.1	106.0	104.4	101.1
1987	108.2	110.2	105.8	108.0	110.5	105.5	105.5
1988	120.8	123.3	118.4	121.0	123.2	119.4	126.7
1989	121.1	119.7	123.3	121.3	119.1	123.5	125.8
1990	101.1	98.3	104.4	100.1	97.4	102.4	99.2
1991	102.8	102.7	103.0	102.5	102.5	102.5	101.3
1992	105.9	107.0	105.4	104.6	106.2	103.9	104.0
1993	122.0	123.3	119.1	118.9	121.9	114.8	110.6
1994	126.0	125.4	126.5	124.4	122.7	125.6	118.1
1995	118.4	118.0	118.6	116.4	115.0	117.7	130.1
1996	106.5	105.5	107.4	104.5	104.1	104.9	103.8
1997	100.8	100.7	100.8	99.6	99.9	99.4	100.3
1998	97.0	97.1	96.8	96.3	96.7	95.9	92.1
1999	97.7	97.2	98.2	97.2	96.8	97.6	96.4
2000	99.7	100.0	99.5	98.6	98.4	98.8	99.9
2001	100.6	101.3	99.6	97.8	97.3	99.0	97.7
2002	99.1	98.9	99.3	98.1	98.2	98.0	98.2
2003	101.1	100.9	101.3	100.2	99.6	100.8	102.4
2004	104.4	104.1	104.9	103.9	103.4	104.4	115.3
2005	102.4	103.0	101.6	101.1	101.3	101.0	110.5
2006	101.3	101.6	100.9	100.3	100.8	99.8	101.0
2007	106.1	105.6	106.8	104.8	104.2	105.3	114.4
2008	107.8	107.6	108.5	107.6	107.6	108.3	124.0
2009	97.9	97.9	97.5	98.0	98.1	96.9	94.2
2010	103.0	102.9	103.4	103.0	103.0	103.2	101.9
2011	105.9	105.7	106.4	106.0	105.7	106.6	112.2
2012	103.2	103.2	103.3	102.3	102.2	102.4	103.9
2013	102.2	102.1	102.4	101.2	101.1	101.3	99.9
2014	102.1	102.2	101.9	101.4	101.5	101.1	98.9
2015	101.5	101.5	101.5	100.1	100.1	100.1	100.9
2016	101.6	101.6	101.7	100.4	100.4	100.3	100.7
2017	101.6	101.9	101.1	101.2	101.2	100.8	101.4
2018	102.3	102.4	102.2	101.6	101.6	101.7	101.8
2019	103.7	103.5	104.1	103.2	103.1	103.5	104.6
2020	102.8	102.5	103.5	101.4	101.3	102.1	109.7
2021	100.9	101.1	100.5	101.1	101.2	100.4	
2022	101.9	101.8	102.2	102.2	102.1	102.4	

4-2　居民消费价格分类指数（2022年）

Consumer Price Indices by Category（2022）

（上年=100）　　(preceding year=100)

指　标	Item	全　区 Province	城　市 Urban Areas	农　村 Rural Areas
居民消费价格指数	**Consumer Price Index**	**101.9**	**101.8**	**102.2**
服务价格指数	**Service Price Index**	**101.5**	**101.1**	**102.3**
工业品价格指数	**Industrial Product Price Index**	**102.4**	**102.1**	**102.9**
消费品价格指数	**Consumer Goods Price Index**	**102.2**	**102.2**	**102.2**
非食品价格指数	**Non-food Price Index**	**101.8**	**101.6**	**102.3**
扣除食品和能源价格指数	**Excluding Food and Energy Price Index**	**101.0**	**100.7**	**101.4**
扣除鲜菜鲜果价格指数	**Excluding Fresh Vegetables Fresh Fruit Price Index**	**101.7**	**101.5**	**102.0**
食品烟酒	**Food, Tobacco and Liquor**	**101.9**	**102.2**	**101.4**
食品	Food	102.3	102.6	101.8
粮食	Grain	100.4	100.4	100.5
大米	Rice	99.4	99.3	99.6
面粉	Flour	104.3	104.4	104.0
其他粮食	Other Grain	102.6	102.7	102.5
粮食制品	Grain Products	103.3	103.0	103.9
薯类	Tubers	105.3	104.6	107.2
豆类	Beans	105.0	105.0	105.1
干豆	Dried Beans	106.4	104.7	108.2
豆制品	Beans Products	104.4	105.1	103.4
食用油	Edible Oil and Fats	104.8	105.8	103.7
食用植物油	Oil of Plant	105.5	106.2	104.8
食用动物油	Edible Animal Oil	96.2	97.3	95.8
菜及食用菌	Vegetable and Edible Fungi	101.7	101.1	102.7
鲜菜	Fresh Vegetables	101.3	100.7	102.5
鲜菌	Fresh Fungus	108.3	109.7	105.5
干菜干菌及制品	Dried Vegetables and Edible Fungi Products	104.1	103.8	104.6
畜肉类	Neat of Livestock	93.2	94.1	91.8
猪肉	Pork	89.3	89.9	88.6
牛肉	Beef	100.6	100.9	99.9
羊肉	Mutton	99.8	99.3	101.1
其他畜肉及副产品	Other Meat of Livestock and By-products	93.4	95.5	90.3
畜肉制品	Animal Meat Products	95.6	94.1	97.8
禽肉类	Meat of Poultry	105.6	105.5	105.9
鸡	Chicken	104.0	104.4	103.2
鸭	Duck	109.0	108.8	109.3
其他禽肉及制品	Other Poultry and Products	105.1	104.0	107.3
水产品	Aquatic Products	104.0	104.4	103.1
淡水鱼	Freshwater Fish	101.6	101.9	101.2
海水鱼	Saltwater Fish	104.6	104.9	103.9
虾蟹类	Shrimps and Crabs	104.7	104.0	107.3
其他水产品及制品	Other Aquatic Products and Products	110.2	111.3	107.5

4-2 续表 1 continued

（上年=100）　　(preceding year=100)

指　标	Item	全　区 Province	城　市 Urban Areas	农　村 Rural Areas
蛋类	Eggs	106.8	106.6	107.3
鸡蛋	Egg	106.9	106.7	107.2
其他蛋及制品	Other Eggs and Products	106.6	106.3	107.4
奶类	Milk	98.1	98.5	97.5
鲜奶	Fresh Milk	96.5	96.1	97.6
酸奶	Yogurt	100.2	100.6	97.7
奶粉	Milk Powder	98.1	99.1	97.0
其他奶制品	Other Dairy Products	100.9	99.9	103.0
干鲜瓜果类	Dried and Fresh Melons and Fruits	111.6	112.0	110.9
鲜果	Fresh Fruits	113.5	113.9	112.6
坚果	Nut	100.8	100.8	100.9
瓜果制品	Melon and Fruit Products	99.2	99.3	99.0
糖果糕点类	Candy and Cake	103.6	103.4	104.0
食糖	Sugar	100.1	98.4	101.2
糖果	Candy	103.5	104.3	102.1
糕点	Cakes and Pastries	104.3	103.9	105.0
其他糖果糕点	Other Sweets and Pastries	102.7	102.1	104.5
调味品	Flavoring	103.2	103.0	103.6
食用盐	Edible Salt	100.8	102.0	99.8
酱油	Soy Sauce	103.6	104.0	103.2
食醋	Vinegar	102.0	101.3	102.7
增味剂	Flavoring	106.9	105.8	108.4
其他调味品	Other Condiments	102.7	101.8	104.5
其他食品类	Other Foods	100.7	99.9	101.8
方便食品	Convenience Food	99.0	97.6	101.2
淀粉及制品	Starch and Products	102.1	103.4	100.8
其他食品	Other Food	102.2	101.7	102.8
茶及饮料	Tea and Beverages	101.2	101.5	100.6
茶叶	Tea	100.1	100.4	99.5
固体咖啡	Solid Coffee	102.7	103.3	101.4
其他固体饮料	Other Solid Drinks	100.9	101.7	99.6
饮用水	Drinking Water	100.6	100.8	100.3
果汁饮料	Fruit Juice Beverage	100.4	101.1	98.9
其他液体饮料	Other Liquid Beverages	102.3	102.5	102.0

4-2 续表 2 continued

(上年=100) (preceding year=100)

指 标	Item	全 区 Province	城 市 Urban Areas	农 村 Rural Areas
烟酒	Tobacco and Liquor	100.5	100.8	100.2
卷烟	Cigarette	100.4	100.6	100.1
酒类	Liquor	100.8	101.1	100.5
白酒	Liquor	102.0	102.0	102.0
葡萄酒	Wine	98.3	97.9	98.7
啤酒	Beer	99.4	100.3	98.6
其他酒类	Other Wines	102.3	102.2	102.6
在外餐饮	Dining Out	101.6	101.9	100.5
餐馆餐饮	Restaurants and Catering	100.3	100.6	99.6
饮品店餐饮	Drink Shop and Catering	102.8	102.9	102.4
外卖	Take Out	103.2	103.7	100.5
其他在外餐饮	Others Dining Out	102.2	102.3	101.9
衣着	**Clothing**	**100.7**	**100.6**	**100.8**
服装	Garments	100.7	100.7	100.7
男式服装	Men's Clothing	101.2	101.1	101.4
男式外套	Men's Coat	101.5	100.9	102.9
男式针织衫	Men's Knit Shirt	101.2	101.3	101.0
男式衬衫T恤	Men's Shirt T-shirt	101.3	101.7	99.8
男式裤子	Men's Dress Pants	101.0	101.1	101.0
男式内衣	Men's Underwaist	99.8	99.7	99.9
女式服装	Women's Clothing	100.5	100.7	100.0
女式外套	Women's Coat	100.4	100.6	99.7
女式针织衫	Women's Knit Shirt	100.6	101.5	98.5
女式衬衫T恤	Women's Shirt T-shirt	100.5	100.9	99.4
女式裤子	Women's Pants	100.9	101.1	100.5
女式裙子	Women's Ladies Skirt	100.5	100.3	100.8
女式内衣	Women's Underwaist	99.8	99.5	100.8
儿童服装	Children's Clothing	100.1	99.8	101.1
婴儿服装	Baby Clothing	100.2	99.6	101.8
儿童上衣	Children's Coat	100.1	99.8	100.9
儿童裤子	Children's Trousers	100.2	99.7	101.4
儿童裙子	Children's Skirt	100.2	99.9	100.9
儿童内衣	Children's Underwaist	100.1	100.1	100.1

4-2 续表 3 continued

（上年=100）　　(preceding year=100)

指　标	Item	全　区 Province	城　市 Urban Areas	农　村 Rural Areas
衣着材料及配件	Clothing Materials and Accessories	99.6	99.2	101.0
袜子	Socks	99.3	98.8	100.7
帽子	Cap	100.1	99.6	101.3
其他衣着材料及配件	Other Clothing Materials and Accessories	100.0	99.5	101.4
衣着加工服务费	Clothing Manufacturing Services	102.1	102.1	102.1
衣着洗涤保养	Scrubbing Maintenance	103.1	103.0	103.9
其他衣着服务	Other Clothing Services	100.6	100.8	99.8
鞋类	Footwear	100.6	100.3	101.2
鞋	Shoes	100.4	100.1	101.1
男鞋	Men's Shoes	100.6	100.8	100.1
女鞋	Women's Shoes	100.1	99.5	101.4
童鞋	Children's Shoes	101.0	100.3	102.3
鞋类服务	Footwear Services	102.8	103.3	101.8
居住	**Residence**	**100.4**	**99.9**	**101.3**
租赁房房租	Rent of Rental Housing	98.8	98.5	100.1
公房房租	Rent by Public Houses	100.0	100.0	100.0
私房房租	Private House Rent	98.7	98.3	100.1
住房保养维修及管理	Housing Maintenance and Management	101.3	100.8	102.1
住房装潢材料	Housing Decoration Materials	100.9	100.1	102.2
木地板	Wood Floor	101.6	100.8	103.2
瓷砖	Tile	97.0	94.4	100.3
水泥	Cement	89.1	89.0	89.2
涂料	Paint	100.3	99.2	102.0
板材	Board	102.2	101.8	103.0
管材	Pipe	105.3	104.7	106.1
厨卫设备	Kitchen & Bath Fixtures	102.8	102.4	103.6
门窗	Doors and Windows	105.7	105.3	106.1
其他住房装潢材料	Other Housing Decoration Materials	102.1	104.5	98.2
住房维修管理费用	Housing Maintenance and Management Expenses	101.7	101.6	101.9
物业管理费	Property Management Fee	99.7	100.0	98.8
装潢维修费	Upholstery Maintenance Fee	103.0	103.1	102.9
其他住房费用	Other Housing Costs	99.5	99.1	100.9

4-2 续表 4 continued

（上年=100） (preceding year=100)

指 标	Item	全 区 Province	城 市 Urban Areas	农 村 Rural Areas
水电燃料	Water, Electricity and Fuels	103.8	103.5	104.4
水	Water	101.0	100.9	101.3
电	Electricity	99.9	100.0	99.7
燃气	Gas	111.7	109.3	115.6
管道燃气	Pipeline Gas	100.8	100.1	104.2
液化石油气	Liquefied Petroleum Gas	118.4	119.0	117.7
其他水电燃料类	Other Water, Electricity and Fuels	104.5	107.2	100.1
自有住房	Private Housing	99.1	98.6	100.1
生活用品及服务	**Articles for Daily Use and Services**	**100.5**	**100.4**	**100.7**
家具及室内装饰品	Furniture and Interior Decorations	100.9	101.0	100.7
家具	Furniture	101.0	101.0	100.8
柜	Cabinet	100.4	100.8	99.7
床	Bed	101.4	101.6	101.1
桌	Table	101.7	101.7	101.5
椅	Chair	99.0	97.9	101.6
沙发	Sofa	101.1	101.3	100.9
其他家具	Other Furniture	102.2	102.1	102.5
室内装饰品	Upholstery	99.8	99.8	99.7
灯具	Lamps and Lanterns	99.0	98.7	99.5
其他室内装饰品	Other Interior Decorations	100.9	101.3	100.0
家用器具	Home Appliances	99.8	99.4	100.4
大型家用器具	Large Household Appliances	99.4	99.0	100.1
洗衣机	Washing Machine	98.8	98.8	98.8
电冰箱（柜）	Refrigerator	96.6	96.2	97.3
抽油烟机	Smoke Lampblack Machine	99.0	97.9	100.3
空调器	Air Conditioner	100.9	100.4	102.2
热水器	Water Heating	99.2	98.5	100.1
炉具灶具	Stove and Cookers	103.1	103.5	102.6
微波炉	Microwave Oven	100.3	99.7	102.8
其他大型家用器具	Other Large Household Appliances	98.8	97.5	101.8
净化器	Purifier	99.0	98.6	99.8
其他大型家用器具	Other Large Household Appliances	98.5	97.6	99.7
小家电	Small Home Appliances	101.5	101.3	101.8
厨房小家电	Kitchen Appliances	101.5	101.5	101.7
生活小家电	Small Household Electrical Appliances	101.4	100.8	102.1

4-2　续表 5　continued

（上年＝100）　　(preceding year=100)

指　标	Item	全　区 Province	城　市 Urban Areas	农　村 Rural Areas
家用纺织品	Home Textiles	100.2	99.5	102.1
床上用品	Bedding Article	100.2	99.6	102.0
被子	Quilt	100.0	99.1	102.2
床单被套	Bed Sheet & Duvet Cover	101.3	100.6	103.3
其他床上用品	Other Bedding	99.2	99.0	100.0
窗帘门帘	Curtain	101.8	100.8	103.3
其他家用纺织品	Other Household Textiles	98.9	98.4	100.7
家庭日用杂品	Daily Use Household Articles	99.9	99.5	100.5
洗涤卫生用品	Washing Sanitary Articles	99.7	99.6	99.9
清洗用品	Cleaning Supplies	100.0	99.6	100.6
清洁用具	Cleaning Appliances	101.4	101.2	101.5
清洁用纸	Cleaning Paper	99.1	99.3	98.9
厨具餐具茶具	Kitchenware, Tableware, Tea set	101.1	101.0	101.3
厨具	Kitchenware	102.3	102.7	101.8
餐具	Tableware	99.8	99.1	101.1
茶具	Tea Set	100.4	100.5	100.2
其他家庭日用杂品	Other Family Daily Sundry Goods	99.4	98.7	100.7
配电附件	Distribution Accessories	100.0	99.8	100.3
雨具	Rain Gear	98.8	98.2	99.6
其他日用杂品	Other Daily Sundry Goods	99.3	98.4	101.2
个人护理用品	Personal-care Supplies	101.2	101.3	100.9
化妆品	Cosmetics	101.1	101.4	100.4
清洁化妆品	Cleaning Cosmetics	99.7	100.3	99.0
护肤化妆品	Skin Care Cosmetics	100.9	101.0	100.6
彩妆化妆品	Make Up Cosmetics	102.8	103.1	101.9
化妆器具	Cosmetic Equipment	103.6	104.7	101.9
其他护理用品类	Other Types of Care Products	101.2	101.2	101.3
清洁类护理用品	Cleaning Supplies	102.1	101.7	103.0
护发美发用品	Hair Care Products	101.2	101.4	100.8
护理器具	Nursing Appliance	101.5	101.4	101.9
其他护理用品	Other Nursing Supplies	100.0	100.3	99.1
家庭服务	Household Services	103.3	103.6	102.2
家政服务	Household Management Services	104.2	104.4	103.1
母婴护理服务	Mother and Baby Nursing Services	102.2	102.8	100.2
家庭维修服务	Home Maintenance Services	103.4	103.6	102.6
其他家庭服务	Other Family Services	103.4	103.4	103.5

4-2 续表 6 continued

（上年=100） (preceding year=100)

指 标	Item	全 区 Province	城 市 Urban Areas	农 村 Rural Areas
交通和通信	**Transport and Communications**	**104.5**	**104.5**	**104.7**
交通	Transport	106.9	106.8	107.1
交通工具	Transport Facility	99.9	99.4	100.7
燃油小型汽车	Fuel Small-car	98.7	97.9	100.2
新能源小汽车	New Energy Car	108.4	108.5	108.1
电动自行车	Electric Bicycle	99.2	99.0	99.5
自行车	Bicycle	103.2	104.0	101.8
其他交通工具	Other Means of Transportation	100.1	99.9	100.3
交通工具用燃料	Fuels for Transport Facility	120.7	120.6	120.8
汽油	Steam-oil	121.0	121.0	121.0
柴油	Diesel Oil	122.9	122.9	122.9
其他车用能源	Other Vehicle Energy	100.2	99.1	102.7
交通工具使用和维修	Use and Maintenance of Transport Facility	104.2	104.8	102.9
停车费	Parking Rate	100.2	100.1	100.2
车辆使用费	Vehicle Usage fee	114.9	117.9	108.4
交通工具零配件	Vehicle Spare Parts	101.0	101.3	100.5
车辆修理与保养	Vehicle Repair and Maintenance	101.4	100.4	103.1
交通费	Traffic Fee	102.5	102.5	102.5
市内公共交通	City Public Transport	100.8	100.7	100.9
出租汽车	Taxi	100.4	100.7	100.0
飞机票	Airplane Ticket	106.9	106.7	107.9
火车票	Train Tickets	102.6	102.3	103.4
长途汽车	Long Distance Bus	101.3	101.2	101.4
网约车	Online Car Hailing	100.4	100.1	101.4
交通工具租赁费	Vehicle Rental Fee	99.3	97.2	102.7
其他交通费	Other Transportation Charges	99.7	99.6	99.7
通信	Communications	98.2	98.1	98.2
通信工具	Communication Tools	96.0	96.3	95.3
电话机	Telephone Set	95.9	96.2	95.2
其他通信工具及零配件	Other Communication Tools and Spare Parts	97.8	97.7	98.0
通信服务	Communication Services	98.6	98.3	99.1
电话费	Telephone Fee	100.2	100.0	100.5
家庭宽带服务	Broadband Service for Home	93.3	92.8	94.2
其他通信服务	Other Communication Services	100.4	100.7	100.0
邮递服务	Postal Services	100.1	100.2	99.8
教育文化和娱乐	**Education, Culture and Recreation**	**104.0**	**103.5**	**104.8**
教育	Education	105.2	104.7	106.0
教育用品	Education Articles	101.7	101.6	102.2
工具书	Reference Book	100.7	100.8	100.6

4-2 续表 7 continued

（上年=100） (preceding year=100)

指 标	Item	全 区 Province	城 市 Urban Areas	农 村 Rural Areas
教材	Textbooks	100.2	100.2	100.2
参考资料	Reference Material	104.4	104.3	104.4
其他教育用品	Other Educational Supplies	98.2	97.8	99.4
教育服务	Education Services	105.5	105.0	106.3
幼儿早期教育	Early Childhood Education	102.6	102.5	102.9
学前教育	Preschool Education	111.9	110.2	114.8
小学初中教育	Primary and Secondary Education	105.4	103.9	107.6
高中中职教育	Secondary Vocational Education	112.5	114.6	110.6
高等教育	Higher Education	101.2	101.5	101.0
课外教育	Extracurricular Education	102.1	101.7	102.9
专业技能培训	Professional Skills Training	99.3	99.7	98.6
其他教育服务	Other Education Services	99.9	99.3	101.4
文化娱乐	Culture and Recreation	101.3	101.4	101.1
文娱耐用消费品	Durable Consumer Goods for Culture and Recreation	97.7	96.9	99.2
电视机	Television	93.4	92.0	95.9
照相机	Camera	100.7	100.4	101.3
台式计算机	Desktop Computer	99.8	99.3	101.6
笔记本电脑	Notebook Computer	99.9	99.3	101.4
平板电脑	Tablet Computer	100.0	99.6	100.6
乐器	Musical Instruments	97.6	96.8	99.8
音响	Acoustics	96.2	95.4	98.2
可穿戴智能设备	Wearable Smart Devices	99.3	98.9	100.3
其他文娱耐用消费品	Other Recreational and Durable Goods	103.0	102.4	103.8
其他文娱用品	Other Articles	101.5	101.4	101.6
书报杂志及音像制品	Newspapers, Magazines and Audio-visual Products	100.7	100.7	100.5
纸张文具	Paper Stationery	99.8	99.0	100.5
体育户外用品	Sports Outdoor Products	104.7	104.6	104.9
游戏用品和玩具	Game Supplies and Toys	99.4	98.6	100.6
园艺花卉及用品	Garden Flowers and Supplies	101.2	100.6	103.4
宠物及用品	Pets and Supplies	103.1	103.8	100.8
其他文化娱乐用品	Other Cultural and Recreational Products	102.5	103.0	101.7
文化娱乐服务	Services for Culture and Recreation	99.8	99.6	100.6
电影及演出票	Film and Performance Tickets	104.2	104.6	102.8
景点门票	Scenic Spot Ticket	97.3	96.6	100.1
电视服务	Television Services	98.9	98.5	100.0
健身活动	Fitness Activities	101.2	101.2	101.3
宠物服务	Pet Services	99.5	99.1	101.0
网络文娱服务	Network Entertainment Services	98.4	98.0	100.0
儿童娱乐项目	Children's Entertainment	100.1	100.2	99.8
其他文娱服务	Other Recreational Services	101.4	101.1	101.8

4-2 续表 8 continued

（上年=100） (preceding year=100)

指 标	Item	全 区 Province	城 市 Urban Areas	农 村 Rural Areas
旅游	Touring and Outing	106.3	106.6	105.0
旅行社收费	Travel Service Charges	106.9	107.1	105.6
其他旅游	Other Travel	100.2	100.2	100.2
医疗保健	**Health Care**	**100.9**	**100.5**	**101.8**
药品及医疗器具	Medicine and Medical Instrument	99.1	99.1	99.0
中药	Traditional Chinese Medicine	103.7	104.9	101.4
中药材	Chinese Medicinal Materials	107.2	109.0	104.0
中成药	Chinese Patent Medicine	101.6	102.6	99.7
西药	Western Medicines	97.5	97.3	98.0
抗微生物药	Antimicrobial Agents	96.9	96.5	97.6
消化系统用药	Digestive System Drugs	97.4	98.4	95.8
呼吸系统用药	Respiratory System Drugs	97.9	96.6	99.7
解热镇痛药	Antipyretic Analgesics	101.0	99.6	103.0
抗肿瘤药	Antineoplastic Agents	97.0	97.3	96.3
激素及影响内分泌药	Hormones and Endocrine Drugs	95.1	95.6	94.2
心血管系统用药	Cardiovascular System Drugs	95.0	95.3	94.1
血液系统用药	Blood System Drugs	97.4	96.5	98.7
治疗精神障碍药	Mental Disorders Drugs	93.9	92.4	100.2
神经系统用药	Drugs for Nervous System	99.2	98.6	101.0
泌尿系统用药	Urinary System Drugs	98.9	99.2	98.7
维生素、矿物质类药	Vitamins and Minerals	98.5	98.3	98.8
调节水、电解质及酸碱平衡药	Adjust Water, Electrolyte and Acid-base Balance	93.9	91.6	96.6
其他西药	Other Western Medicines	104.2	104.0	104.8
滋补保健品	Nourishing Health Care Products	97.6	97.2	99.2
医疗卫生器具	Medical Sanitation	97.0	96.7	97.9
保健器具	Health Care Appliance	101.2	101.9	99.5
医疗服务	Medical Services	101.9	101.2	102.9
综合医疗类	Synthetic Medicine	102.7	101.7	103.8
一般医疗服务	General Medical Service	102.8	101.7	104.1
一般治疗操作	General Treatment Procedure	102.9	101.8	104.1
护理	Nursing	102.4	101.5	103.6
其他综合医疗服务	Other Comprehensive Medical Services	100.8	101.0	100.6
诊断类	Diagnostic Class	101.4	101.1	101.9
病理学诊断	Pathological Diagnosis	102.0	102.0	102.3
实验室诊断	Laboratory Diagnosis	101.3	101.7	100.7
影像学诊断	Imaging Diagnosis	100.8	99.7	102.4
临床诊断	Clinical Diagnosis	102.4	101.3	104.0

4-2　续表 9　continued

（上年=100）　　(preceding year=100)

指　标	Item	全　区 Province	城　市 Urban Areas	农　村 Rural Areas
治疗类	Therapeutic Category	101.8	100.4	104.0
临床手术治疗	Clinical Surgical Treatment	102.7	101.3	105.3
临床非手术治疗	Clinical Non-surgical Treatment	100.4	98.9	102.3
康复类	Rehabilitation Class	108.7	107.5	111.9
康复医疗	Rehabilitation Medicine	108.7	107.5	111.9
中医医疗服务类	Chinese Medicine Medical Service	99.9	99.4	100.5
中医治疗	Traditional Chinese Medicine	99.9	99.4	100.5
其他医疗保健服务	Other Healthcare Services	104.7	106.4	101.5
其他用品和服务	**Other Articles and Services**	**101.0**	**101.0**	**101.1**
其他用品	Other Articles	101.1	101.0	101.3
首饰手表	Jewellery Watches	100.8	100.5	101.7
金饰品	Gold Jewelry	103.7	104.0	103.2
银饰品	Silver Jewelry	99.0	98.8	99.6
铂金饰品	Platinum Jewelry	94.7	93.3	99.2
手表	Wrist Watch	99.1	99.6	97.9
母婴用品	Mother and Baby Supplies	104.0	104.8	102.3
母婴洗护喂养用品	Mother and Baby Washing and Feeding Supplies	104.4	105.4	102.0
其他母婴用品	Other Mother and Baby Supplies	101.4	99.5	103.9
其他杂项用品	Other Miscellaneous Supplies	99.0	98.3	100.3
箱包	Luggage	99.7	99.3	100.5
眼镜	Glasses	97.6	96.7	99.9
其他服务	Other Services	101.0	101.0	100.7
在外住宿	Outside Accommodation	98.2	98.1	98.6
旅馆住宿	Hotel Accommodation	96.9	96.3	98.8
其他住宿	Other Accommodation	101.2	102.1	98.1
美容美发洗浴	Hairdressing & Beauty and Bath	103.0	102.9	103.2
美容	Hairdressing	99.9	99.9	99.9
美发	Hairdressing	104.1	103.8	104.8
洗浴	Bath	107.2	108.6	101.8
养老服务	Pension Services	102.9	103.6	100.5
金融及保险服务	Financial and Insurance Services	101.2	101.3	101.0
金融服务	Financial Service	100.3	100.4	100.3
车辆保险	Vehicle Insurance	100.5	100.7	100.0
旅行保险	Travel Insurance	100.6	100.7	100.0
其他保险	Other Insurance	103.8	103.7	104.0
中介法律及其他服务	Intermediary Laws and Other Services	99.9	99.9	99.9
中介服务	Intermediary Services	99.9	99.9	99.8
法律服务	Legal Service	100.0	100.0	100.3
其他杂项服务	Other Miscellaneous Services	99.9	99.9	99.9

4-3 分月居民消费价格指数（2022年）

（上年同期=100）

指 标	Item	1 月 January	2 月 February	3 月 March
居民消费价格指数	**Consumer Price Index**	**100.8**	**101.1**	**101.2**
服务价格指数	**Service Price Index**	**102.2**	**101.8**	**102.0**
工业品价格指数	**Industrial Product Price Index**	**102.2**	**102.8**	**103.1**
消费品价格指数	**Consumer Goods Price Index**	**99.9**	**100.7**	**100.7**
非食品价格指数	**Non-food Price Index**	**102.1**	**102.2**	**102.3**
扣除食品和能源价格指数	**Excluding Food and Energy Price Index**	**101.4**	**101.4**	**101.3**
扣除鲜菜鲜果价格指数	**Excluding Fresh Vegetables Fresh Fruit Price Index**	**100.9**	**100.7**	**100.9**
食品烟酒	**Food, Tobacco and Liquor**	**97.6**	**98.5**	**98.2**
食品	Food	95.4	96.6	96.7
粮食	Grain	100.9	100.5	100.5
大米	Rice	100.3	99.8	99.7
面粉	Flour	101.5	101.2	103.0
其他粮食	Other Grain	102.7	101.7	101.0
粮食制品	Grain Products	103.0	103.0	103.0
薯类	Tubers	97.2	95.4	94.6
豆类	Beans	105.2	107.7	104.7
干豆	Dried Beans	107.6	106.5	106.2
豆制品	Beans Products	104.1	108.2	104.0
食用油	Edible Oil and Fats	104.0	103.2	103.0
食用植物油	Oil of Plant	106.7	106.0	105.5
食用动物油	Edible Animal Oil	78.7	77.1	77.9
菜及食用菌	Vegetable and Edible Fungi	91.2	108.3	110.1
鲜菜	Fresh Vegetables	89.8	108.2	110.8
鲜菌	Fresh Fungus	102.9	122.0	105.7
干菜干菌及制品	Dried Vegetables and Edible Fungi Products	105.2	104.7	104.1
畜肉类	Neat of Livestock	71.6	70.0	69.2
猪肉	Pork	57.9	54.1	53.1
牛肉	Beef	101.7	101.8	100.3
羊肉	Mutton	102.2	101.1	99.1
其他畜肉及副产品	Other Meat of Livestock and By-products	78.8	82.5	78.1
畜肉制品	Animal Meat Products	89.9	90.0	88.8
禽肉类	Meat of Poultry	101.2	98.4	97.6
鸡	Chicken	98.1	98.0	96.9
鸭	Duck	108.5	98.0	97.0
其他禽肉及制品	Other Poultry and Products	100.5	100.5	100.9
水产品	Aquatic Products	109.6	107.2	107.4
淡水鱼	Freshwater Fish	113.3	112.0	109.5
海水鱼	Saltwater Fish	104.1	103.3	102.7
虾蟹类	Shrimps and Crabs	110.0	100.4	108.4
其他水产品及制品	Other Aquatic Products and Products	107.8	108.1	107.9

Consumer Price Indices by Month（2022）

（preceding year=100）

4 月 April	5 月 May	6 月 June	7 月 July	8 月 August	9 月 September	10 月 October	11 月 November	12 月 December
101.7	**102.1**	**102.9**	**103.1**	**102.7**	**102.6**	**102.1**	**101.3**	**101.7**
101.8	**101.6**	**102.1**	**101.7**	**101.5**	**101.0**	**101.0**	**100.9**	**100.8**
103.4	**103.3**	**104.1**	**103.0**	**102.4**	**101.9**	**101.1**	**100.9**	**100.9**
101.7	**102.4**	**103.4**	**103.9**	**103.4**	**103.6**	**102.7**	**101.5**	**102.3**
102.4	**102.3**	**102.7**	**102.1**	**101.8**	**101.3**	**101.0**	**100.9**	**100.9**
101.2	**101.1**	**101.4**	**101.1**	**100.9**	**100.5**	**100.5**	**100.4**	**100.5**
101.2	**101.6**	**102.5**	**102.6**	**102.4**	**102.2**	**102.1**	**101.8**	**101.6**
99.9	**101.4**	**102.6**	**104.9**	**104.5**	**105.4**	**104.6**	**102.2**	**103.7**
99.0	101.4	103.4	107.1	106.5	108.0	106.8	103.0	105.2
100.3	100.4	100.4	100.7	100.7	100.4	100.1	100.4	100.1
99.5	99.4	99.3	99.5	99.6	99.1	98.8	99.1	98.9
104.1	104.2	105.0	105.7	106.7	106.3	106.0	104.7	103.6
102.0	102.5	103.3	103.1	103.2	103.2	102.8	102.3	103.1
102.5	103.1	103.4	103.8	103.4	103.5	103.5	104.7	103.1
101.9	108.0	110.4	111.1	110.1	111.0	109.9	106.7	109.7
105.0	105.1	105.3	105.1	105.5	105.1	104.9	103.7	103.1
106.4	107.0	107.1	106.9	107.5	107.2	106.8	104.6	103.1
104.4	104.3	104.4	104.2	104.6	104.1	104.0	103.3	103.1
102.7	101.9	103.9	105.4	106.1	106.0	107.4	107.2	106.3
104.9	103.3	104.6	105.7	106.0	105.5	106.4	106.1	105.6
80.5	87.3	95.3	102.1	106.7	111.2	120.5	120.6	114.9
112.9	104.9	103.4	108.0	103.9	107.6	94.0	80.1	102.7
113.8	104.9	103.2	108.4	103.7	107.6	93.0	78.0	102.4
108.0	106.5	105.2	106.5	107.8	117.1	106.3	98.4	113.9
104.5	104.3	104.7	104.7	104.0	103.8	103.6	103.3	102.2
74.1	83.4	92.8	108.9	111.4	116.5	127.4	118.3	110.4
59.6	74.0	88.8	118.1	122.4	132.4	154.5	133.7	118.4
100.2	100.3	100.6	100.9	101.1	101.0	100.0	99.8	99.5
99.2	99.6	99.8	99.5	99.5	99.6	99.9	98.8	99.3
79.8	84.5	91.0	101.6	103.4	106.2	113.3	110.9	107.6
89.2	89.9	94.3	97.1	99.3	100.7	103.5	104.5	103.9
98.7	101.9	106.2	110.5	111.7	111.5	110.2	110.6	109.2
98.2	101.0	103.4	106.8	108.1	109.7	110.3	110.4	108.5
98.1	103.3	112.9	120.6	121.4	116.9	110.5	111.4	110.2
101.5	102.4	104.6	106.0	107.6	108.2	109.3	110.1	109.7
104.4	103.4	103.1	102.8	101.6	102.4	101.6	102.5	102.1
104.6	100.3	98.3	97.0	96.0	97.1	98.0	98.1	98.7
103.3	103.9	104.7	106.0	105.6	105.9	104.6	105.6	105.4
100.7	106.2	108.5	109.1	105.6	106.2	99.7	103.4	99.9
110.1	110.6	112.0	111.3	110.2	110.9	111.5	111.7	110.8

4-3 续表 1

（上年同期=100）

指 标	Item	1 月 January	2 月 February	3 月 March
蛋类	Eggs	104.2	103.6	105.2
鸡蛋	Egg	104.5	104.0	106.1
其他蛋及制品	Other Eggs and Products	103.1	102.2	102.7
奶类	Milk	97.9	97.3	97.2
鲜奶	Fresh Milk	98.3	96.8	97.7
酸奶	Yogurt	98.7	99.3	100.6
奶粉	Milk Powder	97.1	96.5	95.5
其他奶制品	Other Dairy Products	101.4	101.1	101.9
干鲜瓜果类	Dried and Fresh Melons and Fruits	109.2	107.6	105.1
鲜果	Fresh Fruits	110.6	108.9	105.8
坚果	Nut	100.4	99.7	100.6
瓜果制品	Melon and Fruit Products	100.9	100.5	100.2
糖果糕点类	Candy and Cake	102.3	101.4	102.1
食糖	Sugar	102.0	101.4	101.0
糖果	Candy	100.4	99.2	100.9
糕点	Cakes and Pastries	102.8	102.0	102.3
其他糖果糕点	Other Sweets and Pastries	102.2	101.2	103.8
调味品	Flavoring	101.9	101.7	102.6
食用盐	Edible Salt	99.6	100.5	100.3
酱油	Soy Sauce	102.0	100.9	103.1
食醋	Vinegar	102.0	101.2	101.5
增味剂	Flavoring	104.4	104.8	106.3
其他调味品	Other Condiments	101.7	101.9	102.1
其他食品类	Other Foods	98.9	99.7	100.8
方便食品	Convenience Food	97.0	97.7	100.1
淀粉及制品	Starch and Products	102.2	102.7	102.4
其他食品	Other Food	100.0	100.9	101.0
茶及饮料	Tea and Beverages	100.9	101.1	101.1
茶叶	Tea	100.0	100.1	98.6
固体咖啡	Solid Coffee	99.5	99.9	102.1
其他固体饮料	Other Solid Drinks	100.1	99.9	98.7
饮用水	Drinking Water	102.2	101.8	101.9
果汁饮料	Fruit Juice Beverage	99.5	100.0	101.1
其他液体饮料	Other Liquid Beverages	101.2	102.0	102.5

continued

(preceding year=100)

4 月 April	5 月 May	6 月 June	7 月 July	8 月 August	9 月 September	10 月 October	11 月 November	12 月 December
108.7	109.5	107.4	106.2	103.2	106.1	108.4	109.9	109.5
109.9	110.6	107.4	105.9	102.1	105.8	108.0	109.5	109.1
105.0	106.3	107.4	107.3	106.7	107.4	109.5	111.1	110.8
97.9	98.5	99.2	99.2	97.7	98.2	97.9	98.2	98.4
95.9	95.5	97.5	96.1	95.8	96.0	96.5	96.5	95.8
101.0	100.7	101.1	101.4	100.8	99.6	100.7	99.1	99.6
97.7	99.4	99.3	100.3	97.5	98.8	97.5	98.6	99.4
102.0	100.7	101.6	100.5	100.8	100.2	100.6	101.1	99.4
110.6	119.0	118.0	117.7	115.0	114.7	110.5	107.1	106.8
112.2	122.2	121.1	120.6	117.3	117.1	112.2	108.1	107.9
100.6	100.0	100.0	100.7	101.8	101.8	101.6	101.8	101.1
98.6	98.8	99.0	101.4	101.1	98.6	96.8	97.6	96.8
102.6	103.3	103.7	104.7	105.3	105.2	104.9	104.8	103.0
99.5	98.4	99.0	100.3	101.0	100.6	99.7	99.5	98.5
102.4	104.3	105.2	105.7	105.4	105.0	105.4	104.3	103.4
103.3	103.9	104.0	105.4	106.1	106.6	105.6	106.0	103.7
101.7	102.2	103.3	102.6	104.3	101.7	103.9	103.3	102.0
103.2	103.6	104.0	103.9	103.6	104.2	103.7	103.3	102.8
101.2	102.8	102.1	101.2	101.2	100.3	99.8	101.3	99.9
103.6	104.5	104.3	104.7	104.4	105.1	104.1	103.5	103.2
101.1	100.1	101.3	100.6	101.5	103.5	103.8	104.3	102.5
106.4	107.7	107.6	108.6	108.1	108.6	108.2	106.4	105.6
102.9	102.6	104.0	103.5	102.7	103.4	103.1	102.5	102.6
101.2	101.0	100.5	100.3	100.4	100.9	101.4	101.7	101.8
100.1	99.4	98.0	98.4	98.4	99.5	99.9	99.6	100.3
102.3	101.3	102.0	101.5	102.1	102.3	102.1	102.6	101.9
102.2	102.6	103.0	102.0	102.1	102.2	102.9	103.8	103.3
101.3	101.2	101.1	101.2	101.2	100.9	101.3	101.8	100.8
99.4	99.6	99.9	100.6	100.7	100.5	100.9	101.0	100.0
101.0	101.7	104.5	103.9	103.2	103.8	103.9	104.8	103.8
99.7	100.0	101.3	101.3	101.5	102.3	101.0	103.1	101.7
102.5	101.6	99.7	100.2	99.1	99.3	99.8	99.8	99.9
100.9	99.9	100.5	100.2	100.0	100.4	100.8	101.8	99.6
102.1	102.7	102.5	102.4	103.2	101.8	102.6	103.1	101.7

4-3 续表 2

（上年同期＝100）

指 标	Item	1 月 January	2 月 February	3 月 March
烟酒	Tobacco and Liquor	100.6	100.6	100.5
卷烟	Cigarette	100.3	100.3	100.3
酒类	Liquor	101.2	101.2	100.9
白酒	Liquor	103.7	104.1	104.1
葡萄酒	Wine	99.4	98.7	99.0
啤酒	Beer	99.1	98.5	97.1
其他酒类	Other Wines	99.8	100.3	100.9
在外餐饮	Dining Out	102.6	103.0	101.5
餐馆餐饮	Restaurants and Catering	100.8	101.3	100.5
饮品店餐饮	Drink Shop and Catering	106.8	106.4	105.2
外卖	Take Out	104.0	105.1	100.8
其他在外餐饮	Other Outside Catering	103.3	103.0	102.6
衣着	**Clothing**	**99.8**	**100.0**	**100.2**
服装	Garments	99.8	100.0	100.1
男式服装	Men's Clothing	100.1	100.2	100.5
男式外套	Men's Coat	100.7	101.0	101.4
男式针织衫	Men's Knit Shirt	101.1	100.9	101.1
男式衬衫T恤	Men's Shirt T-shirt	99.1	99.1	99.3
男式裤子	Men's Dress Pants	100.0	99.8	100.3
男式内衣	Men's Underwaist	99.0	99.8	99.9
女式服装	Women's Clothing	100.0	100.3	100.1
女式外套	Women's Coat	99.5	99.9	99.7
女式针织衫	Women's Knit Shirt	100.7	101.1	100.7
女式衬衫T恤	Women's Shirt T-shirt	101.2	101.2	101.0
女式裤子	Women's Pants	98.8	99.6	99.8
女式裙子	Women's Ladies Skirt	100.1	100.4	100.1
女式内衣	Women's Underwaist	99.9	100.5	99.8
儿童服装	Children's Clothing	98.8	99.1	99.5
婴儿服装	Baby Clothing	98.7	99.0	99.1
儿童上衣	Children's Coat	97.9	98.6	99.1
儿童裤子	Children's Trousers	99.3	99.4	99.7
儿童裙子	Children's Skirt	99.6	99.8	100.2
儿童内衣	Children's Underwaist	99.3	99.3	99.5

continued

(preceding year=100)

4 月 April	5 月 May	6 月 June	7 月 July	8 月 August	9 月 September	10 月 October	11 月 November	12 月 December
100.8	100.6	100.6	100.5	100.4	100.4	100.4	100.5	100.3
100.5	100.5	100.5	100.3	100.3	100.3	100.3	100.3	100.5
101.3	100.9	101.0	100.8	100.6	100.6	100.5	101.0	99.9
103.6	102.4	101.4	101.2	100.8	101.6	100.7	100.9	100.1
99.2	98.0	99.2	98.4	97.2	96.3	98.8	98.5	96.5
98.4	98.7	100.2	100.7	101.0	100.0	99.5	100.7	99.1
102.1	103.2	103.1	101.9	102.1	102.7	103.4	103.9	104.2
101.8	101.7	101.6	101.4	101.0	101.0	100.6	100.9	101.5
99.8	99.9	100.0	100.1	99.9	100.3	100.4	100.6	100.7
105.1	104.1	102.9	102.2	101.6	100.6	99.9	99.9	99.7
103.8	104.1	103.6	103.2	103.1	102.9	101.1	101.7	105.0
102.6	102.7	102.9	102.3	101.2	101.1	101.4	101.5	101.4
100.4	**100.5**	**100.4**	**100.6**	**100.7**	**100.7**	**101.2**	**101.5**	**101.8**
100.2	100.4	100.3	100.6	100.8	100.8	101.4	101.6	101.9
100.7	100.8	100.7	101.4	101.3	101.5	101.8	102.6	102.6
101.2	101.2	101.1	101.1	100.9	101.4	101.7	103.0	102.7
101.2	101.1	101.1	101.1	101.0	100.8	100.9	101.8	102.5
100.0	100.6	100.5	102.3	102.2	102.5	103.0	103.3	103.4
100.5	100.5	100.9	101.7	101.6	101.4	101.8	102.1	102.0
100.1	99.8	98.7	99.1	99.8	100.3	99.8	99.9	101.0
100.2	100.3	100.1	100.2	100.4	100.2	101.2	101.2	101.6
100.4	100.4	100.2	100.1	100.1	99.9	101.0	101.2	101.9
100.1	100.4	100.4	100.2	99.9	99.6	101.2	100.8	101.9
100.4	100.4	99.6	100.0	100.2	100.0	100.6	100.6	100.8
100.5	100.8	101.0	101.3	101.7	101.2	102.2	101.9	102.4
99.9	100.2	99.9	100.3	100.5	100.7	101.2	100.8	101.3
99.4	99.1	98.9	98.7	98.9	99.7	100.5	101.4	101.0
99.6	100.0	100.0	100.1	100.8	100.5	101.0	100.9	101.5
99.3	99.7	99.8	99.9	101.0	101.0	101.2	101.7	102.3
99.3	99.8	100.0	100.7	101.3	100.8	101.2	101.1	101.6
100.5	101.0	100.8	99.7	100.2	100.0	100.6	99.9	100.8
100.0	99.6	100.0	99.6	100.3	99.9	100.7	101.0	101.2
99.0	99.0	99.1	100.2	100.5	100.8	101.2	101.2	102.0

4-3 续表 3

（上年同期＝100）

指 标	Item	1 月 January	2 月 February	3 月 March
衣着材料及配件	Clothing Materials and Accessories	99.9	99.7	99.5
袜子	Socks	99.0	98.8	98.9
帽子	Cap	100.4	100.5	100.1
其他衣着材料配件	Other Clothing Materials and Accessories	101.1	100.8	100.5
衣着服务费	Clothing Manufacturing Services	102.2	99.4	100.8
衣着洗涤保养	Scrubbing Maintenance	103.6	99.0	100.9
其他衣着服务	Other Clothing Services	100.1	100.0	100.6
鞋类	Footwear	99.8	100.2	100.6
鞋	Shoes	99.8	100.0	100.5
男鞋	Men's Shoes	100.2	100.4	101.3
女鞋	Women's Shoes	99.7	100.1	100.1
童鞋	Children's Shoes	99.1	99.3	100.2
鞋类服务	Footwear Services	100.6	101.3	101.9
居住	**Residence**	**101.1**	**101.1**	**101.4**
租赁房房租	Rent of Rental Housing	100.2	100.1	99.9
公房房租	Rent by Public Houses	100.0	100.0	100.0
私房房租	Private House Rent	100.2	100.1	99.9
住房保养维修及管理	Housing Maintenance and Management	102.6	102.3	102.7
住房装潢材料	Housing Decoration Materials	103.8	103.5	103.3
木地板	Wood Floor	105.3	102.4	101.4
瓷砖	Tile	95.8	95.7	96.0
水泥	Cement	118.2	115.9	115.5
涂料	Paint	101.0	101.9	103.4
板材	Board	105.1	105.6	105.3
管材	Pipe	107.4	107.5	106.8
厨卫设备	Kitchen & Bath Fixtures	103.6	104.0	103.0
门窗	Doors and Windows	108.8	108.9	108.7
其他住房装潢材料	Other Housing Decoration Materials	110.1	109.7	108.8
住房维修管理费用	Housing Maintenance and Management Expenses	101.0	100.7	101.8
物业管理费	Property Management Fee	100.0	100.0	99.7
装潢维修费	Upholstery Maintenance Fee	101.9	101.3	103.4
其他住房费用	Other Housing Costs	98.5	98.5	98.8

continued

(preceding year=100)

4 月 April	5 月 May	6 月 June	7 月 July	8 月 August	9 月 September	10 月 October	11 月 November	12 月 December
99.6	99.5	99.3	99.5	99.5	99.6	99.7	100.0	100.1
99.0	98.8	99.0	99.5	99.2	99.6	99.5	100.3	100.6
100.3	100.4	100.0	99.7	99.9	99.0	99.9	100.2	100.4
100.2	100.2	99.6	99.5	99.7	99.9	99.9	99.1	99.0
101.0	101.1	101.4	101.4	103.3	103.8	103.7	104.0	103.6
101.3	101.4	101.8	101.8	104.8	105.6	105.5	106.1	105.5
100.6	100.6	100.7	100.7	100.9	100.9	100.9	100.7	100.7
101.0	100.8	100.7	100.7	100.4	100.1	100.5	100.9	101.5
100.8	100.6	100.5	100.5	100.2	99.9	100.2	100.6	101.3
101.5	101.4	101.0	100.2	100.4	99.7	99.8	100.2	101.0
99.9	99.8	99.8	100.2	99.8	99.6	100.2	100.5	101.2
101.9	100.9	101.3	102.0	101.0	101.1	101.4	101.9	102.3
103.0	103.7	103.0	102.9	103.0	103.0	103.6	103.6	103.6
101.2	**100.9**	**100.9**	**100.6**	**100.2**	**99.7**	**99.2**	**99.1**	**99.0**
99.6	98.9	98.6	98.4	98.2	98.2	98.1	98.0	98.0
100.0	100.0	100.0	100.0	100.0	100.0	100.0	100.0	100.0
99.6	98.7	98.4	98.2	98.0	97.9	97.8	97.7	97.7
102.2	101.9	102.3	101.9	101.2	99.9	99.4	99.5	99.4
102.5	102.1	102.6	101.7	100.5	98.3	97.7	97.9	98.0
101.0	102.7	103.6	102.7	100.5	100.5	100.2	99.6	99.5
95.7	96.4	96.5	97.1	97.3	98.5	98.2	98.6	98.2
112.7	109.2	100.7	94.2	87.1	58.4	64.0	68.1	72.9
102.3	100.0	101.8	100.2	99.0	98.8	98.9	98.4	98.1
104.2	103.7	102.4	102.2	101.1	100.8	99.1	98.9	99.0
107.1	106.8	108.0	107.5	106.0	105.5	102.6	99.8	99.8
102.8	103.3	103.9	103.9	102.4	102.1	101.8	101.6	101.1
107.1	105.8	108.5	105.9	105.2	104.6	102.1	101.8	101.3
105.5	103.3	102.6	102.2	101.1	97.1	94.2	96.3	96.7
101.8	101.6	101.8	102.1	102.2	102.1	102.0	101.8	101.4
99.7	99.7	99.7	99.6	99.6	99.6	99.6	99.6	99.6
103.4	103.0	103.3	103.7	103.7	103.5	103.4	103.0	102.4
98.8	98.8	98.8	100.2	100.2	100.2	100.2	100.2	100.2

4-3 续表 4

（上年同期＝100）

指 标	Item	1 月 January	2 月 February	3 月 March
水电燃料	Water, Electricity and Fuels	103.6	104.0	105.2
水	Water	100.3	100.3	100.7
电	Electricity	99.9	99.9	99.9
燃气	Gas	109.9	111.4	117.0
管道燃气	Pipeline Gas	101.0	101.0	101.0
液化石油气	Liquefied Petroleum Gas	115.6	118.0	127.2
其他水电燃料类	Other Water, Electricity and Fuels	107.3	107.8	105.0
自有住房	Private Housing	99.9	100.0	99.9
生活用品及服务	**Articles for Daily Use and Services**	**100.6**	**101.0**	**101.0**
家具及室内装饰品	Furniture and Interior Decorations	101.8	101.7	101.6
家具	Furniture	102.0	101.9	101.7
柜	Cabinet	101.2	101.0	101.3
床	Bed	101.8	101.6	101.6
桌	Table	103.4	102.7	102.1
椅	Chair	104.3	103.3	100.5
沙发	Sofa	101.0	101.1	101.5
其他家具	Other Furniture	103.1	104.0	103.9
室内装饰品	Upholstery	98.7	99.2	100.6
灯具	Lamps and Lanterns	98.2	98.4	101.0
其他室内装饰品	Other Interior Decorations	99.4	100.3	99.8
家用器具	Home Appliances	101.5	102.4	101.5
大型家用器具	Large Household Appliances	101.7	102.8	101.5
洗衣机	Washing Machine	103.9	104.6	100.7
电冰箱（柜）	Refrigerator	100.7	101.8	99.6
抽油烟机	Smoke Lampblack Machine	100.0	100.0	99.4
空调器	Air Conditioner	103.1	104.8	103.5
热水器	Water Heating	99.8	101.1	101.8
炉具灶具	Stove and Cookers	101.0	102.8	103.8
微波炉	Microwave Oven	98.1	98.9	98.5
其他大型家用器具	Other Large Household Appliances	93.8	95.6	98.6
净水器	Purifier	95.3	94.9	97.2
其他大型家用器具	Other Large Household Appliances	99.9	100.2	99.6
小家电	Small Home Appliances	100.8	100.8	101.6
厨房小家电	Kitchen Appliances	100.3	100.8	101.2
生活小家电	Small Household Electrical Appliances	102.1	101.1	102.7

continued

（preceding year=100）

4 月 April	5 月 May	6 月 June	7 月 July	8 月 August	9 月 September	10 月 October	11 月 November	12 月 December
105.3	105.7	105.5	105.0	104.5	103.4	101.4	101.1	101.3
101.0	101.3	101.3	101.3	101.3	101.3	101.4	101.4	100.9
99.9	99.9	99.9	99.9	99.9	99.9	99.9	99.9	99.9
117.5	118.1	117.3	115.4	113.8	110.9	104.0	103.2	104.0
101.2	100.8	100.4	100.4	100.9	100.7	100.7	100.4	100.7
128.0	129.4	128.4	125.1	122.0	117.2	105.9	104.7	105.9
105.0	106.2	106.6	106.0	105.4	102.8	101.3	100.7	101.0
99.7	99.3	99.3	99.0	98.7	98.5	98.6	98.4	98.3
100.8	**100.9**	**100.9**	**100.4**	**100.1**	**100.1**	**100.2**	**100.1**	**100.2**
101.4	101.9	101.2	100.4	100.1	100.2	100.4	100.3	99.6
101.5	102.0	101.3	100.3	100.1	100.3	100.5	100.4	99.6
100.3	101.2	100.4	100.0	99.7	100.2	100.0	100.2	99.2
102.1	102.4	102.2	101.2	100.9	101.2	101.1	100.9	99.4
103.9	102.8	102.6	101.7	99.9	100.3	100.7	99.9	99.9
100.1	99.6	98.6	97.2	96.5	95.4	97.8	97.4	97.3
100.8	102.4	101.6	99.1	101.2	101.7	101.4	101.3	100.3
103.0	103.4	102.2	102.1	101.0	100.8	101.0	101.6	100.8
101.0	101.6	100.3	101.4	99.4	97.7	98.9	98.1	100.2
101.6	101.8	99.0	101.0	99.1	96.4	97.2	95.8	98.6
100.3	101.2	102.3	102.2	99.9	99.6	101.5	101.4	102.5
100.1	99.2	99.0	99.3	99.2	99.0	99.2	98.3	98.5
99.8	98.7	98.3	98.7	98.5	98.4	98.6	97.8	98.0
98.5	97.5	97.6	98.7	97.5	97.1	97.5	96.0	95.9
96.2	95.1	95.7	96.5	95.7	94.5	95.7	93.9	93.7
99.1	98.8	98.2	98.4	98.6	99.1	98.8	98.5	98.7
101.5	100.3	99.2	99.3	99.6	99.9	100.6	99.8	100.1
101.5	99.4	98.8	98.3	98.0	98.2	97.1	97.2	98.9
103.2	102.9	101.7	102.9	104.3	104.1	103.8	103.1	103.7
102.8	100.1	99.5	100.9	101.2	98.6	100.6	101.4	103.1
99.2	97.8	97.0	96.6	99.2	102.2	100.4	102.0	103.8
98.6	100.7	101.2	100.5	102.1	100.4	100.0	100.4	97.1
98.7	97.8	99.0	99.2	98.2	98.1	97.4	97.2	96.7
101.3	101.6	102.5	101.9	102.4	101.9	101.8	100.7	100.6
101.2	102.4	103.5	101.9	102.3	102.0	101.3	100.9	100.8
101.5	99.8	99.9	101.7	102.5	101.9	102.9	100.4	100.2

4-3 续表 5

（上年同期＝100）

指 标	Item	1 月 January	2 月 February	3 月 March
家用纺织品	Home Textiles	99.5	100.9	100.7
床上用品	Bedding Article	99.5	100.6	100.7
被子	Quilt	99.2	100.6	101.6
床单被套	Bed Sheet & Duvet Cover	100.3	101.7	101.5
其他床上用品	Other Bedding	98.9	99.3	98.6
窗帘门帘	Curtain	102.8	102.9	102.5
其他家用纺织品	Other Household Textiles	97.5	101.0	99.7
家庭日用杂品	Daily Use Household Articles	98.6	99.5	99.9
洗涤卫生用品	Washing Sanitary Articles	97.7	97.6	98.6
清洗用品	Cleaning Supplies	97.4	97.5	100.0
清洁用具	Cleaning Appliances	102.3	102.7	102.4
清洁用纸	Cleaning Paper	96.8	96.6	96.7
厨具餐具茶具	Kitchenware, Tableware, Tea set	97.7	100.2	100.6
厨具	Kitchenware	98.0	103.4	101.7
餐具	Tableware	96.9	95.3	99.2
茶具	Tea Set	98.6	103.3	100.7
其他家庭日用杂品	Other Family Daily Sundry Goods	99.9	100.7	100.6
配电附件	Distribution Accessories	100.7	100.6	99.3
雨具	Rain Gear	97.9	99.8	98.9
其他日用杂品	Other Daily Sundry Goods	100.0	100.9	101.4
个人护理用品	Personal-care Supplies	98.1	99.6	99.9
化妆品	Cosmetics	96.4	98.9	99.3
清洁化妆品	Cleaning Cosmetics	95.4	96.8	96.8
护肤化妆品	Skin Care Cosmetics	95.0	98.2	99.2
彩妆化妆品	Make Up Cosmetics	101.7	103.1	101.6
化妆器具	Cosmetic Equipment	99.7	103.4	103.2
其他护理用品类	Other Types of Care Products	99.5	100.1	100.3
清洁类护理用品	Cleaning Supplies	99.1	100.9	101.0
护发美发用品	Hair Care Products	100.4	100.7	100.9
护理器具	Nursing Appliance	98.5	98.3	100.3
其他护理用品	Other Nursing Supplies	100.0	99.8	99.3
家庭服务	Household Services	107.7	103.0	104.8
家政服务	Household Management Services	110.5	102.4	105.8
母婴护理服务	Mother and Baby Nursing Services	104.8	104.2	105.5
家庭维修服务	Home Maintenance Services	107.9	103.8	104.8
其他家庭服务	Other Family Services	107.4	100.7	102.2

continued

(preceding year=100)

4 月 April	5 月 May	6 月 June	7 月 July	8 月 August	9 月 September	10 月 October	11 月 November	12 月 December
99.8	100.8	100.6	100.4	100.3	100.4	99.7	99.5	99.1
99.6	100.7	100.3	100.6	100.4	100.7	99.8	99.9	99.8
99.9	99.9	99.8	100.4	100.7	100.4	99.3	99.0	99.7
100.0	102.4	101.6	102.3	100.9	102.2	100.9	101.2	100.8
98.7	99.9	99.5	99.0	99.3	99.5	99.2	99.8	98.9
101.9	102.0	101.8	101.7	101.7	102.0	101.2	100.5	100.5
99.0	100.5	101.0	98.8	99.1	98.3	98.6	97.0	95.6
100.4	100.4	100.7	99.7	100.0	99.3	99.4	100.3	100.6
99.6	99.9	99.9	99.1	99.5	99.7	100.0	102.7	102.7
100.2	101.5	101.4	99.1	100.8	100.8	100.8	99.8	101.0
102.2	102.0	101.7	101.7	101.8	99.5	100.1	99.6	100.6
98.5	98.1	98.2	98.5	98.0	98.9	99.2	105.7	104.5
101.7	102.4	103.1	100.1	102.7	100.8	100.7	101.8	101.8
102.8	102.7	105.8	100.6	104.3	102.2	101.0	103.1	102.6
101.0	101.9	101.3	99.9	101.2	99.3	100.1	100.7	101.4
99.5	102.4	98.7	98.6	100.8	100.3	101.2	100.3	99.9
100.5	99.9	100.1	100.0	99.1	98.3	98.1	97.6	98.3
100.1	98.9	99.9	101.2	99.6	100.1	99.8	99.3	100.5
99.0	99.4	98.8	100.8	99.7	98.0	98.5	97.0	97.4
100.9	100.3	100.4	99.3	98.8	97.6	97.5	97.0	97.7
100.8	101.9	102.3	102.5	100.9	101.9	102.2	102.1	102.1
100.0	101.8	101.9	102.8	101.1	102.1	102.5	103.4	103.2
97.1	100.0	102.1	101.8	100.3	100.5	101.7	100.7	103.7
99.6	102.0	101.2	103.0	100.7	102.4	102.3	104.5	103.1
103.1	103.4	103.4	103.1	103.0	102.6	103.6	102.6	102.8
106.3	102.2	104.9	102.9	103.5	103.7	104.6	105.7	103.6
101.4	102.0	102.5	102.2	100.8	101.7	101.9	101.0	101.2
103.1	103.2	103.7	101.9	101.0	102.6	102.8	102.9	102.6
100.9	102.0	104.4	102.4	100.2	101.4	101.2	100.3	99.7
101.8	103.1	103.2	104.9	101.6	101.4	102.6	99.9	102.6
99.2	99.8	99.9	101.1	100.3	100.7	100.6	99.6	99.4
104.6	104.1	104.1	102.1	102.0	102.1	101.6	101.6	101.9
105.7	104.6	104.5	103.4	103.2	103.2	101.8	101.7	103.6
104.7	103.7	103.3	100.5	100.3	100.4	99.9	100.0	99.3
105.0	104.6	104.6	101.7	101.7	101.7	101.8	101.8	101.2
102.4	103.5	103.9	103.4	103.5	103.5	103.4	103.3	104.1

4-3 续表 6

（上年同期=100）

指 标	Item	1 月 January	2 月 February	3 月 March
交通和通信	**Transport and Communications**	**104.1**	**104.5**	**104.9**
交通	Transport	107.2	107.7	108.1
交通工具	Transport Facility	101.5	101.2	101.3
燃油小汽车	Fuel Small-car	101.7	101.3	101.4
新能源小汽车	New Energy Car	103.5	103.5	103.7
电动自行车	Electric Bicycle	99.4	99.3	99.7
自行车	Bicycle	103.7	103.7	103.5
其他交通工具	Other Means of Transportation	100.3	100.0	100.0
交通工具用燃料	Fuels for Transport Facility	120.0	123.2	123.9
汽油	Steam-oil	120.3	123.6	124.2
柴油	Diesel Oil	122.4	125.8	126.7
其他车用能源	Other Vehicle Energy	100.9	101.4	100.9
交通工具使用和维修	Use and Maintenance of Transport Facility	101.1	100.4	103.4
停车费	Parking Rate	100.2	98.5	100.2
车辆使用费	Vehicle Usage fee	100.0	100.0	111.1
交通工具零配件	Vehicle Spare Parts	101.3	101.0	101.0
车辆修理与保养	Vehicle Repair and Maintenance	102.3	100.8	101.7
交通费	Traffic Fee	106.6	104.7	101.1
市内公共交通	City Public Transport	100.7	103.7	100.4
出租汽车	Taxi	100.0	100.0	100.0
飞机票	Airplane Ticket	124.4	130.5	103.2
火车票	Train Tickets	103.3	103.2	103.2
长途汽车	Long Distance Bus	109.5	91.2	99.2
网约车	Online Car Hailing	100.4	99.5	100.4
交通工具租赁费	Vehicle Rental Fee	95.8	92.7	93.6
其他交通费	Other Transportation Charges	102.5	100.4	100.3
通信	Communications	96.2	96.2	96.7
通信工具	Communication Tools	93.4	93.3	94.6
电话机	Telephone Set	93.2	93.1	94.4
其他通信工具及零配件	Other Communication Tools and Spare Parts	98.3	98.6	97.3
通信服务	Communication Services	96.4	96.6	96.7
电话费	Telephone Fee	100.3	100.3	100.3
家庭宽带服务	Broadband Service for Home	84.4	85.3	85.4
其他通信服务	Other Communication Services	100.3	100.3	100.3
邮递服务	Postal Services	100.3	99.5	100.2
教育文化和娱乐	**Education, Culture and Recreation**	**106.0**	**105.7**	**105.7**
教育	Education	105.9	106.0	106.2
教育用品	Education Articles	101.7	102.5	101.3
工具书	Reference Book	100.9	101.0	100.8

continued

(preceding year=100)

4 月 April	5 月 May	6 月 June	7 月 July	8 月 August	9 月 September	10 月 October	11 月 November	12 月 December
105.6	**105.1**	**108.2**	**105.8**	**104.8**	**104.3**	**102.8**	**102.5**	**102.2**
108.9	108.4	111.6	108.2	106.9	106.1	104.0	103.5	102.9
101.1	100.8	101.6	100.7	99.9	99.1	97.9	97.0	96.7
100.2	99.5	100.6	99.5	98.6	97.2	95.8	94.7	94.3
110.5	112.5	112.2	110.7	110.4	110.4	108.0	107.8	107.6
99.5	99.4	99.1	99.2	98.9	99.3	99.1	98.5	98.6
102.9	102.3	103.3	103.1	102.9	103.4	103.5	103.3	103.0
100.4	100.2	100.5	100.1	99.6	99.9	99.9	100.1	100.1
128.1	126.9	132.5	124.0	119.7	118.8	112.2	111.2	110.2
128.6	127.4	133.1	124.4	120.0	119.1	112.4	111.3	110.5
131.3	129.8	136.0	126.5	121.6	120.8	113.4	112.3	111.4
101.1	99.9	100.6	102.0	100.7	101.4	99.8	99.2	94.7
105.3	105.4	105.4	105.0	105.1	105.0	104.8	104.7	104.6
100.2	100.4	100.4	100.4	100.4	100.4	100.4	100.4	100.2
118.6	118.6	118.6	118.6	118.6	118.6	118.7	118.7	118.7
101.3	101.5	101.9	100.8	101.2	101.0	100.7	100.4	100.2
102.0	102.1	101.6	101.6	101.5	101.2	100.9	100.9	100.8
98.4	97.7	104.5	100.8	102.7	102.0	103.6	104.6	104.2
100.8	100.8	100.8	100.6	100.4	100.4	100.2	100.2	100.5
100.0	100.0	100.8	100.8	100.8	100.8	100.8	100.8	100.8
87.6	87.6	116.0	98.2	105.6	103.6	113.0	120.2	116.0
103.7	102.9	102.5	102.4	102.4	102.1	102.0	102.1	102.0
102.1	100.6	101.6	102.5	102.2	101.7	102.2	102.3	102.3
100.3	100.4	101.0	100.4	100.6	100.6	100.6	100.5	100.6
98.9	94.7	99.5	103.8	105.6	104.5	99.6	100.0	104.6
100.9	100.3	99.1	99.2	99.2	98.0	98.6	98.9	98.5
96.7	96.5	98.8	99.0	99.1	99.3	99.6	99.7	100.5
94.7	93.7	95.5	96.0	96.4	97.0	98.2	98.5	101.0
94.5	93.4	95.4	95.9	96.3	96.9	98.3	98.6	101.2
98.8	98.0	98.1	98.1	98.1	97.6	96.4	97.5	97.0
96.7	96.7	100.0	100.1	100.1	100.1	100.2	100.2	100.2
100.3	100.3	100.1	100.1	100.1	100.1	100.2	100.2	100.2
85.6	85.6	99.4	100.2	100.2	100.2	100.2	100.2	100.3
100.3	100.3	100.3	100.3	100.2	100.2	100.8	100.8	100.8
100.2	100.2	100.2	100.2	100.0	100.1	99.9	99.9	100.6
104.8	**104.7**	**104.7**	**104.2**	**103.8**	**102.3**	**102.2**	**102.0**	**101.9**
106.3	106.3	106.2	106.1	106.1	103.3	103.4	103.4	103.4
101.2	101.7	101.8	101.7	102.3	101.9	101.8	101.5	101.6
100.2	101.1	101.2	101.2	100.9	100.2	100.5	100.4	100.4

4-3 续表 7

（上年同期=100）

指 标	Item	1 月 January	2 月 February	3 月 March
教材	Textbooks	100.0	100.1	100.0
参考资料	Reference Material	104.4	105.8	103.4
其他教育用品	Other Educational Supplies	98.3	99.2	98.5
教育服务	Education Services	106.2	106.3	106.6
幼儿早期教育	Early Childhood Education	104.0	104.5	103.4
学前教育	Preschool Education	116.7	117.3	112.6
小学初中教育	Primary and Secondary Education	108.1	108.2	107.4
高中中职教育	Secondary Vocational Education	108.0	108.0	115.8
高等教育	Higher Education	101.8	101.8	101.8
课外教育	Extracurricular Education	103.5	103.4	102.9
专业技能培训	Professional Skills Training	98.2	98.2	99.6
其他教育服务	Other Education Services	101.2	101.2	100.3
文化娱乐	Culture and Recreation	106.3	105.0	104.6
文娱耐用消费品	Durable Consumer Goods for Culture and Recreation	101.8	101.5	99.7
电视机	Television	101.8	101.2	98.0
照相机	Camera	102.2	102.4	100.9
台式计算机	Desktop Computer	104.0	103.7	103.0
笔记本电脑	Notebook Computer	104.4	103.6	100.8
平板电脑	Tablet Computer	91.6	95.0	95.2
乐器	Musical Instruments	97.4	96.4	96.9
音响	Acoustics	97.9	97.7	96.5
可穿戴智能设备	Wearable Smart Devices	101.9	101.9	100.8
其他文娱耐用消费品	Other Recreational and Durable Goods	108.0	105.9	105.8
其他文娱用品	Other Articles	102.1	102.2	101.0
书报杂志及音像制品	Newspapers, Magazines and Audio-visual Products	100.9	101.5	101.0
纸张文具	Paper Stationery	100.7	100.6	100.2
体育户外用品	Sports Outdoor Products	102.0	103.5	103.0
游戏用品和玩具	Game Supplies and Toys	98.9	98.5	98.9
园艺花卉及用品	Garden Flowers and Supplies	103.7	106.0	101.9
宠物及用品	Pets and Supplies	102.1	101.7	102.5
其他文化娱乐用品	Other Cultural and Recreational Products	105.1	104.7	101.3
文化娱乐服务	Services for Culture and Recreation	102.6	101.6	101.3
电影及演出票	Film and Performance Tickets	106.5	103.3	104.1
景点门票	Scenic Spot Ticket	109.5	104.5	101.5
电视服务	Television Services	98.8	98.8	98.8
健身活动	Fitness Activities	101.9	102.1	101.8
宠物服务	Pet Services	100.3	98.4	99.9
网络文娱服务	Network Entertainment Services	103.3	105.5	105.1
儿童娱乐项目	Children's Entertainment	100.5	100.7	100.7
其他文娱服务	Other Recreational Services	101.2	100.2	101.0

continued

(preceding year=100)

4 月 April	5 月 May	6 月 June	7 月 July	8 月 August	9 月 September	10 月 October	11 月 November	12 月 December
100.0	100.0	100.0	100.0	100.0	100.5	100.5	100.5	100.5
102.8	103.9	103.9	104.3	105.6	104.7	104.5	104.5	104.6
99.7	99.8	99.7	98.2	98.7	98.1	97.7	95.3	95.4
106.7	106.7	106.6	106.5	106.4	103.4	103.6	103.5	103.5
103.4	103.3	103.3	103.0	102.7	101.1	101.2	101.1	101.0
113.3	113.3	113.3	113.3	113.3	107.9	107.9	107.9	107.9
107.4	107.4	107.4	107.4	107.4	101.2	101.2	101.2	101.2
115.8	115.8	115.8	115.8	115.8	110.0	110.0	110.0	110.0
101.8	101.8	101.8	101.8	101.8	100.1	100.1	100.1	100.1
102.7	102.3	102.1	101.8	101.3	100.7	101.6	101.4	101.3
100.1	99.9	99.4	99.7	99.2	99.1	99.4	99.5	99.6
100.5	100.5	99.9	99.4	99.1	99.2	99.6	98.3	99.2
101.5	101.3	101.5	100.1	98.9	100.0	99.6	98.8	98.6
98.1	96.9	96.8	96.1	96.6	96.7	96.8	96.1	95.2
95.2	92.9	91.0	90.8	90.3	90.2	90.8	90.3	89.3
101.8	101.1	101.3	99.4	100.4	101.0	100.9	98.3	98.2
101.2	99.8	99.5	99.2	99.1	97.2	97.8	97.2	96.7
98.3	97.5	100.6	98.4	97.6	100.7	100.1	98.3	98.4
96.0	97.3	100.9	98.5	105.8	105.3	102.9	107.6	104.6
97.1	96.9	97.5	97.7	97.7	98.1	98.2	98.6	99.0
96.5	96.0	94.4	97.5	95.8	95.9	96.9	93.7	95.9
100.6	99.6	98.4	97.3	99.8	99.0	100.1	97.0	95.1
104.8	104.1	102.8	102.2	102.9	101.6	101.8	98.9	97.5
101.4	101.8	102.3	101.9	100.5	101.2	102.0	100.9	100.5
100.5	100.6	100.5	100.6	100.3	100.3	100.8	100.8	100.5
100.2	99.9	100.1	100.1	99.4	99.1	99.2	98.6	99.5
104.6	107.5	106.2	106.5	105.4	103.8	106.7	103.6	103.9
100.0	99.7	100.3	101.0	98.3	99.4	99.6	99.2	99.4
101.5	101.2	100.7	101.4	100.7	101.5	100.4	97.6	98.0
103.4	102.9	104.6	103.4	104.0	103.8	102.6	103.3	103.0
101.5	102.3	104.0	102.1	99.8	102.1	104.1	102.3	100.5
100.2	99.7	99.4	99.5	99.1	98.8	98.6	98.1	98.8
103.2	97.1	100.0	105.2	106.7	106.5	102.4	106.1	110.1
99.8	99.6	96.8	95.8	93.1	95.1	93.6	93.4	86.4
98.8	98.8	98.8	98.8	98.8	98.9	98.9	98.9	100.0
101.7	101.8	101.5	101.3	100.9	101.1	100.4	100.4	100.2
100.1	100.9	100.4	99.2	99.7	99.0	99.3	99.0	98.3
99.3	100.0	99.8	98.8	96.8	91.7	95.5	89.1	96.9
100.1	100.7	100.2	99.5	99.5	99.5	99.6	100.1	99.9
100.6	101.6	100.3	100.4	101.6	101.9	102.0	102.3	102.9

4-3 续表 8

（上年同期＝100）

指　标	Item	1 月 January	2 月 February	3 月 March
旅游	Touring and Outing	118.8	114.4	116.4
旅行社收费	Travel Service Charges	120.6	115.7	117.9
其他旅游	Other Travel	100.3	100.1	100.3
医疗保健	**Health Care**	**100.3**	**100.1**	**100.1**
药品及医疗器具	Medicine and Medical Instrument	98.5	98.6	98.7
中药	Traditional Chinese Medicine	101.6	102.2	102.5
中药材	Chinese Medicinal Materials	105.5	106.2	106.5
中成药	Chinese Patent Medicine	99.5	99.9	100.2
西药	Western Medicine	97.9	97.8	97.9
抗微生物药	Antimicrobial Agents	94.8	95.2	95.6
消化系统用药	Digestive System Drugs	96.7	96.6	96.5
呼吸系统用药	Respiratory System Drugs	100.4	100.1	100.5
解热镇痛药	Antipyretic Analgesics	99.6	99.8	99.9
抗肿瘤药	Antineoplastic Agents	97.1	96.9	97.5
激素及影响内分泌药	Hormones and Endocrine Drugs	97.4	97.6	97.6
心血管系统用药	Cardiovascular System Drugs	96.4	96.0	95.4
血液系统用药	Blood System Drugs	100.8	100.8	101.1
治疗精神障碍药	Mental Disorders Drugs	97.6	95.4	94.4
神经系统用药	Drugs for Nervous System	100.4	99.6	99.6
泌尿系统用药	Urinary System Drugs	101.5	101.4	101.6
维生素、矿物质类药	Vitamins and Minerals	94.7	94.1	94.7
调节水、电解质及酸碱平衡药	Adjust Water, Electrolyte and Acid-base Balance	97.6	97.7	97.4
其他西药	Other Western Medicines	102.0	102.4	102.0
滋补保健品	Nourishing Health Care Products	96.9	97.0	96.3
医疗卫生器具	Medical Sanitation	96.1	96.2	96.3
保健器具	Health Care Appliance	102.0	102.3	102.4
医疗服务	Medical Services	101.2	100.8	100.8
综合医疗类	Synthetic Medicine	102.8	101.0	100.5
一般医疗服务	General Medical Service	100.6	100.4	100.4
一般治疗操作	General Treatment Procedure	105.8	101.9	100.9
护理	Nursing	102.1	100.4	100.1
其他综合医疗服务	Other Comprehensive Medical Services	100.0	100.0	100.0
诊断类	Diagnostic Class	101.1	101.1	101.1
病理学诊断	Pathological Diagnosis	100.5	100.3	100.3
实验室诊断	Laboratory Diagnosis	100.8	100.8	100.8
影像学诊断	Imaging Diagnosis	102.1	102.1	102.1
临床诊断	Clinical Diagnosis	100.4	100.3	100.3

continued

(preceding year=100)

4 月 April	5 月 May	6 月 June	7 月 July	8 月 August	9 月 September	10 月 October	11 月 November	12 月 December
106.5	107.1	107.8	103.1	99.8	103.8	101.4	100.7	100.2
107.0	107.7	108.5	103.4	99.8	104.1	101.5	100.7	100.2
100.2	100.2	100.4	100.2	100.3	100.1	100.2	100.2	100.2
100.8	**101.1**	**101.2**	**101.1**	**101.3**	**101.3**	**101.3**	**101.4**	**101.5**
98.7	98.7	98.8	98.8	99.3	99.4	99.4	99.7	100.0
102.9	103.6	103.8	104.2	104.8	104.7	104.6	104.4	104.6
107.1	108.7	108.4	108.8	107.5	107.3	107.2	106.4	106.4
100.5	100.7	101.1	101.6	103.2	103.3	103.1	103.2	103.5
97.4	97.0	97.0	97.1	97.8	97.7	97.3	97.7	97.8
95.4	95.3	96.1	96.0	98.4	98.1	98.6	99.8	100.0
96.7	96.2	97.1	96.9	97.2	97.1	98.3	99.3	100.9
98.5	97.7	97.1	96.6	96.5	97.2	96.9	96.9	96.6
99.3	99.4	100.6	101.7	102.3	102.0	102.0	102.8	102.7
99.4	99.5	98.2	97.9	97.7	97.0	94.5	94.5	93.9
98.4	97.6	96.1	94.8	94.4	94.1	91.0	91.0	91.5
93.9	93.1	93.1	94.1	96.4	95.9	95.0	95.7	94.7
98.6	98.0	97.4	95.7	95.7	95.2	95.3	95.4	95.2
91.8	91.5	90.4	94.7	94.5	94.5	94.3	94.0	93.9
100.5	99.5	98.6	98.4	99.2	98.7	98.2	98.6	98.6
100.9	100.2	100.1	98.4	97.3	96.4	96.4	96.4	96.2
94.4	95.8	96.6	99.3	99.5	102.9	103.6	104.0	103.6
95.0	93.6	91.8	91.9	92.1	92.2	92.4	92.5	92.4
101.0	101.5	104.8	106.1	105.7	107.0	106.3	105.9	106.0
96.9	97.2	96.6	96.3	96.7	97.6	98.0	101.1	101.1
96.6	96.7	97.6	96.9	96.6	97.3	98.0	97.7	98.8
102.4	102.4	100.8	100.3	100.9	100.6	100.3	100.2	100.4
101.9	102.3	102.3	102.2	102.2	102.2	102.2	102.2	102.2
103.0	103.1	103.1	103.1	103.1	103.1	103.1	103.1	103.1
103.6	103.8	103.7	103.6	103.6	103.6	103.7	103.6	103.6
102.9	103.0	103.0	103.0	103.0	103.0	103.0	103.0	103.0
102.7	102.8	103.0	103.0	103.0	103.0	103.0	103.0	103.0
100.7	101.1	101.1	101.1	101.1	101.1	101.1	101.1	101.1
101.1	101.7	101.6	101.5	101.5	101.6	101.6	101.5	101.5
102.3	102.6	102.6	102.6	102.6	102.6	102.6	102.6	102.6
101.4	101.5	101.5	101.5	101.5	101.5	101.5	101.5	101.5
99.4	100.9	100.6	100.5	100.5	100.5	100.5	100.5	100.5
102.6	103.0	103.1	103.1	103.1	103.1	103.1	103.1	103.1

4-3 续表 9

（上年同期＝100）

指 标	Item	1 月 January	2 月 February	3 月 March
治疗类	Therapeutic Category	100.5	100.5	100.5
临床手术治疗	Clinical Surgical Treatment	100.3	100.3	100.3
临床非手术治疗	Clinical Non-surgical Treatment	100.9	100.9	100.9
康复类	Rehabilitation Class	100.2	100.2	100.2
康复医疗	Rehabilitation Medicine	100.2	100.2	100.2
中医医疗服务类	Chinese Medicine Medical Service	101.2	99.9	99.9
中医治疗	Traditional Chinese Medicine	101.2	99.9	99.9
其他医疗服务	Other Healthcare Services	104.6	103.1	103.1
其他用品和服务	**Other Articles and Services**	**99.7**	**99.5**	**101.1**
其他用品	Other Articles	96.6	98.3	100.6
首饰手表	Jewellery Watches	94.7	97.9	103.3
金饰品	Gold Jewelry	93.5	98.2	108.3
银饰品	Silver Jewelry	97.4	97.5	98.9
铂金饰品	Platinum Jewelry	92.9	96.1	95.8
手表	Wrist Watch	99.7	99.1	97.9
母婴用品	Mother and Baby Supplies	97.0	98.2	98.9
母婴洗护喂养用品	Mother and Baby Washing and Feeding Supplies	97.5	97.7	98.4
其他母婴用品	Other Mother and Baby Supplies	94.1	101.3	102.3
其他杂项用品	Other Miscellaneous Supplies	97.7	98.7	99.8
箱包	Luggage	98.1	99.6	101.4
眼镜	Glasses	96.9	96.9	96.8
其他服务	Other Services	102.3	100.5	101.6
在外住宿	Outside Accommodation	99.3	100.0	100.9
宾馆住宿	Hotel Accommodation	97.0	98.3	99.4
其他住宿	Other Accommodation	105.0	103.8	104.6
美容美发洗浴	Hairdressing & Beauty and Bath	108.0	99.0	102.5
美容	Hairdressing	99.7	97.8	98.8
美发	Hairdressing	112.9	98.7	104.0
洗浴	Bath	106.5	105.7	106.6
养老服务	Pension Services	102.9	102.8	103.0
金融及保险服务	Financial and Insurance Services	100.9	101.0	101.0
金融服务	Financial Service	100.0	99.9	99.9
车辆保险	Vehicle Insurance	100.0	100.6	100.6
旅行保险	Travel Insurance	100.6	100.6	100.6
其他保险	Other Insurance	103.5	103.4	103.2
中介法律及其他服务	Intermediary Laws and Other Services	100.0	99.9	99.9
中介服务	Intermediary Services	99.7	99.7	99.7
法律服务	Legal Service	100.0	100.0	100.0
其他杂项服务	Other Miscellaneous Services	100.1	100.0	99.9

continued

(preceding year=100)

4 月 April	5 月 May	6 月 June	7 月 July	8 月 August	9 月 September	10 月 October	11 月 November	12 月 December
101.8	102.4	102.4	102.2	102.2	102.2	102.2	102.2	102.2
102.9	103.6	103.6	103.6	103.6	103.6	103.6	103.6	103.6
100.2	100.6	100.6	100.1	100.1	100.1	100.1	100.1	100.1
110.8	111.5	111.7	111.7	111.7	111.7	111.7	111.7	111.7
110.8	111.5	111.7	111.7	111.7	111.7	111.7	111.7	111.7
99.8	99.8	99.8	99.8	99.8	99.8	99.8	99.8	99.8
99.8	99.8	99.8	99.8	99.8	99.8	99.8	99.8	99.8
104.9	105.0	105.1	105.6	105.8	105.8	105.8	103.6	103.6
101.1	**101.4**	**101.4**	**100.9**	**101.5**	**101.5**	**101.2**	**101.3**	**101.7**
101.0	102.4	102.0	100.6	102.2	101.4	102.2	102.8	103.4
100.8	100.4	99.4	98.7	101.3	100.2	103.3	104.1	106.6
107.2	106.5	103.0	102.4	103.8	102.1	105.2	106.2	108.9
101.3	100.4	99.1	98.4	98.4	98.7	99.1	99.6	99.7
84.7	84.2	89.2	87.7	96.8	96.1	102.9	104.5	109.8
97.8	99.1	99.2	99.0	99.4	99.2	99.7	99.3	99.4
101.9	107.0	108.7	105.2	107.7	106.1	105.9	106.7	105.0
101.7	107.3	109.3	105.6	108.7	106.8	106.5	107.5	105.7
103.4	104.6	104.3	101.9	101.1	101.3	101.7	100.8	100.3
100.4	100.4	98.9	98.5	98.4	98.5	98.4	98.6	99.6
102.4	101.9	99.6	98.7	98.6	98.8	98.6	98.9	100.0
96.5	97.7	97.4	98.1	98.1	98.1	98.1	97.9	98.9
101.2	100.6	100.8	101.1	101.0	101.5	100.5	100.2	100.4
99.4	96.5	97.2	98.2	98.3	100.4	97.1	96.0	95.3
98.9	96.8	97.5	98.0	96.4	98.0	94.7	94.8	92.9
100.6	95.9	96.4	98.7	102.7	105.7	102.6	98.7	101.0
102.6	103.6	103.2	103.4	103.0	102.3	102.5	102.5	103.2
98.8	101.7	100.1	102.0	101.3	99.3	99.4	99.4	100.1
104.0	104.1	104.1	103.7	103.4	103.4	103.4	103.4	104.2
108.1	108.1	108.7	106.5	106.4	106.4	107.9	107.8	107.8
102.9	102.9	103.2	103.0	103.0	102.7	103.0	102.9	103.1
101.1	101.2	101.4	101.4	101.1	101.7	101.1	101.2	101.9
99.9	100.2	100.1	100.5	100.5	100.5	100.9	100.9	100.9
100.6	100.6	101.6	101.3	100.0	101.1	99.3	99.9	100.8
100.6	100.6	100.6	100.6	100.6	100.6	100.6	100.6	100.6
103.7	103.5	103.3	103.4	103.7	104.9	103.7	103.4	105.3
99.9	99.9	99.9	100.0	100.1	100.1	99.8	99.8	99.8
99.7	100.0	100.0	100.0	100.0	100.0	100.0	100.0	100.0
100.0	100.0	100.0	100.0	100.0	100.0	100.1	100.1	100.1
99.9	99.9	99.9	100.0	100.2	100.2	99.5	99.5	99.5

4–4 居民消费价格分类指数

Consumer Price Indices by Category

（上年=100） （preceding year=100）

指 标	Item	2020	2021
居民消费价格指数	**Consumer Price Index**	**102.8**	**100.9**
服务价格指数	**Service Price Index**	**101.3**	**101.8**
工业品价格指数	**Industrial Product Price Index**	**98.4**	**101.8**
消费品价格指数	**Consumer Goods Price Index**		**100.3**
非食品价格指数	**Non-food Price Index**	**100.4**	**101.8**
扣除食品和能源价格指数	**Deduction Food and Energy Price Index**	**101.0**	**101.2**
扣除鲜菜鲜果价格指数	**Deduction Fresh Vegetables and Fruits Price Index**	**103.1**	**100.8**
食品烟酒	**Food, Tobacco and Liquor**	**109.2**	**98.8**
食品	Food	111.6	97.3
粮食	Grain	100.9	101.6
薯类	Tubers	103.2	95.0
豆类	Beans	106.9	105.1
食用油	Edible Oil and Fats	103.7	108.5
菜及食用菌	Vegetables and Edible Fungi	103.3	103.3
畜肉类	Neat of Livestock	143.1	78.7
禽肉类	Meat of Poultry	99.6	97.9
水产品	Aquatic Products	103.0	107.0
蛋类	Eggs	94.2	107.3
奶类	Milk	100.9	100.4
干鲜瓜果类	Dried and Fresh Melons and Fruits	91.0	101.4
糖果糕点类	Candy and Cake	100.4	101.1
调味品	Flavoring	100.7	101.2
其他食品类	Other Foods	101.3	99.6
茶及饮料	Tea and Beverages	100.4	101.0
烟酒	Tobacco and Liquor	100.7	100.6
卷烟	Cigarette	100.0	100.4
酒类	Liquor	101.6	101.0
在外餐饮	Dining Out	106.0	102.1

4-4 续表 1 continued

（上年=100） (preceding year=100)

指 标	Item	2020	2021
衣着	**Clothing**	**99.9**	**101.0**
服装	Garments	99.7	101.0
男式服装	Men's Clothing	100.1	101.3
女式服装	Women's Clothing	99.6	100.9
儿童服装	Children's Clothing	99.5	100.5
衣着材料及配件	Clothing Materials and Accessories	99.3	100.6
衣着服务费	Clothing Service Fee	101.1	101.7
鞋类	Footwear	100.2	100.9
鞋	Shoes	99.5	101.0
鞋类服务	Footwear Services	105.5	100.5
居住	**Residence**	**98.9**	**100.8**
租赁房房租	Rent of Rental Housing	99.1	100.2
住房保养维修及管理	Housing Maintenance and Management	100.5	101.9
住房装潢材料	Housing Decoration Materials	100.3	102.2
住房维修管理费用	Housing Maintenance Administrative Expenses		101.5
水电燃料	Water, Electricity and Fuels	97.5	102.7
水	Water	100.5	100.9
电	Electricity	99.9	100.0
燃气	Gas	92.5	108.2
其他水电燃料类	Other Water, Electricity and Fuels	98.5	103.5
自有住房	Private Housing	98.8	99.9
生活用品及服务	**Articles for Daily Use and Services**	**99.7**	**100.4**
家具及室内装饰品	Furniture and Interior Decorations	99.6	100.4
家具	Furniture	99.5	100.4
室内装饰品	Upholstery	101.0	99.4
家用器具	Home Appliances	98.2	101.0
大型家用器具	Large Household Appliances	98.0	100.8
小家电	Small Home Appliances	99.1	101.9

4-4 续表 2 continued

（上年＝100） (preceding year=100)

指　标	Item	2020	2021
家用纺织品	Home Textiles	99.2	99.9
床上用品	Bedding Article	99.1	99.9
窗帘门帘	Curtain	99.9	101.5
其他家用纺织品	Other Household Textiles	98.9	98.6
家庭日用杂品	Daily Use Household Articles	99.9	100.0
洗涤卫生用品	Washing Sanitary Articles	99.9	99.8
厨具餐具茶具	Kitchenware, Tableware, Tea set	99.5	98.2
其他家庭日用杂品	Other Family Daily Sundry Goods	100.0	101.2
个人护理用品	Personal-care Supplies	101.2	99.5
化妆品	Cosmetics	101.1	99.1
其他护理用品类	Other Types of Care Products	101.2	99.9
家庭服务	Family Services	101.6	102.3
交通和通信	**Transport and Communications**	**96.0**	**102.7**
交通	Transport	94.6	104.2
交通工具	Transport Facility	96.6	98.4
交通工具用燃料	Fuels for Transport Facility	86.3	117.0
交通工具使用和维修	Use and Maintenance of Transport Facility	100.2	100.7
交通费	Traffic Fee	101.4	102.6
通信	Communications	98.5	98.7
通信工具	Communication Tools	94.7	100.5
通信服务	Communication Services	99.5	97.5
邮递服务	Postal Services	98.5	99.9
教育文化和娱乐	**Education, Culture and Recreation**	**100.5**	**103.7**
教育	Education	101.2	103.7
教育用品	Education Articles	100.8	100.4
教育服务	Education Services	101.3	104.0
文化娱乐	Culture and Recreation	99.2	103.7
文娱耐用消费品	Durable Consumer Goods for Culture and Recreation	98.5	102.5

4-4　续表 3　continued

（上年＝100）　　(preceding year=100)

指　标	Item	2020	2021
其他文娱用品	Other Articles	100.9	101.3
文化娱乐服务	Services for Culture and Recreation	99.4	101.6
旅游	Touring and Outing	98.7	109.3
医疗保健	**Health Care**	**105.5**	**102.4**
药品及医疗器具	Medicine and Medical Instrument	100.3	98.5
中药	Traditional Chinese Medicine	101.2	100.8
西药	Western Medicine	99.3	97.0
滋补保健品	Nourishing Health Care Products	101.4	99.6
医疗卫生器具	Medical Sanitation	101.1	98.6
保健器具	Health Care Appliance	99.5	100.4
医疗服务	Medical Services	108.6	104.4
综合医疗类	Synthetic Medicine	115.1	108.2
诊断类	Diagnostic Class	101.9	102.1
治疗类	Therapeutic Category	111.0	106.3
康复类	Rehabilitation Class	100.5	100.6
中医医疗服务类	Chinese Medicine Medical Services	112.5	106.1
其他医疗保健服务	Other Healthcare Services	107.4	105.3
其他用品和服务	**Other Articles and Services**	**102.7**	**99.7**
其他用品类	Other Articles	105.6	99.7
首饰手表	Jewellery Watches	114.7	101.3
母婴用品	Maternal and Infant Supplies		98.4
其他杂项用品	Other Miscellaneous Goods		99.6
其他服务	Other Services	100.5	99.7
在外住宿	Accommodation Outside	97.7	99.8
美容美发洗浴	Hairdressing & Beauty and Bath	100.4	100.3
养老服务	Pension Services	102.1	101.0
金融及保险服务	Financial and Insurance Services	100.9	98.2
中介法律及其他服务	Legal of Intermediary and Other Services	99.8	100.1

4-5 各市居民消费价格总指数（1985—2022年）

（上年＝100）

年　份 Year	南宁市 Nanning	柳州市 Liuzhou	桂林市 Guilin	梧州市 Wuzhou	北海市 Beihai	防城港市 Fangchenggang
1985	118.3	115.7	114.4	117.4	116.5	
1986	105.2	105.3	105.6	105.1	105.1	
1987	111.1	109.1	113.2	112.7	112.1	
1988	121.6	127.8	124.5	123.4	128.4	
1989	119.4	119.1	119.8	116.2	120.8	
1990	98.0	99.7	99.0	98.7	96.9	
1991	104.1	102.3	101.6	104.8	104.5	
1992	106.7	106.1	109.5	110.2	107.2	
1993	125.1	124.6	120.3	122.2	134.8	
1994	124.8	126.0	128.9	125.8	123.1	
1995	118.6	120.0	119.3	116.1	114.8	
1996	103.3	106.1	108.2	106.8	105.4	
1997	100.2	100.3	101.5	102.1	100.7	
1998	96.7	98.2	95.3	99.9	99.1	
1999	95.9	96.8	98.6	100.1	97.0	
2000	100.0	99.8	99.5	100.5	100.4	
2001	102.8	99.7	102.2	100.3	100.5	
2002	99.4	100.6	100.0	97.8	99.9	
2003	100.8	100.6	100.6	101.3	99.9	
2004	104.2	105.4	104.0	104.3	104.7	
2005	101.1	103.3	104.0	102.8	101.6	
2006	102.5	101.0	100.7	101.4	101.6	
2007	104.5	106.1	106.8	105.8	105.1	
2008	108.4	107.9	105.9	107.5	107.3	112.7
2009	98.2	97.8	99.2	97.6	97.4	97.5
2010	102.5	103.5	102.2	103.5	103.1	104.5
2011	105.7	105.4	105.0	105.4	105.5	106.0
2012	102.9	104.0	103.5	102.9	102.6	102.6
2013	102.1	101.9	102.5	102.3	102.0	102.6
2014	101.6	102.6	102.0	102.1	102.8	102.6
2015	101.9	101.7	101.9	101.0	100.4	101.1
2016	101.4	101.8	102.3	101.2	101.1	101.1
2017	102.3	101.3	101.6	102.3	102.9	102.7
2018	102.5	102.5	102.2	102.3	101.4	103.4
2019	103.4	103.1	103.4	103.9	103.1	103.6
2020	102.3	102.4	102.6	103.0	102.7	102.6
2021	101.4	100.9	100.7	100.8	101.3	101.2
2022	101.7	101.8	101.6	102.2	101.8	101.4

Consumer Price Indices by Cities（1985—2022）

（preceding year=100）

钦州市 Qinzhou	贵港市 Guigang	玉林市 Yulin	百色市 Baise	贺州市 Hezhou	河池市 Hechi	来宾市 Laibin	崇左市 Chongzuo
	114.4		117.9	115.1			
	104.4		110.4	105.8			
	107.7		109.1	114.8			
	123.9		120.5	123.3			
	125.0		123.7	121.3			
	95.8		95.4	96.7			
	103.2		102.5	101.6			
	104.6		109.5	108.5			
	123.1		119.9	120.2			
	127.5		128.0	125.1			
	119.9		121.4	119.5			
	107.6		106.8	107.7			
	100.2		103.0	102.5			
	93.8		99.3	97.3			
	98.1		99.1	97.4			
	98.9		100.0	99.2			
	98.1		102.2	100.3			
	100.7		97.6	98.2			
	102.5		101.4	101.2			
	104.6		104.2	104.6			
	102.0		103.4	101.8			
	100.8		102.9	102.6			
	106.5		105.7	106.9			
110.9	108.0		109.8	108.6	106.8	107.9	110.1
99.7	97.2	97.4	98.5	97.9	98.3	97.9	96.9
103.3	103.8	102.3	103.7	104.4	101.8	103.2	102.9
105.4	105.9	105.5	106.5	106.8	105.6	105.5	105.5
103.1	103.5	103.4	103.0	102.8	103.2	102.6	103.1
102.1	102.7	101.6	102.5	102.0	101.9	102.0	102.5
102.5	101.8	102.6	102.3	101.9	102.8	101.5	102.4
101.1	101.4	101.7	101.9	101.8	100.7	101.2	100.4
101.6	101.2	102.4	101.1	101.4	101.0	102.0	101.6
102.1	101.6	102.2	101.4	101.4	101.3	101.4	101.6
102.2	103.0	102.2	102.5	102.5	102.5	101.9	101.7
103.7	104.1	103.6	103.4	103.0	103.7	104.2	103.8
102.5	102.8	102.4	102.1	102.6	101.9	102.0	102.4
100.9	100.9	100.7	100.9	100.8	101.7	100.5	100.9
101.7	102.0	101.9	101.9	101.8	102.0	101.4	102.3

4-6 各市居民消费价格分类指数（2022年）

（上年＝100）

指　标	Item	南宁市 Nanning	柳州市 Liuzhou	桂林市 Guilin
居民消费价格指数	**Consumer Price Index**	**101.7**	**101.8**	**101.6**
服务价格指数	**Service Price Index**	**101.2**	**101.8**	**100.1**
工业品价格指数	**Industrial Product Price Index**	**102.0**	**101.7**	**102.3**
消费品价格指数	**Consumer Price Index**	**102.0**	**101.7**	**102.6**
非食品价格指数	**Non-food Price Index**	**101.6**	**101.7**	**101.1**
扣除食品和能源价格指数	**Excluding Food and Energy Price Index**	**100.8**	**100.9**	**100.3**
扣除鲜菜鲜果价格指数	**Excluding Fresh Vegetables and Fruits Price Index**	**101.6**	**101.7**	**101.3**
食品烟酒	**Food, Tobacco and Liquor**	**102.1**	**101.8**	**102.9**
食品	Food	102.0	102.1	103.8
粮食	Grain	100.6	100.9	101.3
薯类	Tubers	105.2	97.6	111.4
豆类	Beans	105.8	103.8	101.7
食用油	Edible Oil and Fats	105.7	106.2	105.8
菜及食用菌	Vegetables and Edible Fungi	100.2	95.2	102.6
畜肉类	Meat of Livestock	93.7	95.1	96.5
禽肉类	Meat of Poultry	106.1	106.1	104.1
水产品	Aquatic Products	104.6	104.4	104.0
蛋类	Eggs	107.2	108.5	108.3
奶类	Milk	97.6	99.8	101.6
干鲜瓜果类	Dried and Fresh Melons and Fruits	109.5	113.3	113.7
糖果糕点类	Candy and Cake	103.0	103.0	105.7
调味品	Flavoring	101.8	107.6	101.2
其他食品类	Other Foods	96.4	99.5	104.4
茶及饮料	Tea and Beverages	102.7	101.7	103.8
烟酒	Tobacco and Liquor	99.8	102.4	101.6
卷烟	Cigarette	100.0	102.1	100.0
酒类	Liquor	99.3	103.0	103.7
在外餐饮	Dinging Out	103.0	101.1	101.1
衣着	**Clothing**	**99.5**	**101.9**	**102.2**
服装	Garments Material	99.6	101.8	102.7
男式服装	Men's Clothing	100.0	104.4	103.0
女式服装	Women's Clothing	99.4	101.0	102.8
儿童服装	Children' Clothing	99.3	100.1	99.6
衣着材料及配件	Clothing Materials and Accessories	100.5	97.3	99.2
衣着服务费	Clothing Services	99.5	97.6	112.0
鞋类	Footwear	98.9	102.5	99.9
鞋	Shoes	98.8	102.7	98.8
鞋类服务	Footwear Services	100.0	100.0	112.8

Consumer Price Indices by Category and Cities（2022）

（preceding year=100）

梧州市 Wuzhou	北海市 Beihai	防城港市 Fangchenggang	钦州市 Qinzhou	贵港市 Guigang	玉林市 Yulin	百色市 Baise	贺州市 Hezhou	河池市 Hechi	来宾市 Laibin	崇左市 Chongzuo
102.2	**101.8**	**101.4**	**101.7**	**102.0**	**101.9**	**101.9**	**101.8**	**102.0**	**101.4**	**102.3**
101.4	**100.2**	**99.3**	**100.4**	**102.4**	**101.0**	**101.8**	**100.9**	**101.5**	**100.9**	**102.6**
103.2	**102.6**	**102.4**	**102.0**	**102.2**	**101.9**	**102.5**	**102.4**	**102.8**	**102.3**	**102.1**
102.7	**102.7**	**102.7**	**102.5**	**101.7**	**102.5**	**101.9**	**102.3**	**102.4**	**101.8**	**102.1**
102.2	**101.3**	**100.9**	**101.2**	**102.0**	**101.3**	**102.0**	**101.5**	**101.9**	**101.4**	**102.2**
101.4	**100.3**	**100.2**	**100.4**	**101.3**	**100.4**	**101.2**	**100.4**	**101.1**	**100.5**	**101.4**
102.0	**101.7**	**101.0**	**101.2**	**101.7**	**101.2**	**101.8**	**101.5**	**101.8**	**101.1**	**102.0**
102.2	**102.8**	**103.0**	**103.0**	**101.2**	**103.2**	**101.4**	**102.1**	**102.0**	**101.2**	**102.0**
102.3	103.6	103.5	103.6	101.8	104.7	101.4	102.8	102.5	101.4	102.5
101.3	95.5	101.7	100.8	99.1	95.9	101.0	102.4	101.6	99.9	100.4
108.6	109.7	105.6	105.3	98.9	103.8	107.6	107.0	104.0	103.7	109.2
106.8	104.2	109.2	107.8	105.6	108.4	104.3	105.8	101.3	106.4	98.9
103.9	107.5	102.1	105.1	106.0	109.5	106.2	102.1	105.3	105.6	107.9
103.0	103.0	104.6	104.5	103.2	112.5	100.3	100.8	101.6	102.2	104.8
90.5	96.2	94.2	93.4	94.4	92.3	93.2	93.9	93.6	91.4	92.6
103.7	111.9	107.1	106.5	100.6	102.9	105.5	104.6	105.6	104.1	104.7
108.1	106.1	103.1	103.1	103.4	106.2	103.4	105.6	104.7	101.4	102.3
108.1	105.4	103.5	101.7	101.8	109.1	105.8	105.6	104.4	103.9	107.2
100.1	97.1	99.1	97.7	100.4	100.6	93.8	96.9	98.1	90.1	96.7
109.4	104.7	114.3	116.0	113.0	118.9	106.4	114.0	112.3	114.7	111.2
103.5	107.5	103.0	100.2	99.1	101.9	104.6	105.7	104.1	100.8	104.3
104.5	105.9	102.5	101.1	100.8	101.9	103.0	101.8	104.6	100.3	104.0
102.8	100.4	99.5	102.7	102.5	102.4	104.0	103.0	104.8	97.5	101.9
103.6	99.3	100.3	99.1	96.6	99.1	101.5	100.7	100.1	99.2	99.8
102.1	100.3	101.4	101.1	100.4	101.3	99.8	100.6	99.4	99.6	100.7
101.4	100.6	100.4	100.0	100.7	100.0	100.0	101.3	100.9	100.5	100.3
103.4	99.9	103.5	103.6	99.8	104.2	99.3	99.0	96.3	97.7	101.5
101.7	101.9	102.5	102.7	100.3	100.4	102.0	101.1	101.7	101.4	101.3
102.3	**99.6**	**101.5**	**98.5**	**99.7**	**98.3**	**101.9**	**101.9**	**103.2**	**98.8**	**100.4**
102.1	99.4	101.7	98.7	100.3	98.3	101.9	102.1	102.3	98.4	100.1
103.3	102.1	102.6	99.1	99.9	94.4	102.2	100.6	99.5	98.8	99.3
101.9	99.0	102.8	97.6	101.2	98.5	101.9	104.3	104.4	98.0	100.0
101.6	94.9	100.0	99.8	98.5	102.5	101.6	100.0	103.3	98.1	101.5
99.2	96.9	96.5	100.4	97.2	102.9	102.5	97.4	99.0	96.3	95.7
100.0	102.7	100.4	105.4	100.1	105.2	101.4	99.9	103.4	102.7	102.8
103.4	101.2	100.1	97.3	96.3	98.4	102.2	100.7	107.3	100.3	102.0
102.7	101.2	100.2	96.1	96.0	98.0	101.9	100.8	107.5	100.3	101.3
111.4	100.9	98.8	110.9	100.0	103.5	104.8	99.2	105.5	100.0	109.4

4-6 续表 1

（上年＝100）

指 标	Item	南宁市 Nanning	柳州市 Liuzhou	桂林市 Guilin
居住	**Residence**	**100.6**	**98.9**	**99.7**
租赁房房租	Rent of Rental Housing	99.7	97.8	99.6
住房保养维修及管理	Housing Maintenance and Management	100.0	99.7	103.6
住房装潢材料	Housing Decoration Materials	99.4	98.2	103.7
住房维修管理费用	Housing Maintenance and Management Expenses	100.6	102.0	103.6
水电燃料	Water, Electricity and Fuels	103.8	100.8	102.3
水	Water	100.0	100.0	100.0
电	Electricity	100.0	100.0	100.0
燃气	Gas	104.6	105.2	108.2
其他水电燃料类	Other Water, Electricity and Fuels	117.1	94.6	100.0
自有住房	Home-ownership	99.8	98.3	97.8
生活用品及服务	**Articles for Daily Use and Services**	**101.6**	**99.3**	**101.3**
家具及室内装饰品	Furniture and Interior Decorations	105.4	95.9	100.9
家具	Furniture	106.0	95.1	101.1
室内装饰品	Upholstery	97.0	106.1	97.5
家用器具	Home Appliances	98.4	99.3	102.1
大型家用器具	Large Household Appliances	97.7	99.5	102.2
小家电	Small Home Appliances	102.0	98.3	101.9
家用纺织品	Home Textiles	100.7	96.9	101.9
床上用品	Bedding Article	101.2	96.9	102.5
窗帘门帘	Curtain	101.8	100.0	100.0
其他家用纺织品	Other Household Textiles	98.4	95.3	100.0
家庭日用杂品	Daily Use Household Articles	101.2	98.2	99.2
洗涤卫生用品	Washing Sanitary Articles	102.3	99.9	98.6
厨具餐具茶具	Kitchenware, Tableware, Tea set	101.1	99.1	104.9
其他家庭日用杂品	Other Family Daily Sundry Goods	100.5	96.3	97.0
个人护理用品	Personal-care Supplies	102.5	100.2	101.5
化妆品	Cosmetics	103.2	99.2	101.7
其他护理用品类	Other Types of Care Products	102.0	101.2	101.3
家庭服务	Household Services	103.0	106.8	103.8
交通和通信	**Transport and Communications**	**104.5**	**104.6**	**104.8**
交通	Transport	106.5	106.6	107.8
交通工具	Transport Facility	99.2	97.6	100.7
交通工具用燃料	Fuels for Transport Facility	120.8	120.6	119.9
交通工具使用和维修	Use and Maintenance of Transport Facility	104.1	106.6	109.2
交通费	Traffic Fee	102.4	100.1	103.7

continued

(preceding year=100)

梧州市 Wuzhou	北海市 Beihai	防城港市 Fangchenggang	钦州市 Qinzhou	贵港市 Guigang	玉林市 Yulin	百色市 Baise	贺州市 Hezhou	河池市 Hechi	来宾市 Laibin	崇左市 Chongzuo
100.5	**98.4**	**96.9**	**98.3**	**100.4**	**100.8**	**100.7**	**100.8**	**99.4**	**101.4**	**101.0**
99.6	92.9	95.2	94.0	99.2	98.9	99.5	99.9	94.3	101.6	99.1
100.7	102.1	102.1	102.3	100.3	102.6	99.9	98.8	99.0	100.0	106.3
99.3	102.7	103.5	103.8	100.2	101.6	100.2	95.7	98.9	98.1	101.5
102.5	101.6	100.4	100.0	100.5	104.6	99.6	103.2	99.2	102.4	112.3
103.6	102.6	101.8	104.1	106.6	106.8	104.4	105.3	105.3	107.1	102.2
100.0	97.7	100.0	100.0	109.5	108.0	100.0	100.0	100.0	107.7	100.0
100.0	100.0	100.0	100.0	100.0	100.0	100.0	100.0	100.0	100.0	100.0
112.2	108.4	105.7	115.5	119.3	108.7	119.7	121.6	128.3	118.5	108.0
100.0	104.1	103.1	100.0	99.3	123.2	101.1	95.4	95.3	106.7	99.7
99.5	96.7	94.0	95.9	98.6	98.7	100.0	100.0	98.4	99.9	99.4
101.1	**99.7**	**101.4**	**99.2**	**100.9**	**99.3**	**100.2**	**97.8**	**98.7**	**99.8**	**98.6**
101.5	100.9	100.2	96.6	100.6	96.8	100.3	97.2	100.1	102.2	95.4
101.6	101.1	99.9	96.5	100.5	96.5	100.2	97.1	100.2	102.5	95.5
98.2	98.1	104.9	98.5	104.6	100.2	101.4	98.5	98.5	99.3	93.0
101.2	100.4	100.7	97.8	102.4	97.4	99.3	95.6	99.8	99.8	98.6
100.9	99.7	100.1	97.6	102.7	96.1	97.9	95.0	99.2	99.9	97.8
102.2	104.3	103.8	99.2	100.6	102.2	105.1	98.7	102.5	99.5	103.0
101.3	97.5	101.8	99.9	97.6	99.8	96.6	99.0	98.0	98.8	91.5
101.9	95.8	102.1	100.0	96.1	98.1	96.8	99.7	98.0	97.8	87.5
99.6	99.1	100.0	100.0	99.0	104.8	100.5	105.5	100.0	100.0	106.9
100.0	101.4	101.8	99.3	102.8	103.4	93.8	92.9	96.8	101.9	96.1
100.3	97.7	102.0	97.9	100.7	99.0	99.2	98.4	94.3	98.9	99.6
101.1	97.2	99.9	97.6	97.0	98.8	99.4	98.3	94.8	95.0	98.7
101.4	98.0	104.3	99.8	103.3	98.6	102.9	102.0	98.5	102.7	99.7
99.7	97.9	102.6	97.2	102.2	99.5	97.1	96.5	92.4	100.0	100.0
102.2	98.2	101.1	100.1	101.1	101.5	103.9	99.4	101.4	98.0	100.4
101.8	100.6	99.5	101.6	100.6	101.4	107.2	97.4	102.6	96.0	98.3
102.5	95.9	102.6	98.9	101.6	101.5	101.4	101.0	100.4	99.6	101.8
100.2	105.3	103.8	106.5	99.5	104.7	99.5	101.0	100.4	103.0	102.1
104.9	**105.7**	**104.6**	**104.5**	**102.5**	**103.5**	**104.0**	**105.4**	**103.8**	**104.4**	**104.8**
107.4	109.1	106.7	107.2	104.6	106.4	106.3	108.1	106.0	106.8	106.9
100.6	101.1	101.0	99.1	97.7	98.9	100.3	101.0	100.4	101.0	100.1
120.7	120.8	120.8	120.5	120.6	120.8	120.9	120.8	120.8	120.6	120.7
103.1	106.1	102.8	112.0	101.9	104.4	99.5	100.3	99.4	105.0	101.6
103.0	104.9	104.0	106.4	103.8	101.7	103.4	102.0	99.6	101.3	103.3

4-6 续表 2

（上年＝100）

指　标	Item	南宁市 Nanning	柳州市 Liuzhou	桂林市 Guilin
通信	Communications	98.9	98.8	97.0
通信工具	Communication Tools	99.2	97.7	90.9
通信服务	Communication Services	98.2	98.8	98.9
邮递服务	Postal Service	99.9	100.4	101.6
教育文化和娱乐	**Education, Cultural and Recreation**	**102.6**	**104.9**	**101.1**
教育	Education	103.4	107.0	101.1
教育用品	Eduction Articles	101.9	102.9	100.0
教育服务	Education Services	103.5	107.4	101.2
文化娱乐	Culture and Recreation	101.2	101.3	101.1
文娱耐用消费品	Durable Consumer Goods for Culture and Recreation	95.2	96.0	98.5
其他文娱用品	Other Articles	104.9	98.3	101.2
文化娱乐服务	Services for Culture and Recreation	99.7	97.7	102.5
旅游	Touring and Outing	106.5	107.0	101.8
医疗保健	**Health Care**	**99.1**	**102.1**	**99.3**
药品及医疗器具	Medicine and Medical Instrument	96.7	98.8	99.5
中药	Traditional Chinese Medicines	107.7	100.9	100.5
西药	Western Medicines	94.1	97.2	99.7
滋补保健品	Nourishing Health Care Products	91.2	99.9	100.0
医疗卫生器具	Medical Sanitation	94.0	97.3	97.5
保健器具	Health Care Appliance	101.2	108.0	100.0
医疗服务	Medical Services	100.5	103.9	99.1
综合医疗类	Synthetic Medicine	100.0	103.9	101.0
诊断类	Diagnostic Class	100.0	105.7	101.5
治疗类	Therapeutic Category	100.5	102.5	93.8
康复类	Rehabilitation Class	100.0	109.4	100.7
中医医疗服务类	Chinese Medicine Medical Services	100.0	100.0	100.0
其他医疗保健服务	Other Healthcare Services	118.6	100.2	100.0
其他用品和服务	**Other Articles and Services**	**103.1**	**100.0**	**97.7**
其他用品	Other Articles	102.5	100.5	96.7
首饰手表	Jewellery Watches	100.1	99.1	100.9
母婴用品	Mother and Baby Supplies	110.1	101.7	101.3
其他杂项用品	Other Miscellaneous Goods	99.3	101.1	90.6
其他服务	Other Services	103.6	99.6	98.5
在外住宿	Outside Accommodation	104.7	98.5	83.2
美容美发洗浴	Hairdressing & Beauty and Bath	102.0	99.6	114.2
养老服务	Pension Services	108.3	100.0	99.4
金融及保险服务	Financial and Insurance Services	100.7	100.3	104.0
中介法律及其他服务	Intermediary Laws and Other Services	99.8	100.0	99.3

continued

(preceding year=100)

梧州市 Wuzhou	北海市 Beihai	防城港市 Fangchenggang	钦州市 Qinzhou	贵港市 Guigang	玉林市 Yulin	百色市 Baise	贺州市 Hezhou	河池市 Hechi	来宾市 Laibin	崇左市 Chongzuo
99.4	97.4	98.4	97.0	97.4	96.7	97.2	98.0	97.6	97.4	98.8
99.9	95.2	94.5	94.9	94.1	90.7	93.4	93.7	94.8	94.8	97.3
99.2	96.9	99.1	96.9	97.8	97.8	98.1	99.8	98.1	97.9	98.8
99.2	101.0	100.0	100.0	100.0	99.8	99.6	100.0	100.0	100.0	100.9
104.2	**104.5**	**102.4**	**104.6**	**107.4**	**102.7**	**104.3**	**103.1**	**107.0**	**101.2**	**103.5**
105.5	106.4	102.3	104.5	109.9	103.9	105.4	103.8	109.9	102.2	103.4
99.9	104.5	99.1	102.7	102.3	105.0	103.5	96.1	99.9	99.6	100.0
106.1	106.6	102.6	104.7	110.7	103.8	105.5	104.4	110.8	102.4	103.7
101.9	100.9	102.6	104.6	101.8	100.2	102.1	101.6	100.5	99.3	103.8
99.8	99.3	98.5	98.7	97.1	97.4	99.4	98.7	99.1	98.4	103.1
101.4	99.9	100.6	102.2	100.3	99.4	100.5	99.5	100.0	100.6	100.3
100.7	102.0	100.5	97.7	101.7	100.0	101.2	102.2	98.2	84.7	99.2
104.2	101.7	109.9	119.7	110.7	103.1	106.9	104.0	105.4	111.7	112.6
100.8	**99.7**	**101.2**	**100.8**	**103.3**	**101.6**	**100.9**	**99.1**	**101.6**	**100.6**	**105.0**
100.1	99.2	99.4	102.4	103.5	101.0	98.6	101.7	101.9	100.3	100.6
106.7	106.9	101.2	110.4	108.1	106.1	101.5	107.1	102.2	100.4	102.0
99.7	96.8	99.2	98.3	100.8	99.1	96.8	98.5	103.2	100.9	99.5
106.9	100.7	100.3	101.1	99.5	100.1	100.1	102.2	95.8	100.0	102.7
90.1	94.0	96.4	100.9	105.2	99.5	98.0	101.8	101.4	99.0	100.3
100.3	100.9	100.3	93.6	100.0	99.3	100.0	100.0	103.4	100.0	97.7
101.1	100.0	102.1	99.9	103.2	101.9	102.2	97.5	101.4	100.7	107.2
102.6	101.3	102.0	99.3	102.3	102.8	103.2	101.0	101.6	103.3	109.4
100.0	99.2	98.2	99.7	102.0	100.4	100.9	94.8	102.2	99.8	104.2
100.0	99.7	107.2	99.7	100.3	104.8	100.3	97.0	102.8	100.0	109.3
102.2	106.8	111.4	104.7	125.8	103.4	118.7	113.2	119.3	109.7	125.7
100.5	100.0	102.6	100.0	100.0	101.3	100.0	100.4	84.6	98.3	100.0
112.6	100.0	100.5	100.0	100.0	101.3	129.5	103.4	107.1	100.0	106.3
101.7	**99.6**	**100.0**	**101.7**	**99.4**	**101.7**	**100.9**	**99.2**	**99.8**	**102.6**	**100.5**
103.6	98.9	100.5	100.7	102.7	101.2	100.7	98.5	101.7	102.7	100.0
100.2	100.4	101.9	99.4	104.6	101.9	99.3	99.1	99.8	104.7	100.6
107.5	99.1	102.1	106.0	102.5	101.8	101.2	98.0	107.9	106.5	102.3
101.1	97.6	98.6	97.3	100.5	99.5	101.0	98.5	99.2	98.6	98.1
100.3	100.1	99.6	102.3	96.8	102.1	101.0	99.8	98.0	102.6	100.9
95.2	92.3	96.7	101.5	90.5	104.3	101.0	97.0	91.4	101.0	98.9
103.6	102.8	101.4	104.8	98.7	104.1	99.6	99.8	99.2	104.2	101.2
101.9	103.4	100.7	100.0	99.6	100.0	102.4	102.2	100.2	105.3	100.0
101.2	101.0	100.8	103.0	100.0	100.4	102.1	101.5	101.6	101.8	101.6
100.0	100.0	100.0	100.0	100.0	100.0	100.0	100.3	100.0	100.0	105.0

4-7 商品零售价格分类指数（2022年）

Retail Price Indices by Category（2022）

（上年=100） (preceding year=100)

指　标	Item	全　区 Province	城　市 Urban Areas	农　村 Rural Areas
商品零售价格指数	**Retail Price Index**	**102.2**	**102.1**	**102.4**
食品	**Food**	**102.1**	**102.1**	**101.5**
粮食	Grain	100.3	100.3	100.5
大米	Rice	99.2	99.1	99.6
面粉	Flour	103.8	103.8	104.0
其他粮食	Other Grain	102.7	102.7	102.4
粮食制品	Grain Products	102.9	102.8	104.0
薯类	Tubers	103.9	103.5	107.0
豆类	Beans	105.2	105.2	105.1
干豆	Dried Bean	104.9	104.3	108.2
豆制品	Bean Products	105.3	105.6	103.5
食用油	Edible Oil and Fats	105.7	105.9	103.8
食用植物油	Edible Vegetable Oil	106.2	106.3	104.9
食用动物油	Edible Animal Oil	97.3	97.8	95.9
菜及食用菌	Vegetables and Edible Fungi	101.2	101.0	102.7
鲜菜	Fresh Vegetables	100.7	100.5	102.5
鲜菌	Fresh Fungus	110.2	110.8	105.6
干菜干菌及制品	Dried Vegetables and Edible Fungi Products	103.7	103.5	104.6
畜肉类	Meat of Livestock	93.7	94.0	91.8
猪肉	Pork	89.4	89.5	88.6
牛肉	Beef	100.8	100.9	99.9
羊肉	Mutton	99.6	99.5	101.1
其他畜肉及副产品	Other Meat of Livestock and By-products	95.0	95.8	90.5
畜肉制品	Animal Meat Products	94.6	94.1	97.9
禽肉类	Meat of Poultry	105.5	105.4	105.8
鸡	Chicken	104.1	104.2	103.2
鸭	Duck	109.2	109.1	109.2
其他禽肉及制品	Other Poultry Meat and Products	104.1	103.6	107.2
水产品	Aquatic Products	104.4	104.6	103.3
淡水鱼	Freshwater Fish	101.9	102.0	101.5
海水鱼	Marine Fish	105.4	105.6	104.0
虾蟹类	Shrimp and Crab	104.3	104.0	107.3
其他水产品及制品	Other Aquatic Products and Products	110.7	111.1	107.6

4-7 续表 1 continued

（上年=100） (preceding year=100)

指 标	Item	全 区 Province	城 市 Urban Areas	农 村 Rural Areas
蛋类	Eggs	106.9	106.9	107.3
鸡蛋	Egg	107.2	107.2	107.3
其他蛋及制品	Other Eggs and Products	106.1	106.0	107.3
奶类	Milk	98.6	98.7	97.8
鲜奶	Fresh Milk	96.1	96.0	97.8
酸奶	Yogurt	100.7	100.8	98.1
奶粉	Milk Powder	99.4	99.8	97.3
其他奶制品	Other Dairy Products	99.8	99.5	103.3
干鲜瓜果类	Dried and Fresh Melons and Fruits	111.6	111.8	110.9
鲜果	Fresh Fruits	113.5	113.6	112.6
坚果	Nut	100.7	100.7	101.0
瓜果制品	Melon and Fruit Products	99.5	99.6	99.0
糖果糕点类	Candy and Cake	103.2	103.1	103.9
食糖	Sugar	98.6	97.8	101.1
糖果	Candy	103.4	103.6	101.8
糕点	Cakes and Pastries	103.9	103.8	104.9
其他糖果糕点	Other Sweets and Pastries	102.1	101.9	104.5
调味品	Flavoring	103.1	103.0	103.6
食用盐	Edible Salt	101.2	101.7	99.5
酱油	Soy Sauce	103.6	103.7	103.4
食醋	Vinegar	101.9	101.6	103.2
增味剂	Flavoring	106.3	106.1	107.5
味精	Monosodium Glutamate	102.5	102.2	104.7
其他食品类	Other Foods	100.1	99.8	101.6
方便食品	Convenience Food	98.0	97.6	101.1
淀粉及制品	Starch and Products	103.0	103.5	100.8
其他食品	Other Food	101.7	101.5	102.5
餐饮业零售	Catering and Retail	101.8	101.9	100.5
餐馆餐饮	Restaurants and Catering	100.4	100.5	99.5
饮品店餐饮	Drink Shop and Catering	103.0	103.1	102.4
餐饮配送及外卖送餐	Distribution by Catering and Take Out	103.7	103.9	100.6
其他餐饮业零售	Other Catering and Retail	102.4	102.5	101.8

4-7 续表 2 continued

（上年=100） (preceding year=100)

指 标	Item	全 区 Province	城 市 Urban Areas	农 村 Rural Areas
饮料、烟酒	**Beverages, Tobacco and Liquor**	**100.9**	**101.0**	**100.3**
茶及饮料	Tea and Beverages	101.5	101.6	100.6
茶叶	Tea	100.3	100.4	99.4
固体咖啡	Solid Coffee	102.9	103.0	101.5
其他固体饮料	Other Solid Drinks	101.9	102.1	99.5
饮用水	Drinking Water	100.9	101.0	100.2
果汁饮料	Fruit Juice Beverage	100.6	100.7	98.9
其他液体饮料	Other Liquid Beverages	102.8	102.8	102.2
烟草	Tobacco	100.6	100.7	100.1
酒类	Liquor	101.1	101.2	100.5
白酒	Liquor	102.4	102.4	102.0
葡萄酒	Wine	97.5	97.4	98.5
啤酒	Beer	99.8	100.0	98.5
其他酒类	Other Wines	102.5	102.5	102.5
服装、鞋帽	**Garments, Shoes and hats**	**100.5**	**100.4**	**100.8**
服装	Garments	100.6	100.6	100.7
男士服装	Men's Clothing	101.2	101.2	101.3
男式外套	Men's Coat	101.1	100.9	102.8
男式针织衫	Men's Knit Shirt	101.0	101.1	100.5
男式衬衫T恤	Men's Shirt T-shirt	101.7	101.8	99.7
男式裤子	Men's Dress Pants	101.3	101.4	100.6
男式内衣	Men's Underwaist	100.0	99.9	100.5
女士服装	Women's Clothing	100.4	100.4	100.2
女式外套	Women's Coat	100.3	100.4	100.1
女式针织衫	Women's Knit Shirt	101.0	101.3	98.7
女式衬衫T恤	Women's Shirt T-shirt	100.5	100.6	99.4
女式裤子	Women's Pants	100.7	100.8	100.7
女式裙子	Women's Ladies Skirt	100.1	100.0	101.0
女式内衣	Women's Underwaist	99.7	99.6	101.1

4-7　续表 3　continued

（上年＝100）　　(preceding year=100)

指　标	Item	全　区 Province	城　市 Urban Areas	农　村 Rural Areas
儿童服装	Children's Clothing	100.0	99.9	101.1
婴儿服装	Baby Clothing	99.7	99.5	101.8
儿童上衣	Children's Coat	100.2	100.2	101.0
儿童裤子	Children's Trousers	99.8	99.6	101.5
儿童裙子	Children's Skirt	100.2	100.1	100.8
儿童内衣	Children's Underwaist	100.3	100.3	99.9
鞋帽袜	Footgear and Hat	100.1	100.0	101.0
鞋	Shoes	100.1	100.0	101.0
男鞋	Men's Shoes	100.7	100.8	99.9
女鞋	Women's Shoes	99.7	99.5	101.2
童鞋	Children's Shoes	100.5	100.2	102.2
袜子	Socks	99.5	99.3	100.7
帽子	Cap	99.8	99.6	101.4
其他衣着配件	Other Clothing Accessories	99.2	99.0	101.4
纺织品	**Textiles**	**99.9**	**99.6**	**102.1**
服装材料	Clothing	100.0	99.5	102.5
床上用品	Bedding	99.9	99.6	102.0
被子	Quilt	99.3	98.8	102.2
床单被套	Bed Sheet & Duvet Cover	101.3	101.0	103.2
其他床上用品	Other Bedding	99.2	99.1	100.2
家用电器及音像器材	**Household Appliances, Music and Video Equipment**	**97.9**	**97.6**	**100.0**
家庭设备	Household Equipment	99.5	99.3	100.6
洗衣机	Washing Machine	98.6	98.6	98.9
电冰箱（柜）	Refrigerator	96.1	95.9	97.4
抽油烟机	Smoke Lampblack Machine	98.3	98.0	100.3
空调器	Air Conditioner	100.6	100.3	102.2
热水器	Water Heating	99.0	98.9	100.2
炉具灶具	Stove and Cookers	103.3	103.4	102.6
吸尘器	Vacuum Cleaner	99.9	99.5	102.7
空气净化器	Air Purifier	98.3	97.6	101.8
净水器	Water Purifier	98.4	98.2	99.9

4-7 续表 4 continued

（上年=100） (preceding year=100)

指 标	Item	全 区 Province	城 市 Urban Areas	农 村 Rural Areas
厨房小家电	Kitchen Appliances	101.5	101.5	101.8
生活小家电	Small Household Electrical Appliances	100.9	100.7	102.4
其他大型家用器具	Other Large Household Appliances	97.9	97.6	99.7
文娱用耐用消费品	Durable Consumer Goods for Culture and Recreation	94.9	94.6	98.3
电视机	Television	92.0	91.6	95.9
照相机	Camera	100.4	100.4	101.3
音响	Acoustics	95.5	95.3	98.1
可穿戴智能设备	Wearable Smart Devices	99.1	99.0	100.4
其他文娱耐用消费品	Other Recreational and Durable Goods	101.8	101.6	103.9
专业音像器材	Professional Audio and Video Equipment	99.4	99.3	101.0
专业音响器材	Professional Audio Equipment	98.6	98.4	100.2
专业声像器材	Professional Audio-visual Equipment	100.6	100.4	102.2
文化办公用品	**Cultural and Office Appliances**	**100.0**	**99.8**	**101.3**
纸张文具	Paper Stationery	99.2	99.1	100.5
台式计算机	Desktop Computer	100.4	100.3	102.1
笔记本电脑	Notebook Computer	99.6	99.4	101.8
平板电脑	Tablet Computer	99.7	99.5	100.6
电脑附件	Computer Accessories	98.9	98.8	99.6
打印复印机	Print Copy Machine	102.2	102.2	102.0
教学设备	Teaching Equipment	99.7	99.5	102.3
日用品	**Articles for Daily Use**	**100.3**	**100.2**	**100.4**
日用百货	General Merchandise for Daily Use	100.0	100.0	99.7
电动自行车	Electric Bicycle	99.2	99.1	99.5
自行车	Bicycle	103.6	104.1	101.8
雨具	Rain Gear	98.4	98.2	99.6
护理器具	Nursing Instrument	101.1	101.0	101.9
清洁用纸	Hygiene Paper	100.0	100.1	98.9
化妆器具	Make-up Appliances	105.3	105.6	101.7
厨具餐具茶具	Kitchenware, Tableware, Tea Set	100.9	100.9	101.3
厨具	Kitchenware	102.8	102.9	101.7
餐具	Tableware	98.8	98.6	101.3
茶具	Tea Set	100.5	100.6	100.2
清洗用品	Cleaning Supplies	99.9	99.8	100.5

4-7　续表 5　continued

（上年=100）　(preceding year=100)

指　标	Item	全　区 Province	城　市 Urban Areas	农　村 Rural Areas
其他日用品	Other Daily Necessities	100.5	100.5	100.8
灯具	Lamps and Lanterns	99.4	99.2	99.8
箱包	Luggage and Bags	100.2	100.2	100.4
母婴用品	Mother and Baby Supplies	105.1	105.8	101.9
眼镜	Glasses	97.1	96.8	99.6
其他护理用品	Other Nursing Supplies	100.5	100.8	99.0
其他日用杂品	Other Daily Sundry Goods	99.2	98.7	101.2
体育娱乐用品	**Sports and Recreation Articles**	**102.5**	**102.4**	**102.6**
体育户外用品	Sports Outdoor Products	105.1	105.2	105.0
娱乐用品	Amusement Articles	101.2	101.2	101.3
乐器	Musical Instrument	97.9	97.7	99.9
游戏用品和玩具	Game Supplies and Toys	98.9	98.8	100.5
园艺花卉及用品	Garden Flowers and Supplies	101.0	100.8	103.7
宠物及用品	Pets and Supplies	103.8	104.0	100.8
其他文化娱乐用品	Other Cultural and Recreational Products	103.2	103.4	101.5
交通、通信用品	**Transportation and Communication Appliances**	**98.5**	**98.4**	**99.4**
交通运输机械	Machinery of Communications and Transportation	99.4	99.2	100.7
燃油小汽车	Fuel Small-car	97.9	97.6	100.2
新能源小汽车	New Energy Car	108.0	108.0	108.3
大中型客车	Large and Medium Passenger Vehicle	100.8	100.8	100.7
交通工具零配件	Transportation Accessories	101.4	101.4	100.8
通信器材	Apparatus of Communication	96.5	96.6	95.0
电话机	Telephone Set	96.1	96.2	94.8
其他通信器材	Other Communication Equipment	102.1	102.2	100.3
家具	**Furniture**	**101.2**	**101.3**	**100.8**
柜	Cabinet	100.9	101.0	99.7
床	Bed	101.9	102.0	101.1
桌	Table	102.0	102.1	101.4
椅	Chair	97.7	97.4	101.7
沙发	Sofa	101.6	101.6	100.9
其他家具	Other Furniture	102.5	102.5	102.5

4-7 续表 6 continued

（上年=100） (preceding year=100)

指 标	Item	全 区 Province	城 市 Urban Areas	农 村 Rural Areas
化妆品	**Cosmetics**	**101.6**	**101.6**	**101.5**
清洁化妆品	Cleaning Cosmetics	101.4	101.6	99.6
护肤化妆品	Skin Care Cosmetics	100.7	100.8	100.3
彩妆化妆品	Make Up Cosmetics	102.9	103.0	102.0
清洁类护理用品	Cleaning Supplies	101.9	101.8	103.1
护发美发用品	Hair Care Products	101.5	101.5	100.8
金银饰品	**Gold and Silver Ornaments**	**100.6**	**100.5**	**101.8**
金饰品	Gold Jewelry	103.8	104.0	102.9
银饰品	Silver Jewelry	98.6	98.5	99.4
铂金饰品	Platinum Jewelry	93.3	92.9	98.6
中西药品及医疗保健用品	**Traditional Chinese and Western Medicines and Health Care Articles**	**98.9**	**98.9**	**99.0**
医疗卫生器具	Medical Instrument	96.7	96.5	98.0
中药	Traditional Chinese Medicines	104.6	105.0	101.4
中药材	Chinese Medicinal Materials	108.5	109.1	104.0
中成药	Chinese Patent Medicine	102.4	102.8	99.7
西药	Western Medicines	97.0	96.9	98.0
抗微生物药	Antimicrobial Agents	95.9	95.7	97.6
消化系统用药	Digestive System Drugs	98.1	98.3	96.4
呼吸系统用药	Respiratory System Drugs	96.7	96.1	99.5
解热镇痛药	Antipyretic Analgesics	99.3	98.6	103.1
抗肿瘤药	Antineoplastic Agents	97.2	97.4	96.3
激素及影响内分泌药	Hormones and Endocrine Drugs	95.0	95.1	94.4
心血管系统用药	Cardiovascular System Drugs	94.1	94.1	93.8
血液系统用药	Blood System Drugs	96.6	96.2	98.6
治疗精神障碍药	Mental Disorders Drugs	92.6	92.1	100.1
神经系统用药	Drugs for Nervous System	99.2	99.1	100.9
泌尿系统用药	Urinary System Drugs	98.3	98.1	98.7
维生素、矿物质类药	Vitamins and Minerals	98.2	98.1	98.9
调节水、电解质及酸碱平衡药	Adjust Water, Electrolyte and Acid-base Balance	91.8	90.7	96.5
其他西药	Other Western Medicines	104.2	104.1	104.8
保健器具及用品	Health Appliances and Supplies	98.1	98.0	99.2
保健器具	Health Care Appliance	102.0	102.3	99.5
滋补保健品	Nourishing Health Care Products	97.0	96.8	99.1

4-7 续表 7 continued

（上年＝100） (preceding year=100)

指 标	Item	全 区 Province	城 市 Urban Areas	农 村 Rural Areas
书报杂志及电子出版物	**Books, Newspapers, Magazines and Electronic Publications**	**101.4**	**101.4**	**101.5**
教材及参考书	Texts and Reference Books	102.2	102.2	102.1
工具书	Reference Book	100.8	100.8	100.6
教材	Text-book	100.2	100.2	100.2
参考资料	Reference Material	105.3	105.4	104.3
其他教育用品	Other Educational Supplies	99.0	98.9	99.5
书报杂志及音像制品	Newspapers, Magazines and Audio-visual Products	100.7	100.7	100.6
计算机办公软件	Computer Office Software	100.3	100.2	101.3
燃料	**Fuels**	**118.8**	**118.8**	**118.6**
煤炭及制品	Coal and Its Products	100.3	100.3	100.4
原煤	Coal	95.2	97.0	94.1
煤制品	Coal Products	103.7	101.7	106.5
石油及制品	Oil and Its Products	119.0	118.9	119.6
管道燃气	Pipeline Gas	100.3	100.1	103.9
液化石油气	Liquified Petroleum Gas	116.8	116.7	117.5
汽油	Gasoline	121.0	121.0	121.0
柴油	Kerosene	122.9	122.9	122.9
建筑材料及五金电料	**Building Materials and Hardware**	**100.3**	**99.9**	**102.0**
建筑装潢材料	Building Decoration Materials	100.4	100.0	102.2
木地板	Wood Floor	101.4	101.1	103.2
瓷砖	Ceramic Tile	95.5	94.2	100.3
水泥	Cement	88.6	88.5	89.0
涂料	Coating	99.5	98.9	102.0
板材	Board	101.6	101.4	103.0
管材	Pipe	104.7	104.2	106.5
厨卫设备	Kitchen & Bath Fixtures	102.4	102.3	103.3
门窗	Doors and Windows	105.1	104.8	106.2
其他住房装潢材料	Other Housing Decoration Materials	104.3	105.5	98.0
五金水暖	Hardware Plumbing	100.1	99.8	101.6
家用手工工具	Hand Tools for Household use	100.5	100.3	101.5
配电附件	Distribution Accessories	99.5	99.3	100.6
水暖器材	Plumbing Equipment	100.7	100.2	103.2

4-8 商品零售价格分类指数

Retail Price Indices by Category

（上年＝100） (preceding year=100)

指　标	Item	2020	2021
商品零售价格指数	**Retail Price Index**	**101.4**	**101.1**
食品	**Food**	**110.2**	**98.0**
粮食	Grain	100.9	101.1
薯类	Tubers	104.1	96.6
豆类	Beans	106.5	105.1
食用油	Edible Oil and Fats	103.8	109.3
菜及食用菌	Vegetables and Edible Fungi	103.7	104.2
畜肉类	Meat of Livestock	142.4	80.1
禽肉类	Meat of Poultry	99.6	97.1
水产品	Aquatic Products	103.6	106.4
蛋类	Eggs	93.4	107.9
奶类	Milk	101.9	101.0
干鲜瓜果类	Dried and Fresh Melons and Fruits	90.5	101.7
糖果糕点类	Candy and Cake	100.7	101.0
调味品	Flavoring	100.6	101.6
其他食品类	Other Foods	101.7	99.6
餐饮业零售	Retail in the Catering Industry	105.8	102.4
饮料、烟酒	**Beverages, Tobacco and Liquor**	**101.1**	**100.7**
茶及饮料	Tea and Beverages	100.6	101.0
烟草	Tobacco	100.0	100.2
酒类	Liquor	102.7	101.3
服装、鞋帽	**Garments, Shoes and Hats**	**99.4**	**101.0**
服装	Garments	99.5	100.9
男士服装	Men's Clothing	100.3	101.5
女士服装	Women's Clothing	99.3	101.0
儿童服装	Children's Clothing	98.9	99.9
鞋帽袜	Footgear and Hat	99.2	101.4
鞋	Shoes	99.2	101.5
袜子	Socks	99.2	100.4
帽子	Cap	99.7	101.2
其他衣着配件	Other Clothing and Parts	98.7	100.9
纺织品	**Textiles**	**99.4**	**100.1**
服装材料	Clothing	100.4	101.5
床上用品	Bedding	98.9	99.7

4-8　续表　continued

（上年=100）　　(preceding year=100)

指　标	Item	2020	2021
家用电器及音像器材	**Household Appliances, Music and Video Equipment**	**97.7**	**101.8**
家庭设备	Household Facilities	98.0	100.9
文娱用耐用消费品	Durable Consumer Goods for Culture and Recreation	97.0	103.5
专业音像器材	Professional Audio and Video Equipment	99.5	99.9
文化办公用品	**Cultural and Office Appliances**	**99.8**	**101.4**
日用品	**Articles for Daily Use**	**99.8**	**98.9**
日用百货	General Merchandise for Daily Use	99.2	97.7
厨具餐具茶具	Kitchen Utensils, Tableware and Tea Set	99.8	98.4
清洗用品	Washing and Cleaning Goods	100.4	100.1
其他日用品	Other Daily-use Goods	100.0	99.7
体育娱乐用品	**Sports and Recreation Articles**	**99.7**	**101.9**
体育户外用品	Sports Outdoor Goods	99.5	101.5
娱乐用品	Recreational Goods	99.8	102.1
交通、通信用品	**Transportation and Communication Appliances**	**96.4**	**99.5**
交通运输机械	Traffic and Transport Machinery	96.8	98.7
通信器材	Communication Equipment	95.7	101.2
家具	**Furniture**	**99.3**	**100.3**
化妆品	**Cosmetics**	**101.7**	**100.1**
金银饰品	**Gold and Silver Ornaments**	**117.2**	**101.4**
中西药品及医疗保健用品	**Traditional Chinese and Western Medicines and Health Care Articles**	**100.0**	**98.2**
医疗卫生器具	Medical Instrument	100.5	99.0
中药	Traditional Chinese Medicines	101.5	101.3
西药	Western Medicines	98.9	96.1
保健器具及用品	Health Apparatus and Supplies	101.0	99.8
书报杂志及电子出版物	**Books, Newspapers, Magazines and Electronic Publications**	**101.6**	**101.0**
教材及参考书	Texts and Reference Books	100.4	100.7
书报杂志及音像制品	Books and Newspapers, Magazine and Audiovisual Products	103.7	100.7
计算机办公软件	Computer Office Software	100.0	102.4
燃料	**Fuels**	**89.5**	**116.1**
煤炭及制品	Coal and Coal Products	97.5	98.4
石油及制品	Petroleum and Petroleum Products	88.7	116.4
建筑材料及五金电料	**Building Materials and Hardware**	**100.1**	**101.5**
建筑装潢材料	Building Decoration Materials	100.0	101.5
五金水暖	Hardware	100.7	101.4

4-9 各市商品零售价格总指数（1985—2022年）

（上年=100）

年　份 Year	南宁市 Nanning	柳州市 Liuzhou	桂林市 Guilin	梧州市 Wuzhou	北海市 Beihai	防城港市 Fangchenggang
1985	118.7	115.4	113.5	117.5	117.0	
1986	105.3	105.8	105.0	105.8	104.0	
1987	111.8	108.9	113.6	111.8	112.8	
1988	122.1	126.5	126.1	123.9	126.1	
1989	119.4	118.4	118.1	115.8	120.7	
1990	97.3	98.8	98.5	97.5	96.2	
1991	104.0	102.2	101.6	104.7	104.1	
1992	105.7	105.8	108.6	109.6	105.4	
1993	124.1	123.8	119.8	120.0	134.0	
1994	120.8	124.1	125.5	124.7	122.1	
1995	114.9	116.4	113.8	114.8	113.3	
1996	102.5	104.5	106.3	106.3	103.6	
1997	99.5	99.5	100.5	101.5	99.7	
1998	95.8	98.0	94.8	98.2	98.1	
1999	95.9	96.3	97.6	99.8	96.4	
2000	98.3	97.5	99.2	99.2	97.9	
2001	95.9	97.3	97.5	98.4	98.3	
2002	97.5	99.7	99.7	96.6	97.7	
2003	99.5	99.2	100.1	100.4	99.2	
2004	102.7	104.6	103.7	103.6	103.9	
2005	100.3	100.7	102.0	101.9	101.8	
2006	101.0	100.1	101.0	100.8	101.3	
2007	103.3	105.0	104.8	104.1	103.8	
2008	107.9	107.1	106.8	107.5	107.7	109.4
2009	98.5	97.5	99.6	97.1	97.9	96.7
2010	102.3	104.1	102.5	103.4	103.0	104.9
2011	104.9	105.1	106.2	105.7	105.6	106.7
2012	101.7	102.8	102.4	102.0	102.2	101.9
2013	100.8	100.9	101.7	101.6	101.0	101.4
2014	100.7	102.0	101.4	101.2	102.0	102.1
2015	100.4	100.1	100.1	99.6	99.3	100.6
2016	99.8	100.5	100.9	100.6	100.8	101.0
2017	100.9	100.5	101.1	102.6	101.2	102.1
2018	101.1	101.4	102.1	102.6	100.6	101.9
2019	103.1	102.8	103.2	104.0	102.6	103.5
2020	100.9	102.1	101.4	102.4	101.1	102.6
2021	101.1	100.8	101.9	101.4	101.8	101.6
2022	102.2	101.3	102.6	103.1	102.5	102.6

Retail Price Indices by Cities（1985—2022）

（preceding year=100）

钦州市 Qinzhou	贵港市 Guigang	玉林市 Yulin	百色市 Baise	贺州市 Hezhou	河池市 Hechi	来宾市 Laibin	崇左市 Chongzuo
	114.2		115.6	114.6			
	104.2		110.0	104.9			
	110.8		109.2	114.6			
	125.1		119.3	120.9			
	124.1		121.9	121.1			
	95.5		97.0	95.8			
	102.8		102.8	100.7			
	103.3		107.1	107.4			
	120.5		118.6	119.0			
	127.2		126.1	121.4			
	119.0		120.7	117.3			
	103.3		105.4	105.3			
	98.0		100.9	100.1			
	93.7		97.3	96.4			
	96.3		98.4	96.4			
	99.0		97.7	99.0			
	98.3		99.0	98.3			
	98.9		97.2	98.0			
	101.1		99.4	101.0			
	103.3		102.9	104.6			
	100.8		102.5	100.4			
	99.1		101.6	101.6			
	105.5		104.3	105.1			
109.7	107.5		110.0	108.6	106.6	107.0	109.6
98.8	96.5	96.8	97.9	97.5	98.3	97.1	97.6
103.2	103.8	102.5	103.4	103.8	102.3	102.6	103.2
105.6	106.3	105.7	106.3	107.0	105.1	106.2	105.7
102.3	102.5	102.7	102.5	101.8	102.7	101.9	101.7
101.8	101.5	101.3	101.7	100.5	101.3	100.5	101.3
101.6	101.7	102.3	101.5	100.7	102.2	100.7	101.7
100.0	98.9	100.6	100.8	100.4	99.5	100.3	99.5
100.9	99.7	101.0	100.4	99.2	100.5	101.3	100.9
102.4	101.7	101.8	100.7	100.2	101.0	101.4	101.0
102.5	102.1	101.6	102.4	101.1	101.3	101.9	100.5
103.4	104.1	103.0	103.0	103.0	103.3	103.6	102.7
102.0	102.4	100.8	101.0	102.2	100.8	99.8	101.6
101.2	101.7	101.3	100.7	101.7	100.8	101.2	101.2
102.5	102.4	102.1	102.6	102.6	102.8	102.5	102.3

4-10 各市商品零售价格分类指数（2022年）

（上年=100）

指 标	Item	南宁市 Nanning	柳州市 Liuzhou	桂林市 Guilin
商品零售价格指数	**Retail General Price Index**	**102.2**	**101.3**	**102.6**
食品	**Food**	**101.9**	**101.7**	**103.0**
粮食	Grain	100.6	100.9	101.3
薯类	Tubers	105.2	97.6	111.4
豆类	Beans	105.9	103.8	101.7
食用油	Edible Oil and Fats	105.7	106.1	105.8
菜及食用菌	Vegetables and Edible Fungi	100.2	95.2	102.6
畜肉类	Meat of Livestock	93.7	95.0	96.5
禽肉类	Meat of Poultry	106.1	106.1	104.0
水产品	Aquatic Products	104.6	104.5	104.1
蛋类	Eggs	107.2	108.5	108.3
奶类	Milk	97.7	99.8	101.6
干鲜瓜果类	Dried and Fresh Melons and Fruits	109.5	113.3	113.7
糖果糕点类	Candy and Cake	103.0	102.9	105.7
调味品	Flavoring	101.8	107.6	101.3
其他食品类	Other Foods	96.5	99.5	104.4
餐饮业零售	Catering and Retail	103.0	101.1	101.2
饮料、烟酒	**Beverages, Tobacco and Liquor**	**100.3**	**102.2**	**102.1**
茶及饮料	Tea and Beverages	102.7	101.7	103.8
烟草	Tobacco	100.0	102.1	100.0
酒类	Liquor	99.3	102.9	103.7
服装、鞋帽	**Garments, Shoes and Hats**	**99.5**	**101.8**	**101.7**
服装	Garments	99.6	101.9	102.3
男士服装	Men's Clothing	100.0	104.3	103.0
女士服装	Women's Clothing	99.4	101.0	102.8
儿童服装	Children's Clothing	99.3	100.1	99.6
鞋帽袜	Footgear and Hat	99.1	102.2	98.8
鞋	Shoes	98.8	102.7	98.8
袜子	Socks	100.8	98.6	98.6
帽子	Cap	100.9	97.4	100.4
其他衣着配件	Other Clothing Accessories	99.7	94.7	99.6
纺织品	**Textiles**	**100.6**	**98.0**	**101.2**
服装材料	Materials for Clothing	97.9	102.2	97.5
床上用品	Bedding Article	101.3	96.9	102.4

Retail Price Indices by Category of Commodities and Cities（2022）

（preceding year=100）

梧州市 Wuzhou	北海市 Beihai	防城港市 Fangchenggang	钦州市 Qinzhou	贵港市 Guigang	玉林市 Yulin	百色市 Baise	贺州市 Hezhou	河池市 Hechi	来宾市 Laibin	崇左市 Chongzuo
103.1	**102.5**	**102.6**	**102.5**	**102.4**	**102.1**	**102.6**	**102.6**	**102.8**	**102.5**	**102.3**
101.8	**103.3**	**103.1**	**103.2**	**101.2**	**103.4**	**101.5**	**102.2**	**102.1**	**101.1**	**101.8**
101.2	95.5	101.7	100.8	99.1	95.9	101.0	102.4	101.6	99.9	100.4
108.6	109.7	105.6	105.3	98.9	103.8	107.6	107.0	104.0	103.7	109.2
106.8	104.2	109.3	107.8	105.5	108.4	104.3	105.8	101.3	106.3	98.8
103.9	107.4	102.0	105.1	105.9	109.5	106.2	102.1	105.3	105.6	107.9
103.0	103.1	104.6	104.5	103.1	112.5	100.3	100.8	101.6	102.2	104.8
90.4	96.2	94.2	93.4	94.4	92.2	93.2	93.8	93.6	91.3	92.5
103.7	111.9	107.1	106.5	100.6	102.9	105.5	104.6	105.7	104.0	104.7
108.1	106.2	103.2	103.1	103.5	106.3	103.4	105.7	104.8	101.4	102.3
108.1	105.4	103.5	101.7	101.8	109.1	105.8	105.6	104.4	103.9	107.2
100.1	97.1	99.1	97.7	100.4	100.7	93.8	96.9	98.1	90.2	96.7
109.4	104.7	114.3	116.0	113.0	118.8	106.4	114.0	112.3	114.6	111.1
103.5	107.5	103.0	100.2	99.1	101.9	104.6	105.7	104.1	100.8	104.3
104.5	105.9	102.5	101.1	100.8	101.9	103.0	101.8	104.6	100.3	104.0
102.8	100.4	99.5	102.7	102.5	102.4	104.1	103.0	104.8	97.5	102.0
101.7	101.9	102.5	102.7	100.3	100.4	102.0	101.1	101.7	101.4	101.2
102.4	**100.1**	**101.2**	**100.6**	**99.6**	**100.9**	**100.1**	**100.6**	**99.5**	**99.5**	**100.5**
103.5	99.3	100.3	99.1	96.5	99.1	101.5	100.7	100.1	99.1	99.8
101.4	100.6	100.4	100.0	100.7	100.0	100.0	101.3	100.9	100.5	100.3
103.4	99.9	103.4	103.6	99.8	104.2	99.3	99.0	96.3	97.7	101.5
102.2	**99.4**	**101.5**	**98.3**	**99.5**	**98.4**	**101.9**	**101.8**	**103.0**	**98.6**	**100.2**
102.2	99.2	102.1	98.6	100.1	98.3	101.9	102.1	102.3	98.3	100.1
103.3	102.1	102.6	99.1	99.9	94.4	102.2	100.6	99.4	98.8	99.3
101.9	99.0	102.7	97.6	101.3	98.4	101.9	104.3	104.4	98.0	100.0
101.6	94.8	99.9	99.8	98.4	102.5	101.6	100.0	103.3	98.2	101.5
102.4	100.9	99.0	96.8	96.0	98.3	102.0	100.1	106.5	99.9	100.7
102.7	101.3	100.2	96.1	96.0	98.0	101.9	100.8	107.5	100.3	101.3
99.6	96.1	94.3	99.9	97.0	101.4	104.4	94.5	98.0	93.1	92.5
100.0	100.0	93.8	104.7	94.7	101.9	100.0	96.4	100.3	99.6	100.0
98.0	97.3	102.4	100.2	99.0	106.0	99.6	102.8	100.0	99.9	100.4
102.4	**97.2**	**101.6**	**100.2**	**96.5**	**97.7**	**98.0**	**101.5**	**101.4**	**98.2**	**90.2**
104.7	102.7	100.2	100.8	97.9	96.1	103.0	108.2	112.0	100.0	100.0
101.8	95.9	102.0	100.1	96.2	98.1	96.7	99.6	98.1	97.8	87.1

4-10 续表

（上年=100）

指　标	Item	南宁市 Nanning	柳州市 Liuzhou	桂林市 Guilin
家用电器及音像器材	**Household Appliances and Audio and Video Equipment**	**96.0**	**96.8**	**100.8**
家庭设备	Household Equipment	98.4	99.3	102.1
文娱用耐用消费品	Entertainment and Durable Consumer Goods	92.4	92.0	98.5
专业音像器材	Professional Audio and Video Equipment	96.6	99.3	102.7
文化办公用品	**Cultural and Office Appliances**	**99.5**	**99.4**	**100.2**
日用品	**Articles for Daily Use**	**102.0**	**99.1**	**99.5**
日用百货	General Merchandise for Daily Use	100.9	99.7	100.7
厨具餐具茶具	Kitchenware, Tableware, Tea Set	101.1	99.0	105.0
清洗用品	Cleaning Supplies	103.4	97.9	98.2
其他日用品	Other Daily Necessities	103.0	99.5	96.0
体育娱乐用品	**Sports and Recreation Articles**	**105.4**	**99.2**	**102.6**
体育户外用品	Sports Outdoor Products	106.9	102.4	108.6
娱乐用品	Amusement Articles	104.7	97.7	99.7
交通、通信用品	**Transportation and Communication Appliances**	**99.5**	**97.7**	**96.1**
交通运输机械	Machinery of Communications and Transportation	99.6	97.5	98.8
通信器材	Apparatus of Communication	99.4	98.0	90.9
家具	**Furniture**	**106.0**	**95.1**	**101.1**
化妆品	**Cosmetics**	**102.1**	**101.3**	**101.3**
金银饰品	**Gold and Silver Ornaments**	**100.0**	**99.0**	**100.8**
中西药品及医疗保健用品	**Traditional Chinese and Western Medicines and Health Care Articles**	**96.7**	**98.8**	**99.5**
医疗卫生器具	Medical Instrument	94.0	97.3	97.5
中药	Traditional Chinese Medicines	107.7	100.9	100.5
西药	Western Medicines	94.1	97.1	99.7
保健器具及用品	Health Appliances and Supplies	93.5	101.7	100.0
书报杂志及电子出版物	**Books, Newspapers, Magazines and Electronic Publications**	**101.2**	**101.6**	**100.4**
教材及参考书	Texts and Reference Books	101.9	102.9	100.0
书报杂志及音像制品	Books and Newspapers, Magazine and Audiovisual Products	100.4	99.3	100.0
计算机办公软件	Computer Office Software	100.0	101.3	102.0
燃料	**Fuels**	**117.4**	**118.0**	**118.5**
煤炭及制品	Coal and Its Products	103.3	95.7	100.0
石油及制品	Oil and Its Products	117.5	118.1	118.6
建筑材料及五金电料	**Building Materials and Hardware**	**100.5**	**97.1**	**102.3**
建筑装潢材料	Building Decoration Materials	99.4	98.1	103.6
五金水暖	Hardware Plumbing	102.5	95.1	99.8

continued

（preceding year=100）

梧州市 Wuzhou	北海市 Beihai	防城港市 Fangchenggang	钦州市 Qinzhou	贵港市 Guigang	玉林市 Yulin	百色市 Baise	贺州市 Hezhou	河池市 Hechi	来宾市 Laibin	崇左市 Chongzuo
99.7	**99.8**	**99.7**	**97.9**	**100.5**	**95.9**	**98.8**	**96.3**	**99.3**	**99.3**	**101.1**
101.2	100.4	100.7	97.8	102.3	97.4	99.3	95.6	99.8	99.9	98.6
97.4	98.3	97.8	97.6	97.6	92.2	98.1	97.4	98.1	98.2	105.1
102.6	104.0	100.4	101.0	99.6	101.5	97.9	97.0	101.9	100.2	102.4
102.5	**100.9**	**99.7**	**100.1**	**97.5**	**100.2**	**100.6**	**103.0**	**100.4**	**99.5**	**100.8**
100.1	**98.4**	**100.5**	**98.0**	**99.6**	**98.5**	**99.9**	**99.7**	**96.8**	**99.0**	**99.5**
101.3	101.1	99.7	97.8	98.5	97.1	100.2	103.0	93.8	94.8	100.5
101.4	98.0	104.3	99.8	103.2	98.6	102.8	102.0	98.5	102.7	99.7
96.0	97.8	98.3	96.9	98.1	96.6	98.2	96.6	98.2	100.4	97.9
102.2	95.8	101.2	98.1	100.6	101.4	99.3	96.6	97.5	100.5	99.6
102.4	**100.2**	**101.1**	**102.0**	**100.7**	**100.1**	**102.1**	**99.1**	**100.0**	**100.1**	**101.1**
103.8	105.4	103.8	105.1	103.0	103.1	107.2	106.1	99.9	100.4	104.6
101.8	98.2	99.9	100.7	99.6	98.9	99.9	96.1	100.0	99.9	99.6
100.7	**98.9**	**99.3**	**98.0**	**96.0**	**97.7**	**98.1**	**97.8**	**99.1**	**99.9**	**99.6**
101.0	100.3	101.1	99.3	96.8	100.6	100.2	99.6	101.3	102.4	100.8
100.0	95.5	95.0	95.2	94.4	91.8	93.6	94.3	95.0	95.2	97.4
101.6	**101.1**	**99.9**	**96.5**	**100.5**	**96.5**	**100.2**	**97.1**	**100.2**	**102.5**	**95.5**
101.6	**101.3**	**100.6**	**101.6**	**102.5**	**99.7**	**104.0**	**99.5**	**101.9**	**99.3**	**100.7**
100.3	**100.7**	**101.5**	**100.8**	**105.0**	**102.1**	**99.2**	**99.9**	**100.8**	**105.3**	**100.8**
100.1	**99.2**	**99.4**	**102.4**	**103.5**	**101.1**	**98.6**	**101.7**	**101.9**	**100.3**	**100.6**
90.1	94.0	96.4	100.9	105.2	99.5	98.0	101.8	101.4	99.0	100.3
106.7	106.8	101.2	110.4	108.0	106.1	101.5	107.1	102.2	100.4	102.0
99.7	96.8	99.2	98.3	100.8	99.1	96.8	98.5	103.2	100.9	99.5
105.2	100.7	100.3	99.5	99.6	99.9	100.1	101.8	97.7	100.0	101.4
99.8	**104.3**	**99.9**	**101.8**	**101.1**	**103.5**	**101.7**	**98.2**	**100.4**	**99.8**	**100.2**
99.9	104.5	99.1	102.7	102.3	105.1	103.5	96.1	99.9	99.6	100.0
100.0	104.4	101.4	107.0	101.1	100.7	100.0	99.9	100.0	100.1	100.0
99.2	103.2	100.3	93.9	97.0	102.1	99.4	102.3	102.3	100.0	100.9
119.9	**118.2**	**118.0**	**121.4**	**122.6**	**118.6**	**123.4**	**122.8**	**124.8**	**122.6**	**117.9**
109.5	105.8	105.4	98.0	93.7	93.6	97.4	105.4	99.4	97.9	103.8
119.9	118.2	118.1	121.5	122.8	118.7	123.5	122.9	125.0	122.7	117.9
99.2	**100.4**	**104.0**	**102.9**	**101.4**	**101.2**	**100.1**	**99.7**	**99.0**	**98.3**	**101.1**
99.3	102.7	103.5	103.8	100.2	101.6	100.1	95.7	98.9	98.1	101.4
99.0	94.9	105.2	101.3	103.6	100.2	99.9	106.9	99.2	98.7	100.4

4-11 农业生产资料价格分类指数

Price Indices for Means of Agricultural Production by Category

（上年=100） (preceding year=100)

指 标	Item	2016	2017	2018	2019	2020
农业生产资料价格指数	**Price Index of Means of Agricultural Production**	**100.7**	**101.4**	**101.8**	**104.6**	**109.7**
农用手工工具	Farm Handtools	100.4	102.3	104.0	102.8	101.2
饲料	Forage	94.1	101.3	100.8	99.5	103.6
混合饲料	Mixed Forage	93.9	99.8	100.9	100.2	102.4
其他饲料	Others Forage	94.5	105.8	100.3	97.5	107.1
仔畜幼禽及产品	Newborn Animals & Poultry, and Commodity Animals	138.7	90.4	77.8	156.2	195.7
仔畜	Newborn Animals	155.6	86.1	70.8	167.7	217.5
幼禽	New born Poultry	91.1	103.7	107.4	127.8	90.8
产品畜	Commodity Animals	128.0	105.4	79.4	145.9	236.8
半机械化农具	Semi-Mechanized Farm Tools	99.9	101.5	101.1	101.0	100.5
机械化农具	Mechanized Farm Machinery	100.0	102.6	103.7	102.6	101.0
化学肥料	Chemical Fertilizer	98.2	103.0	106.7	102.3	98.3
氮肥	Nitrogen Fertilizer	94.6	111.1	114.3	102.7	96.4
磷肥	Phosphate Fertilizer	99.7	105.3	104.5	103.3	99.8
钾肥	Calcium Fertilizer	96.8	98.1	106.1	103.6	98.3
复合肥料	Compounded Fertilizer	100.2	99.2	102.8	101.5	99.3
农药及农药械	Pesticide and Its Appliances	99.5	100.7	103.2	102.6	100.5
化学农药	Chemical Pesticide	99.7	100.6	103.4	103.0	100.3
杀虫剂	Insecticide	99.4	101.1	104.4	104.0	101.0
杀菌剂	Disinfectant	101.5	100.1	101.3	102.5	100.2
除草剂	Herbicide	98.6	100.0	103.6	102.1	98.7
生长调节剂	Growth Regulator	99.8	101.9	102.7	100.4	100.8
农药器械	Pesticide Equipment	98.3	100.8	101.7	100.4	102.0
农用机油	Oil for Farm Machinery	95.7	111.5	113.0	94.7	86.4
农用柴油	Agricultural Diesel Oil	95.2	111.9	113.5	94.1	84.6
润滑油	Lube	99.8	108.6	109.2	100.1	99.9
其他农业生产资料	Other Means of Agricultural Production	99.0	100.6	101.0	101.0	100.0
农用种子	Agricultural Seed	99.4	100.3	101.3	100.8	100.4
农用薄膜	Agricultural Membrane	97.6	100.5	99.2	101.7	99.1
未列名的其他农用生产资料	Other Agricultural Means of Production Not Listed	100.0	101.6	102.7	100.5	100.1
农业生产服务	Service of Agricultural Production	102.0	104.8	106.5	101.9	102.7
排灌费	Irrigation Costs	100.0	101.9	103.3	101.0	100.0
机械作业费	Machinery Operating Costs	100.8	101.0	101.8	101.7	100.8
农业用电	Agricultural Use of Electricity	100.0	100.0	100.0	100.0	100.1
农业用工	Agricultural Employment	103.3	107.7	110.1	102.5	104.3

注：从2021年起，国家统计局取消农业生产资料价格调查制度。
Note: From 2021,the National Bureau of Statistics has cancelled the price survey system for agricultural means of production.

4-12 工业生产者出厂价格分类指数（1990—2022年）

Producer Price Indices for Industrial Products by Category（1990—2022）

（上年=100） (preceding year=100)

年 份 Year	总指数 General Index	轻工业 Light Industry	以农产品为原料 Agricultural products as raw materials	以非农产品为原料 Non-agricultural Products as Raw Materials	重工业 Heavy Industry	采 掘 Mining & Quarrying Industry	原材料 Raw Materials Industry	加 工 Processing Industry	生产资料 Means of Production	生活资料 Consumer Goods
1990	101.5	101.0	102.6	97.4	102.0	90.1	97.0	108.6	102.0	100.8
1991	103.3	105.8	108.4	98.6	100.9	104.4	98.6	102.1	100.8	106.5
1992	111.3	106.0	106.9	101.9	117.3	109.5	124.4	110.9	116.1	106.1
1993	121.1	110.9	110.4	113.0	132.0	113.3	143.1	127.6	130.1	110.5
1994	118.8	122.1	123.0	118.0	115.5	118.5	115.4	114.1	116.1	122.2
1995	117.2	123.8	126.6	113.1	111.2	126.0	105.3	115.8	114.2	121.4
1996	102.6	103.1	104.4	98.1	102.0	98.8	102.6	102.0	102.2	103.1
1997	97.7	97.1	97.9	95.5	98.1	99.7	99.7	94.8	97.2	98.4
1998	95.4	95.2	94.9	95.8	95.6	93.5	96.0	95.8	95.2	96.0
1999	95.6	94.1	92.9	98.3	96.6	96.7	97.4	95.3	96.5	93.9
2000	105.5	109.0	109.9	100.4	103.1	106.1	106.1	96.0	103.2	110.4
2001	106.3	109.2	110.2	100.1	104.3	104.7	106.9	97.8	103.5	112.3
2002	95.6	90.6	89.8	97.0	98.4	102.5	98.3	98.3	98.2	88.5
2003	102.8	98.8	98.4	99.8	105.7	107.5	107.9	103.1	105.3	96.3
2004	109.7	110.0	112.6	104.6	109.5	121.3	110.3	107.9	110.5	108.1
2005	104.9	105.8	107.5	101.8	104.2	126.5	105.2	101.5	104.0	106.8
2006	109.6	113.3	119.1	100.3	106.7	137.4	111.8	99.5	105.5	119.9
2007	104.5	97.7	95.6	102.9	108.3	117.8	106.9	109.1	107.3	94.5
2008	109.0	104.4	102.4	109.6	111.7	113.0	104.3	119.6	111.3	100.9
2009	93.5	99.4	100.0	97.8	90.5	92.0	93.1	88.6	91.4	101.7
2010	112.0	115.0	118.9	105.6	110.3	129.1	113.0	106.3	110.3	118.2
2011	108.5	114.7	116.1	106.2	106.3	121.2	106.3	105.2	107.2	112.0
2012	97.8	98.6	98.0	102.6	97.5	101.7	98.5	96.6	97.4	99.0
2013	98.2	97.7	97.1	100.9	98.4	96.3	98.9	98.2	98.4	97.5
2014	98.4	97.4	97.0	99.8	98.7	96.6	99.6	98.3	98.7	97.5
2015	97.0	100.6	100.8	99.7	95.7	97.9	96.2	95.3	95.5	101.3
2016	99.1	101.8	102.2	100.0	98.2	100.8	96.7	98.7	98.1	102.4
2017	107.6	104.8	105.1	103.3	108.6	115.9	108.4	108.1	109.1	103.1
2018	103.2	98.8	98.3	101.2	104.7	103.8	105.2	104.6	104.9	97.7
2019	99.3	99.9	99.8	100.0	99.0	97.8	96.7	100.3	98.6	101.2
2020	99.4	102.6	103.2	99.8	98.3	100.2	95.7	99.4	98.2	103.2
2021	108.9	105.1	105.5	103.7	109.9	110.2	112.6	108.1	110.8	101.4
2022	102.5	105.2	105.4	104.6	101.8	111.1	108.7	96.9	102.3	102.9

注：从2011年起，工业品出厂价格指数改称为工业生产者出厂价格指数。
Note: From 2011, the producer price index for manufactured goods changed to the producer price index for industrial products.

4-13 按工业部门分工业生产者出厂价格指数（1990—2022年）

（上年＝100）

年 份 Year	冶金工业 Metallurgical Industry	电力工业 Power Industry	煤炭及炼焦工业 Coal Industry	石油工业 Petroleum Industry	化学工业 Chemical Industry
1990	97.4	90.2	98.7		100.2
1991	103.1	93.9	100.2		97.5
1992	121.8	101.9	114.8		103.2
1993	140.8	89.9	111.3		113.2
1994	104.2	138.0	126.1		112.0
1995	111.0	107.8	109.4		129.2
1996	98.1	107.5	106.4		104.6
1997	96.7	106.3	109.2		95.4
1998	92.4	102.7	95.3		93.0
1999	97.4	100.5	96.0		95.2
2000	108.5	112.5	104.1		95.6
2001	96.9	129.6	104.7		100.5
2002	94.3	101.8	113.0	104.9	98.2
2003	115.9	100.0	100.9	114.0	102.4
2004	128.9	102.2	109.2	112.2	107.3
2005	106.4	100.9	133.1	120.6	108.0
2006	117.2	102.7	106.1	116.4	101.4
2007	116.5	102.7	99.9	104.4	102.6
2008	117.7	102.0	137.3	120.4	114.8
2009	78.3	102.5	95.1	84.4	92.2
2010	118.1	102.0	111.0	124.1	114.7
2011	110.1	99.3	130.5	117.1	113.4
2012	90.9	106.3	113.6	101.6	95.8
2013	94.3	100.5	99.0	98.5	99.9
2014	94.4	100.4	94.2	97.7	100.3
2015	89.2	99.4	93.1	84.2	97.7
2016	99.0	98.0	94.6	93.7	98.4
2017	123.0	99.4	120.3	116.2	105.3
2018	106.0	99.9	103.9	117.4	105.5
2019	96.4	97.7	101.9	96.7	99.8
2020	97.2	97.5	94.4	91.4	98.5
2021	121.5	102.7	114.3	124.7	114.7
2022	98.2	105.2	120.0	126.6	109.8

注：2002年起，石油工业纳入工业生产者出厂价格统计调查范围（以下相关表同）。

Producer Price Indices for Industrial Products by Sector（1990—2022）

（preceding year=100）

机械工业 Machine Manufacturing Industry	建筑材料工业 Building Materials Industry	森林工业 Timber Industry	食品工业 Food Industry	纺织工业 Textile Industry	造纸工业 Paper Industry	其他工业 Other Industry
106.8	97.2	89.0	99.3	104.6	105.8	102.4
102.0	101.1	99.0	117.1	103.5	101.5	108.1
111.6	154.2	104.7	107.3	105.8	106.7	104.7
131.6	162.9	116.0	110.8	114.3	113.3	135.7
113.6	110.5	112.9	117.9	150.7	114.5	126.0
106.3	95.2	99.8	124.4	126.1	146.6	126.0
101.2	94.6	92.2	105.6	85.8	113.4	106.0
98.2	90.0	93.3	98.9	93.4	87.3	100.0
94.8	99.0	90.0	96.3	83.8	92.4	104.5
94.4	96.4	95.9	92.7	103.4	90.8	100.6
95.7	100.6	101.4	111.1	115.5	111.2	98.4
97.7	101.6	103.5	112.8	89.1	100.5	104.0
98.4	99.3	94.9	88.1	88.5	96.8	101.8
96.8	100.9	97.1	96.9	108.9	102.1	102.2
99.7	107.7	103.1	114.6	115.4	103.7	99.9
100.6	98.3	100.5	109.4	99.9	102.0	103.8
101.3	100.2	103.2	124.5	104.0	99.7	103.5
101.5	105.1	108.5	94.3	91.3	102.2	100.3
101.9	113.9	104.1	102.5	96.9	107.0	92.9
100.1	97.7	98.3	101.3	103.7	91.4	101.5
102.3	106.6	106.4	120.3	126.8	113.5	117.0
101.4	110.7	105.7	118.2	118.0	102.7	108.9
100.0	98.1	105.4	97.5	95.2	96.1	102.4
99.7	100.4	102.8	96.0	103.1	96.2	103.6
100.1	103.3	100.6	95.7	98.9	101.1	102.1
99.8	97.4	99.4	101.0	95.3	101.2	98.3
99.0	94.5	101.6	102.9	101.7	100.3	97.6
100.3	107.0	101.5	104.6	115.4	109.2	103.4
100.5	109.1	102.3	96.0	108.0	105.9	103.0
100.7	102.9	100.2	100.4	89.3	99.2	99.6
98.5	100.9	98.1	105.0	90.8	96.3	99.8
100.7	102.8	102.3	104.4	113.4	107.9	104.8
99.5	95.3	101.9	105.6	104.3	105.2	105.0

Note: From 2002, the petroleum industry has been included in the survey range of producer price of industrial producer.The same applies to the tables following.

4-14 分月工业生产者出厂价格指数（2022年）

（上年同期＝100）

类别	Item	全年 Annual Year	1月 January	2月 February	3月 March
总指数	**General Index**	**102.5**	**108.2**	**108.4**	**107.5**
# 轻工业	# Light Industry	105.2	105.4	105.2	105.9
以农产品为原料	Using Farm Produces as Raw Materials	105.4	105.0	104.6	105.5
以非农产品为原料	Using Non-farm Produces as Raw Materials	104.6	106.9	107.2	107.3
重工业	Heavy Industry	101.8	108.9	109.3	107.9
采掘	Mining and Quarrying	111.1	115.6	116.1	117.5
原材料	Raw Material	108.7	115.1	115.3	114.4
加工	Processing	96.9	104.8	105.1	103.4
# 生产资料	# Means of Production	102.3	109.7	109.9	108.5
采掘	Mining and Quarrying	111.1	115.6	116.1	117.5
原材料	Raw Material	109.0	115.5	115.7	114.7
加工	Processing	97.9	106.0	106.1	104.4
生活资料	Consumer Goods	102.9	101.9	102.3	103.2
食品	Food	104.4	102.5	102.8	104.8
衣着	Clothing	103.0	102.6	102.7	102.0
一般日用品	Articles for Daily Use	102.3	102.5	102.4	102.5
耐用消费品	Durable Consumers' Goods	100.6	100.6	101.4	100.9
按工业部门分	**Grouped by Department of Industry**				
冶金工业	Metallurgical Industry	98.2	111.8	112.8	109.9
电力工业	Power Industry	105.2	107.6	106.8	104.8
煤炭及炼焦工业	Coal and Coking Industry	120.0	154.7	138.8	138.0
石油工业	Petroleum Industry	126.6	127.1	130.5	131.0
化学工业	Chemical Industry	109.8	118.5	119.0	118.4
机械工业	Machine Manufacturing Industry	99.5	100.8	100.8	100.3
建筑材料工业	Building Materials Industry	95.3	111.4	110.4	109.8
森林工业	Timber Industry	101.9	103.9	104.0	104.5
食品工业	Food Industry	105.6	103.5	103.6	105.6
纺织工业	Textile Industry	104.3	120.1	118.9	112.9
缝纫工业	Tailoring Industry	101.9	101.7	102.0	101.1
皮革工业	Leather Industry	105.3	104.9	104.2	104.2
造纸工业	Paper Industry	105.2	108.9	106.2	102.9
文教艺术用品工业	Cultural, Educational and Handicraft Articles	100.1	99.9	100.4	100.4
其他工业	Other Industry	105.0	105.8	105.0	105.5

Producer Price Indices for Industrial Products by Month（2022）

（preceding year=100）

4 月 April	5 月 May	6 月 June	7 月 July	8 月 August	9 月 September	10 月 October	11 月 November	12 月 December
107.2	**104.9**	**104.8**	**103.1**	**100.2**	**98.0**	**95.5**	**96.3**	**97.7**
105.9	105.2	105.3	105.6	105.0	104.5	105.0	105.1	104.5
105.8	104.9	105.2	105.6	105.3	105.2	106.0	106.2	105.4
106.3	106.2	105.9	105.7	104.1	102.3	101.6	101.4	101.3
107.5	104.8	104.6	102.4	98.8	96.3	93.2	94.0	96.0
117.3	116.3	115.6	115.0	111.8	107.8	103.8	99.7	100.9
114.3	111.7	112.4	109.3	106.4	105.2	101.4	100.4	101.1
102.8	100.0	99.2	97.4	93.5	90.2	87.5	89.6	92.4
108.1	105.3	105.1	103.1	99.5	96.8	93.8	94.6	96.5
117.3	116.3	115.6	115.0	111.8	107.8	103.8	99.7	100.9
114.7	112.1	112.9	109.7	106.7	105.4	101.6	100.6	101.3
103.8	100.7	99.9	98.5	94.6	91.3	88.7	90.7	93.3
103.3	103.2	103.4	102.9	102.7	102.6	103.2	103.2	102.8
105.0	104.8	105.2	104.6	104.3	104.3	105.1	105.2	104.2
102.4	102.8	103.1	102.7	102.2	101.6	103.3	104.5	105.4
102.0	102.6	103.1	102.7	102.5	102.3	102.0	101.8	101.3
101.0	100.8	100.4	100.2	100.1	100.1	100.3	100.2	100.6
109.4	103.6	102.6	97.0	91.0	88.1	83.9	85.7	89.7
102.1	101.2	103.1	106.0	104.2	107.6	108.2	105.9	105.2
135.4	137.2	134.7	135.7	128.6	118.1	94.2	87.9	87.7
135.5	133.9	140.7	132.2	126.1	124.2	115.9	114.0	112.4
117.1	116.0	115.1	113.9	107.9	103.5	97.8	97.2	99.0
100.3	99.8	99.4	99.1	98.8	98.6	98.5	98.7	99.4
108.0	104.8	101.5	100.7	94.9	80.6	75.8	78.9	81.7
104.4	103.6	101.6	101.1	100.8	100.4	99.3	99.3	99.8
106.2	105.9	106.1	105.7	105.4	105.4	106.4	106.8	106.1
110.5	100.2	98.1	98.6	97.7	99.8	101.0	99.5	99.9
101.6	101.7	101.6	101.0	99.9	100.2	102.0	104.3	106.2
104.2	105.3	106.9	106.7	107.5	104.9	106.3	104.9	103.6
101.8	100.4	101.1	108.4	108.9	107.8	106.4	105.7	104.2
100.2	100.1	100.0	100.1	100.1	100.0	99.9	99.9	100.0
104.5	105.5	107.4	106.6	105.5	104.7	103.9	103.4	102.2

4-15 分行业工业生产者出厂价格指数（2022年）

（上年同期=100）

类别	Item	全年 Annual Year	1月 January
煤炭开采和洗选业	**Mining and Washing of Coal**	**120.0**	**154.7**
烟煤和无烟煤开采洗选	Mining and Washing of Bituminous and Anthracite	120.0	154.7
石油和天然气开采业	**Extraction of Petroleum and Natural Gas**	**147.5**	**133.3**
石油开采	Extraction of Petroleum	147.5	133.3
黑色金属矿采选业	**Mining and Processing of Ferrous Metal Ores**	**112.1**	**112.5**
锰矿、铬矿采选	Manganese Ore, Chrome Ore by Mining and Beneficiation	112.1	112.5
有色金属矿采选业	**Mining and Processing of Non-Ferrous Metal Ores**	**116.8**	**124.7**
常用有色金属矿采选	Mining and Processing of Common Non-Ferrous Metal Ores	116.8	124.7
非金属矿采选业	**Mining and Processing of Non-Metal Ores**	**98.2**	**100.3**
土砂石开采	Extraction of Soil Gravel	98.2	100.3
农副食品加工业	**Processing of Food from Agricultural Products**	**106.8**	**103.8**
谷物磨制	Corn Whetted	98.0	100.6
饲料加工	Forage Processed	109.8	107.3
植物油加工	Planting-Oil Processed	114.8	109.0
制糖业	Sugar Industry	99.9	101.0
屠宰及肉类加工	Slaughtered Meta and Meat Processes	92.1	76.5
水产品加工	Fishery Product Processed	101.0	100.1
蔬菜、菌类、水果和坚果加工	Vegetables, Fungi, Fruits and Nuts Processing	95.4	98.8
其他农副食品加工	Other Farm and Side-line Food Processed	112.2	107.6
食品制造业	**Manufacture of Foods**	**110.6**	**115.3**
焙烤食品制造	Baked Food Manufacturing	102.4	101.0
糖果、巧克力及蜜饯制造	Candy, Chocolate and Candied Fruit Production	100.1	100.0
方便食品制造	Convenient Food Manufacturing	102.2	102.5
乳制品制造	Dairy Products Manufacturing	103.7	101.4
罐头食品制造	Canned Food Manufacturing	112.8	123.8
调味品、发酵制品制造	Condiment, Ferment Product Manufacturing	116.3	131.2
其他食品制造	Other Food Manufacturing	117.9	125.2
酒、饮料和精制茶制造业	**Manufacture of Liquor, Beverages and Refined Tea**	**103.0**	**101.6**
酒的制造	Manufacture of Wine	103.3	102.1
饮料制造	Beverage Manufacturing	103.7	101.7
精制茶加工	Refined-tea Process	101.3	100.4

Producer Price Indices for Industrial Products by Industry（2022）

（preceding year=100）

2 月 February	3 月 March	4 月 April	5 月 May	6 月 June	7 月 July	8 月 August	9 月 September	10 月 October	11 月 November	12 月 December
138.8	**138.0**	**135.4**	**137.2**	**134.7**	**135.7**	**128.6**	**118.1**	**94.2**	**87.9**	**87.7**
138.8	138.0	135.4	137.2	134.7	135.7	128.6	118.1	94.2	87.9	87.7
144.4	**145.9**	**169.4**	**158.5**	**170.4**	**176.3**	**155.9**	**144.6**	**128.3**	**124.5**	**123.4**
144.4	145.9	169.4	158.5	170.4	176.3	155.9	144.6	128.3	124.5	123.4
112.7	**126.2**	**129.0**	**125.2**	**124.7**	**120.6**	**108.9**	**104.3**	**96.7**	**93.0**	**98.2**
112.7	126.2	129.0	125.2	124.7	120.6	108.9	104.3	96.7	93.0	98.2
127.2	**123.1**	**121.7**	**121.7**	**117.6**	**116.8**	**117.6**	**112.5**	**113.1**	**105.5**	**105.9**
127.2	123.1	121.7	121.7	117.6	116.8	117.6	112.5	113.1	105.5	105.9
100.3	**100.0**	**96.9**	**97.6**	**97.8**	**97.9**	**98.3**	**97.8**	**97.1**	**96.8**	**96.9**
100.3	100.0	96.9	97.6	97.8	97.9	98.3	97.8	97.1	96.8	96.9
103.7	**106.3**	**107.6**	**107.2**	**107.7**	**107.0**	**106.6**	**106.6**	**108.3**	**109.0**	**108.1**
98.7	96.5	97.0	96.7	97.5	97.1	98.3	97.8	98.8	98.8	98.3
106.5	108.3	110.5	110.0	109.3	109.9	109.3	109.5	111.4	112.6	113.1
110.0	117.8	119.3	117.8	118.4	113.6	113.2	112.0	114.8	116.1	114.7
101.0	100.6	100.5	100.2	100.2	100.2	99.7	99.7	98.8	98.3	98.5
75.8	76.2	79.8	86.2	90.9	98.3	99.4	103.3	113.8	115.2	103.8
100.0	100.9	101.0	98.2	100.1	102.4	99.6	101.7	102.4	102.3	102.9
99.7	98.5	97.2	95.5	96.1	93.9	93.8	92.7	93.3	92.0	93.2
108.9	114.6	113.8	112.0	113.6	114.0	113.4	112.9	112.6	112.7	109.8
115.3	**115.1**	**112.6**	**113.9**	**113.8**	**114.2**	**110.4**	**107.4**	**104.7**	**103.3**	**103.7**
100.4	101.6	103.2	103.0	103.2	103.9	102.4	102.5	104.4	102.0	101.7
100.1	100.0	100.1	100.2	100.3	100.2	100.0	100.3	100.1	100.2	99.8
102.4	103.3	101.4	103.9	104.4	104.2	104.0	102.2	101.1	98.0	99.0
101.4	101.7	104.7	104.1	103.7	103.8	103.7	104.8	104.9	104.9	104.9
124.6	122.9	122.8	117.7	112.3	111.2	110.4	107.9	107.9	99.9	100.6
132.8	131.7	114.5	114.9	115.0	116.1	115.9	114.4	108.6	104.5	105.9
124.3	123.1	124.1	128.2	128.6	129.1	117.1	108.6	103.7	105.6	105.4
101.7	**103.0**	**103.1**	**103.4**	**103.6**	**103.5**	**103.3**	**103.3**	**103.1**	**103.8**	**102.3**
100.4	101.7	103.3	104.4	104.7	104.5	104.4	104.5	103.7	104.6	101.2
103.8	106.0	104.6	103.0	103.7	103.7	103.6	103.5	103.5	103.5	103.5
101.1	101.5	100.6	102.1	101.3	101.3	100.6	100.6	101.3	102.9	102.3

4-15 续表 1

（上年同期＝100）

类　别	Item	全　年 Annual Year	1 月 January
烟草制品业	**Manufacture of Tobacco**	**100.0**	**100.0**
卷烟制造	Cigarette Manufacturing	100.0	100.0
纺织业	**Manufacture of Textile**	**104.3**	**120.1**
棉纺织及印染精加工	Cotton and Textile Printing and Dyeing Finishing	105.9	107.4
麻纺织及染整精加工	Finishing of Linen Textile and Dyeing and Finishing	101.6	103.4
丝绢纺织及印染精加工	Silk and Textile Printing and Dyeing Finishing	103.9	124.6
纺织服装、服饰业	**Manufacture of Textile, Wearing Apparel and Accessories**	**101.9**	**101.7**
机织服装制造	Manufacture of Woven Garment	101.9	101.7
皮革、毛皮、羽毛及其制品和制鞋业	**Manufacture of Leather, Fur, Feather and Related Products and Footware**	**102.2**	**107.6**
羽毛（绒）加工及制品制造	Feather Processing and Its Products Manufacturing	99.9	109.6
制鞋业	Shoemaking Industry	105.3	104.9
木材加工和木、竹、藤、棕、草制品业	**Processing of Timber, Manufacture of Wood, Bamboo, Rattan, Palm and Straw Products**	**101.7**	**104.0**
木材加工	Manufacture of Wood	102.6	101.9
人造板制造	Artificial Plank Manufacturing	101.4	104.3
木制品制造	Timber Product Manufacturing	106.6	108.3
竹、藤、棕、草等制品制造	Bamboo, Ratten, Palm and Grass Product Manufacturing	103.0	105.5
家具制造业	**Manufacture of Furniture**	**105.0**	**102.9**
木质家具制造	Manufacture of Wooden Furniture	105.0	102.9
造纸和纸制品业	**Manufacture of Paper and Paper Products**	**105.2**	**108.9**
纸浆制造	Paper Pulp Manufacturing	120.4	119.3
造纸	Paper Making	103.6	108.7
纸制品制造	Paper Products Manufacturing	104.3	106.1
印刷和记录媒介的复制	**Printing and Reproduction of Recording Media**	**99.3**	**99.7**
印刷	Painting	99.3	99.7
文教、工美、体育和娱乐用品制造业	**Manufacturing of Culture and Education, Arts and Crafts, Sporting and Entertainment Goods**	**100.7**	**99.6**
工艺美术及礼仪用品制造	Arts and Crafts and Etiquette Supplies Manufacturing	100.5	99.4
玩具制造	Manufacture of Toys	102.3	100.5
石油、煤炭及其他燃料加工业	**Petroleum, Coal & Other Fuel Processing Industry**	**126.6**	**127.5**
精炼石油产品制造	Refined Coking Petroleum Manufacturing	126.8	127.5
生物质燃料加工	Biomass Fuel Processing	113.4	126.3

continued

(preceding year=100)

2 月 February	3 月 March	4 月 April	5 月 May	6 月 June	7 月 July	8 月 August	9 月 September	10 月 October	11 月 November	12 月 December
100.0	**100.0**	**100.0**	**100.0**	**100.0**	**100.0**	**100.0**	**100.0**	**100.0**	**100.0**	**100.0**
100.0	100.0	100.0	100.0	100.0	100.0	100.0	100.0	100.0	100.0	100.0
118.9	**112.9**	**110.5**	**100.2**	**98.1**	**98.6**	**97.7**	**99.8**	**101.0**	**99.5**	**99.9**
105.9	106.2	109.4	109.0	108.5	107.4	104.5	106.5	105.4	100.8	100.3
103.4	103.3	103.6	103.3	101.9	101.0	101.3	101.0	100.0	98.7	98.9
123.4	115.2	111.0	97.5	95.1	96.2	95.7	98.0	99.9	99.2	99.9
102.0	**101.1**	**101.6**	**101.7**	**101.6**	**101.0**	**99.9**	**100.2**	**102.0**	**104.3**	**106.2**
102.0	101.1	101.6	101.7	101.6	101.0	99.9	100.2	102.0	104.3	106.2
105.5	**103.2**	**98.8**	**98.7**	**103.9**	**102.9**	**102.0**	**101.6**	**101.2**	**102.6**	**98.6**
106.3	102.4	95.0	94.2	101.8	100.1	98.1	99.1	97.5	101.0	95.1
104.2	104.2	104.2	105.3	106.9	106.7	107.5	104.9	106.3	104.9	103.6
104.0	**104.5**	**104.3**	**103.5**	**101.4**	**100.9**	**100.6**	**100.2**	**99.1**	**99.1**	**99.6**
102.6	102.9	102.8	104.0	104.1	103.2	103.3	103.7	101.9	99.9	100.8
104.1	104.6	104.5	103.2	100.6	100.3	99.9	99.2	98.2	98.7	99.1
108.1	108.7	110.0	107.9	107.2	103.9	105.5	105.4	105.7	104.7	103.9
105.1	104.5	104.8	104.1	103.3	101.5	101.7	102.2	101.5	101.1	101.0
104.8	**105.1**	**105.5**	**105.6**	**106.2**	**106.1**	**105.1**	**104.6**	**104.8**	**104.7**	**104.7**
104.8	105.1	105.5	105.6	106.2	106.1	105.1	104.6	104.8	104.7	104.7
106.2	**102.9**	**101.8**	**100.4**	**101.1**	**108.4**	**108.9**	**107.8**	**106.4**	**105.7**	**104.2**
115.0	111.0	110.0	112.8	122.2	125.0	128.6	126.1	124.5	124.6	123.6
106.3	101.8	100.4	97.3	96.9	107.8	108.3	106.8	104.4	104.0	102.1
103.5	102.9	102.6	104.3	105.5	105.0	104.8	104.8	105.5	104.1	103.2
99.8	**99.9**	**99.8**	**99.4**	**99.2**	**99.3**	**99.3**	**99.0**	**98.8**	**98.8**	**98.9**
99.8	99.9	99.8	99.4	99.2	99.3	99.3	99.0	98.8	98.8	98.9
99.8	**99.5**	**98.6**	**99.9**	**101.9**	**102.1**	**101.9**	**101.1**	**101.1**	**101.9**	**101.4**
99.5	99.1	98.1	99.6	101.8	102.0	101.8	100.8	100.8	101.7	101.0
102.1	101.9	101.6	101.9	102.4	102.5	102.4	102.9	103.1	103.3	103.2
131.2	**131.4**	**135.3**	**133.4**	**140.9**	**131.6**	**125.5**	**123.8**	**115.6**	**114.1**	**112.8**
131.5	131.6	135.6	133.7	141.3	132.0	125.8	123.9	115.7	114.4	113.1
114.2	118.2	117.6	119.1	120.4	111.5	110.8	116.3	110.9	100.1	98.4

4-15 续表 2

（上年同期＝100）

类 别	Item	全 年 Annual Year	1 月 January
化学原料和化学制品制造业	**Manufacture of Raw Chemical Materials and Chemical Products**	**111.2**	**124.2**
基础化学原料制造	Basic Chemical Material Manufacturing	125.2	146.0
肥料制造	Fertilizer Manufacture	114.7	118.0
农药制造	Pesticide Manufacturing	106.6	116.3
涂料、油墨、颜料及类似产品制造	Coating, Printing Ink, Pigment and The Similar Products Manufacture	101.4	122.0
合成材料制造	Compounded Material Manufacture	99.1	110.2
专用化学产品制造	Specialized Chemical Product Manufacture	99.2	109.1
日用化学产品制造	Daily Chemical Product Manufacture	104.9	104.3
医药制造业	**Manufacture of Medicines**	**104.2**	**103.1**
化学药品原料药制造	Manufacture of Chemical Raw Material Medicine	108.4	106.4
化学药品制剂制造	Chemical Medicine Agent Manufacture	99.2	97.2
中药饮片加工	Processing of Chinese Herbal Pieces	110.4	107.1
中成药生产	Chines Patent Medicine's Production	104.1	103.3
生物药品制品制造	Manufacturing of Biological Drug Products	101.8	101.2
卫生材料及医药用品制造	Sanitary Materials and Medical Supplies Manufacturing	98.3	97.5
橡胶和塑料制品业	**Manufacture of Rubber and Plastics Products**	**103.6**	**103.1**
橡胶制品业	Rubber Products Industry	111.8	99.3
塑料制品业	Plastic Products Industry	100.8	104.5
非金属矿物制品业	**Manufacture of Non-metallic Mineral Products**	**96.1**	**112.2**
水泥、石灰和石膏制造	Manufacture of Cement, Lime and Gesso	88.2	120.0
石膏、水泥制品及类似制品制造	Manufacture of Gesso, Cement and Similar Products	97.4	111.6
砖瓦、石材等建筑材料制造	Manufacture of Tile and Dimension Stone	97.2	99.0
玻璃制造	Manufacture of Glass	96.2	106.8
玻璃制品制造	Manufacture of Glass Products	106.7	101.6
陶瓷制品制造	Manufacture of Ceramics Products	106.1	107.6
石墨及其他非金属矿物制品制造	Manufacture of Graphite and Other Non-metallic Mineral Products	112.3	110.7
黑色金属冶炼和压延加工业	**Smelting and Pressing of Ferrous Metals**	**92.1**	**106.8**
炼钢	Steelmaking	102.5	114.4
钢压延加工	Steel Rolling Processing	90.2	104.0
铁合金冶炼	Ferroalloy Smelting	98.6	124.3

continued

(preceding year=100)

2 月 February	3 月 March	4 月 April	5 月 May	6 月 June	7 月 July	8 月 August	9 月 September	10 月 October	11 月 November	12 月 December
124.9	**124.3**	**121.7**	**119.1**	**117.6**	**115.9**	**108.1**	**102.2**	**95.3**	**94.7**	**97.4**
149.4	150.8	147.4	143.7	140.5	134.1	117.9	109.2	95.8	98.7	107.7
120.7	121.1	123.0	124.8	126.3	124.8	114.7	108.6	104.0	100.6	98.4
111.1	109.6	107.6	107.0	107.4	106.1	106.6	106.2	104.6	103.0	94.9
121.2	118.5	111.4	107.0	102.8	103.0	96.8	89.5	86.6	84.1	85.1
111.1	106.0	105.7	99.2	102.7	99.3	94.6	94.0	94.0	88.0	88.3
107.9	105.9	103.1	99.7	98.8	100.4	99.4	95.7	92.5	90.3	89.4
104.2	104.7	106.2	106.8	107.0	107.4	105.3	104.2	103.9	103.2	102.1
104.7	**104.7**	**104.9**	**105.2**	**104.4**	**104.2**	**103.7**	**104.4**	**104.2**	**103.4**	**103.1**
110.3	111.0	110.7	115.8	111.7	111.2	109.6	110.0	106.2	101.8	97.0
97.9	97.0	98.9	99.3	99.6	99.7	99.7	99.8	100.4	100.4	100.5
108.4	109.4	109.5	110.2	111.2	111.2	111.1	113.5	113.7	109.3	109.9
104.9	104.7	104.8	104.6	103.8	103.7	103.3	103.9	104.0	103.8	103.9
101.5	103.0	101.7	101.5	101.5	101.5	101.5	102.0	102.1	102.1	101.9
98.4	99.4	100.9	103.1	101.4	98.3	96.2	97.0	96.8	96.1	94.4
104.2	**103.4**	**104.1**	**104.1**	**103.8**	**104.0**	**104.4**	**105.6**	**102.7**	**101.7**	**102.6**
102.1	100.8	105.2	107.8	108.4	111.9	116.8	122.7	122.6	122.6	122.4
104.9	104.4	103.7	102.8	102.2	101.3	100.1	99.6	96.1	94.7	95.9
111.2	**110.7**	**109.3**	**106.1**	**102.8**	**101.9**	**95.8**	**81.1**	**76.3**	**79.4**	**82.2**
115.4	116.0	112.8	109.0	100.7	101.2	84.4	61.4	57.4	64.7	69.8
112.1	110.9	110.0	103.4	101.2	99.7	98.8	85.6	82.1	81.0	82.2
99.5	97.5	97.0	98.3	98.4	96.7	96.9	97.2	94.9	95.5	96.0
105.9	105.2	103.2	101.4	100.4	96.9	93.3	88.1	87.0	84.2	86.7
103.2	107.8	107.5	107.5	107.4	107.5	107.5	107.5	107.6	107.5	107.4
109.7	109.6	108.3	109.6	109.7	106.6	104.9	105.4	102.7	100.9	99.2
111.1	113.1	114.5	116.8	117.3	116.5	114.0	110.6	109.5	107.5	107.0
108.3	**104.3**	**104.4**	**98.2**	**97.2**	**91.7**	**82.4**	**79.9**	**76.4**	**79.1**	**84.2**
116.0	114.5	123.7	115.7	114.7	102.6	91.7	87.1	87.7	85.8	86.3
105.7	101.6	100.8	94.5	94.0	88.7	79.9	78.3	76.3	80.3	83.9
123.5	118.8	118.8	117.1	108.9	107.6	97.1	87.2	67.8	65.6	84.9

4-15 续表 3

（上年同期＝100）

类　别	Item	全　年 Annual Year	1 月 January
有色金属冶炼和压延加工业	**Smelting and Pressing of Non-ferrous Metals**	**106.1**	**119.9**
常用有色金属冶炼	General Non-ferrous Metal Coking	105.5	119.2
稀有稀土金属冶炼	Smelting of Rare and Rare Earth Metals	174.0	211.0
有色金属合金制造	Non-ferrous Metal Alloy Manufacture	102.3	108.5
有色金属压延加工	Non-ferrous Metal Rolling Processing	103.5	118.2
金属制品业	**Manufacture of Metal Products**	**102.5**	**103.1**
结构性金属制品制造	Structural Metal Product	98.9	99.3
集装箱及金属包装容器制造	Manufacturing of Containers and Metal Packaging Containers	118.3	123.8
金属制日用品制造	Manufacture of Metal Commodity	100.0	100.0
锻造及其他金属制品制造	Forging and Other Metal Products Manufacturing	103.8	103.2
通用设备制造业	**Manufacture of General Purpose Machinery**	**100.9**	**103.2**
锅炉及原动设备制造	Boiler and Original Equipment Manufacturing	100.5	102.9
物料搬运设备制造	Manufacture of Material Handling Equipment	101.3	100.9
泵、阀门、压缩机及类似机械制造	Pump, Valve, Compressor and Its Similar Mechanical Manufacture	103.0	107.0
轴承、齿轮和传动部件制造	Bearings, Gears and Transmission Components Manufacturing	99.9	100.6
通用零部件制造	Metal Casting and Forging	102.1	106.9
专用设备制造业	**Manufacture of Special Purpose Machinery**	**100.2**	**100.1**
采矿、冶金、建筑专用设备制造	Mining, Metallurgy, Building Special Equipment Manufacture	99.0	99.2
化工、木材、非金属加工专用设备制造	Chemical Engineering, Timber, Non-Metal Processed Special Equipments Manufacture	98.7	98.1
农、林、牧、渔专用机械制造	Agriculture, Forestry Animal Husbandry and Fishery Specific Machinery Manufacture	102.0	103.1
医疗仪器设备及器械制造	Medical Equipment and Device Manufacturers	107.6	101.1
环保、社会公共安全及其他专用设备制造	Environment Protection, Social Public Security and Other Specific Equipment Manufacturer	104.8	106.8
汽车制造业	**Manufacture of Automobiles**	**99.2**	**99.7**
汽车整车制造	Manufacture of Automobiles	99.7	100.0
汽车用发动机制造	Automobile Engine Manufacturing	100.7	99.4
改装汽车制造	Manufacture of Automobile Making	102.9	107.7
汽车零部件及配件制造	Manufacture of Auto Parts and Accessories	98.2	98.8

continued

(preceding year=100)

2 月 February	3 月 March	4 月 April	5 月 May	6 月 June	7 月 July	8 月 August	9 月 September	10 月 October	11 月 November	12 月 December
121.1	**118.1**	**117.1**	**110.4**	**110.0**	**103.2**	**102.0**	**98.1**	**92.0**	**93.0**	**96.1**
119.5	115.8	116.4	110.3	109.8	102.4	102.4	99.1	92.0	91.6	94.9
200.2	212.0	194.0	200.6	202.5	200.3	179.2	157.2	148.7	128.4	122.2
109.8	109.9	107.5	105.7	102.3	100.2	99.5	97.4	96.8	94.3	98.6
122.7	120.6	115.1	105.2	105.6	99.1	95.2	90.9	86.8	94.2	97.4
102.9	**102.9**	**102.9**	**103.8**	**104.7**	**103.9**	**102.2**	**101.4**	**100.4**	**99.9**	**102.1**
98.8	98.7	98.5	99.6	100.5	100.2	98.6	98.0	97.0	97.1	101.2
121.9	123.0	126.9	126.9	131.3	121.9	116.4	111.3	109.2	107.7	106.6
101.0	100.8	100.3	102.4	100.9	100.3	99.3	98.5	98.7	98.5	98.7
103.9	104.0	102.6	103.1	103.0	104.9	104.9	105.5	104.7	103.4	102.9
102.6	**102.2**	**101.9**	**101.1**	**99.6**	**100.1**	**100.1**	**99.7**	**99.7**	**99.9**	**100.3**
102.0	101.5	101.5	101.1	99.3	100.1	100.0	99.3	99.3	99.5	100.3
101.9	101.8	101.7	101.1	101.3	100.6	100.7	100.8	101.6	101.6	101.4
104.5	103.5	103.8	101.6	101.6	102.8	101.5	101.7	101.5	103.4	102.8
100.3	100.4	100.4	99.5	99.0	99.0	99.4	100.1	99.8	99.9	99.9
107.6	107.3	104.3	101.2	99.5	99.4	100.5	100.4	100.0	100.1	99.3
100.5	**100.2**	**100.4**	**100.1**	**100.4**	**100.2**	**100.5**	**99.9**	**100.3**	**99.9**	**99.9**
99.7	99.3	99.7	99.0	99.2	99.1	99.1	98.4	98.4	98.7	98.6
98.3	98.8	98.8	99.6	98.6	98.5	98.9	98.9	99.1	98.6	98.8
102.7	102.5	102.0	101.9	101.9	102.7	101.6	102.6	102.0	100.5	100.4
101.5	99.4	100.1	102.7	104.8	104.8	110.3	111.0	119.7	118.1	118.0
106.8	106.8	106.0	105.5	106.8	105.7	105.7	104.8	103.5	100.0	100.0
99.8	**99.0**	**99.2**	**98.9**	**99.3**	**99.3**	**98.9**	**98.8**	**98.8**	**99.1**	**99.3**
100.6	99.9	100.1	99.6	99.3	99.4	99.3	99.3	99.3	99.3	99.8
99.8	99.8	98.5	101.4	101.4	101.4	101.4	101.4	101.4	101.4	101.4
105.2	104.2	104.2	104.1	103.9	105.0	103.4	102.9	102.3	96.1	96.2
98.3	97.3	97.5	97.4	98.9	98.9	98.0	97.7	97.6	98.9	98.7

4-15 续表 4

（上年同期=100）

类 别	Item	全 年 Annual Year	1 月 January
铁路、船舶、航空航天和其他运输设备制造业	**Manufacture of Railway, Ship, Aerospace and Other Transport Equipments**	**98.2**	**98.5**
城市轨道交通设备制造	Manufacturing of Urban Rail Transit Equipment	93.3	92.9
助动车制造	Moped manufacturing	103.6	104.7
电气机械和器材制造业	**Manufacture of Electrical Machinery and Apparatus**	**101.6**	**108.5**
电机制造	Manufacture of Motor	101.4	103.7
输配电及控制设备制造	Electricity Mixed and Control Equipments Manufacture	100.2	101.4
电线、电缆、光缆及电工器材制造	Manufacture of Wire, Cable, Optical Cable and Electrical Equipment	100.1	112.6
电池制造	Manufacture of Battery	107.4	111.5
计算机、通信和其他电子设备制造业	**Manufacture of Computers, Communication and Other Electronic Equipment**	**98.9**	**100.5**
计算机制造	Manufacture of Computers	95.5	98.6
通信设备制造	Manufacture of Communication Equipment	94.3	98.4
非专业视听设备制造	Non Professional Audio-visual Equipment Manufacturing	109.9	108.5
电子器件制造	Manufacture of Electronic Device	99.6	105.4
电子元件及电子专用材料制造	Manufacture of Electronic Components and Special Materials	100.3	100.3
其他电子设备制造	Manufacture of Other Electronic Equipment	99.2	97.2
仪器仪表制造业	**Manufacture of Measuring Instruments and Machinery**	**103.5**	**102.7**
通用仪器仪表制造	Manufacture of General Instrument	102.4	102.0
钟表与计时仪器制造	Manufacture of Timepiece and Time Keeping Instrument	105.5	103.9
废弃资源综合利用业	**Utilization of Waste Resources**	**100.2**	**114.5**
金属废料和碎屑加工处理	Metal Waste and Scrap Processing	99.9	115.3
非金属废料和碎屑加工处理	Processing and Disposal of Non-metallic Wastes and Debris	104.3	104.2
电力、热力生产和供应业	**Production and Supply of Electric Power and Heat Power**	**105.2**	**107.6**
电力生产	Electric Power Production	111.3	119.5
电力供应	Electric Power Supply	101.5	101.1
热力生产和供应	Thermal Production and Supply	131.6	107.3
燃气生产和供应业	**Production and Supply of Gas**	**122.3**	**121.8**
燃气生产和供应业	Gas production and supply industry	122.3	121.8
水的生产和供应业	**Production and Supply of Water**	**99.9**	**100.0**
自来水的生产和供应	Tapping-water Production and Supply	99.9	100.0

continued

（preceding year=100）

2 月 February	3 月 March	4 月 April	5 月 May	6 月 June	7 月 July	8 月 August	9 月 September	10 月 October	11 月 November	12 月 December
98.4	**99.3**	**98.2**	**98.3**	**98.4**	**98.1**	**98.0**	**96.8**	**97.3**	**98.9**	**98.5**
92.9	92.9	92.9	92.9	92.9	92.9	92.9	92.9	92.9	95.1	95.1
104.5	106.3	103.9	104.2	104.3	103.6	103.4	101.0	102.1	102.9	102.1
105.9	**104.8**	**102.9**	**101.9**	**101.9**	**100.9**	**99.4**	**99.0**	**97.8**	**98.2**	**99.7**
104.1	103.6	102.3	102.0	101.4	100.6	99.7	99.6	100.1	100.0	99.8
101.1	101.7	101.4	101.6	98.5	99.5	99.3	99.1	99.6	100.0	99.0
108.5	103.9	100.3	99.4	101.3	98.3	95.8	96.9	94.3	93.6	98.5
107.9	111.8	112.4	108.1	108.9	109.6	107.5	102.7	102.2	104.2	103.1
100.9	**100.6**	**101.1**	**100.1**	**98.5**	**97.3**	**97.2**	**97.4**	**97.2**	**97.3**	**98.8**
99.1	96.8	96.6	95.2	93.0	92.7	92.6	94.1	93.2	96.2	98.0
98.4	95.2	94.5	94.5	93.3	95.8	93.0	93.6	93.5	91.2	89.6
110.1	111.6	109.6	112.7	112.6	110.2	109.2	109.2	107.9	108.5	108.5
105.7	106.1	105.6	105.2	99.5	97.6	96.5	96.1	93.6	92.3	94.0
100.8	101.8	103.3	101.4	100.9	98.6	99.5	98.6	98.8	98.5	100.6
96.5	97.9	99.1	100.4	98.6	97.9	97.5	99.9	104.1	100.5	101.0
103.3	**103.3**	**103.3**	**103.3**	**103.3**	**104.0**	**104.1**	**104.1**	**104.1**	**103.4**	**103.4**
102.0	102.0	102.0	102.0	102.0	103.0	103.2	103.2	103.2	102.1	102.1
105.6	105.6	105.6	105.6	105.6	105.6	105.6	105.6	105.6	105.6	105.6
112.3	**113.7**	**110.3**	**106.5**	**102.4**	**96.8**	**94.5**	**91.2**	**88.6**	**89.0**	**88.4**
112.9	114.5	110.9	106.6	102.0	95.9	93.5	90.1	87.4	87.9	87.6
104.2	104.2	103.3	105.3	107.2	108.0	106.3	105.0	103.4	101.9	98.9
106.8	**104.8**	**102.1**	**101.2**	**103.1**	**106.0**	**104.2**	**107.6**	**108.2**	**105.9**	**105.2**
114.7	115.5	114.8	113.1	114.8	112.5	112.4	111.7	108.4	101.8	99.4
102.3	98.6	94.7	94.4	96.3	102.1	99.3	105.0	107.8	108.0	108.5
122.1	126.0	143.7	136.4	133.6	135.2	132.8	129.8	136.0	138.0	137.1
118.0	**122.8**	**129.9**	**134.9**	**132.3**	**130.0**	**126.5**	**126.0**	**118.2**	**110.4**	**103.4**
118.0	122.8	129.9	134.9	132.3	130.0	126.5	126.0	118.2	110.4	103.4
100.0	**100.3**	**100.2**	**99.9**	**99.9**	**99.9**	**99.9**	**99.8**	**99.9**	**99.9**	**99.9**
100.0	100.3	100.2	99.9	99.9	99.9	99.9	99.8	99.9	99.9	99.9

4-16 分月工业生产者出厂价格环比指数（2022年）

（上月=100）

类 别	Item	全 年 Annual Year	1 月 January	2 月 February	3 月 March
总指数	**General Index**	**97.7**	**99.3**	**100.9**	**100.9**
# 轻工业	# Light Industry	104.5	100.5	101.0	101.3
以农产品为原料	Using Farm Produces as Raw Materials	105.4	100.4	101.2	101.5
以非农产品为原料	Using Non-farm Produces as Raw Materials	101.3	100.8	100.3	100.6
重工业	Heavy Industry	96.0	99.0	100.9	100.8
采掘	Mining and Quarrying	100.9	99.1	101.1	102.8
原材料	Raw Material	101.1	100.0	101.8	102.0
加工	Processing	92.4	98.3	100.2	99.9
# 生产资料	# Means of Production	96.5	99.0	100.9	101.0
采掘	Mining and Quarrying	100.9	99.1	101.1	102.8
原材料	Raw Material	101.3	100.0	101.8	102.0
加工	Processing	93.3	98.4	100.3	100.2
生活资料	Consumer Goods	102.8	100.4	100.9	100.8
食品	Food	104.2	100.6	101.2	101.7
衣着	Clothing	105.4	100.3	100.3	99.5
一般日用品	Articles for Daily Use	101.3	100.4	100.4	100.1
耐用消费品	Durable Consumers' Goods	100.6	100.2	100.7	99.5
按工业部门分	**Grouped by Department of Industry**				
冶金工业	Metallurgical Industry	89.7	98.2	101.8	101.2
电力工业	Power Industry	105.2	100.9	100.7	98.1
煤炭及炼焦工业	Coal and Coking Industry	87.7	93.6	93.0	99.9
石油工业	Petroleum Industry	112.4	102.2	105.5	109.1
化学工业	Chemical Industry	99.0	100.2	101.1	101.7
机械工业	Machine Manufacturing Industry	99.4	100.1	100.1	99.7
建筑材料工业	Building Materials Industry	81.7	93.4	97.6	99.1
森林工业	Timber Industry	99.8	100.0	100.1	100.7
食品工业	Food Industry	106.1	100.5	101.5	101.9
纺织工业	Textile Industry	99.9	99.9	99.9	99.8
缝纫工业	Tailoring Industry	106.2	100.4	100.5	99.2
皮革工业	Leather Industry	103.6	100.1	99.8	100.1
造纸工业	Paper Industry	104.2	101.0	101.1	100.3
文教艺术用品工业	Cultural, Educational and Handicraft Articles	100.0	100.1	100.4	100.1
其他工业	Other Industry	102.2	99.6	99.9	100.9

Producer Price Chain Indices for Industrial Products by Month（2022）

（preceding month=100）

4 月 April	5 月 May	6 月 June	7 月 July	8 月 August	9 月 September	10 月 October	11 月 November	12 月 December
100.6	**99.6**	**99.7**	**98.1**	**98.4**	**99.9**	**100.4**	**100.3**	**99.6**
100.4	100.3	100.6	100.0	99.5	100.1	101.0	100.5	99.2
100.4	100.1	100.7	99.9	99.9	100.3	101.2	100.6	99.0
100.4	100.7	100.4	100.1	98.3	99.6	100.1	100.2	99.8
100.6	99.4	99.5	97.7	98.1	99.8	100.3	100.2	99.7
101.8	99.5	100.9	100.1	98.5	97.7	99.6	99.8	100.1
100.6	99.6	101.3	97.8	97.8	100.3	100.0	100.8	99.0
100.5	99.2	98.1	97.5	98.4	99.5	100.5	99.7	100.3
100.7	99.4	99.6	97.8	98.1	99.8	100.4	100.3	99.7
101.8	99.5	100.9	100.1	98.5	97.7	99.6	99.8	100.1
100.7	99.7	101.4	97.8	97.7	100.3	100.1	100.9	99.0
100.6	99.2	98.3	97.6	98.3	99.6	100.6	99.8	100.2
100.1	100.3	100.3	99.7	99.9	100.1	100.7	100.2	99.3
100.1	100.5	100.5	99.5	99.9	100.3	101.1	100.3	98.6
100.7	100.3	100.2	100.0	99.9	99.1	102.3	101.7	101.0
100.1	100.5	100.2	100.1	99.8	99.9	100.4	99.9	99.4
100.1	99.8	99.9	100.0	99.9	100.0	100.0	100.0	100.5
101.6	99.4	97.3	94.0	97.1	99.1	99.8	99.4	100.4
97.1	99.1	101.9	102.9	98.5	103.3	101.8	100.6	100.5
99.9	102.5	98.5	100.6	101.2	99.8	100.7	99.2	98.4
103.1	100.6	107.9	97.2	94.4	98.1	97.7	103.1	94.1
101.5	100.3	100.5	99.2	96.7	98.9	100.4	99.3	99.3
100.3	99.8	100.1	99.6	99.8	99.7	99.8	100.0	100.3
99.6	96.5	95.3	96.4	97.7	99.9	103.9	101.0	99.9
100.2	99.9	98.8	99.2	100.1	100.2	100.4	100.0	100.3
100.4	100.4	100.5	99.8	99.9	100.4	101.3	100.5	98.9
100.1	94.6	100.8	101.1	100.5	101.8	101.4	100.2	99.9
100.9	99.7	100.0	99.4	99.1	100.0	102.9	102.3	101.7
100.5	101.7	100.6	101.2	101.6	97.3	100.9	100.4	99.4
100.7	100.4	102.2	100.6	99.2	99.8	100.0	99.8	99.1
99.9	100.1	99.7	100.1	99.7	99.9	99.9	100.0	100.0
100.8	101.4	100.7	99.0	99.6	99.9	100.7	100.7	99.0

4-17 分行业工业生产者出厂价格环比指数（2022年）

（上月=100）

类 别	Item	全 年 Annual Year	1 月 January
煤炭开采和洗选业	**Mining and Washing of Coal**	**87.7**	**93.6**
烟煤和无烟煤开采洗选	Mining and Washing of Bituminous and Anthracite	87.7	93.6
石油和天然气开采业	**Extraction of Petroleum and Natural Gas**	**123.4**	**91.2**
石油开采	Extraction of Petroleum	123.4	91.2
黑色金属矿采选业	**Mining and Processing of Ferrous Metal Ores**	**98.2**	**98.7**
锰矿、铬矿采选	Manganese Ore, Chrome Ore by Mining and Beneficiation	98.2	98.7
有色金属矿采选业	**Mining and Processing of Non-Ferrous Metal Ores**	**105.9**	**99.7**
常用有色金属矿采选	Mining and Processing of Common Non-Ferrous Metal Ores	105.9	99.7
非金属矿采选业	**Mining and Processing of Non-Metal Ores**	**96.9**	**101.1**
土砂石开采	Extraction of Soil Gravel	96.9	101.1
农副食品加工业	**Processing of Food from Agricultural Products**	**108.1**	**100.5**
谷物磨制	Corn Whetted	98.3	99.7
饲料加工	Forage Processed	113.1	100.1
植物油加工	Planting-Oil Processed	114.7	102.3
制糖业	Sugar Industry	98.5	100.0
屠宰及肉类加工	Slaughtered Meta and Meat Processes	103.8	96.3
水产品加工	Fishery Product Processed	102.9	100.1
蔬菜、水果和坚果加工	Vegetables, Fruits and Nuts Processing	93.2	98.8
其他农副食品加工	Other Farm and Side-line Food Processed	109.8	101.6
食品制造业	**Manufacture of Foods**	**103.7**	**99.8**
焙烤食品制造	Baked Food Manufacturing	101.7	100.4
糖果、巧克力及蜜饯制造	Candy, Chocolate and Candied Fruit Production	99.8	100.7
方便食品制造	Convenient Food Manufacturing	99.0	101.0
乳制品制造	Dairy Products Manufacturing	104.9	100.0
罐头食品制造	Canned Food Manufacturing	100.6	99.3
调味品、发酵制品制造	Condiment, Ferment Product Manufacturing	105.9	98.1
其他食品制造	Other Food Manufacturing	105.4	100.0
酒、饮料和精制茶制造业	**Manufacture of Liquor, Beverages and Refined Tea**	**102.3**	**100.2**
酒的制造	Manufacture of Wine	101.2	100.0
饮料制造	Beverage Manufacturing	103.5	101.4
精制茶加工	Refined-tea Process	102.3	98.6

Producer Price Chain Indices for Industrial Products by Industry（2022）

（preceding month=100）

2 月 February	3 月 March	4 月 April	5 月 May	6 月 June	7 月 July	8 月 August	9 月 September	10 月 October	11 月 November	12 月 December
93.0	**99.9**	**99.9**	**102.5**	**98.5**	**100.6**	**101.2**	**99.8**	**100.7**	**99.2**	**98.4**
93.0	99.9	99.9	102.5	98.5	100.6	101.2	99.8	100.7	99.2	98.4
116.4	**112.3**	**121.8**	**88.3**	**112.2**	**110.4**	**91.2**	**88.2**	**93.0**	**106.9**	**97.2**
116.4	112.3	121.8	88.3	112.2	110.4	91.2	88.2	93.0	106.9	97.2
100.6	**113.5**	**100.1**	**99.3**	**102.0**	**96.9**	**91.5**	**97.5**	**99.1**	**97.7**	**102.8**
100.6	113.5	100.1	99.3	102.0	96.9	91.5	97.5	99.1	97.7	102.8
102.0	**99.8**	**103.7**	**100.9**	**98.5**	**99.6**	**103.5**	**97.9**	**101.1**	**99.7**	**99.5**
102.0	99.8	103.7	100.9	98.5	99.6	103.5	97.9	101.1	99.7	99.5
100.2	**98.7**	**97.7**	**100.1**	**100.7**	**100.1**	**99.3**	**99.5**	**99.7**	**99.9**	**100.1**
100.2	98.7	97.7	100.1	100.7	100.1	99.3	99.5	99.7	99.9	100.1
101.8	**102.6**	**100.6**	**100.4**	**100.6**	**99.7**	**99.9**	**100.5**	**102.0**	**100.8**	**98.6**
99.2	99.6	100.0	98.8	100.5	99.6	100.0	99.9	100.7	100.3	100.0
102.4	102.3	101.4	99.9	100.5	101.1	100.1	100.7	102.1	101.3	100.5
104.0	107.0	100.5	101.0	100.9	96.4	100.1	101.0	104.0	100.6	96.5
100.0	100.0	99.9	100.2	100.3	100.0	99.5	99.4	99.1	99.8	100.3
97.9	96.6	100.5	103.3	100.9	107.7	100.5	101.3	104.8	104.7	90.5
100.0	100.7	99.8	99.0	100.9	100.4	99.1	101.3	101.4	99.8	100.5
100.2	99.0	99.2	99.9	98.9	97.9	99.3	100.2	100.0	100.0	99.5
103.1	102.3	100.3	101.2	100.9	100.4	99.9	100.3	100.2	100.0	99.4
100.7	**100.8**	**101.7**	**101.1**	**100.7**	**100.6**	**97.3**	**100.1**	**100.2**	**100.2**	**100.4**
100.0	101.1	101.2	100.0	100.0	100.4	98.8	100.0	100.2	100.1	99.5
100.3	100.0	99.8	100.2	100.0	99.8	99.5	100.1	99.7	100.0	99.7
100.2	100.3	98.0	101.4	101.6	100.0	100.0	99.9	99.1	97.6	99.9
100.0	100.3	103.0	100.0	99.6	100.1	100.7	101.1	100.0	100.0	100.0
101.4	99.1	100.3	100.0	99.5	100.7	99.8	100.4	102.4	99.3	98.5
103.2	101.1	99.2	100.6	100.6	100.8	99.9	100.3	100.3	100.8	100.8
99.9	101.3	105.2	102.3	101.4	101.1	91.9	99.7	100.5	101.3	101.3
100.8	**100.9**	**100.4**	**100.8**	**100.7**	**100.0**	**100.1**	**99.5**	**99.6**	**100.1**	**99.0**
101.1	101.9	101.3	100.9	100.5	99.9	100.0	99.0	99.3	100.2	97.3
100.9	100.4	99.6	99.7	101.3	100.2	100.3	99.9	99.9	99.8	100.2
100.1	99.9	100.0	102.5	100.0	100.0	100.0	100.0	100.0	100.6	100.6

4-17 续表 1

（上月=100）

类 别	Item	全 年 Annual Year	1 月 January
烟草制品业	**Manufacture of Tobacco**	**100.0**	**100.0**
卷烟制造	Cigarette Manufacturing	100.0	100.0
纺织业	**Manufacture of Textile**	**99.9**	**99.9**
棉纺织及印染精加工	Cotton and Textile Printing and Dyeing Finishing	100.3	98.5
麻纺织及染整精加工	Finishing of Linen Textile and Dyeing and Finishing	98.9	99.5
丝绢纺织及印染精加工	Silk and Textile Printing and Dyeing Finishing	99.9	100.3
纺织服装、服饰业	**Manufacture of Textile, Wearing Apparel and Accessories**	**106.2**	**100.4**
机织服装制造	Manufacture of Woven Garment	106.2	100.4
皮革、毛皮、羽毛及其制品和制鞋业	**Manufacture of Leather, Fur, Feather and Related Products and Footware**	**98.6**	**100.9**
羽毛（绒）加工及制品制造	Feather Processing and Its Products Manufacturing	95.1	101.5
制鞋业	Shoemaking Industry	103.6	100.1
木材加工和木、竹、藤、棕、草制品业	**Processing of Timber, Manufacture of Wood, Bamboo, Rattan, Palm and Straw Products**	**99.6**	**99.9**
木材加工	Manufacture of Wood	100.8	101.6
人造板制造	Artificial Plank Manufacturing	99.1	99.5
木制品制造	Timber Product Manufacturing	103.9	101.1
竹、藤、棕、草等制品制造	Bamboo, Ratten, Palm and Grass Product Manufacturing	101.0	99.7
家具制造业	**Manufacture of Furniture**	**104.7**	**102.6**
木质家具制造	Manufacture of Wooden Furniture	104.7	102.6
造纸和纸制品业	**Manufacture of Paper and Paper Products**	**104.2**	**101.0**
纸浆制造	Paper Pulp Manufacturing	123.6	100.8
造纸	Paper Making	102.1	101.3
纸制品制造	Paper Products Manufacturing	103.2	100.2
印刷和记录媒介的复制	**Printing and Reproduction of Recording Media**	**98.9**	**100.0**
印刷	Painting	98.9	100.0
文教、工美、体育和娱乐用品制造业	**Manufacturing of Culture and Education, Arts and Crafts, Sporting and Entertainment Goods**	**101.4**	**100.1**
工艺美术及礼仪用品制造	Arts and Crafts and Etiquette Supplies Manufacturing	101.0	100.1
玩具制造	Manufacture of Toys	103.2	100.2
石油、煤炭及其他燃料加工业	**Petroleum, Coal & Other Fuel Processing Industry**	**112.8**	**102.7**
精炼石油产品制造	Refined Coking Petroleum Manufacturing	113.1	102.7
生物质燃料加工	Biomass Fuel Processing	98.4	101.8

continued

（preceding month=100）

2 月 February	3 月 March	4 月 April	5 月 May	6 月 June	7 月 July	8 月 August	9 月 September	10 月 October	11 月 November	12 月 December
100.0	**100.0**	**100.0**	**100.0**	**100.0**	**100.0**	**100.0**	**100.0**	**100.0**	**100.0**	**100.0**
100.0	100.0	100.0	100.0	100.0	100.0	100.0	100.0	100.0	100.0	100.0
99.9	**99.8**	**100.1**	**94.6**	**100.8**	**101.1**	**100.5**	**101.8**	**101.4**	**100.2**	**99.9**
99.0	101.2	103.5	100.8	99.5	99.1	98.6	101.4	99.6	98.6	100.7
100.1	99.9	100.4	100.1	99.7	99.2	100.8	100.2	100.1	99.0	99.9
100.2	99.5	99.1	92.5	101.3	101.8	101.0	102.1	102.1	100.8	99.7
100.5	**99.2**	**100.9**	**99.7**	**100.0**	**99.4**	**99.1**	**100.0**	**102.9**	**102.3**	**101.7**
100.5	99.2	100.9	99.7	100.0	99.4	99.1	100.0	102.9	102.3	101.7
99.0	**98.8**	**98.5**	**101.4**	**101.0**	**100.5**	**99.7**	**98.2**	**100.4**	**103.0**	**97.3**
98.5	97.8	97.1	101.1	101.4	100.0	98.2	98.9	100.1	105.0	95.7
99.8	100.1	100.5	101.7	100.6	101.2	101.6	97.3	100.9	100.4	99.4
100.1	**100.7**	**100.2**	**99.9**	**98.8**	**99.2**	**100.1**	**100.2**	**100.4**	**100.0**	**100.3**
100.4	100.7	100.1	100.4	99.6	99.1	100.2	100.4	99.5	98.2	100.5
100.0	100.7	100.1	99.8	98.5	99.2	100.0	100.1	100.6	100.4	100.3
99.8	99.4	101.0	100.6	101.0	99.1	102.3	100.0	100.4	99.4	99.8
99.9	100.3	100.4	99.6	99.5	100.7	100.4	101.2	100.5	100.2	98.8
101.2	**100.2**	**100.1**	**100.0**	**100.0**	**100.0**	**100.0**	**99.9**	**100.0**	**100.7**	**100.0**
101.2	100.2	100.1	100.0	100.0	100.0	100.0	99.9	100.0	100.7	100.0
101.1	**100.3**	**100.7**	**100.4**	**102.2**	**100.6**	**99.2**	**99.8**	**100.0**	**99.8**	**99.1**
99.7	101.4	101.2	102.1	108.1	103.8	102.9	100.2	100.8	100.7	100.0
101.9	100.3	100.9	99.8	102.0	100.5	98.3	99.6	99.1	99.6	98.8
100.1	99.9	100.2	101.0	100.7	99.7	99.9	100.2	101.5	100.1	99.6
100.1	**100.2**	**99.8**	**100.0**	**99.6**	**100.2**	**99.6**	**99.7**	**99.8**	**100.0**	**100.0**
100.1	100.2	99.8	100.0	99.6	100.2	99.6	99.7	99.8	100.0	100.0
100.1	**99.7**	**100.0**	**101.0**	**100.1**	**100.6**	**99.8**	**99.6**	**100.5**	**100.5**	**99.2**
99.9	99.7	100.0	101.1	100.1	100.7	99.8	99.4	100.6	100.6	99.1
101.3	100.0	100.0	100.5	100.2	100.1	100.1	100.5	100.3	100.2	100.0
105.8	**109.6**	**102.7**	**100.9**	**108.6**	**96.7**	**94.2**	**98.2**	**97.7**	**103.1**	**93.6**
106.0	109.6	102.7	100.9	108.6	96.9	94.1	98.0	97.7	103.3	93.5
95.0	107.3	105.4	104.5	105.9	86.8	100.2	105.1	95.7	93.5	99.3

4-17 续表 2

（上月=100）

类 别	Item	全 年 Annual Year	1 月 January
化学原料和化学制品制造业	**Manufacture of Raw Chemical Materials and Chemical Products**	**97.4**	**100.2**
基础化学原料制造	Basic Chemical Material Manufacturing	107.7	100.8
肥料制造	Fertilizer Manufacture	98.4	97.6
农药制造	Pesticide Manufacturing	94.9	101.9
涂料、油墨、颜料及类似产品制造	Coating, Printing Ink, Pigment and The Similar Products Manufacture	85.1	100.2
合成材料制造	Compounded Material Manufacture	88.3	98.2
专用化学产品制造	Specialized Chemical Product Manufacture	89.4	101.2
日用化学产品制造	Daily Chemical Product Manufacture	102.1	99.9
医药制造业	**Manufacture of Medicines**	**103.1**	**102.4**
化学药品原料药制造	Manufacture of Chemical Raw Material Medicine	97.0	104.8
化学药品制剂制造	Chemical Medicine Agent Manufacture	100.5	100.0
中药饮片加工	Processing of Chinese herbal Pieces	109.9	105.0
中成药生产	Chines Patent Medicine's Production	103.9	102.4
生物药品制品制造	Manufacturing of Biological Drug Products	101.9	100.0
卫生材料及医药用品制造	Sanitary Materials and Medical Supplies Manufacturing	94.4	99.4
橡胶和塑料制品业	**Manufacture of Rubber and Plastics Products**	**102.6**	**98.5**
橡胶制品业	Rubber Products Industry	122.4	99.9
塑料制品业	Plastic Products Industry	95.9	98.1
非金属矿物制品业	**Manufacture of Non-metallic Mineral Products**	**82.2**	**93.1**
水泥、石灰和石膏制造	Manufacture of Cement, Lime and Gesso	69.8	84.2
石膏、水泥制品及类似制品制造	Manufacture of Gesso, Cement and Similar Products	82.2	97.7
砖瓦、石材等建筑材料制造	Manufacture of Tile and Dimension Stone	96.0	100.1
玻璃制造	Manufacture of Glass	86.7	98.2
玻璃制品制造	Manufacture of Glass Products	107.4	101.8
陶瓷制品制造	Manufacture of Ceramics Products	99.2	100.3
石墨及其他非金属矿物制品制造	Manufacture of Graphite and Other Non-metallic Mineral Products	107.0	96.8
黑色金属冶炼和压延加工业	**Smelting and Pressing of Ferrous Metals**	**84.2**	**96.9**
炼钢	Steelmaking	86.3	91.4
钢压延加工	Steel Rolling Processing	83.9	97.3
铁合金冶炼	Ferroalloy Smelting	84.9	100.6

continued

(preceding month=100)

2 月 February	3 月 March	4 月 April	5 月 May	6 月 June	7 月 July	8 月 August	9 月 September	10 月 October	11 月 November	12 月 December
101.3	**102.3**	**101.3**	**99.9**	**100.5**	**98.8**	**96.0**	**98.3**	**100.7**	**99.1**	**99.1**
103.7	106.2	102.5	100.6	101.3	98.4	94.1	98.9	103.0	100.2	98.3
102.4	100.9	102.5	101.5	101.6	100.6	100.5	97.5	99.2	94.3	100.2
95.9	98.8	98.7	100.1	100.5	100.4	100.6	99.2	99.2	99.8	99.8
100.4	100.1	100.4	99.6	99.9	99.0	91.8	96.0	98.1	99.4	99.4
98.6	100.5	102.5	99.4	100.9	95.5	95.3	99.2	100.6	99.6	97.7
99.8	100.2	99.4	97.3	98.8	97.8	96.7	98.4	100.0	99.9	99.5
100.0	100.0	100.8	101.3	100.0	100.2	100.3	100.0	99.8	99.8	100.0
101.6	**100.0**	**100.1**	**100.3**	**100.0**	**99.9**	**99.4**	**100.3**	**100.1**	**99.6**	**99.6**
103.5	100.7	100.5	102.6	98.3	100.6	97.2	98.8	100.3	95.9	94.4
100.0	99.2	99.9	100.4	100.2	100.1	100.0	100.1	100.5	100.1	100.0
101.3	100.9	100.6	101.3	99.9	100.0	99.8	101.3	100.1	99.0	100.4
101.6	99.8	100.1	99.8	100.2	99.9	99.6	100.4	100.0	100.0	100.0
100.3	101.4	100.1	100.0	100.0	100.0	100.0	100.0	100.1	100.1	99.8
101.2	100.0	98.8	102.2	98.4	97.0	97.9	100.8	99.8	99.2	99.6
100.8	**100.2**	**101.6**	**100.0**	**100.3**	**99.7**	**100.8**	**101.0**	**100.0**	**99.9**	**99.9**
103.0	99.5	103.0	102.8	100.6	102.1	105.3	104.7	99.9	99.6	100.0
100.0	100.5	101.0	99.0	100.1	98.7	99.1	99.5	100.0	100.0	99.8
97.7	**99.3**	**100.0**	**96.6**	**95.3**	**96.3**	**97.7**	**100.0**	**104.2**	**101.1**	**99.8**
93.5	100.3	101.7	94.0	88.3	92.2	94.1	101.0	114.3	104.7	99.7
99.4	98.1	98.3	95.0	97.7	97.8	98.8	99.0	100.2	98.6	100.1
99.5	98.8	99.6	100.8	99.5	98.2	99.9	100.3	99.0	100.4	99.9
98.9	99.4	98.2	98.8	99.3	99.0	99.7	96.8	100.1	97.3	100.3
101.2	104.2	100.0	100.0	100.0	100.0	100.0	100.0	100.0	100.0	100.0
101.6	99.0	99.6	101.6	99.7	98.2	99.4	101.1	99.8	99.6	99.3
101.1	102.1	103.1	102.3	100.5	98.9	99.5	99.6	102.6	101.0	99.5
102.1	**100.5**	**102.3**	**99.5**	**95.9**	**93.6**	**94.5**	**98.8**	**100.2**	**99.1**	**100.1**
105.5	99.8	107.8	97.7	98.6	91.6	91.1	99.7	99.3	104.7	99.8
101.8	101.0	102.1	99.8	95.4	93.4	94.9	98.9	100.2	98.1	100.1
101.3	97.0	98.1	99.0	96.3	97.8	95.5	96.9	100.6	100.6	100.3

4-17 续表 3

（上月=100）

类 别	Item	全 年 Annual Year	1 月 January
有色金属冶炼和压延加工业	**Smelting and Pressing of Non-ferrous Metals**	**96.1**	**99.5**
常用有色金属冶炼	General Non-ferrous Metal Coking	94.9	98.2
稀有稀土金属冶炼	Smelting of Rare and Rare Earth Metals	122.2	106.4
有色金属合金制造	Non-ferrous Metal Alloy Manufacture	98.6	100.1
有色金属压延加工	Non-ferrous Metal Rolling Processing	97.4	103.2
金属制品业	**Manufacture of Metal Products**	**102.1**	**99.9**
结构性金属制品制造	Structural Metal Product	101.2	100.0
集装箱及金属包装容器制造	Manufacturing of Containers and Metal Packaging Containers	106.6	100.0
金属制日用品制造	Manufacture of Metal Commodity	98.7	98.4
锻造及其他金属制品制造	Forging and Other Metal Products Manufacturing	102.9	99.9
通用设备制造业	**Manufacture of General Purpose Machinery**	**100.3**	**100.1**
锅炉及原动设备制造	Boiler and Original Equipment Manufacturing	100.3	100.0
物料搬运设备制造	Manufacture of Material Handling Equipment	101.4	100.6
泵、阀门、压缩机及类似机械制造	Pump, Valve, Compressor and Its Similar Mechanical Manufacture	102.8	103.0
轴承、齿轮和传动部件制造	Bearings, Gears and Transmission Components Manufacturing	99.9	99.8
通用零部件制造	Metal Casting and Forging	99.3	99.5
专用设备制造业	**Manufacture of Special Purpose Machinery**	**99.9**	**99.9**
采矿、冶金、建筑专用设备制造	Mining, Metallurgy, Building Special Equipment Manufacture	98.6	100.0
化工、木材、非金属加工专用设备制造	Chemical Engineering, Timber, Non-Metal Processed Special Equipments Manufacture	98.8	98.8
农、林、牧、渔专用机械制造	Agriculture, Forestry Animal Husbandry and Fishery Specific Machinery Manufacture	100.4	100.5
医疗仪器设备及器械制造	Medical Equipment and Device Manufacturers	118.0	100.3
环保、社会公共安全及其他专用设备制造	Environment Protection, Social Public Security and Other Specific Equipment Manufacturer	100.0	100.0
汽车制造业	**Manufacture of Automobiles**	**99.3**	**100.1**
汽车整车制造	Manufacture of Automobiles	99.8	100.0
汽车用发动机制造	Automobile Engine Manufacturing	101.4	102.2
改装汽车制造	Manufacture of Automobile Making	96.2	100.0
汽车零部件及配件制造	Manufacture of Auto Parts and Accessories	98.7	100.2

continued

(preceding month=100)

2 月 February	3 月 March	4 月 April	5 月 May	6 月 June	7 月 July	8 月 August	9 月 September	10 月 October	11 月 November	12 月 December
101.9	**102.2**	**100.9**	**98.5**	**98.6**	**93.3**	**100.5**	**100.2**	**99.6**	**100.3**	**101.0**
101.7	101.7	101.7	98.8	98.4	92.7	101.0	100.5	99.6	100.2	100.7
103.9	117.7	98.2	100.9	102.0	98.3	99.9	89.0	100.1	104.2	102.0
99.7	100.8	102.1	98.4	97.4	99.9	100.1	100.3	98.3	100.7	100.8
103.0	102.6	98.3	97.2	99.3	93.2	99.1	100.6	99.4	100.1	101.8
100.8	**100.4**	**100.3**	**101.2**	**101.3**	**100.2**	**99.6**	**99.6**	**99.1**	**99.7**	**100.0**
100.0	100.0	100.0	101.6	101.0	100.0	99.9	99.4	99.2	100.1	100.0
104.3	100.9	102.2	100.0	103.5	100.0	98.4	100.0	98.1	98.6	100.5
100.3	100.0	100.1	101.5	100.0	100.1	98.6	99.7	99.8	100.1	100.2
100.8	101.0	99.8	100.8	101.1	101.1	100.0	100.0	99.4	99.2	99.8
100.0	**100.1**	**100.0**	**100.2**	**99.9**	**99.4**	**100.0**	**99.8**	**100.0**	**100.9**	**99.9**
100.0	100.1	100.0	100.4	100.0	99.1	100.0	99.5	100.0	101.2	100.0
100.3	100.3	100.0	99.8	100.0	100.0	100.2	100.0	100.0	100.3	100.0
98.7	100.0	99.7	100.3	99.8	100.1	99.8	100.0	101.1	100.7	99.7
100.0	100.0	100.0	99.2	99.5	100.0	100.4	101.0	99.8	100.2	100.0
100.1	100.2	100.1	100.1	99.5	100.0	100.1	100.2	100.2	99.8	99.5
100.2	**99.9**	**100.2**	**99.7**	**100.1**	**99.9**	**100.3**	**99.4**	**100.6**	**99.8**	**99.9**
100.3	99.9	100.3	99.4	100.1	99.8	100.0	99.1	100.2	99.8	99.7
100.0	100.0	100.0	100.0	100.0	100.0	100.0	100.0	100.0	100.0	100.0
99.8	100.1	100.4	99.9	99.9	100.0	99.8	100.7	100.0	98.9	100.4
100.1	98.5	100.3	102.6	100.7	101.3	105.0	100.7	107.8	98.3	101.3
100.0	100.0	100.0	100.0	100.0	100.0	100.0	100.0	100.0	100.0	100.0
100.0	**99.0**	**100.0**	**99.7**	**100.4**	**100.0**	**99.9**	**99.9**	**100.0**	**99.9**	**100.2**
100.5	99.4	100.1	99.5	99.8	100.0	99.9	100.0	100.0	100.0	100.4
99.3	100.0	98.7	101.3	100.0	100.0	100.0	100.0	100.0	100.0	100.0
100.0	98.3	100.0	100.0	99.8	100.6	99.4	99.5	100.0	98.4	100.3
99.3	98.6	100.0	100.0	101.5	100.0	99.8	99.7	100.0	99.9	99.9

4-17 续表 4

（上月＝100）

类 别	Item	全 年 Annual Year	1 月 January
铁路、船舶、航空航天和其他运输设备制造业	**Manufacture of Railway, Ship, Aerospace and Other Transport Equipments**	**98.5**	**97.9**
城市轨道交通设备制造	Manufacturing of Urban Rail Transit Equipment	95.1	95.1
助动车制造	Moped manufacturing	102.1	100.8
电气机械和器材制造业	Manufacture of Electrical Machinery and Apparatus	99.7	100.3
电机制造	Manufacture of Motor	99.8	100.2
输配电及控制设备制造	Electricity Mixed and Control Equipments Manufacture	99.0	100.0
电线、电缆、光缆及电工器材制造	Manufacture of Wire, Cable, Optical Cable and Electrical Equipment	98.5	100.4
电池制造	Manufacture of Battery	103.1	100.2
计算机、通信和其他电子设备制造业	**Manufacture of Computers, Communication and Other Electronic Equipment**	**98.8**	**100.1**
计算机制造	Manufacture of Computers	98.0	100.4
通信设备制造	Manufacture of Communication Equipment	89.6	99.7
非专业视听设备制造	Non Professional Audio-visual Equipment Manufacturing	108.5	100.1
电子器件制造	Manufacture of Electronic Device	94.0	100.3
电子元件及电子专用材料制造	Manufacture of Electronic Components and Special Materials	100.6	100.1
其他电子设备制造	Manufacture of Other Electronic Equipment	101.0	100.1
仪器仪表制造业	Manufacture of Measuring Instruments and Machinery	103.4	101.4
通用仪器仪表制造	Manufacture of General Instrument	102.1	100.0
钟表与计时仪器制造	Manufacture of Timepiece and Time Keeping Instrument	105.6	103.9
废弃资源综合利用业	Utilization of Waste Resources	88.4	100.5
金属废料和碎屑加工处理	Metal Waste and Scrap Processing	87.6	100.4
非金属废料和碎屑加工处理	Processing and Disposal of Non-metallic Wastes and Debris	98.9	101.7
电力、热力生产和供应业	**Production and Supply of Electric Power and Heat Power**	**105.2**	**100.9**
电力生产	Electric Power Production	99.4	102.0
电力供应	Electric Power Supply	108.5	100.2
热力生产和供应	Thermal Production and Supply	137.1	98.9
燃气生产和供应业	**Production and Supply of Gas**	**103.4**	**100.1**
燃气生产和供应业	Gas production and supply industry	103.4	100.1
水的生产和供应业	**Production and Supply of Water**	**99.9**	**100.0**
自来水的生产和供应	Tapping-water Production and Supply	99.9	100.0

continued

(preceding month=100)

2 月 February	3 月 March	4 月 April	5 月 May	6 月 June	7 月 July	8 月 August	9 月 September	10 月 October	11 月 November	12 月 December
100.0	**100.9**	**99.6**	**100.3**	**100.0**	**100.0**	**100.0**	**99.2**	**99.9**	**100.8**	**100.0**
100.0	100.0	100.0	100.0	100.0	100.0	100.0	100.0	100.0	100.0	100.0
100.0	101.7	99.3	100.7	100.0	99.9	100.0	98.4	99.7	101.6	99.9
99.0	101.0	100.5	100.2	100.4	99.2	98.2	99.6	99.5	100.0	101.8
100.2	100.1	99.8	100.1	100.0	99.8	100.1	99.8	100.4	99.7	99.6
100.0	100.0	100.5	100.4	97.0	100.8	100.1	99.8	100.4	100.4	99.4
99.7	100.1	100.7	99.7	102.6	97.4	96.5	99.3	98.7	98.6	105.0
96.0	104.4	100.2	101.1	101.2	100.5	98.4	99.8	99.5	101.9	100.0
100.4	**100.2**	**100.7**	**99.8**	**99.3**	**99.0**	**99.9**	**99.5**	**99.3**	**100.1**	**100.4**
100.6	99.5	99.8	99.3	99.0	100.7	100.7	99.5	98.3	100.3	100.0
99.7	100.0	99.6	100.0	98.4	99.5	97.1	99.7	99.8	97.8	97.6
101.6	100.9	100.2	103.2	100.9	99.8	99.7	100.3	100.5	100.9	100.1
100.4	100.4	100.1	100.1	99.1	99.2	99.0	99.7	97.4	98.6	99.5
100.3	100.5	101.6	99.2	99.4	97.6	100.3	99.3	100.0	100.9	101.4
100.0	100.0	100.8	101.9	100.3	100.0	100.0	100.3	100.0	97.4	100.4
100.6	100.0	100.0	100.0	100.0	100.9	100.4	100.0	100.0	100.0	100.0
100.0	100.0	100.0	100.0	100.0	101.4	100.7	100.0	100.0	100.0	100.0
101.7	100.0	100.0	100.0	100.0	100.0	100.0	100.0	100.0	100.0	100.0
100.2	101.1	100.7	101.3	98.0	94.8	97.6	97.5	98.6	98.0	99.6
100.2	101.1	100.8	101.3	97.8	94.2	97.5	97.4	98.6	97.8	99.8
100.1	100.2	99.4	101.2	100.9	100.7	99.0	99.1	99.1	99.5	97.9
100.7	**98.1**	**97.1**	**99.1**	**101.9**	**102.9**	**98.5**	**103.3**	**101.8**	**100.6**	**100.5**
99.9	100.8	98.5	98.2	101.6	98.2	100.4	99.5	100.4	99.6	100.2
101.1	96.4	96.0	99.7	102.1	105.9	97.3	105.7	102.6	101.1	100.6
115.4	103.2	112.5	95.9	98.9	101.2	98.8	99.6	105.2	104.0	100.1
98.6	**103.4**	**103.8**	**101.2**	**99.1**	**97.8**	**98.6**	**101.3**	**99.2**	**100.5**	**99.9**
98.6	103.4	103.8	101.2	99.1	97.8	98.6	101.3	99.2	100.5	99.9
99.9	**100.0**	**99.9**	**100.0**	**100.0**	**100.0**	**100.0**	**100.0**	**100.0**	**100.0**	**100.0**
99.9	100.0	99.9	100.0	100.0	100.0	100.0	100.0	100.0	100.0	100.0

4-18 工业生产者购进价格指数（1990—2022年）

（上年＝100）

年份 Year	总指数 General Index	燃料、动力类 Fuel and Power	黑色金属材料类 Fuel and Power	钢材 Rolled Steel	有色金属材料及电线类 Nonferrous Metals and Wires
1990	102.2	107.9	99.9		90.3
1991	107.8	109.0	101.6		115.4
1992	112.5	111.2	123.2	126.6	108.7
1993	141.7	131.1	182.4	182.0	111.6
1994	117.8	123.1	101.7	100.0	112.3
1995	112.9	107.8	94.7	94.4	137.6
1996	103.4	108.6	99.4	100.8	85.6
1997	99.3	108.7	94.6	93.2	94.9
1998	95.2	99.6	93.9	92.2	83.8
1999	93.6	93.1	96.2	96.3	99.8
2000	100.9	98.9	103.0	105.0	123.8
2001	103.7	103.8	107.8	101.1	90.3
2002	95.6	101.8	99.8	98.6	94.6
2003	101.2	101.3	108.7	110.4	110.6
2004	116.3	110.1	135.1	126.3	139.6
2005	108.2	112.1	111.3	105.9	114.5
2006	111.4	103.7	94.3	95.4	131.8
2007	106.1	105.4	108.9	108.3	124.0
2008	110.6	117.7	129.1	122.6	104.7
2009	95.1	100.8	82.8	83.2	81.2
2010	111.2	109.3	103.7	105.7	128.6
2011	110.0	105.5	107.7	109.1	114.5
2012	99.2	104.0	95.2	96.4	95.2
2013	98.0	97.8	97.0	97.4	95.5
2014	98.2	98.4	96.0	96.3	96.7
2015	95.7	95.1	90.9	93.1	95.4
2016	98.3	94.8	96.4	96.1	99.8
2017	106.5	108.2	109.4	108.1	112.5
2018	103.4	106.9	102.0	102.0	99.7
2019	98.4	98.5	97.8	98.9	96.4
2020	98.5	95.0	97.3	98.2	100.0
2021	110.7	118.5	114.8	114.6	122.1
2022	107.3	126.0	98.2	99.4	109.1

注：从2011年起，原材料、燃料、动力购进价格指数改称为工业生产者购进价格指数。

Purchasing Price Indices for Industrial Producers（1990—2022）

（preceding year=100）

化工原料类 Raw Chemical Materials	木材及纸浆类 Timber and Paper Pulp	建筑材料及非金属类 Building Material and Non-metallic	其他工业原材料及半成品类 Other Materials and Semi-finished Category	农副产品类 Agricultural Products	纺织原料类 Textile Materials
101.3	102.1	97.7		100.4	105.8
108.1	113.8			108.2	113.3
102.3	106.6			108.4	97.3
122.1	115.4	170.6	154.8	137.9	104.0
116.2	110.5	103.0	139.0	145.2	142.5
125.2	108.9	88.1	91.7	148.2	150.5
95.1	101.9	97.4	101.5	117.0	99.0
95.3	94.4	94.4	100.4	92.3	91.5
92.6	99.7	98.7	96.4	89.4	88.1
95.9	93.7	95.6	90.7	92.5	102.0
104.5	99.8	92.6	104.7	90.3	106.3
96.9	94.3	96.7	112.0	105.3	95.6
97.9	101.0	98.3	91.4	94.6	89.8
106.3	103.5	98.8	98.2	92.7	119.7
114.8	111.5	109.9	113.5	109.8	117.2
110.0	94.4	103.6	103.7	116.8	90.6
104.0	102.7	98.5	112.2	124.1	102.3
105.3	110.9	101.5	105.8	98.9	101.6
121.3	104.5	114.0	106.9	102.6	102.2
85.8	84.3	96.1	100.2	101.7	94.1
112.3	111.2	114.6	110.3	116.6	121.4
116.5	108.6	109.5	107.0	115.9	119.5
98.3	97.5	98.3	98.5	101.3	92.1
98.1	100.2	98.6	98.6	103.4	98.5
99.6	100.3	100.2	98.2	98.1	99.8
98.0	99.6	95.7	97.9	93.8	99.7
97.6	100.6	98.0	99.5	102.9	98.2
105.8	103.8	107.2	103.5	105.6	101.4
103.8	104.4	109.3	102.1	99.7	101.1
93.5	96.3	102.1	99.5	100.6	99.3
95.5	97.1	102.1	100.6	102.5	95.7
109.6	104.9	106.5	104.1	108.4	105.8
107.6	106.9	105.5	99.5	105.8	103.5

Note: From 2011, the purchasing price index for raw materials, fuel and power changed to the purchasing price index index for industrial producers.

4-19 分月工业生产者购进价格指数（2022年）

（上年同期=100）

类 别	Item	1 月 January	2 月 February	3 月 March
总指数	**General Index**	**111.8**	**111.8**	**111.0**
燃料、动力类	Fuel and Power	128.3	129.8	129.0
黑色金属材料类	Material of Black Metal	109.4	108.5	107.1
# 钢材	# Rolled Steel	113.0	110.8	108.1
其他	Other	100.2	102.5	104.5
有色金属材料及电线类	Nonferrous Metals and Electric Wire	118.7	120.6	119.6
化工原料类	Raw Chemical materials	114.5	115.4	114.4
木材及纸浆类	Timber and Paper Pulp	106.9	106.2	105.1
建筑材料及非金属类	Building Material and Non-metallic	116.3	114.9	114.0
其他工业原材料及半成品类	Other Industrial Raw Material and Semi-finished Category	104.0	103.2	102.3
农副产品类	Agricultural and Side-line Produces	103.1	102.5	103.0
纺织原料类	Raw Textile Material	108.4	108.0	105.3

4-20 分月工业生产者购进价格环比指数（2022年）

（上月=100）

类 别	Item	1 月 January	2 月 February	3 月 March
总指数	**General Index**	**99.7**	**100.6**	**100.9**
燃料、动力类	Fuel and Power	98.8	103.7	102.2
黑色金属材料类	Material of Black Metal	100.2	99.3	100.1
# 钢材	# Rolled Steel	99.3	98.6	99.8
其他	Other	102.8	101.4	102.0
有色金属材料及电线类	Nonferrous Metals and Electric Wire	99.2	102.5	102.2
化工原料类	Raw Chemical Materials	98.8	100.8	101.8
木材及纸浆类	Timber and Paper Pulp	101.7	100.6	100.7
建筑材料及非金属类	Building Material and Non-metallic	102.5	98.6	99.1
其他工业原材料及半成品类	Other Industrial Raw Material and Semi-finished Category	99.6	99.5	99.7
农副产品类	Agricultural and Side-line Produces	99.2	99.6	101.3
纺织原料类	Raw Textile Material	101.0	99.8	100.8

Purchasing Price Indices for Industrial Producers by Month（2022）

（preceding year=100）

4 月 April	5 月 May	6 月 June	7 月 July	8 月 August	9 月 September	10 月 October	11 月 November	12 月 December
111.6	**110.5**	**110.2**	**108.4**	**106.1**	**103.6**	**101.7**	**100.6**	**102.0**
133.6	134.8	133.7	128.0	124.8	121.1	120.5	115.4	118.8
104.6	100.7	99.4	96.9	93.2	90.3	89.8	90.5	91.0
105.8	102.2	100.4	99.3	96.2	92.7	90.3	89.8	88.7
101.4	97.0	96.9	91.1	85.7	84.2	88.3	92.6	97.8
119.7	116.6	115.9	112.4	108.9	101.8	93.8	92.3	97.6
114.7	113.6	113.8	111.8	106.9	102.6	96.4	94.7	97.1
106.5	105.1	107.0	108.6	108.6	107.8	107.0	107.2	106.7
113.7	111.0	108.8	106.9	104.6	98.1	92.1	94.7	96.2
101.9	101.2	100.6	99.0	97.5	96.8	96.4	95.9	96.0
104.1	104.9	105.8	107.8	107.0	107.8	108.6	107.8	107.0
105.6	102.0	100.9	100.6	101.4	101.7	103.2	102.7	102.6

Chain Index in Purchasing Price Indices for Industrial Producer by Month（2022）

（preceding month=100）

4 月 April	5 月 May	6 月 June	7 月 July	8 月 August	9 月 September	10 月 October	11 月 November	12 月 December
102.0	**100.4**	**100.2**	**99.2**	**98.8**	**99.7**	**100.7**	**100.1**	**99.8**
106.0	101.7	101.8	98.3	98.9	100.9	104.1	101.3	99.8
101.2	100.3	99.0	98.4	96.8	98.0	98.2	99.4	99.5
100.0	100.5	98.6	99.4	98.6	97.5	98.1	99.3	98.6
104.6	99.9	100.0	95.7	92.1	99.3	98.5	99.8	102.2
102.2	99.2	99.2	97.4	98.8	98.7	98.4	99.5	100.5
101.6	100.3	100.3	99.0	97.6	98.8	99.6	99.2	99.5
101.4	99.9	100.7	101.7	99.6	99.8	99.9	100.5	100.1
100.1	99.0	98.9	97.7	99.5	99.4	100.2	100.5	100.6
100.2	100.2	99.8	98.9	99.3	99.5	99.9	99.7	99.8
102.0	101.0	100.4	102.2	99.6	100.6	101.7	99.8	99.4
99.9	98.8	99.8	99.8	100.7	100.8	101.5	100.2	99.7

4-21　南宁市商品住宅销售价格指数（2022年）

（上年同期＝100）

指　标	Item	1 月 January	2 月 February	3 月 March
新建商品住宅价格指数	**Housing Price Indices of Newly Constructed Commercial Residential Buildings**	**101.8**	**100.9**	**100.2**
90平方米及以下	90m^2 and Below	101.2	100.2	99.4
90～144平方米	90～144m^2	101.9	101.1	100.4
144平方米以上	Above 144m^2	101.9	100.4	99.7
二手住宅价格指数	**Housing Price Indices of Second-Hand Residential Buildings**	**97.7**	**97.3**	**96.8**
90平方米及以下	90m^2 and Below	98.1	98.1	97.4
90～144平方米	90～144m^2	97.1	96.4	96.1
144平方米以上	Above 144m^2	98.7	97.7	96.9

4-22　南宁市商品住宅销售价格环比指数（2022年）

（上月＝100）

指　标	Item	1 月 January	2 月 February	3 月 March
新建商品住宅价格指数	**Housing Price Indices of Newly Constructed Commercial Residential Buildings**	**100.4**	**99.6**	**99.9**
90平方米及以下	90m^2 and Below	100.4	99.7	100.0
90～144平方米	90～144m^2	100.5	99.6	99.9
144平方米以上	Above 144m^2	100.3	99.7	99.5
二手住宅价格指数	**Housing Price Indices of Second-Hand Residential Buildings**	**99.8**	**99.7**	**99.3**
90平方米及以下	90m^2 and Below	99.7	100.0	99.3
90～144平方米	90～144m^2	99.9	99.5	99.5
144平方米以上	Above 144m^2	99.7	99.5	99.1

Price Indices of Commercial Housing Sales of Nanning（2022）

（preceding year=100）

4 月 April	5 月 May	6 月 June	7 月 July	8 月 August	9 月 September	10 月 October	11 月 November	12 月 December
99.9	**99.6**	**99.2**	**98.0**	**97.7**	**97.5**	**97.0**	**96.5**	**96.6**
99.5	98.6	98.7	97.2	96.8	96.9	96.5	96.1	95.8
100.1	99.8	99.5	98.5	98.1	97.8	97.2	96.8	96.9
99.1	98.9	98.5	96.2	96.4	96.1	96.0	95.4	95.7
96.6	**96.1**	**95.4**	**95.1**	**94.6**	**94.5**	**94.0**	**94.2**	**93.9**
97.4	96.2	95.6	95.3	94.7	94.7	94.0	94.4	94.0
95.9	95.8	95.1	95.2	94.8	94.6	94.5	94.3	94.2
96.6	96.6	96.2	94.6	94.1	93.5	92.7	93.1	93.1

Price Chains Indices of Commercial Housing Sales of Nanning（2022）

（preceding month=100）

4 月 April	5 月 May	6 月 June	7 月 July	8 月 August	9 月 September	10 月 October	11 月 November	12 月 December
100.2	**100.2**	**100.1**	**99.0**	**99.3**	**99.4**	**99.0**	**99.4**	**99.8**
100.1	100.2	100.5	98.5	98.7	99.6	99.0	99.5	99.6
100.2	100.2	100.0	99.3	99.4	99.3	99.1	99.5	99.9
100.0	100.1	100.4	98.2	99.5	99.9	98.9	99.1	100.0
99.6	**99.4**	**99.5**	**99.6**	**99.2**	**99.6**	**99.2**	**99.5**	**99.3**
99.8	99.0	99.3	99.8	98.9	99.8	99.1	99.8	99.4
99.5	99.8	99.5	99.7	99.3	99.4	99.4	99.2	99.3
99.6	99.2	99.7	98.7	99.5	99.7	99.2	99.7	99.3

4-23　南宁市商品住宅销售价格指数

（上年同期＝100）

年　份 Year	新建商品住宅价格指数					
	1 月 January	2 月 February	3 月 March	4 月 April	5 月 May	6 月 June
2012	100.3	100.0	98.9	98.3	98.3	98.5
2013	99.7	101.3	103.4	104.1	105.7	106.6
2014	111.2	110.2	108.7	108.0	106.5	104.9
2015	94.8	94.0	93.9	94.2	94.0	95.1
2016	102.7	103.6	104.2	105.2	106.1	106.3
2017	111.2	111.2	111.7	111.5	111.9	112.3
2018	108.4	108.4	107.6	106.6	105.7	106.7
2019	110.0	110.4	110.8	111.5	111.6	110.1
2020	112.0	111.3	110.5	110.0	110.2	110.9
2021	105.0	105.5	106.1	106.0	105.9	105.4
2022	101.8	100.9	100.2	99.9	99.6	99.2

年　份 Year	二手住宅价格指数					
	1 月 January	2 月 February	3 月 March	4 月 April	5 月 May	6 月 June
2012	99.4	99.0	99.8	99.4	99.8	99.7
2013	101.9	101.8	102.1	102.4	102.8	103.0
2014	103.6	103.6	103.5	103.5	101.9	101.6
2015	95.3	95.1	95.6	95.4	97.3	98.0
2016	104.5	105.1	104.1	104.5	103.6	102.9
2017	105.8	106.2	106.8	107.0	107.6	109.4
2018	107.0	107.2	107.1	106.2	105.4	104.3
2019	108.0	109.5	110.1	111.7	113.0	113.0
2020	109.0	107.7	106.8	105.5	104.4	103.9
2021	103.2	103.3	103.1	102.6	102.5	102.4
2022	97.7	97.3	96.8	96.6	96.1	95.4

Price Indices of Commercial Housing Sales of Nanning

(preceding year=100)

Housing Price Indices of Newly Constructed Commercial Residential Buildings					
7 月 July	8 月 August	9 月 September	10 月 October	11 月 November	12 月 December
98.8	98.7	99.0	99.3	99.4	99.5
107.6	108.5	108.9	109.6	109.7	110.3
102.4	100.4	98.5	97.1	96.6	95.6
96.2	97.7	99.2	100.1	100.8	101.7
107.1	107.8	110.0	111.1	110.7	111.2
113.0	112.5	110.4	109.1	109.6	109.2
106.2	107.4	107.6	107.6	107.6	108.9
109.7	110.3	112.2	114.1	113.9	112.7
111.2	109.6	108.0	106.0	105.6	105.2
104.9	103.7	102.7	102.1	102.1	101.7
98.0	97.7	97.5	97.0	96.5	96.6

Housing Price Indices of Second-Hand Residential Buildings					
7 月 July	8 月 August	9 月 September	10 月 October	11 月 November	12 月 December
99.6	100.3	100.5	100.6	100.3	100.6
103.0	103.1	103.4	103.8	103.9	104.6
100.6	99.5	97.0	96.0	97.1	95.7
99.5	100.8	103.0	104.0	103.2	104.2
102.4	102.8	103.6	104.6	104.5	105.0
110.9	110.8	110.1	109.2	109.3	108.8
103.0	104.2	104.4	104.4	104.7	106.7
113.4	112.2	112.6	112.1	111.6	109.8
104.1	103.7	103.2	103.6	103.7	103.7
101.5	101.0	100.5	99.8	98.8	98.1
95.1	94.6	94.5	94.0	94.2	93.9

4-24 桂林市商品住宅销售价格指数（2022年）

（上年同期＝100）

指　标	Item	1 月 January	2 月 February	3 月 March
新建商品住宅价格指数	**Housing Price Indices of Newly Constructed Commercial Residential Buildings**	**99.9**	**99.2**	**98.2**
90平方米及以下	90m^2 and Below	100.4	99.7	98.1
90～144平方米	90～144m^2	99.7	99.1	98.4
144平方米以上	Above 144m^2	100.4	98.7	97.3
二手住宅价格指数	**Housing Price Indices of Second-Hand Residential Buildings**	**98.3**	**97.8**	**97.9**
90平方米及以下	90m^2 and Below	98.2	97.5	97.8
90～144平方米	90～144m^2	98.7	98.5	98.3
144平方米以上	Above 144m^2	97.6	96.3	96.8

4-25 桂林市商品住宅销售价格环比指数（2022年）

（上月＝100）

指　标	Item	1 月 January	2 月 February	3 月 March
新建商品住宅价格指数	**Housing Price Indices of Newly Constructed Commercial Residential Buildings**	**99.9**	**99.8**	**99.4**
90平方米及以下	90m^2 and Below	99.5	100.1	99.4
90～144平方米	90～144m^2	99.9	99.8	99.5
144平方米以上	Above 144m^2	100.5	98.8	98.9
二手住宅价格指数	**Housing Price Indices of Second-Hand Residential Buildings**	**99.8**	**99.6**	**100.2**
90平方米及以下	90m^2 and Below	99.8	99.4	100.3
90～144平方米	90～144m^2	100.0	99.8	100.1
144平方米以上	Above 144m^2	99.3	99.6	100.1

Price Indices of Commercial Housing Sales of Guilin（2022）

（preceding year=100）

4 月 April	5 月 May	6 月 June	7 月 July	8 月 August	9 月 September	10 月 October	11 月 November	12 月 December
97.3	**96.7**	**96.4**	**96.2**	**95.9**	**96.1**	**96.5**	**96.2**	**95.3**
97.4	96.4	94.9	95.0	95.0	94.9	95.5	95.3	94.5
97.4	96.9	97.0	96.7	96.4	96.6	97.0	96.7	95.7
96.3	96.0	95.4	94.9	94.5	94.7	94.5	94.8	94.1
97.7	**97.9**	**97.4**	**96.5**	**96.4**	**96.2**	**96.5**	**96.4**	**96.1**
97.4	97.6	96.9	95.8	95.8	95.4	95.6	95.4	95.5
98.3	98.2	97.9	97.1	97.0	97.2	97.5	97.6	96.6
96.6	97.6	96.9	96.2	95.6	95.1	95.1	95.3	95.9

Price Chains Indices of Commercial Housing Sales of Guilin（2022）

（preceding month=100）

4 月 April	5 月 May	6 月 June	7 月 July	8 月 August	9 月 September	10 月 October	11 月 November	12 月 December
99.5	**99.9**	**99.9**	**99.5**	**99.3**	**99.6**	**99.7**	**99.2**	**99.4**
99.3	99.7	99.7	99.7	99.6	99.3	99.6	99.1	99.4
99.6	99.9	100.0	99.6	99.2	99.7	99.7	99.2	99.4
98.9	100.0	99.8	98.5	99.6	99.8	99.9	100.0	99.3
99.7	**100.3**	**99.7**	**99.4**	**99.6**	**99.5**	**99.6**	**99.3**	**99.5**
99.5	100.5	99.2	99.0	99.3	99.5	99.7	99.6	99.6
99.7	100.0	100.0	99.5	99.9	99.6	99.7	99.1	99.2
99.7	100.8	99.6	99.6	99.3	99.1	99.2	99.6	99.9

4-26 桂林市商品住宅销售价格指数

（上年同期＝100）

年 份 Year	新建商品住宅价格指数					
	1 月 January	2 月 February	3 月 March	4 月 April	5 月 May	6 月 June
2012	101.6	101.0	100.0	100.0	99.8	100.0
2013	99.7	99.8	100.6	101.3	104.3	105.8
2014	112.8	113.1	112.6	111.9	108.8	106.1
2015	91.9	90.9	90.4	90.2	89.9	90.7
2016	97.3	98.1	98.5	99.2	99.5	99.8
2017	103.8	104.4	105.1	105.9	106.8	107.5
2018	107.2	108.7	108.5	107.8	107.5	107.2
2019	109.5	110.1	110.0	109.2	109.5	110.0
2020	106.7	105.7	104.9	105.5	105.1	104.2
2021	100.3	101.2	102.0	101.8	101.8	101.8
2022	99.9	99.2	98.2	97.3	96.7	96.4

年 份 Year	二手住宅价格指数					
	1 月 January	2 月 February	3 月 March	4 月 April	5 月 May	6 月 June
2012	98.9	100.1	100.4	100.4	99.7	99.7
2013	99.8	100.7	101.1	101.4	102.5	103.0
2014	104.5	104.0	103.6	103.0	102.1	101.6
2015	94.2	93.5	92.7	92.6	92.4	92.3
2016	96.9	97.6	98.1	98.3	98.3	98.4
2017	98.3	98.2	98.4	99.0	99.6	100.2
2018	103.1	103.3	103.6	103.4	103.3	103.4
2019	106.6	106.6	107.3	107.7	108.1	107.8
2020	105.1	105.3	104.4	104.1	103.9	103.6
2021	102.6	102.6	102.6	102.1	101.7	101.8
2022	98.3	97.8	97.9	97.7	97.9	97.4

Price Indices of Commercial Housing Sales of Guilin

(preceding year=100)

Housing Price Indices of Newly Constructed Commercial Residential Buildings					
7 月 July	8 月 August	9 月 September	10 月 October	11 月 November	12 月 December
99.8	100.1	99.7	99.6	99.7	99.8
107.8	108.7	108.7	110.1	111.6	112.1
102.8	100.4	98.6	96.4	93.9	92.8
91.8	93.1	94.5	95.4	96.7	97.2
99.8	100.3	102.2	103.2	103.1	103.2
108.9	109.6	108.2	107.6	109.2	109.6
106.4	106.0	106.8	107.0	108.1	108.2
110.6	110.3	110.3	109.7	107.6	107.4
103.1	101.7	101.4	101.5	100.9	100.9
101.6	102.3	101.1	100.0	99.8	99.9
96.2	95.9	96.1	96.5	96.2	95.3

Housing Price Indices of Second-Hand Residential Buildings					
7 月 July	8 月 August	9 月 September	10 月 October	11 月 November	12 月 December
99.5	99.4	99.6	99.5	99.6	99.6
103.2	103.6	104.0	104.3	104.5	104.8
100.4	99.2	97.7	96.3	95.7	94.7
93.0	93.6	94.5	95.6	95.9	96.4
98.4	98.5	98.6	98.4	98.2	98.3
100.7	101.7	101.8	102.3	103.0	103.0
103.4	103.3	104.6	105.2	106.0	106.5
107.6	107.5	106.7	106.8	105.3	104.6
103.6	103.0	102.7	102.1	102.5	102.5
101.8	101.5	100.7	99.9	99.0	99.0
96.5	96.4	96.2	96.5	96.4	96.1

4-27 北海市商品住宅销售价格指数（2022年）

（上年同期=100）

指 标	Item	1 月 January	2 月 February	3 月 March
新建商品住宅价格指数	**Housing Price Indices of Newly Constructed Commercial Residential Buildings**	**98.5**	**96.7**	**96.3**
90平方米及以下	$90m^2$ and Below	98.2	96.3	96.0
90～144平方米	90～$144m^2$	98.9	97.2	96.7
144平方米以上	Above $144m^2$	98.9	98.0	97.1
二手住宅价格指数	**Housing Price Indices of Second-Hand Residential Buildings**	**97.2**	**96.9**	**96.7**
90平方米及以下	$90m^2$ and Below	97.0	96.6	96.4
90～144平方米	90～$144m^2$	97.4	97.2	96.9
144平方米以上	Above $144m^2$	97.2	97.2	97.1

4-28 北海市商品住宅销售价格环比指数（2022年）

（上月=100）

指 标	Item	1 月 January	2 月 February	3 月 March
新建商品住宅价格指数	**Housing Price Indices of Newly Constructed Commercial Residential Buildings**	**99.8**	**97.9**	**99.5**
90平方米及以下	$90m^2$ and Below	99.5	98.0	99.4
90～144平方米	90～$144m^2$	100.1	97.8	99.6
144平方米以上	Above $144m^2$	99.8	98.0	99.1
二手住宅价格指数	**Housing Price Indices of Second-Hand Residential Buildings**	**98.8**	**99.5**	**99.6**
90平方米及以下	$90m^2$ and Below	98.6	99.4	99.7
90～144平方米	90～$144m^2$	99.2	99.5	99.5
144平方米以上	Above $144m^2$	98.9	99.8	99.5

Price Indices of Commercial Housing Sales of Beihai（2022）

（preceding year=100）

4 月 April	5 月 May	6 月 June	7 月 July	8 月 August	9 月 September	10 月 October	11 月 November	12 月 December
95.0	**93.7**	**92.6**	**91.2**	**89.9**	**89.7**	**89.3**	**89.4**	**89.7**
94.8	93.9	92.6	91.2	89.9	90.0	89.5	89.8	90.0
95.3	93.5	92.6	91.2	90.0	89.4	89.2	89.0	89.3
95.6	94.1	92.3	90.7	88.8	88.1	87.7	88.3	88.4
96.7	**95.8**	**95.1**	**94.3**	**93.5**	**92.7**	**92.1**	**91.9**	**91.4**
96.5	95.8	95.4	94.5	93.7	92.8	92.1	92.3	91.7
96.7	95.8	94.8	94.1	93.4	92.9	92.6	92.1	91.7
97.1	95.5	94.9	94.2	93.1	92.1	91.2	90.7	90.1

Price Chains Indices of Commercial Housing Sales of Beihai（2022）

（preceding month=100）

4 月 April	5 月 May	6 月 June	7 月 July	8 月 August	9 月 September	10 月 October	11 月 November	12 月 December
98.4	**99.2**	**99.0**	**98.7**	**98.6**	**99.4**	**99.3**	**99.6**	**99.6**
98.5	99.4	99.1	98.8	98.5	99.5	99.2	99.9	99.6
98.2	99.0	99.0	98.6	98.7	99.3	99.4	99.2	99.7
98.1	98.4	98.4	99.1	98.4	99.3	99.6	100.0	99.5
99.7	**99.0**	**99.8**	**99.2**	**99.0**	**98.9**	**99.1**	**99.5**	**98.8**
99.7	99.1	100.0	99.3	99.2	99.0	99.1	99.6	98.6
99.8	99.1	99.6	99.1	98.8	99.0	99.3	99.2	99.2
99.3	98.7	99.6	99.1	99.1	98.6	98.9	99.5	98.7

4-29 北海市商品住宅销售价格指数

（上年同期＝100）

年 份 Year	新建商品住宅价格指数					
	1 月 January	2 月 February	3 月 March	4 月 April	5 月 May	6 月 June
2012	100.8	99.7	98.9	98.2	98.3	98.4
2013	99.6	100.9	102.0	103.1	104.1	105.3
2014	110.7	109.9	109.2	108.3	107.4	105.6
2015	94.5	94.0	93.6	93.1	92.9	93.2
2016	99.1	99.7	100.3	101.1	101.3	101.2
2017	104.6	104.7	105.0	106.7	110.1	112.6
2018	110.5	112.2	112.3	111.1	108.9	108.0
2019	112.5	112.8	113.2	113.6	113.4	112.8
2020	107.7	107.2	106.0	104.7	103.5	102.2
2021	96.3	95.8	95.6	95.5	96.3	97.1
2022	98.5	96.7	96.3	95.0	93.7	92.6

年 份 Year	二手住宅价格指数					
	1 月 January	2 月 February	3 月 March	4 月 April	5 月 May	6 月 June
2012	101.8	99.5	98.3	98.2	98.2	98.5
2013	100.3	101.0	102.3	103.0	103.6	104.4
2014	106.3	105.9	105.0	104.4	103.5	102.4
2015	93.2	92.7	92.7	93.0	93.6	94.2
2016	103.1	103.4	103.5	103.0	103.1	102.6
2017	101.8	102.2	102.4	104.0	105.9	107.8
2018	108.0	107.6	107.3	106.2	104.3	103.5
2019	107.7	108.5	109.4	109.6	109.6	108.5
2020	101.7	101.0	100.0	99.0	98.0	97.8
2021	96.6	96.7	96.6	96.7	97.3	98.1
2022	97.2	96.9	96.7	96.7	95.8	95.1

Price Indices of Commercial Housing Sales of Beihai

(preceding year=100)

Housing Price Indices of Newly Constructed Commercial Residential Buildings					
7 月 July	8 月 August	9 月 September	10 月 October	11 月 November	12 月 December
98.7	98.8	98.8	99.0	99.5	99.4
105.9	106.9	108.2	108.7	109.1	110.0
104.2	101.8	99.6	98.2	96.5	95.9
93.7	95.5	97.0	97.4	98.2	98.5
101.5	101.2	101.8	102.7	103.7	103.9
114.1	114.9	114.2	114.5	114.0	113.2
106.8	109.1	109.5	110.0	110.9	111.8
113.1	110.8	109.9	108.9	107.8	107.6
101.2	99.5	99.1	98.2	97.9	97.0
97.7	98.4	98.4	98.8	98.5	98.4
91.2	89.9	89.7	89.3	89.4	89.7

Housing Price Indices of Second-Hand Residential Buildings					
7 月 July	8 月 August	9 月 September	10 月 October	11 月 November	12 月 December
98.8	99.0	99.1	99.1	99.4	99.6
104.8	105.0	105.3	105.7	106.3	106.3
101.1	99.4	98.0	96.5	95.3	94.1
95.4	96.9	98.5	100.0	101.0	102.2
102.2	102.1	101.7	101.6	101.5	101.7
108.7	109.0	109.1	109.1	108.9	108.4
103.2	104.8	106.6	106.7	107.4	107.9
108.4	106.4	103.7	103.2	102.2	101.8
97.0	96.5	96.9	96.5	96.5	96.5
98.7	98.6	98.7	98.9	98.9	98.3
94.3	93.5	92.7	92.1	91.9	91.4

4-30 农产品生产者价格指数（2022年）

Producers Price Indices for Farm Products（2022）

（上年同期=100） (preceding year=100)

指标	Item	全年 Annual Year	一季度 First Quarter	二季度 Second Quarter	三季度 Third Quarter	四季度 Fourth Quarter
农产品生产者价格指数	**Producer Price Indices for Farm Products**	**100.8**	**92.4**	**97.6**	**112.1**	**107.2**
农业产品	**Agriculture Products**	**103.5**	**101.6**	**102.9**	**106.8**	**97.0**
谷物	Cereal	102.2	99.2	99.7	103.6	102.4
稻谷	Rice	101.5	98.6	97.7	102.7	101.2
早籼稻	Early Indica Rice	103.2			103.2	
晚籼稻	Late Indica Rice	99.5	98.6	97.7	100.7	101.2
玉米	Corn	105.1	101.2	104.6	106.5	104.7
薯类	Tubers	103.6	95.6	127.2		108.6
油料	Oil-bearing Crops	101.0	93.1	100.0	105.5	99.8
花生	Peanut	101.3	100.0	100.0	105.5	99.8
豆类	Beans	95.6	100.0	87.5	99.1	96.3
大豆	Soybean	95.6	100.0	87.5	99.1	96.3
生麻	Raw Hemp	99.4	103.5	98.3	108.6	91.7
糖料	Sugar	100.5	100.0	100.0		101.4
甘蔗	Sugar Cane	100.5	100.0	100.0		101.4
蔬菜及食用菌	Vegetables and Edible Fungus	97.1	102.8	98.6	103.9	85.7
蔬菜	Vegetables	96.7	102.7	98.5	104.4	83.4
叶菜类蔬菜	Leafy Vegetables	96.6	98.9	103.9	98.6	84.9
芹菜	Celery	100.4	100.3	100.3	102.8	97.8
油菜	Rape	90.8	106.6	69.5	84.3	95.8
菠菜	Spinach	120.8	108.1			133.8
空心菜	Water Spinach	99.2		147.2	109.6	68.4
小白菜	Bok Choy	95.4	110.8	102.2	97.8	77.8
白菜类蔬菜	Chinese Cabbage Group	91.1	84.2	96.7	95.4	85.5
大白菜	Napa Cabbage	88.0	74.2	101.8	97.6	70.6
普通白菜	Common Chinese Cabbage	97.1	84.4	91.0	91.0	119.6
菜心（菜薹）	Chinese Flowering Cabbage	96.1	102.6	97.8	87.3	99.3
芥菜类蔬菜	Mustard Vegetables	94.3	103.2	93.7	96.2	87.8
叶用芥菜	Leaf Mustard	94.3	103.2	93.7	96.2	87.8

4-30　续表 1　continued

（上年同期＝100）　　　　　　　　　　　　　　　　　　　　　　　　　　（preceding year=100）

指　标	Item	全　年 Annual Year	一季度 First Quarter	二季度 Second Quarter	三季度 Third Quarter	四季度 Fourth Quarter
甘蓝类蔬菜	Brassica Vegetables	92.2	102.6	96.9	93.8	98.7
青花菜	Broccoli	117.4				
芥蓝	Cabbage Mustard	96.8	102.6	92.0		
根茎类蔬菜	Root Vegetables	95.8	108.8	92.9		35.6
白萝卜	White Radish	113.1	113.1			
瓜菜类蔬菜	Melons and Vegetables	87.9	101.8	82.9	97.6	75.5
黄瓜	Cucumber	90.2	104.6	68.0	102.3	78.5
冬瓜	Wax Gourd	67.5		70.8	99.6	39.1
西葫芦	Summer Squash	132.0		132.0		
苦瓜	Balsm Pear	91.4		89.6	94.8	90.3
南瓜	Pumpkin	98.5	100.9	87.3	99.8	102.5
丝瓜	Luffa	89.7		97.3	94.7	80.2
豆类蔬菜	Leguminous Vegetables	107.3		106.8	127.6	98.4
豇豆	Cowpea	112.1		111.3	137.8	98.1
四季豆	French Beans	92.9		95.0	91.0	
茄果类蔬菜	Solanaceous Fruit Vegetable	98.0	108.9	113.4	106.1	69.0
茄子	Aubergine	91.0	99.8	100.2	103.3	65.3
青椒	Green Pepper	99.0	0.0	101.7	98.1	98.6
辣椒	Capsicum	111.5	104.6	143.4	116.0	83.2
西红柿	Tomato	91.8	111.0	102.2	100.1	52.4
莴苣及菊苣类蔬菜	Lettuce and Chicory Vegetables	97.3	111.3	90.7	135.1	89.4
生菜	Lettuce	104.6	112.2	89.9		108.1
莴笋	Asparagus Lettuce	83.8	109.2			58.2
葱蒜类蔬菜	Allium Vegetables	109.0	103.9	94.8	111.8	123.9
韭菜	Leek	109.0	103.9	94.8	111.8	123.9
水生蔬菜	Aquatic Vegetables	99.8			98.8	101.1
食用菌	Edible Fungus	101.0	104.7	100.3	100.2	102.8
平菇	Oyster Mushroon	106.6	109.7			102.6
黑木耳	Black Fungus	105.8	111.7	103.0	100.0	106.8
水果及坚果	Fruit and Nuts	117.0	106.8	116.5	118.0	99.4
水果（园林水果）	Fruit（Garden Fruit）	118.1	108.7	116.5	118.7	99.6
柑橘类水果	Citrus Fruit	106.8	104.0	100.0	98.4	112.2

4-30 续表 2 continued

（上年同期＝100） (preceding year=100)

指　标	Item	全　年 Annual Year	一季度 First Quarter	二季度 Second Quarter	三季度 Third Quarter	四季度 Fourth Quarter
柑橘	Citrus	110.3	97.8			115.9
橙	Orange	108.9	116.5	100.0	114.3	104.2
柚	Pomelo Grapefruit	95.7	106.5		76.6	106.3
葡萄	Grape	104.5		111.1	97.3	
巨峰葡萄	Kyoho Grape	105.3		111.1	96.6	
热带水果	Tropical Fruits	134.9	117.1	126.8	134.1	101.4
香蕉	Banana	111.0	124.5	113.0	97.3	106.8
龙眼	Longan	189.4			189.4	
荔枝	Lychee	143.3		137.4	147.7	
芒果	Mango	93.1			93.8	92.2
瓜类水果	Melon Fruit	101.5		105.6	110.8	86.0
西瓜	Watermelon	99.2		105.5	107.6	86.0
香瓜	Muskmelon	115.5		106.1	127.8	
其他水果	Other Fruit	91.7	75.6		102.8	96.5
柿子	Persimmon	91.7	75.6		102.8	96.5
茶及饮料原料	Tea and Beverage Raw Materials	94.1	113.6	92.9	82.6	96.8
茶叶	Tea	94.1	113.6	92.9	82.6	96.8
绿茶	Green Tea	97.7	113.6	94.1	82.8	102.9
中草药材	Chinese Medicinal Herbs	96.2	112.0	100.1	91.4	90.8
林业产品	**Forestry Products**	**100.2**	**100.0**	**98.9**	**101.6**	**98.7**
育种和育苗	Breeding and Seedling Raising	97.4	91.1	94.6	121.2	99.7
木材采伐产品	Timber Harvesting Products	102.5	105.2	101.1	100.8	100.3
原木	Log	102.5	105.2	101.1	100.8	100.3
针叶原木	Coniferous Log	101.5	104.8	98.6	96.8	99.1
马尾松原木	Ping Log	104.6		104.6		
杉木原条	Chinese Fir	98.5	104.8	93.8	96.8	99.1
非针叶原木	Non Coniferous Wood	103.1	105.4	103.2	102.7	100.9
桉树原木	Eucalyptus Log	103.1	105.4	103.2	102.7	100.9
竹材采伐产品	Bamboo Cutting Products	93.9	95.3	90.7	95.2	96.0
林产品	Forest Product	84.8	102.8	75.7	76.0	68.7
饲养动物及其产品	**Feeding Animals and Their Products**	**94.3**	**65.7**	**80.1**	**131.4**	**136.1**
活牲畜	Live Cattle	86.9	48.4	72.7	135.0	148.9
猪	Pig	85.3	41.4	68.0	140.2	156.3
种猪	Boar	65.7	46.4	57.2	85.3	119.6

4-30　续表 3　continued

（上年同期=100）　　　　(preceding year=100)

指　标	Item	全　年 Annual Year	一季度 First Quarter	二季度 Second Quarter	三季度 Third Quarter	四季度 Fourth Quarter
仔猪	Piglet	59.4	19.7	48.4	144.3	147.1
其他活猪	Other Pigs	89.3	44.8	70.2	141.0	158.5
牛	Cattle	96.6	98.4	96.2	96.2	95.8
羊	Sheep	100.0	105.0	96.7	101.7	95.7
活家禽	Live Poultry	111.0	98.1	108.1	126.4	112.3
活鸡	Chickens	110.6	101.6	104.9	127.0	110.0
活鸭	Live ducks	112.3	86.2	118.1	125.0	120.3
畜禽产品	Livestock and Poultry Products	104.0	98.2	90.1	103.4	111.5
禽蛋	Poultry of Eggs	106.7	98.2	100.4	106.9	112.0
鸡蛋	Egg	104.2	98.2	100.4	106.9	110.9
鸭蛋	Duck's Egg	115.6				115.6
蚕茧	Silkworm Cocoon	95.8		80.7	98.2	108.9
渔业产品	**Fishery Products**	**100.3**	**101.6**	**100.4**	**102.1**	**99.0**
海水养殖产品	Seawater Artificially Cultured Products	100.1	98.7	100.6	106.4	99.1
海水养殖虾	Mariculture of Prawns	99.8	95.9	95.3	105.8	103.9
海水养殖蟹	Mariculture of Crabs	105.0	105.0			
海水养殖贝类	Mariculture of Shellfish	99.6	99.9	104.4	106.7	95.7
海水养殖牡蛎	Mariculture of Oyster	104.2	106.6	110.5	106.7	95.7
海水养殖蛤	Mariculture of Clams	94.0	91.7	97.0		
海水捕捞产品	Seawater Fishing Products	102.7	103.3	103.1	103.1	103.7
海水捕捞鲜鱼	Marine Fishing Fresh Fish	103.5	103.5	104.2	106.2	103.8
海水捕捞虾	Marine Fishing Shrimp	104.4	101.5	108.7	101.3	106.2
海水捕捞蟹	Marine Fishing Crab	96.9	97.3	91.8	84.3	109.4
海水捕捞软体水生动物	Marine Aquatic Animals	104.1	102.9	105.0	106.8	102.7
淡水养殖产品	Fresh Water Farming Products	99.5	103.0	99.6	99.7	97.1
养殖淡水鱼	Cultured Freshwater Fish	99.8	104.2	99.3	99.6	96.6
养殖淡水鲤鱼	Cultured Freshwater Carp	100.3	105.5	99.9	98.9	95.7
养殖淡水草鱼	Cultured Freshwater Grass Carp	91.7	101.9	80.3	92.0	94.6
养殖淡水鳙鱼（胖头鱼）	Cultured Freshwater Bighead	109.1	109.3	113.6	103.8	110.7
养殖淡水罗非鱼	Cultured Freshwater Tilapia	100.2	105.9	101.7	102.2	92.0
养殖淡水鲢鱼	Cultured Freshwater Silver Carp	101.1	100.0	108.1	102.9	95.4
其他淡水养殖产品	Other Cultured Freshwater Products	97.0		103.0	100.1	101.8
淡水养殖龟	Cultured Freshwater Turtle	58.2	58.2			
淡水养殖鳖	Cultured Freshwater Turtles	100.2	97.4	103.0	100.1	101.8

4-31 分季度农产品生产者价格指数

（上年同期=100）

指 标	Item	2018 一季度 First Quarter	二季度 Second Quarter	三季度 Third Quarter	四季度 Fourth Quarter
农产品生产者价格指数	**Producer Price Indices for Farm Products**	**98.9**	**94.0**	**96.1**	**100.3**
农业产品	**Agriculture Products**	**99.6**	**96.9**	**94.2**	**104.2**
谷物	Cereal	103.5	100.3	99.0	103.9
稻谷	Rice	100.6	100.3	98.3	104.0
早籼稻	Early Indica Rice			97.9	108.1
晚籼稻	Late Indica Rice	100.6	100.3	99.7	100.6
玉米	Corn	113.6	100.5	104.0	103.7
薯类	Tubers	73.1	87.7		98.3
油料	Oil-bearing Crops	100.0		96.3	98.0
花生	Peanut	100.0		96.3	98.0
豆类	Beans	106.2	100.0	101.9	100.0
大豆	Soybean	106.2	100.0	101.9	100.0
生麻	Raw Hemp	100.0	97.4	100.0	102.5
糖料	Sugar	100.0	100.0		98.1
甘蔗	Sugar Cane	100.0	100.0		98.1
未加工烟草	Untreated Tobacco			101.1	100.0
蔬菜及食用菌	Vegetables and Edible Fungus	102.4	97.1	99.9	101.2
蔬菜	Vegetables	101.9	97.6	100.1	100.6
叶菜类蔬菜	Leafy Vegetables	113.7	100.7	101.7	105.2
芹菜	Celery	162.3			
油菜	Rape	111.1	78.7	95.3	100.9
菠菜	Spinach	96.4	105.1		98.8
空心菜	Water Spinach		104.9	109.4	91.3
小白菜	Bok Choy	106.2	95.8	100.2	108.8
白菜类蔬菜	Chinese Cabbage Group	103.7	108.4	115.7	112.5
大白菜	Napa Cabbage	106.9	102.3	105.6	106.8
普通白菜	Common Chinese Cabbage	96.3	99.4		91.7
菜心（菜薹）	Chinese Flowering Cabbage	99.1	117.6	128.3	120.7
芥菜类蔬菜	Mustard Vegetables	103.1	103.1	105.6	112.9
叶用芥菜	Leaf Mustard	103.1	103.1	105.6	112.9
甘蓝类蔬菜	Brassica Vegetables	97.2	106.4	96.5	107.4
结球甘蓝	Common Head Cabbage	97.0	106.4	96.5	104.4
芥蓝	Cabbage Mustard	97.5			112.3

Producers Price Indices for Farm Products by Quarter

(preceding year=100)

2019				2020				2021			
一季度 First Quarter	二季度 Second Quarter	三季度 Third Quarter	四季度 Fourth Quarter	一季度 First Quarter	二季度 Second Quarter	三季度 Third Quarter	四季度 Fourth Quarter	一季度 First Quarter	二季度 Second Quarter	三季度 Third Quarter	四季度 Fourth Quarter
95.6	**110.6**	**122.9**	**137.7**	**145.4**	**136.0**	**119.7**	**97.6**	**102.1**	**95.5**	**85.8**	**93.6**
97.7	**114.0**	**114.1**	**96.7**	**98.7**	**85.6**	**104.9**	**104.0**	**105.0**	**100.4**	**97.9**	**110.7**
103.0	94.6	95.0	88.6	97.6	104.2	103.8	112.5	121.1	109.6	108.1	103.3
101.2	93.2	94.1	86.1	95.6	103.1	101.8	110.8	106.7	102.7	105.1	96.0
		94.1	79.9			102.2	106.9			105.0	97.4
101.2	93.2		91.3	95.6	103.1	100.5	114.1	106.7	102.7	105.5	94.9
109.1	100.5	101.0	101.0	104.7	109.1	116.3	121.1	170.0	139.7	128.4	140.0
136.7	143.3		98.5	115.0	118.2		93.1	104.4	50.0		101.4
99.3		109.6	123.4			111.4	101.2	108.7		95.6	100.6
99.3		109.6	123.4			111.4	101.2	108.7		95.6	100.6
100.0	92.5	97.7	95.5	103.7	100.9	100.0	97.1	126.3	142.9	142.9	100.0
100.0	92.5	97.7	95.5	103.7	100.9	100.0	97.1	126.3	142.9	142.9	100.0
100.0	100.0	100.0	100.0	102.6	100.0	87.9	97.7	95.6	97.4	98.2	103.6
98.1	98.1		100.0	100.0			100.0	100.0			100.0
98.1	98.1		100.0	100.0			100.0	100.0			100.0
		100.3	98.9			98.7				106.9	
102.1	125.4	107.1	101.1	100.3	91.9	105.7	117.3	110.8	92.6	105.3	123.2
102.3	126.7	107.4	100.6	100.3	91.6	105.8	117.9	111.1	92.7	105.6	124.3
106.5	113.8	104.9	93.2	96.4	105.8	105.7	103.5	106.7	82.8	104.2	122.3
			77.8	66.7			84.6	175.0			102.5
116.0	105.0	101.6	86.3	109.6	104.9	102.3	108.4	79.6	70.7		156.2
103.3			111.9	116.6	105.7		101.4	104.1			119.4
	124.9	117.0			109.0	111.8	86.4		85.8	103.1	
103.0	111.1	111.4	99.5	100.0	93.8	103.3	98.2	102.1	82.5	100.1	100.4
107.6	114.1	106.2	99.5	103.0	93.5	109.1	102.4	95.1	84.9	104.2	111.3
109.2	129.3	112.9	104.7	101.9	87.7	105.9	94.5	96.2	72.9	100.0	108.6
113.0	133.0		88.3	106.7	76.8		88.8	87.4	82.1		105.0
103.8	92.8	97.8	99.5	104.4	106.1	113.2	110.1	94.4	95.8	109.4	114.3
105.0	114.1	96.4	96.6	101.7	106.9	115.8	96.6	87.4	72.5	105.0	125.3
105.0	114.1	96.4	96.6	101.7	106.9	115.8	96.6	87.4	72.5	105.0	125.3
116.9	110.1	122.7	94.0		80.0		103.6	64.8			
112.5	110.1	122.7			80.0		105.7				
121.2			94.0				100.0	85.5			

4-31 续表 1

（上年同期=100）

指 标	Item	2018			
		一季度 First Quarter	二季度 Second Quarter	三季度 Third Quarter	四季度 Fourth Quarter
根茎类蔬菜	Root Vegetables	99.7	97.1	101.0	104.0
白萝卜	White Radish	99.7	105.3		103.1
胡萝卜	Carrot		90.9		
芋头	Taro	107.2	97.6	100.8	106.2
山药	Common Yam Rhizome	130.9	99.0	105.0	110.3
瓜菜类蔬菜	Melons and Vegetables	109.8	109.6	96.7	107.0
黄瓜	Cucumber	115.9	125.0		63.2
冬瓜	Wax Gourd	107.1	94.8	93.4	110.9
西葫芦	Summer Squash	94.2	100.0	112.0	104.5
苦瓜	Balsm Pear	122.9	85.1	128.6	113.1
南瓜	Pumpkin	93.3	89.2	100.0	102.5
丝瓜	Luffa		88.9	100.4	104.6
豆类蔬菜	Leguminous Vegetables		74.0		
豇豆	Cowpea	93.8	94.3	94.0	82.9
四季豆	French Beans	104.0	103.8	87.9	100.0
茄果类蔬菜	Solanaceous Fruit Vegetable	103.5	98.7	107.9	105.0
茄子	Aubergine	124.2	91.8	93.8	68.5
青椒	Green Pepper	80.8	92.4	100.0	95.6
辣椒	Capsicum	101.4	99.8	97.0	88.2
西红柿	Tomato	98.4	91.6	97.0	107.8
莴苣及菊苣类蔬菜	Lettuce and Chicory Vegetables	111.2	113.9		69.3
生菜	Lettuce	93.8	114.0	109.1	87.9
莴笋	Asparagus Lettuce				
葱蒜类蔬菜	Allium Vegetables	96.7	149.7	110.7	80.6
细香葱	Chive	92.4	94.6	108.3	95.3
大蒜	Garlic	100.0		104.4	103.6
韭菜	Leek	100.0		104.4	103.4
水生蔬菜	Aquatic Vegetables				104.1
莲藕	Lotus Root	110.8	87.3	95.8	111.0
荸荠	Chufa	110.5	93.1	101.0	121.8
食用菌	Edible Fungus	142.2	100.0		
双孢蘑菇	Double Spore Mushroom				
黑木耳	Black Fungus	82.5	64.2	79.6	106.9
黄背木耳	Yellow Back Fungus	100.6			107.1

continued

(preceding year=100)

2019				2020				2021			
一季度 First Quarter	二季度 Second Quarter	三季度 Third Quarter	四季度 Fourth Quarter	一季度 First Quarter	二季度 Second Quarter	三季度 Third Quarter	四季度 Fourth Quarter	一季度 First Quarter	二季度 Second Quarter	三季度 Third Quarter	四季度 Fourth Quarter
99.1	100.7	94.9	115.3	120.9				93.7			
99.1	100.7		115.3	120.9				93.7			
102.5	119.3	92.6	95.1	110.3	90.5	123.1	113.7	98.0	85.0	99.9	147.1
	102.4	93.4	107.7	113.9	92.9	141.0	122.3	120.0	105.1	90.6	299.0
100.0	127.7	72.8	86.1		90.8	138.5	117.2		51.3	83.1	142.2
94.7	111.5		230.7	55.2	85.0		100.0		76.9		
	133.2	99.5	72.1	92.1	88.0	121.8	131.1		81.4	97.0	98.4
106.4	109.4	91.8	119.1	126.4	90.5	60.1	89.8	90.8	74.6	121.0	97.5
		81.9	71.9		94.8	107.5	95.2		98.7	123.4	156.5
103.1	140.6	101.4	105.0	92.6	87.2	118.4	98.1		126.5	121.5	117.7
103.1	130.4	102.2	102.9		84.0	129.2	100.0		141.7	121.3	121.0
	232.3		111.7		95.5	100.0			65.1	117.2	
98.7	163.8	128.8	99.3	86.7	80.4	86.6	180.7	156.9	77.6	103.1	119.3
115.2	112.3	108.1	89.5	96.1	102.4	101.4	104.5	94.1	100.6	99.8	122.6
100.0	151.7	105.7		117.6	71.0				53.4	99.5	
66.7	210.9	166.4	93.5	62.9	66.9	59.0	252.8	323.0	68.3	116.7	92.6
109.9	130.1	132.3	107.8	92.1	92.4	93.3	107.9	97.3	89.5	93.3	150.5
105.1	118.2	97.8	92.0	101.5	98.0	129.3	147.8	104.1	98.5	105.1	119.6
111.4	116.5	97.4	113.3	98.2	98.6	129.3	103.7	98.5	100.9		119.2
84.9	121.2		71.5	114.7			190.0	124.4			120.0
98.9	112.5	106.7	108.2	102.3	74.3	91.6	89.7	108.2	111.5	104.5	102.1
105.3	117.6	107.0	112.0		56.1	102.6	84.8				
98.0	109.7	106.5	104.3	91.3	84.1	86.3	94.8	108.2	111.5	104.5	102.1
99.6	103.5		105.3	98.7	101.6		97.7	92.5	98.4		
99.6	103.5		105.3	98.7	101.6		97.7	92.5	98.4		
96.9	99.3	101.9	109.2	101.1	98.0	103.5	106.7	106.8	90.3	100.0	104.0
86.6	87.3	94.1									100.0
107.3	111.2	108.1		103.6	95.6						96.2

4-31 续表 2

（上年同期=100）

指 标	Item	2018			
		一季度 First Quarter	二季度 Second Quarter	三季度 Third Quarter	四季度 Fourth Quarter
水果及坚果	Fruit and Nuts	95.2	85.8	83.2	112.5
水果（园林水果）	Fruit（Garden Fruit）	95.2	85.8	83.2	112.5
柑橘类水果	Citrus Fruit	92.7	71.8	90.8	91.7
柑橘	Citrus	83.0		100.0	94.5
橙	Orange	101.8	71.8		106.5
柚	Pomelo Grapefruit	106.8		68.0	75.1
葡萄	Grape			95.4	
巨峰葡萄	Kyoho Grape			91.4	
热带水果	Tropical Fruits	100.3	84.9	65.7	176.8
香蕉	Banana	100.3	116.9	159.5	176.8
龙眼	Longan			45.5	
荔枝	Lychee		70.2	32.4	
芒果	Mango			71.2	
瓜类水果	Melon Fruit		93.4	111.4	101.0
西瓜	Watermelon		92.8	112.9	101.0
香瓜	Muskmelon		101.0	100.0	
其他水果	Other Fruit	81.8		98.9	96.6
柿子	Persimmon	81.8		98.9	96.6
茶及饮料原料	Tea and Beverage Raw Materials	104.2	102.3	103.8	102.8
茶叶	Tea	104.2	102.3	103.8	102.8
绿茶	Green Tea	104.2	102.3	105.6	103.3
中草药材	Chinese Medicinal Herbs	118.5	107.5	97.6	135.0
林业产品	**Forestry Products**	**104.8**	**100.3**	**100.9**	**101.7**
育种和育苗	Breeding and Seedling Raising	115.9	103.3	97.8	108.8
木材采伐产品	Timber Harvesting Products	99.5	99.0	99.3	100.0
原木	Log	99.6	99.0	99.3	100.0
针叶原木	Coniferous Log	98.9	98.6	97.8	98.5
马尾松原木	Ping Log	97.9	98.0	97.5	
杉木原条	Chinese Fir	100.4	100.2	98.5	98.5
非针叶原木	Non Coniferous Wood	101.1	99.9	102.1	104.0
桉树原木	Eucalyptus Log	101.1	99.9	102.1	104.0
竹材采伐产品	Bamboo Cutting Products	97.4	106.8	114.4	102.6
林产品	Forest Product	112.3	109.0	111.3	110.8

continued

(preceding year=100)

2019				2020				2021			
一季度 First Quarter	二季度 Second Quarter	三季度 Third Quarter	四季度 Fourth Quarter	一季度 First Quarter	二季度 Second Quarter	三季度 Third Quarter	四季度 Fourth Quarter	一季度 First Quarter	二季度 Second Quarter	三季度 Third Quarter	四季度 Fourth Quarter
82.6	149.0	142.8	95.6	92.3	59.2	106.5	85.8	97.6	104.5	77.7	110.8
82.6	149.0	142.8	95.6	92.3	59.2	106.5	85.8	97.6	104.5	77.7	110.8
69.6	89.2	198.9	95.6	85.4	67.1	110.4	86.7	86.1	99.2	78.1	92.5
61.6			97.6	65.6	60.8		84.7	83.1	57.7		84.5
71.2	89.2		78.3	107.6	69.6	113.3	84.2	96.0	115.4		130.9
86.9		198.9	99.3	111.0		106.3	94.1	83.5		78.1	95.0
		102.2				101.7				98.5	137.5
		87.1				105.9				98.6	137.5
102.5	168.3	162.1	86.2	99.7	59.5	118.0	85.5	114.8	77.1	58.0	109.3
102.5	134.3	108.8	86.2	99.7	71.0	84.5	85.5	114.8	71.9	95.6	109.3
		156.7				145.0				39.3	
	183.9	353.5			54.2	69.3			79.5	47.7	
		161.3				87.9				79.9	
	150.7	114.8	90.9		55.1	79.4			143.9	104.3	124.2
	150.3	116.8	90.9		56.2	79.4			147.2	104.3	124.2
	155.3	100.0			41.8				102.9		
98.4		104.5	112.1	136.8		95.1	83.4	118.2		104.9	138.4
98.4		104.5	112.1	136.8		95.1	83.4	118.2		104.9	138.4
108.8	106.9	102.6	103.0	100.1	91.3	98.3	101.4	101.7	104.9	89.5	104.8
108.8	106.9	102.6	103.0	100.1	91.3	98.3	101.4	101.7	104.9	89.5	104.8
108.8	106.9	103.8	103.7	100.1	91.3	104.6	105.1	101.7	104.9	91.8	105.8
102.3		96.6	110.5	109.4	100.0	101.4	66.0	102.3	102.9	94.8	220.5
98.4	**99.4**	**98.4**	**100.3**	**90.5**	**97.3**	**97.7**	**105.2**	**114.3**	**108.3**	**100.8**	**102.7**
92.7	84.9	75.6	98.4	84.4	104.2	105.9	106.6	106.6	89.9	71.5	97.2
99.5	102.0	99.5	100.8	96.8	97.1	96.9	98.1	101.9	109.0	99.6	100.0
99.5	102.0	99.5	100.8	96.8	97.1	96.9	98.1	101.9	109.0	99.6	100.0
98.2	100.9	96.8	100.6	94.4	98.0	96.3		103.3	112.6	97.5	98.8
		95.5	103.2		97.8	98.2				94.3	97.3
98.2	100.9	101.1	92.5	94.4	98.6	90.6		103.3	112.6	107.1	103.1
102.0	104.0	104.2	101.3	101.5	95.3	97.9	98.1	99.1	101.7	103.2	103.4
102.0	104.0	104.2	101.3	101.5	95.3	97.9	98.1	99.1	101.7	103.2	103.4
94.9	100.2	102.4	107.6	104.6	98.1	99.0	97.5	110.6	115.9	104.4	103.2
106.3	92.5	85.6	89.5	66.0	84.5	105.7	157.1	174.0	135.9	148.2	119.5

4-31 续表 3

（上年同期＝100）

指标	Item	2018 一季度 First Quarter	2018 二季度 Second Quarter	2018 三季度 Third Quarter	2018 四季度 Fourth Quarter
饲养动物及其产品	**Feeding Animals and Their Products**	**95.6**	**85.2**	**94.4**	**95.5**
活牲畜	Live Cattle	84.8	71.7	92.2	97.0
猪	Pig	83.4	68.8	91.9	96.1
种猪	Boar	90.8	74.6	89.6	97.2
仔猪	Piglet	71.0	49.6	66.0	77.5
能繁殖母猪	Breeding Sows				
其他活猪	Other Pigs	84.6	70.1	91.9	96.9
牛	Cattle	97.7	101.8	102.2	106.5
羊	Sheep	101.0	99.4	105.9	104.7
活家禽	Live Poultry	137.2	125.8	105.5	93.2
活鸡	Chickens	142.8	127.9	108.9	89.9
活鸭	Live ducks	115.3	117.9	98.7	108.0
畜禽产品	Livestock and Poultry Products	126.9	125.5	95.0	86.2
禽蛋	Poultry of Eggs	126.9	144.9	117.7	105.9
鸡蛋	Egg	126.9	144.9	129.0	110.4
鸭蛋	Duck's Egg			100.0	100.0
蚕茧	Silkworm Cocoon		109.6	86.9	73.8
渔业产品	**Fishery Products**	**105.3**	**105.1**	**104.0**	**100.4**
海水养殖产品	Seawater Artificially Cultured Products	111.2	117.5	114.2	99.7
海水养殖虾	Mariculture of Prawns	103.1	98.5	85.3	101.3
海水养殖蟹	Mariculture of Crabs	110.0	101.2		
海水养殖贝类	Mariculture of Shellfish	117.1	133.3	134.0	98.5
海水养殖牡蛎	Mariculture of Oyster	88.7	110.9	112.5	104.0
海水养殖蛤	Mariculture of Clams	151.9	160.6	161.3	91.6
海水捕捞产品	Seawater Fishing Products	104.1	95.5	95.1	103.8
海水捕捞鲜鱼	Marine Fishing Fresh Fish	106.4	98.0	96.6	98.8
海水捕捞虾	Marine Fishing Shrimp	102.2	95.2	85.7	101.9
海水捕捞蟹	Marine Fishing Crab	96.3	76.9	93.2	123.0
海水捕捞软体水生动物	Marine Aquatic Animals	100.4	101.2	99.4	101.1
淡水养殖产品	Fresh Water Farming Products	101.4	102.4	100.4	99.3
养殖淡水鱼	Cultured Freshwater Fish	106.0	102.5	101.1	101.7
养殖淡水鲤鱼	Cultured Freshwater Carp	102.1	109.1	108.6	117.9
养殖淡水草鱼	Cultured Freshwater Grass Carp	103.6	106.5	100.2	97.2
养殖淡水鳙鱼（胖头鱼）	Cultured Freshwater Bighead	105.9	105.8	99.3	100.6
养殖淡水罗非鱼	Cultured Freshwater Tilapia	105.2	100.0	102.3	100.2
养殖淡水鲢鱼	Cultured Freshwater Silver Carp	113.0	93.1	95.7	99.6
其他淡水养殖产品	Other Cultured Freshwater Products	83.8	101.4	97.6	89.6
淡水养殖龟	Cultured Freshwater Turtle	63.4	100.0	96.6	71.6
淡水养殖鳖	Cultured Freshwater Turtles	100.5	102.5	98.3	104.3

continued

(preceding year=100)

2019				2020				2021			
一季度 First Quarter	二季度 Second Quarter	三季度 Third Quarter	四季度 Fourth Quarter	一季度 First Quarter	二季度 Second Quarter	三季度 Third Quarter	四季度 Fourth Quarter	一季度 First Quarter	二季度 Second Quarter	三季度 Third Quarter	四季度 Fourth Quarter
89.9	**111.1**	**144.0**	**208.6**	**261.5**	**235.5**	**148.6**	**87.5**	**93.6**	**81.5**	**64.0**	**69.0**
88.8	116.2	152.5	235.8	309.1	284.4	171.2	89.2	88.3	66.1	47.2	54.1
87.1	116.5	155.6	246.7	328.0	303.9	177.1	87.4	86.8	61.6	42.2	49.2
80.0	89.7	84.2	150.7	257.7			77.6	80.2	74.2	44.7	35.5
90.0	127.2	254.3	171.7	641.8	716.1	320.4	82.2	79.6	57.4	19.1	20.7
86.9	116.0	153.1	250.8	294.6	274.1	172.6	87.7	87.7	61.8	42.9	50.5
107.6	115.7	121.2	132.6	117.4	102.7	112.1	105.9	104.6	97.4	95.3	101.3
102.4	112.1	124.1	130.1	126.5	116.2	110.7	107.0	102.5	116.4	106.7	99.5
93.0	111.5	125.1	118.8	88.7	80.3	77.8	82.7	114.6	112.2	99.5	111.3
90.9	112.6	128.8	120.2	89.5	81.1	73.0	83.5	112.5	110.2	102.8	108.9
101.0	107.2	117.8	112.6	85.9	77.2	87.4	79.1	122.7	119.6	92.8	121.9
97.4	82.6	107.2	129.0	97.8	91.1	80.9	81.0	106.7	141.6	138.8	124.7
97.4	95.5	107.1	115.3	97.8	92.0	85.7	92.6	106.7	108.1	109.4	103.7
95.5	95.5	102.5	105.5	97.8	92.0	76.7	87.0	100.9	108.1	115.4	103.7
100.9		114.4	128.0			100.0	100.0	117.4		100.0	
	72.0	107.3	137.6		90.4	79.2	73.6		169.0	149.4	137.9
101.2	**100.5**	**103.4**	**100.9**	**98.2**	**97.5**	**91.3**	**97.6**	**107.5**	**105.6**	**105.8**	**102.1**
101.1	110.0	102.8	100.8	95.4	89.3	85.2	96.8	122.6	91.3	107.8	101.0
104.6	111.9	99.0	98.9	75.0	73.4	78.9	96.6	126.9	85.6	103.5	103.6
101.6		100.0		105.4			95.2	97.9			
98.5	108.7	105.8	102.2	108.2	100.5	89.6	97.3	123.3	95.3	110.6	99.1
109.3	108.7	105.8	104.0	90.3	89.2	89.6	90.3	121.3	95.3	110.6	99.1
85.2			100.0	130.1	114.3		105.9	125.6			
102.6	102.1	99.9	105.7	101.6	103.1	93.3	94.1	96.2	98.0	95.0	97.3
103.9	100.5	97.2	107.2	102.3	103.3	89.4	89.5	88.7	96.0	99.1	92.0
100.7	100.6	104.9	102.7	101.0	103.1	77.3	91.0	103.4	96.5	97.4	123.6
105.1	111.1	96.1	103.3				103.8	112.2	112.0	87.3	100.0
98.0	104.2	111.0	99.9	101.3	101.9	92.8	95.9	98.8	97.6	94.0	99.9
100.6	96.0	105.6	98.7	98.6	99.5	95.0	100.0	101.5	113.7	109.7	105.4
102.0	96.0	108.3	103.0	102.1	100.0	95.6	99.0	102.0	115.1	113.5	108.1
101.6	103.5	106.8	102.8	102.8	90.5	97.6	91.3	98.6	121.0	112.1	105.5
95.9	97.5	98.3	99.9	100.7	105.2	105.2	105.7	107.7	128.1	124.3	109.9
107.9	107.6	124.6	106.1	97.4	98.7	93.7	99.6	104.5	112.4	117.6	113.3
99.8	102.5	106.1	100.2	95.5	96.5	91.4	95.9	103.6	104.2	104.7	104.7
108.4	66.7	112.4	109.1	115.5	107.1	90.8	99.6	93.5	112.8	112.3	108.3
95.4	96.0	94.7	81.1	85.7	96.2	92.7	103.8	99.5	103.1	94.3	94.6
94.0	88.3	85.3	67.7	75.0	93.3	86.1	93.4	97.0	104.6	96.5	96.4
96.6	102.3	102.1	92.0	94.5	98.6	97.9	112.2	101.6	101.9	92.5	93.1

4-32 农产品生产者价格指数

Producers Price Indices for Farm Products

（上年=100） (preceding year=100)

指 标	Item	2017	2018	2019	2020	2021
农产品生产者价格指数	**Producer Price Indices for Farm Products**	**98.2**	**97.3**	**115.5**	**115.5**	**94.9**
农业产品	**Agriculture Products**	**104.4**	**99.2**	**103.5**	**99.5**	**103.3**
谷物	Cereal	100.6	102.5	94.2	106.1	112.2
稻谷	Rice	100.1	101.6	91.3	103.9	101.6
早籼稻	Early Indica Rice	99.0	103.3	86.9	104.7	100.9
晚籼稻	Late Indica Rice	101.1	100.2	95.2	103.2	102.3
玉米	Corn	102.1	105.3	102.8	112.7	144.2
薯类	Tubers	99.0	92.7	112.3	100.9	89.9
油料	Oil-bearing Crops	100.1	98.2	109.8	105.9	101.8
花生	Peanut	100.1	98.2	109.8	105.9	101.8
豆类	Beans	100.0	101.9	96.3	100.4	128.0
大豆	Soybean	100.0	101.9	96.3	100.4	128.0
生麻	Raw Hemp	98.2	100.0	100.0	97.1	98.9
糖料	Sugar	108.6	99.4	98.7	100.0	100.0
甘蔗	Sugar Cane	108.6	99.4	98.7	100.0	100.0
未加工烟草	Untreated Tobacco	100.4	100.6	99.6	98.7	106.9
蔬菜及食用菌	Vegetables and Edible Fungus	99.0	101.2	105.9	104.0	106.3
蔬菜	Vegetables	98.9	101.2	106.1	104.2	106.7
叶菜类蔬菜	Leafy Vegetables	94.5	105.3	104.3	101.8	101.9
芹菜	Celery	115.0	162.3	77.8	74.6	115.3
油菜	Rape	92.3	96.2	103.6	105.3	110.6
菠菜	Spinach	85.7	100.1	107.7	107.9	113.9
空心菜	Water Spinach	106.9	102.4	121.3	101.1	93.3
小白菜	Bok Choy	82.8	102.0	107.1	99.4	96.5
白菜类蔬菜	Chinese Cabbage Group	89.6	109.1	106.6	102.3	99.6
大白菜	Napa Cabbage	90.1	105.3	113.8	97.2	96.8
普通白菜	Common Chinese Cabbage	87.5	95.4	103.5	102.8	95.2
菜心（菜薹）	Chinese Flowering Cabbage	89.5	116.4	98.3	108.5	103.9
芥菜类蔬菜	Mustard Vegetables	95.9	105.8	101.1	104.4	92.4
叶用芥菜	Leaf Mustard	95.9	105.8	101.1	104.4	92.4
甘蓝类蔬菜	Brassica Vegetables	90.9	103.6	111.6	89.8	64.8
结球甘蓝	Common Head Cabbage	87.2	101.8		90.6	
菜花	Cauliflower	102.9	108.8	115.2	75.0	
芥蓝	Cabbage Mustard	90.9	104.5	101.5	100.0	85.5

4-32　续表 1　continued

（上年=100）　(preceding year=100)

指　标	Item	2017	2018	2019	2020	2021
根茎类蔬菜	Root Vegetables	106.1	101.1	97.9	120.9	93.7
白萝卜	White Radish	105.1	101.9	100.6	120.9	93.7
胡萝卜	Carrot	107.7	90.9			
生姜	Ginger	106.2				
芋头	Taro	107.1	104.7			
山药	Common Yam Rhizome	107.2	109.4			
瓜菜类蔬菜	Melons and Vegetables	121.3	105.4	98.6	105.9	109.6
黄瓜	Cucumber	99.4	111.9	99.8	117.2	158.8
冬瓜	Wax Gourd	104.4	101.9	99.4	115.4	94.4
西葫芦	Summer Squash	109.3	102.1	122.9	76.2	76.9
苦瓜	Balsm Pear	104.9	112.6	99.3	107.0	91.9
南瓜	Pumpkin	102.0	93.6	102.8	88.1	90.6
丝瓜	Luffa	101.1	97.5	76.2	99.2	129.4
豆类蔬菜	Leguminous Vegetables	110.4	74.0	116.7	99.8	117.4
豇豆	Cowpea	100.0	91.3	111.1	101.7	127.2
四季豆	French Beans	97.0	100.2	156.8	98.4	88.0
茄果类蔬菜	Solanaceous Fruit Vegetable	108.8	103.7	114.0	99.5	117.3
茄子	Aubergine	90.6	94.7	107.3	101.2	104.8
青椒	Green Pepper	106.1	91.0	111.9	88.9	75.8
辣椒	Capsicum	82.4	100.0	109.9	107.8	148.0
西红柿	Tomato	104.9	99.7	121.7	95.9	113.2
莴苣及菊苣类蔬菜	Lettuce and Chicory Vegetables	71.3	100.1	101.0	131.3	116.8
生菜	Lettuce	78.1	102.5	108.8	107.9	107.9
莴笋	Asparagus Lettuce			97.1	144.1	122.0
葱蒜类蔬菜	Allium Vegetables	73.5	107.9	104.3	93.7	106.2
大葱	Allium Fistulosum					
细香葱	Chive	81.4	98.7	109.9	76.0	
大蒜	Garlic	108.9	104.2			
韭菜	Leek	108.9	102.4	104.4	89.4	106.2
水生蔬菜	Aquatic Vegetables		106.7	103.3	99.4	95.4
莲藕	Lotus Root	100.8	101.1			
荸荠	Chufa	102.0	107.7	103.3	96.4	95.4
食用菌	Edible Fungus	107.0	116.4	100.6	101.0	99.2
双孢蘑菇	Double Spore Mushroom	100.0				
香菇	Mushrooms					
黑木耳	Black Fungus	99.8	81.0	89.1		100.0
黄背木耳	Yellow Back Fungus	100.0	103.5	108.5	99.6	96.2

4-32 续表 2 continued

（上年=100） (preceding year=100)

指 标	Item	2017	2018	2019	2020	2021
水果及坚果	Fruit and Nuts	112.0	90.6	118.7	85.8	91.3
水果（园林水果）	Fruit（Garden Fruit）	112.0	90.6	118.7	85.8	91.3
柑橘类水果	Citrus Fruit	120.4	90.0	84.6	80.0	86.8
柑橘	Citrus	120.2	89.9	78.0	69.6	76.4
橙	Orange	129.9	94.9	78.4	90.5	113.3
柚	Pomelo Grapefruit	105.0	82.0	121.3	104.0	84.5
葡萄	Grape	111.7	95.4	102.2	101.7	104.2
巨峰葡萄	Kyoho Grape	110.2	96.2	94.2	102.5	105.4
热带水果	Tropical Fruits	103.9	83.0	155.9	95.4	72.7
香蕉	Banana	70.2	135.3	107.5	84.9	97.4
龙眼	Longan	145.4	45.5	156.7	145.0	39.3
荔枝	Lychee	119.5	47.8	264.0	63.8	61.1
芒果	Mango	99.2	71.8	122.2	91.8	79.9
瓜类水果	Melon Fruit	116.2	101.4	119.0	62.4	120.1
西瓜	Watermelon	119.1	101.5	117.8	66.6	123.6
香瓜	Muskmelon	113.5	100.7	124.7	41.8	102.9
其他水果	Other Fruit	103.6	93.2	105.3	102.7	119.4
柿子	Persimmon	103.6	93.2	105.3	102.7	119.4
茶及饮料原料	Tea and Beverage Raw Materials	99.8	103.1	105.4	95.9	100.3
茶叶	Tea	99.8	103.1	105.4	95.9	100.3
绿茶	Green Tea	99.6	103.8	106.5	99.3	101.1
中草药材	Chinese Medicinal Herbs	94.2	114.4	100.7	100.7	114.5
林业产品	**Forestry Products**	**101.1**	**102.9**	**99.9**	**97.6**	**104.2**
育种和育苗	Breeding and Seedling Raising	98.8	106.4	92.4	93.2	101.8
木材采伐产品	Timber Harvesting Products	100.1	99.3	100.1	97.5	99.4
原木	Log	100.1	99.4	100.1	97.5	99.4
针叶原木	Coniferous Log	101.3	98.2	99.0	97.2	98.4
马尾松原木	Pine Log	102.1	97.8	99.2	98.0	95.9
杉木原条	Chinese Fir	98.7	99.4	98.2	94.5	106.6
非针叶原木	Non Coniferous Wood	97.2	102.4	102.8	98.3	101.8
桉树原木	Eucalyptus Log	97.7	101.8	102.8	98.3	101.8
竹材采伐产品	Bamboo Cutting Products	97.8	105.3	101.4	99.6	108.4
林产品	Forest Product	112.8	110.2	101.7	99.0	137.5

4-32 续表 3 continued

（上年=100）　　(preceding year=100)

指　标	Item	2017	2018	2019	2020	2021
饲养动物及其产品	**Feeding Animals and Their Products**	**87.5**	**91.7**	**139.6**	**147.1**	**78.3**
活牲畜	Live Cattle	83.4	86.6	149.5	168.0	64.8
猪	Pig	82.0	84.9	152.8	174.0	60.8
种猪	Boar	99.2	87.0	100.3	96.0	60.3
仔猪	Piglet	80.0	65.4	163.6	281.8	46.7
能繁殖母猪	Breeding Sows	104.4				
其他活猪	Other Pigs	81.7	85.7	152.8	169.9	61.5
牛	Cattle	97.0	102.1	119.3	109.5	99.6
羊	Sheep	97.4	103.1	117.3	114.6	105.9
活家禽	Live Poultry	92.6	112.9	112.4	81.4	109.7
活鸡	Chickens	91.3	113.8	113.1	81.1	108.6
活鸭	Live ducks	97.5	109.7	109.6	82.3	113.9
畜禽产品	Livestock and Poultry Products	110.6	99.7	104.2	85.0	134.7
禽蛋	Poultry of Eggs	92.6	115.4	105.1	93.2	107.6
鸡蛋	Egg	87.3	126.3	100.0	88.3	106.7
鸭蛋	Duck's Egg	100.0	100.0	112.3	100.0	108.9
蚕茧	Silkworm Cocoon	121.7	89.9	103.6	80.0	151.5
渔业产品	**Fishery Products**	**103.7**	**103.4**	**101.2**	**96.3**	**105.6**
海水养殖产品	Seawater Artificially Cultured Products	109.3	109.1	101.2	93.2	108.9
海水养殖虾	Mariculture of Prawns	101.7	96.7	103.8	80.6	103.9
海水养殖蟹	Mariculture of Crabs	101.1	106.8	101.0	100.5	97.9
海水养殖贝类	Mariculture of Shellfish	116.0	118.4	99.3	101.1	114.1
海水养殖牡蛎	Mariculture of Oyster	119.9	103.8	106.9	89.8	104.9
海水养殖蛤	Mariculture of Clams	111.3	136.5	89.8	115.2	125.6
海水捕捞产品	Seawater Fishing Products	104.4	102.5	102.2	96.7	96.1
海水捕捞鲜鱼	Marine Fishing Fresh Fish	105.2	103.2	101.4	93.5	93.1
海水捕捞虾	Marine Fishing Shrimp	101.7	97.0	102.5	90.6	105.3
海水捕捞蟹	Marine Fishing Crab	101.7	96.5	104.0	103.8	103.5
海水捕捞软体水生动物	Marine Aquatic Animals	104.8	100.6	103.2	97.6	97.6
淡水养殖产品	Fresh Water Farming Products	99.7	100.0	100.7	98.2	107.5
养殖淡水鱼	Cultured Freshwater Fish	102.1	102.9	102.6	99.0	109.6
养殖淡水鲤鱼	Cultured Freshwater Carp	100.7	109.4	103.9	95.8	109.2
养殖淡水草鱼	Cultured Freshwater Grass Carp	106.4	101.8	97.9	104.2	117.6
养殖淡水鳙鱼（胖头鱼）	Cultured Freshwater Bighead	99.6	102.8	111.4	97.2	112.0
养殖淡水罗非鱼	Cultured Freshwater Tilapia	100.2	102.1	102.2	94.7	104.3
养殖淡水鲢鱼	Cultured Freshwater Silver Carp	101.6	100.6	102.9	102.9	105.3
其他淡水养殖产品	Other Cultured Freshwater Products	88.9	86.9	91.9	94.6	97.5
淡水养殖龟	Cultured Freshwater Turtle	77.5	69.4	84.3	86.8	98.4
淡水养殖鳖	Cultured Freshwater Turtles	98.2	101.3	98.1	100.9	96.8

4-33 农产品集贸市场价格（2022年）

单位：元/公斤

指 标	Item	1 月 January	2 月 February	3 月 March	4 月 April	5 月 May
粮食类	**Grain**					
籼稻	Rice	2.95	2.95	2.95	2.95	2.96
小麦	Wheat	6.25	6.20	6.20	6.10	6.10
玉米	Corn	3.03	3.09	3.08	3.06	3.09
大豆	Soybean	8.53	8.53	8.78	8.78	8.79
籼米	Indica	5.49	5.49	5.50	5.48	5.46
经济作物类	**Economic Crops Category**					
花生仁	Peanuts	13.38	13.25	13.25	13.00	13.13
畜产品类	**Animal Products**					
活猪	Live Pig	15.26	13.70	12.31	13.76	15.64
仔猪	Piglets	29.80	26.13	24.93	25.81	31.61
猪肉	Pork	23.50	21.38	18.75	20.88	22.88
活牛	Live Cattle	38.52	38.89	38.47	37.64	37.52
牛肉	Beef	96.25	96.75	94.25	93.25	93.25
活羊	Live Sheep	45.69	46.12	45.83	45.26	44.26
羊肉	Mutton	95.75	97.50	94.50	94.50	94.00
活鸡	Live Chicken	26.50	26.38	26.13	24.75	25.13
鸡蛋	Eggs	13.38	12.63	13.00	14.00	13.88
水产品类	**Aquatic Products**					
草鱼	Grass Carp	18.25	18.88	18.88	19.00	18.75
鲤鱼	Cyprinoid	15.50	16.13	16.13	16.13	16.13
鲢鱼	Silver Carp	12.71	13.14	12.43	11.86	11.86
蔬菜类	**Vegetables**					
大白菜	Chinese Cabbage	3.80	4.00	3.80	4.38	4.20
黄瓜	Cucumber	9.21	8.57	9.71	6.57	4.66
西红柿	Tomato	8.38	8.63	6.50	7.29	7.13
菜椒	Green Pepper	12.13	11.75	12.50	10.75	9.75
四季豆	French Beans	10.75	12.75	13.50	10.50	7.00
水果类	**Fruit Group**					
红富士苹果	Fuji apple	10.63	10.25	10.50	10.75	11.13
香蕉	Banana	6.13	5.93	6.30	6.25	6.50
橙子	Orange	6.13	6.00	6.17	6.27	5.75

Rural Market Fairs Prices of Agricultural Products（2022）

（yuan/kg）

6 月 June	7 月 July	8 月 August	9 月 September	10 月 October	11 月 November	12 月 December
2.96	2.98	3.01	3.02	3.02	3.08	3.08
6.05	6.05	6.00	6.00	6.00	6.00	5.95
3.11	3.08	3.08	3.08	3.09	3.12	3.09
8.78	8.78	8.78	8.78	8.78	8.80	8.81
5.61	5.61	5.63	5.63	5.63	5.63	5.63
13.13	13.13	13.25	13.63	13.88	13.88	14.00
16.64	22.18	22.75	23.98	27.63	23.80	18.95
33.46	41.63	45.25	47.30	49.42	45.45	38.82
23.88	32.63	32.88	35.00	40.50	36.00	30.88
37.52	37.64	37.72	37.62	37.57	37.57	37.54
93.13	93.13	93.13	93.13	93.00	93.00	93.00
44.12	43.41	44.41	44.26	44.12	44.12	43.24
93.00	91.88	91.88	92.63	93.13	93.88	92.88
25.63	28.38	28.88	30.25	31.13	30.13	29.00
13.50	13.63	13.70	14.20	14.58	14.83	14.25
19.00	18.75	18.75	18.75	18.63	18.50	18.25
16.13	16.13	16.13	16.13	16.13	16.00	16.00
12.14	11.57	11.71	11.86	11.86	11.57	11.29
3.88	3.83	3.88	4.33	4.25	3.86	3.88
5.00	6.07	6.93	5.57	5.79	5.71	7.29
6.06	6.19	6.06	6.38	7.75	6.13	6.00
9.75	10.38	9.63	11.25	12.25	10.00	10.63
8.25	7.25	9.00	9.50	9.00	9.50	11.75
11.25	11.63	11.75	12.13	11.75	11.75	12.38
6.25	5.63	5.63	5.25	5.25	5.33	5.88
5.75	5.75	5.75	5.75	6.25	8.43	7.50

4-34 农产品集贸市场价格

单位：元/公斤

指 标	Item	2019	2020	2021	2019	2020	2021
		1月 January			2月 February		
粮食类	**Grain**						
籼稻	Rice	2.84	2.82	2.93	2.82	2.82	3.03
小麦	Wheat	5.50	4.53	4.87	5.50	4.53	4.87
玉米	Corn	2.31	2.34	3.14	2.29	2.40	3.08
大豆	Soybean	7.38	7.33	8.06	7.38	7.28	8.03
籼米	Indica	5.36	5.31	5.54	5.39	5.31	5.54
经济作物类	**Economic Crops Category**						
花生仁	Peanuts	11.81	13.38	14.00	11.88	13.50	14.13
畜产品类	**Animal Products**						
活猪	Live Pig	12.55	37.68	35.75	12.10	39.63	32.55
仔猪	Piglets	22.72	74.41	78.44	22.83	86.32	82.63
猪肉	Pork	19.25	56.13	50.75	18.25	61.25	48.13
活牛	Live Cattle	29.36	33.45	36.39	29.44	34.45	35.25
牛肉	Beef	73.25	90.00	96.00	74.00	94.75	97.75
活羊	Live Sheep	36.88	42.34	44.83	37.02	42.59	45.44
羊肉	Mutton	79.13	92.00	93.38	78.50	97.57	98.00
活鸡	Live Chicken	25.50	26.25	24.25	24.88	25.00	24.88
鸡蛋	Eggs	13.25	13.20	13.25	12.26	12.54	13.00
水产品类	**Aquatic Products**						
草鱼	Grass Carp	15.88	16.38	16.50	16.00	17.00	16.63
鲤鱼	Cyprinoid	13.63	14.00	14.13	14.00	14.50	14.50
鲢鱼	Silver Carp	9.86	11.71	11.00	9.86	11.57	11.43
蔬菜类	**Vegetables**						
大白菜	Chinese Cabbage	3.08	3.30	3.69	3.06	3.58	3.24
黄瓜	Cucumber	7.86	7.29	6.93	8.93	8.14	6.00
西红柿	Tomato	6.19	6.94	6.25	6.06	7.63	5.56
菜椒	Green Pepper	8.01	9.13	12.38	9.25	10.00	11.50
四季豆	French Beans	8.50	12.00	11.00	10.50	12.15	11.00
水果类	**Fruit Group**						
红富士苹果	Fuji apple	12.50	10.63	10.75	12.50	10.63	10.75
香蕉	Banana	5.88	5.00	4.73	5.50	5.06	5.00
橙子	Orange	6.71	6.71	5.86	7.21	7.00	6.00

Rural Market Fairs Prices of Agricultural Products

（yuan/kg）

2019	2020	2021	2019	2020	2021	2019	2020	2021	2019	2020	2021
3 月　March			4 月　April			5 月　May			6 月　June		
2.81	2.79	3.03	2.83	2.81	3.03	2.81	2.86	3.05	2.78	2.92	3.06
5.50	4.53	4.87	5.50	4.53	4.87	5.50	4.53	4.87	5.50	4.53	5.20
2.27	2.46	3.07	2.29	2.46	3.08	2.29	2.51	3.08	2.27	2.53	3.10
7.35	7.28	8.10	7.43	7.45	7.98	7.45	7.40	8.25	7.43	7.40	8.25
5.39	5.31	5.54	5.39	5.35	5.54	5.39	5.43	5.55	5.36	5.43	5.55
11.75	13.75	14.38	12.06	15.00	14.13	12.38	15.13	13.75	12.88	15.25	13.75
12.81	37.75	28.50	12.54	35.88	22.70	11.35	30.83	18.00	12.33	34.70	13.85
25.09	87.43	86.63	25.30	89.55	67.73	24.45	84.30	58.58	24.92	80.27	44.19
18.44	56.38	42.75	18.94	51.63	34.50	16.75	47.38	28.38	18.00	52.00	23.75
29.21	33.57	35.77	29.06	33.57	36.02	29.69	33.32	36.52	30.92	33.39	36.27
72.50	90.50	93.50	72.13	89.75	93.25	76.25	89.50	94.00	80.00	90.75	93.25
36.45	45.98	45.98	37.02	45.41	45.83	36.88	43.41	45.98	37.16	41.98	45.41
76.75	93.50	95.00	76.75	91.00	94.75	76.75	89.75	93.25	77.50	87.50	93.25
25.00	26.38	24.88	24.13	24.25	24.63	27.75	23.63	24.13	28.13	23.13	24.38
12.21	12.50	12.50	12.26	12.25	12.50	12.88	11.63	12.88	12.75	11.38	12.88
15.88	16.50	18.13	15.75	16.38	21.13	15.75	16.50	23.25	16.25	16.50	23.25
13.63	13.88	14.63	13.63	13.75	16.50	13.75	13.75	17.63	14.13	13.88	17.25
9.71	11.29	11.43	9.57	11.57	12.14	9.86	11.43	12.29	10.29	11.00	12.43
3.70	3.53	3.35	4.20	3.78	3.48	3.75	3.73	3.63	3.70	4.45	3.88
8.43	6.29	5.29	5.71	5.57	5.14	3.86	5.00	4.86	4.14	5.43	5.14
6.75	6.63	4.88	6.63	8.25	4.63	7.75	5.88	4.75	5.38	5.75	5.13
10.63	9.50	9.13	10.00	10.50	9.00	8.38	8.00	8.63	8.25	7.69	8.25
9.75	10.25	10.50	10.50	8.75	8.50	8.25	7.25	8.75	9.25	8.50	7.50
12.88	10.63	10.94	13.63	10.75	10.75	15.13	10.75	10.38	17.75	10.75	10.25
5.75	5.50	5.25	5.88	5.75	5.25	6.00	5.63	5.13	5.88	4.93	4.93
6.52	6.77	5.83	6.88	6.00	6.40	8.08	6.80	5.50	8.60	6.00	5.50

4-34 续表

单位：元/公斤

指 标	Item	2019	2020	2021	2019	2020	2021
		7月 July			8月 August		
粮食类	**Grain**						
籼稻	Rice	2.75	2.82	2.95	2.79	2.87	2.91
小麦	Wheat	5.50	4.53	5.20	5.50	4.53	5.20
玉米	Corn	2.23	2.54	3.04	2.29	2.63	3.04
大豆	Soybean	7.35	7.53	8.38	7.43	7.65	8.38
籼米	Indica	5.31	5.38	5.51	5.31	5.38	5.50
经济作物类	**Economic Crops Category**						
花生仁	Peanuts	12.88	15.25	13.75	13.50	15.25	13.75
畜产品类	**Animal Products**						
活猪	Live Pig	21.88	37.99	15.30	28.75	38.85	15.35
仔猪	Piglets	30.61	85.92	42.41	35.56	88.55	35.93
猪肉	Pork	32.88	55.13	24.00	46.75	55.75	23.50
活牛	Live Cattle	32.07	33.89	36.77	32.94	34.14	37.02
牛肉	Beef	82.25	90.00	93.25	83.50	90.75	93.50
活羊	Live Sheep	37.74	41.83	44.55	38.59	42.12	44.41
羊肉	Mutton	79.75	87.75	92.00	81.75	88.25	91.50
活鸡	Live Chicken	28.38	23.75	24.25	28.88	24.25	24.00
鸡蛋	Eggs	13.75	11.88	12.88	14.20	12.48	13.63
水产品类	**Aquatic Products**						
草鱼	Grass Carp	16.13	16.50	22.50	16.25	16.50	22.00
鲤鱼	Cyprinoid	14.00	13.88	17.38	14.13	14.13	17.19
鲢鱼	Silver Carp	10.71	11.00	13.14	11.00	10.86	12.86
蔬菜类	**Vegetables**						
大白菜	Chinese Cabbage	3.90	4.38	3.83	3.55	4.50	3.94
黄瓜	Cucumber	5.34	5.79	5.14	5.57	6.57	5.71
西红柿	Tomato	5.63	6.63	5.25	5.75	6.75	5.75
菜椒	Green Pepper	8.00	8.63	8.50	7.88	8.25	8.50
四季豆	French Beans	9.75	10.00	8.75	7.75	10.75	9.50
水果类	**Fruit Group**						
红富士苹果	Fuji apple	18.75	10.75	9.63	18.25	10.50	9.50
香蕉	Banana	5.50	4.75	5.13	5.38	4.69	5.25
橙子	Orange	7.25	6.00	5.50	7.50	6.00	5.50

continued

（yuan/kg）

2019	2020	2021	2019	2020	2021	2019	2020	2021	2019	2020	2021
9月 September			10月 October			11月 November			12月 December		
2.76	2.87	2.91	2.77	2.88	2.89	2.81	2.93	2.95	2.79	2.93	2.95
5.50	4.53	6.99	5.50	4.53	6.50	4.53	4.53	6.40	4.53	4.53	6.30
2.33	2.66	3.00	2.31	2.68	2.93	2.33	2.76	3.01	2.31	2.79	3.00
7.43	7.68	8.40	7.33	7.68	8.40	7.33	7.80	8.40	7.33	8.03	8.53
5.31	5.38	5.50	5.31	5.39	5.49	5.31	5.39	5.49	5.31	5.46	5.49
13.08	14.06	13.75	12.50	13.94	13.75	13.00	13.88	13.75	13.13	14.00	13.63
31.50	36.58	13.80	37.13	32.45	14.64	34.88	30.58	17.80	35.88	33.60	17.20
46.15	87.17	32.64	66.87	83.05	25.86	69.41	76.30	30.01	69.91	76.44	30.36
50.00	52.81	21.63	61.00	48.25	23.00	56.50	45.13	27.38	53.75	48.25	26.88
32.94	34.39	37.89	34.08	35.39	37.64	34.83	35.39	38.02	33.70	35.77	38.02
84.25	92.25	93.50	87.00	93.50	93.50	88.00	93.00	95.50	87.75	94.50	95.50
39.16	42.26	44.83	40.31	42.83	44.83	40.88	42.83	44.69	41.02	43.41	44.69
84.25	89.25	93.50	86.00	90.25	94.00	88.25	90.00	94.75	89.00	91.50	94.75
29.75	24.38	24.25	29.50	24.38	24.63	29.25	24.13	25.50	28.25	24.13	25.13
14.38	12.60	13.50	14.25	12.35	13.50	14.08	12.20	13.63	13.88	12.45	13.63
16.38	16.50	20.75	16.25	16.63	20.25	16.38	16.50	18.75	16.13	16.50	18.25
14.13	14.00	17.13	13.75	14.00	16.63	14.13	14.00	15.88	14.13	13.88	15.75
11.29	11.00	12.57	11.29	11.14	12.29	11.43	11.14	12.14	11.29	11.00	12.71
3.68	4.45	3.95	3.58	4.39	5.18	3.55	4.13	5.18	3.43	3.68	4.30
5.31	6.71	6.57	6.14	6.43	9.43	6.57	6.29	8.86	6.57	6.16	6.50
5.50	7.00	5.88	6.00	7.06	7.50	6.13	6.38	7.50	8.38	6.75	7.58
8.08	9.13	8.88	8.38	9.88	11.00	7.50	10.13	12.75	7.25	11.75	11.00
7.95	11.00	9.75	9.25	10.25	14.25	9.25	8.00	13.25	11.00	9.25	9.00
15.50	10.69	9.88	13.25	10.63	10.00	10.63	10.63	10.00	10.38	10.63	10.13
5.83	5.01	5.25	5.25	4.88	4.88	5.08	4.80	5.13	4.75	4.63	5.33
7.50	5.90	5.50	8.33	6.80	6.60	7.43	6.40	7.00	6.86	5.93	6.43

主要统计指标解释

居民消费价格指数 是反映一定时期内城乡居民所购买的生活消费品和服务项目价格变动趋势和程度的相对数，是对城市居民消费价格指数和农村居民消费价格指数进行综合汇总计算的结果。通过该指数可以观察和分析消费品的零售价格和服务项目价格变动对城乡居民实际生活费支出的影响程度。

城市居民消费价格指数 是反映一定时期内城市居民家庭所购买的生活消费品价格和服务项目价格变动趋势和程度的相对数。通过该指数可以观察和分析消费品的零售价格和服务项目价格变动对城镇居民收入和消费支出的影响。

农村居民消费价格指数 是反映一定时期内农村居民家庭所购买的生活消费品价格和服务项目价格变动趋势和程度的相对数。该指数可以观察农村消费品的零售价格和服务项目价格变动对农村居民收入和生活消费支出的影响。

商品零售价格指数 是反映一定时期内城乡商品零售价格变动趋势和程度的相对数。商品零售价格的变动与国家的财政收入、市场供需的平衡、消费与积累的比例关系有关。因此，该指数可以从一个侧面对上述经济活动进行观察和分析。

农产品生产价格指数 是反映一定时期内，农产品生产者出售农产品价格水平变动趋势及幅度的相对数。该指数可以客观反映全国农产品生产价格水平和结构变动情况，满足农业与国民经济核算需要。其中某代表品生产价格指数是通过对全部有出售该产品行为的调查单位的个体指数进行几何平均求得的，类价格指数是通过对其所属的类（或代表品）的价格指数进行加权平均求得的。季度累计价格指数的计算方法与分季指数的计算方法相同。

工业生产者出厂价格指数 是反映一定时期内全部工业产品第一次出售时的出厂价格总水平的变动趋势和变动幅度的相对数。

工业生产者购进价格指数 是反映作为中间投入的原材料、燃料、动力购进价格总水平的变动趋势和变动幅度的相对数。

新建商品住宅销售价格 指新建商品住宅实际销售（交易）价，包括住宅销售前的装修费用，无论其价格高低都视为房地产销售（交易）价格的组成部分。

二手住宅销售价格 指二手住宅实际交易价格。该指标取自《存量房屋买卖合同》。若合同中含有相关税费，则应将其扣除。

Explanatory Notes on Main Statistical Indicators

Consumer Price Indices reflect the trend and degree of changes in prices of consumer goods and services purchased by urban and rural households during a given period. They are obtained by combining Consumer Price Indices of Urban Household and Consumer Price Indices of Rural Household. The Indices enable the observation and analysis of the degree of impact of the changes in the prices of retailed goods and services on the actual living expenses of urban and rural residents.

Consumer Price Indices of Urban Household reflect the trend and degree of changes in prices of consumer goods and services purchased by urban households during a given period. It can be used to observe and analyze the impact of price changes in consumer goods and services on urban household income and consumption expenditure.

Consumer Price Indices of Rural Household reflect the trend and degree of changes in prices of consumer goods and services purchased by rural households during a given period. It can be used to observe the impact of change in retail prices of consumer goods and service prices on rural household income and consumption expenditure on living.

Retail Price Indices reflect the trend and degree of change in retail prices of commodities during a given period. The change in retail prices of commodities is related to government revenue, the equilibrium of market supply and demand, and the ratio of consumption to accumulation. Therefore, the retail price indices are useful from an oblique perspective for observing and analyzing the changes of the above economic activities.

Price Indices for Means of Agricultural Production reflect the trend and degree of changes in the prices of the means of agricultural production during a given period. Compilation of these indices helps to understand the price changes of material input in agricultural production and facilitate the compilation of national accounts. Before 1994, price indices for means of agricultural production were a sub-category in the retail price indices for commodities, and it has been compiled separately since 1994.

Producer Prices Indices for Farm Products reflect the trend and degree of changes in producers' prices received by farmers when they sell farm products during a given period. These indices depict the change in the level and structure of producer prices for farm products of the country and meet the needs of agricultural statistics and national accounts statistics. The producer price index for a given product is calculated as the geometrical mean of individual indices for all surveyed units which sell such product, and the indices for a product category is obtained as the weighted mean of price indices for all products in the category. Method for calculating accumulative quarterly indices is the same as for calculating the individual quarterly indices.

Producer Price Indices for Industrial Products reflect the trend and degree of changes in general ex-factory prices of all manufactured goods for first sale during a given period.

Purchasing Price Indices for Industrial Producers reflect changes in the level and degree of purchasing prices such as intermediate input such as raw materials, fuels and power.

At present, close to 1,800 products in 9 categories, including fuels and power, ferrous metals, non-ferrous metals, chemicals, building materials, are covered in China for the survey to produce indices of purchasing prices of raw materials, fuels and power.

New Commodity Residential Houses Selling Price Index refers to the actual sales (transaction) price of newly-built commercial residential buildings, including the decoration expenses before the sale of residential buildings. Regardless of the price, it is regarded as a component of the real estate sales (transaction) price.

Second-hand Housing Sales Price refers to the actual transaction price of second-hand housing. This indicator is taken from the stock housing sales contract. If the contract contains relevant taxes, they shall be deducted.

第五篇　农业生产

Chapter 5　Agriculture Production

（编辑：叶雪莹　罗俐芬）

（Editor: Ye Xueying Luo Lifen）

简要说明

一、本篇资料的主要内容及统计范围

本篇资料反映广西农业生产的基本情况，内容主要包括主要粮食作物生产情况、主要畜禽生产情况等方面的统计资料。

（一）粮食作物

统计范围包括全部农业生产经营户，各种经济组织类型、各个系统的全部农业生产单位和非农业单位附属的农业生产活动单位。但不包括农业科学试验机构进行的农业生产。调查内容包括从抽样调查样本取得的各季农作物播种面积和产量资料。

1. 农作物播种面积（粮食作物）：包含谷物、豆类、薯类播种面积，由农业生产经营户和农业生产经营单位两部分组成。

2. 农作物产量（粮食作物）：包含实测作物（早稻、中稻、晚稻、玉米）和非放样实测作物（薯类、豆类、高粱、小麦、谷子、其他谷物等粮食作物）的单产和产量。

（二）畜禽

主要畜禽监测调查是按照国家统计局相关统计报表制度要求、以猪、牛、羊、禽等主要畜禽产品作为调查主题、由国家统计局广西调查总队统一组织、部署实施开展的国家常规性、制度性调查项目，该项目主要调查内容如下：

1. 生猪调查。对于自治区范围内的生猪生产情况进行调查。

2. 牛调查。牛包括役用牛和肉牛，对牛的养殖情况和牛奶的生产情况开展季度调查。

3. 羊调查。羊包括绵羊和山羊，羊调查主要指对自治区范围内的羊的养殖情况开展调查。

4. 禽调查。禽类包括鸡、鸭、鹅三个种类，禽类调查包括鸡蛋和禽类养殖情况的调查。

二、本篇的资料来源及统计调查方法

（一）粮食作物

1. 由国家统计局广西调查总队根据国家统计局《农林牧渔业统计报表制度》《农业产值和价格综合统计报表制度》开展抽样调查获得资料整理提供。

2. 调查方法：

（1）农作物播种面积：①省级播种面积：在32个国家抽样调查县内抽取调查样方，由市县级国家调查队对样方压盖的全部地块进行实地调查（包含无人机遥感测量调查和掌上电脑（PDA）实地调查方式）获得。调查周期分春播、夏播、秋冬播三个播种季节。②县级播种面积：在38个粮食生产大县中开展以县为总体的播种面积调查，由市县级国家调查队或统计局对样方压盖的全部地块进行实地调查（包含无人机遥感测量调查和PDA实地调查方式）获得。调查周期分春播、夏播、秋冬播三个播种季节。

（2）农作物单位面积产量：①省级产量：在32个国家抽样调查县样本村样方中，由市县级国家调查队对样方压盖的全部地块上种植粮食作物的地块进行放样实测和非放样实测调查获得。调查周期按国家口径分为夏收（广西春收）、早稻、秋收三个收获季节。②县级产量：在38个粮食生产大县样本村样方中，由市县级国家调查队或统计局对样方覆盖的全部地块上种植粮食作物的地块进行放样实测和非放样实测调查获得。调查周期按国家口径分为夏收（广西春收）、早稻、秋收三个收获季节。

（3）粮食生产全面统计：在广西111个县（市、区）统计各季节粮食面积与产量。数据采集从村民委员会一级起报，乡镇、县级逐级汇总。调查周期：粮食面积分为秋冬播、春播、夏播三个播种季节，粮食产量按国家口径分为夏收（广西春收）、早稻、秋收三个收获季节。

（二）畜禽

畜牧业生产基本情况由国家统计局广西调查总队根据每年的调查情况所提供。主要有季报和月报。

调查分为两大块：

1. 主要畜禽产品监测调查。即以生猪、牛、羊、禽为调查主题，实行按季度调查和上报调查数据，调查对象：全自治区111个县区所有大型规模养殖户全数调查（大型的标准是：生猪年饲养量5000头以上、肉牛1000头以上和肉禽10万只以上）；14个市、29个国家调查县（区）抽中的样本村开展中小型养殖户（如生猪年饲养量100～5000头）抽样调查。

2. 生猪调出大县调查。就是按照国家统计局核定给广西的生猪调出大县，仅以生猪品种的生产情况为调查主题，对县范围内的生猪生产情况进行调查，实行月度调查与季度调查相结合模式，主要数据按照月度上报。

5-1 主要粮食作物生产情况（1985—2022年）

Basic Statistics on Main Grain Crops（1985—2022）

年 份 Year	粮食作物 Grain Crops			早 稻 Early Rice		
	播种面积（千公顷）Sown Area（1000 hectares）	每公顷产量（公斤/公顷）Per Hectare Output（kg/hectare）	总产量（万吨）Total Output（10 000 tons）	播种面积（千公顷）Sown Area（1000 hectares）	每公顷产量（公斤/公顷）Per Hectare Output（kg/hectare）	总产量（万吨）Total Output（10 000 tons）
1985	3447.3	3240.5	1117.1	1153.2	4701.7	542.2
1986	3530.6	3166.9	1118.1	1157.9	4556.4	527.6
1987	3539.5	3418.6	1210.0	1145.5	4863.2	557.1
1988	3510.7	2976.6	1045.0	1128.5	4691.9	529.5
1989	3596.9	3533.0	1270.8	1178.4	5070.4	597.5
1990	3639.9	3744.8	1363.1	1190.3	5287.9	629.4
1991	3567.7	3758.7	1341.0	1124.1	5473.9	615.3
1992	3521.8	4028.9	1418.9	1153.6	5710.8	658.8
1993	3538.8	4115.8	1456.5	1137.1	5678.5	645.7
1994	3633.6	3502.0	1272.5	1134.1	4554.3	516.5
1995	3662.7	4117.7	1508.2	1148.4	5846.4	671.4
1996	3708.0	4070.4	1509.3	1152.4	5795.7	667.9
1997	3738.5	4132.1	1544.8	1155.3	5983.7	691.3
1998	3757.7	4143.8	1557.1	1147.9	5551.9	637.3
1999	3725.5	4227.6	1575.0	1116.4	5966.6	666.1
2000	3655.9	4180.9	1528.5	1078.1	5865.9	632.4
2001	3641.9	4150.0	1511.4	1141.5	5148.5	587.7
2002	3556.9	4180.0	1486.8	1130.3	5383.5	608.5
2003	3470.0	4222.2	1465.1	1118.5	5353.6	598.8
2004	3511.2	3983.0	1398.5	1098.9	5217.0	573.3
2005	3496.2	4254.0	1487.3	1131.3	5056.1	572.0
2006	3133.2	4556.4	1427.6	1053.3	5261.6	554.2
2007	2969.4	4670.3	1386.8	985.1	5413.7	533.3
2008	2944.1	4671.4	1375.3	971.7	5307.2	515.7
2009	3023.9	4738.3	1432.8	969.7	5596.6	542.7
2010	3003.7	4568.0	1372.1	940.1	5509.0	517.9
2011	3013.9	4586.4	1382.3	911.2	5635.4	513.5
2012	2978.2	4789.1	1426.3	894.3	5861.6	524.2
2013	2974.1	4877.8	1450.7	886.7	5984.0	530.6
2014	2947.7	4927.9	1452.6	871.2	5921.7	515.9
2015	2950.6	4857.3	1433.2	837.9	5954.2	498.9
2016	2897.1	4898.0	1419.0	828.2	5994.9	496.5
2017	2853.1	4803.5	1370.5	810.7	5799.9	470.2
2018	2802.0	4899.0	1373.0	790.5	5952.0	470.5
2019	2747.0	4849.0	1332.0	767.9	5893.9	452.6
2020	2806.1	4882.3	1370.0	805.2	5921.0	476.8
2021	2822.9	4911.7	1386.5	807.5	5944.2	480.0
2022	2829.3	4924.0	1393.1	810.7	5926.7	480.4

注：2007—2017年数据根据第三次全国农业普查数据进行了修订（下相关表同）。
Note:Data from 2007 to 2017 have been revised according to the Third Agricultural Census. The same applies to the relevant tables following.

5-1 续表 continued

年 份 Year	晚 稻 Late Rice			玉 米 Corn		
	播种面积（千公顷）Sown Area（1000 hectares）	每公顷产量（公斤/公顷）Per Hectare Output（kg/hectare）	总 产 量（万吨）Total Output（10 000 ton）	播种面积（千公顷）Sown Area（1000 hectares）	每公顷产量（公斤/公顷）Per Hectare Output（kg/hectare）	总 产 量（万吨）Total Output（10 000 ton）
1985	1124.5	3616.7	406.7			
1986	1180.9	3407.6	402.4			
1987	1172.7	3855.2	452.1			
1988	1151.2	3015.1	347.1			
1989	1134.5	3963.0	449.6			
1990	1174.5	4330.4	508.6			
1991	1182.4	4217.7	498.7			
1992	1160.2	4453.5	516.7			
1993	1131.8	4547.6	514.7			
1994	1132.2	3413.7	386.5			
1995	1136.9	4546.6	516.9			
1996	1143.3	4537.7	518.8			
1997	1143.8	4416.0	505.1			
1998	1140.0	5064.0	577.3			
1999	1123.8	4825.6	542.3			
2000	1068.7	4775.9	510.4	610.7	3016.2	184.2
2001	1147.3	4915.9	564.0	556.9	3025.7	168.5
2002	1142.0	4659.4	532.1	520.3	3094.4	161.0
2003	1110.2	4800.0	532.9	531.1	3007.0	159.7
2004	1125.0	4245.3	477.6	586.6	3002.0	176.1
2005	1108.4	4767.2	528.4	575.7	3682.5	212.0
2006	1038.8	4944.2	513.6	516.3	3844.7	198.5
2007	980.3	4969.2	487.1	489.6	4162.4	203.9
2008	971.2	5056.6	491.1	488.7	4228.8	206.7
2009	971.9	5125.4	498.1	533.0	4209.0	224.3
2010	954.6	5200.0	496.4	536.4	3870.4	207.6
2011	954.8	4785.5	450.9	563.0	4318.5	243.2
2012	941.8	5205.8	490.3	577.0	4309.7	248.7
2013	924.5	5252.2	485.5	583.5	4516.3	263.5
2014	911.2	5474.3	498.8	579.3	4551.4	263.7
2015	894.1	5414.2	484.1	617.0	4496.8	277.5
2016	871.8	5495.3	479.1	603.2	4571.6	275.8
2017	849.9	5327.6	452.8	591.2	4594.5	271.6
2018	826.6	5461.2	451.4	584.4	4678.1	273.4
2019	810.9	5485.5	444.8	580.1	4502.5	261.2
2020	821.2	5396.8	443.2	597.0	4578.6	273.3
2021	811.9	5417.2	439.8	615.0	4636.3	285.1
2022	813.8	5569.3	453.2	616.3	4549.6	280.4

5-2　粮食作物播种面积

Sown Area of Grain Crops

单位：公顷　　(hectares)

年份 地区	Year Item	粮食作物 Grain Crops	谷物 Cereals	稻谷 Rice	# 早稻 Early Rice	晚稻 Late Rice	小麦 Wheat
	2016	2897144.4	2482477.7	1836697.9	828177.5	871756.0	3200.0
	2017	2853056.2	2436465.6	1801710.2	810746.2	849919.9	3082.1
	2018	2795305.1	2369233.8	1769002.1	791728.2	834066.4	4732.9
	2019	2747001.3	2325942.1	1726348.0	767905.6	817233.8	4529.1
	2020	2806092.8	2377950.0	1760114.5	805180.0	821197.2	3864.2
	2021	2822950.0	2391550.0	1756720.0	807510.0	811920.0	3810.0
	2022	2829310.2	2393789.4	1758030.0	810650.0	813800.0	4436.4
南宁市	Nanning	426157.2	383238.4	268530.0	127990.0	137800.0	
柳州市	Liuzhou	148402.2	132699.0	114250.0	53720.0	39040.0	
桂林市	Guilin	340551.7	268548.2	220250.0	102580.0	80670.0	945.8
梧州市	Wuzhou	140944.4	117795.5	103560.0	52660.0	50900.0	133.8
北海市	Beihai	67471.8	50013.2	37970.0	10540.0	27430.0	
防城港市	Fangchenggang	45875.0	35391.2	25270.0	9140.0	16070.0	
钦州市	Qinzhou	189608.1	158933.0	138930.0	59430.0	79500.0	
贵港市	Guigang	276154.9	239822.1	206850.0	102740.0	104110.0	
玉林市	Yulin	292887.2	255255.4	228140.0	114080.0	114060.0	
百色市	Baise	258889.5	214338.7	82940.0	23610.0	28390.0	2244.1
贺州市	Hezhou	118786.0	101045.0	85770.0	44350.0	35820.0	
河池市	Hechi	252730.8	200511.4	84870.0	29870.0	23930.0	89.6
来宾市	Laibin	154126.0	135641.4	102380.0	55490.0	46070.0	1018.6
崇左市	Chongzuo	116725.4	100557.1	58320.0	24450.0	30010.0	4.5

5-2 续表 continued

单位：公顷 (hectares)

年份 地区	Year Item	玉米 Corn	其他谷物 Other Cereal	豆类 Beans	薯类 Tubers	# 马铃薯 Potato	甘薯 Sweet Potato
	2016	603246.7	4725.4	145333.3	269333.3	60000.0	209333.3
	2017	591228.1	5420.5	149350.3	267240.3	55335.4	211904.9
	2018	568263.5	27235.3	165780.6	260290.7	57315.1	202975.6
	2019	568739.4	26867.8	163622.7	256923.5	54437.7	202485.8
	2020	596973.8	16997.5	160870.8	267272.0	52811.7	214460.3
	2021	615030.0	15980.0	164040.0	267350.0	53560.0	213790.0
	2022	616329.1	14994.0	167935.8	267584.9	53554.1	214030.8
南宁市	Nanning	114624.4	84.0	22350.0	20568.9	5282.1	15286.8
柳州市	Liuzhou	17945.7	503.3	4472.6	11230.6	1498.8	9731.8
桂林市	Guilin	43910.0	3442.5	33423.0	38580.5	4490.5	34090.0
梧州市	Wuzhou	10926.5	3175.1	8953.9	14195.0	5901.6	8293.5
北海市	Beihai	11873.2	170.0	1100.0	16358.6	1558.7	14799.9
防城港市	Fangchenggang	10121.2		1587.3	8896.5	1353.5	7543.1
钦州市	Qinzhou	20003.0		6084.1	24591.0	8707.7	15883.3
贵港市	Guigang	32962.1	10.0	7822.3	28510.5	10695.2	17815.3
玉林市	Yulin	25075.4	2040.0	5695.2	31936.5	11730.7	20205.8
百色市	Baise	126294.8	2859.8	26584.4	17966.4	224.9	17741.5
贺州市	Hezhou	15024.7	250.3	5985.8	11755.2	308.8	11446.5
河池市	Hechi	113765.7	1786.1	25517.5	26701.9	187.6	26514.2
来宾市	Laibin	31631.7	611.1	8541.4	9943.2	1059.6	8883.7
崇左市	Chongzuo	42170.8	61.8	9818.3	6350.1	554.4	5795.6

5-3　粮食作物产量

Output of Grain Crops

单位：吨　　　　(ton)

年份 地区	Year Item	粮食作物 Grain Crops	谷物 Cereals	稻谷 Rice	# 早稻 Early Rice	晚稻 Late Rice	小麦 Wheat
	2016	14190344.3	13479302.4	10659962.7	4964918.7	4790542.1	5250.0
	2017	13704904.5	12979798.7	10197820.7	4701535.2	4528046.7	5100.0
	2018	13720399.6	12896366.4	10189156.0	4713702.1	4520602.4	7719.6
	2019	13320002.7	12519105.1	9872276.4	4525004.8	4415755.8	7458.9
	2020	13700245.1	12908229.6	10137412.1	4767500.0	4431863.7	6250.8
	2021	13865434.4	13066833.0	10179086.2	4800000.9	4398344.5	6300.0
	2022	13931475.5	13121610.1	10280667.7	4804438.8	4532323.8	7900.0
南宁市	Nanning	2125412.5	2053108.2	1506400.5	758686.3	730366.8	
柳州市	Liuzhou	746156.1	719901.3	636653.6	297807.6	199246.8	
桂林市	Guilin	1782401.6	1616216.2	1383529.9	592799.6	474319.3	1600.0
梧州市	Wuzhou	715699.1	668682.6	618364.7	317626.7	300738.0	200.0
北海市	Beihai	317837.1	277102.4	216829.7	61807.6	155022.1	
防城港市	Fangchenggang	178860.0	157478.2	113596.5	47457.2	65790.2	
钦州市	Qinzhou	945587.8	890386.3	791589.3	345178.4	446410.9	
贵港市	Guigang	1493010.3	1412327.9	1230524.1	618952.0	611572.1	
玉林市	Yulin	1651721.5	1569634.3	1433522.1	723217.3	710304.9	
百色市	Baise	1133151.2	1068322.0	495395.0	146476.4	152376.1	3800.0
贺州市	Hezhou	615752.2	585001.2	514516.8	274961.1	199205.4	
河池市	Hechi	977262.0	913926.7	478661.8	155557.9	118384.3	100.0
来宾市	Laibin	736736.4	704373.1	557255.4	324391.8	227888.8	2194.0
崇左市	Chongzuo	511887.7	485149.8	303828.4	139519.0	140698.2	6.0

5-3 续表 continued

单位：吨 (ton)

年份 地区	Year Item	玉米 Corn	其他谷物 Other Cereal	豆类 Beans	薯类 Tubers	# 马铃薯 Potato	甘薯 Sweet Potato
	2016	2757800.0	10424.0	230849.1	480192.8	151231.7	328961.1
	2017	2716418.6	12508.8	246758.1	478347.7	137591.2	340756.5
	2018	2659424.0	40066.8	286191.4	537841.9	150527.5	387314.4
	2019	2600845.6	38591.7	278404.3	522614.7	135635.6	386979.1
	2020	2733317.9	31248.8	266010.4	526005.2	125528.3	400476.9
	2021	2851457.3	29989.5	267642.3	530959.1	126369.5	404589.6
	2022	2804028.0	29014.4	272454.1	537411.3	125789.0	411622.3
南宁市	Nanning	546512.7	195.0	33506.6	38797.7	10900.0	27897.7
柳州市	Liuzhou	81616.3	1631.5	6636.9	19618.0	3600.0	16018.0
桂林市	Guilin	222609.6	8476.8	72913.7	93271.7	8400.0	84871.7
梧州市	Wuzhou	46887.2	3230.7	15175.9	31840.6	14257.0	17583.6
北海市	Beihai	59921.6	351.0	1916.1	38818.7	2500.0	36318.7
防城港市	Fangchenggang	43881.7		2869.6	18512.2	2796.6	15715.6
钦州市	Qinzhou	98797.0		10365.9	44835.6	13600.0	31235.6
贵港市	Guigang	181779.5	24.3	14701.3	65981.1	32500.0	33481.1
玉林市	Yulin	131809.6	4302.6	10400.2	71687.0	30600.0	41087.0
百色市	Baise	564147.1	4979.9	35441.3	29387.9	500.0	28887.9
贺州市	Hezhou	69855.0	629.4	9125.9	21625.1	400.0	21225.1
河池市	Hechi	431258.4	3906.4	31061.0	32274.3	200.0	32074.3
来宾市	Laibin	143760.6	1163.2	13723.9	18639.4	4200.0	14439.4
崇左市	Chongzuo	181191.7	123.7	14615.9	12122.1	1335.4	10786.6

5-4 粮食作物单位面积产量

Yield per Unit Area of Grain Crops

单位：公斤/公顷 (kg/hectare)

年份 地区	Year Item	粮食作物 Grain Crops	谷物 Cereals	稻谷 Rice	# 早稻 Early Rice	晚稻 Late Rice	小麦 Wheat
	2016	4898.0	5429.8	5803.9	5995.0	5495.3	1640.6
	2017	4803.6	5327.3	5660.1	5799.0	5327.6	1654.7
	2018	4908.4	5443.3	5759.8	5953.7	5420.0	1631.1
	2019	4848.9	5382.4	5718.6	5892.7	5403.3	1646.9
	2020	4882.3	5428.3	5759.5	5921.0	5396.8	1617.6
	2021	4911.7	5463.8	5794.4	5944.2	5417.2	1653.5
	2022	4924.0	5481.5	5847.8	5926.7	5569.3	1780.7
南宁市	Nanning	4987.4	5357.3	5609.8	5927.7	5300.2	
柳州市	Liuzhou	5027.9	5425.1	5572.5	5543.7	5103.7	
桂林市	Guilin	5233.9	6018.3	6281.6	5778.9	5879.7	1691.8
梧州市	Wuzhou	5077.9	5676.6	5971.1	6031.7	5908.4	1494.3
北海市	Beihai	4710.7	5540.6	5710.6	5864.1	5651.6	
防城港市	Fangchenggang	3898.9	4449.6	4495.3	5192.3	4094.0	
钦州市	Qinzhou	4987.1	5602.3	5697.8	5808.1	5615.2	
贵港市	Guigang	5406.4	5889.1	5948.9	6024.4	5874.3	
玉林市	Yulin	5639.4	6149.3	6283.5	6339.6	6227.5	
百色市	Baise	4377.0	4984.3	5972.9	6204.0	5367.2	1693.3
贺州市	Hezhou	5183.7	5789.5	5998.8	6199.8	5561.3	
河池市	Hechi	3866.8	4558.0	5639.9	5207.8	4947.1	1116.1
来宾市	Laibin	4780.1	5192.9	5443.0	5846.0	4946.6	2153.9
崇左市	Chongzuo	4385.4	4824.6	5209.7	5706.3	4688.4	1344.5

5-4 续表 continued

单位：公斤/公顷 (kg/hectare)

年份 地区	Year Item	玉米 Corn	其他谷物 Other Cereal	豆类 Beans	薯类 Tubers	# 马铃薯 Potato	甘薯 Sweet Potato
	2016	4571.6	2206.0	1588.4	1782.9	2520.5	1571.5
	2017	4594.5	2307.7	1652.2	1790.0	2486.5	1608.1
	2018	4679.9	1471.1	1726.3	2066.3	2626.3	1908.2
	2019	4573.0	1436.4	1701.5	2034.1	2491.6	1911.1
	2020	4578.6	1838.4	1653.6	1968.1	2376.9	1867.4
	2021	4636.3	1876.7	1631.6	1986.0	2359.4	1892.5
	2022	4549.6	1935.1	1622.4	2008.4	2348.8	1923.2
南宁市	Nanning	4767.9	2321.3	1499.2	1886.2	2063.6	1825.0
柳州市	Liuzhou	4548.0	3241.4	1483.9	1746.8	2401.9	1645.9
桂林市	Guilin	5069.7	2462.4	2181.5	2417.6	1870.6	2489.6
梧州市	Wuzhou	4291.1	1017.5	1694.9	2243.1	2415.8	2120.2
北海市	Beihai	5046.8	2064.8	1741.9	2373.0	1603.9	2454.0
防城港市	Fangchenggang	4335.6		1807.8	2080.8	2066.3	2083.5
钦州市	Qinzhou	4939.1		1703.8	1823.3	1561.8	1966.6
贵港市	Guigang	5514.8	2429.0	1879.4	2314.3	3038.7	1879.3
玉林市	Yulin	5256.5	2109.1	1826.1	2244.7	2608.5	2033.4
百色市	Baise	4466.9	1741.4	1333.2	1635.7	2223.3	1628.3
贺州市	Hezhou	4649.3	2514.4	1524.6	1839.6	1295.5	1854.3
河池市	Hechi	3790.8	2187.1	1217.2	1208.7	1065.9	1209.7
来宾市	Laibin	4544.8	1903.4	1606.7	1874.6	3963.9	1625.4
崇左市	Chongzuo	4296.6	2001.6	1488.6	1909.0	2408.6	1861.2

5-5　主要畜禽生产情况（1978—2022年）

Basic Statistics of major Livestock and Poultry（1978—2022)

年　份 Year	生　猪　Live Hog			牛　Cattle		
	存　栏（万头）Number of Hogs（10 000 heads）	出　栏（万头）Slaughter Hogs（10 000 heads）	肉产量（万吨）Output of Pork（10 000 tons）	存　栏（万头）Number of Cattle（10 000 heads）	出　栏（万头）Slaughter Cattle（10 000 heads）	肉产量（万吨）Output of Beef（10 000 tons）
1978	1246.3	650.6		413.9	7.4	
1979	1103.0	683.2	36.6	415.5	8.5	0.5
1980	1034.1	564.7	39.7	411.0	5.0	0.3
1981	1125.3	514.7	42.6	428.3	6.5	0.5
1982	1284.2	610.2	50.4	460.4	7.1	0.6
1983	1355.3	691.6	56.4	484.0	7.6	0.6
1984	1350.0	743.5	61.8	522.7	9.1	0.8
1985	1435.7	693.4	60.8	560.2	12.5	1.1
1986	1563.8	733.2	62.1	595.5	14.8	1.3
1987	1564.6	841.0	69.1	627.2	21.3	1.8
1988	1527.2	876.1	71.3	648.0	27.2	2.4
1989	1634.0	939.4	76.9	672.8	28.1	2.4
1990	1742.5	1063.9	87.2	703.9	35.0	3.0
1991	1808.6	1195.0	97.4	708.7	44.2	3.8
1992	1903.9	1349.9	109.8	712.3	55.3	4.8
1993	1923.6	1464.4	118.1	714.8	60.3	5.3
1994	1990.1	1654.3	134.4	724.8	67.1	5.9
1995	2075.7	1905.8	153.6	738.8	73.5	6.5
1996	2137.0	2187.0	175.9	747.4	83.2	7.5
1997	2244.0	2378.4	190.0	759.6	96.9	8.7
1998	2085.2	2424.5	194.0	776.3	105.8	9.5
1999	2309.6	2547.0	202.5	770.7	99.9	8.9
2000	2415.6	2756.9	217.9	775.3	108.9	9.8
2001	3154.6	2768.4	208.1	766.6	115.5	10.4
2002	3029.3	2656.5	190.8	766.5	129.1	11.6
2003	2637.7	2555.1	179.8	760.6	144.4	12.9
2004	2671.0	2462.5	161.7	739.7	163.5	14.6
2005	3015.0	2831.9	186.0	735.6	188.3	16.9
2006	2259.9	2957.2	210.3	403.8	117.1	10.9
2007	2169.3	2767.3	206.2	396.8	125.4	11.7
2008	2307.0	2935.0	218.4	421.8	133.7	12.5
2009	2332.4	3119.9	232.3	448.0	143.0	13.4
2010	2344.0	3230.0	241.5	450.0	146.3	13.7
2011	2412.0	3195.1	239.8	441.7	150.4	14.3
2012	2466.6	3342.1	252.5	453.6	147.7	13.9
2013	2471.5	3456.7	261.3	457.0	148.2	14.3
2014	2360.3	3518.0	266.3	448.6	149.6	14.4
2015	2303.7	3416.8	258.8	445.9	149.3	14.4
2016	2216.1	3280.1	249.8	418.7	149.8	14.7
2017	2293.7	3355.1	255.0	326.6	117.0	11.7
2018	2298.3	3465.8	263.9	328.6	123.6	12.3
2019	1599.6	2505.8	192.1	337.0	124.6	12.4
2020	1828.3	2281.2	174.1	349.1	131.2	13.6
2021	2128.2	3113.9	245.2	355.7	134.4	14.0
2022	2219.7	3347.4	262.7	363.8	142.8	14.9

5-5 续表 continued

年 份 Year	羊 Sheep			家 禽 Poultry		
	存 栏（万只）Number of Sheep（10 000 heads）	出 栏（万只）Slaughter Sheep（10 000 heads）	肉产量（万吨）Output of Mutton（10 000 tons）	存 栏（万只）Number of Poultry（10 000 heads）	出 栏（万只）Slaughter Poultry（10 000 heads）	肉产量（万吨）Output of Poultry（10 000 tons）
1978	94.8	17.8				
1979	87.5	16.0	0.3			
1980	80.3	15.1	0.2			
1981	78.0	14.2	0.2			
1982	79.8	12.6	0.2			
1983	76.6	10.3	0.2			
1984	71.8	11.9	0.2			
1985	66.6	14.4	0.2			
1986	63.6	15.7	0.2			
1987	66.7	15.3	0.2			
1988	68.8	17.4	0.2			
1989	74.6	18.2	0.3			
1990	80.6	21.5	0.3			
1991	84.0	25.5	0.4			
1992	89.1	30.3	0.4			
1993	95.4	34.7	0.5			
1994	104.2	38.9	0.6			
1995	131.5	51.5	0.8			
1996	161.6	66.3	1.1			
1997	228.7	102.8	1.6			
1998	239.2	133.1	2.1			
1999	241.1	150.9	2.3			
2000	241.8	165.0	2.5			
2001	237.6	173.8	2.6		24617.3	43.4
2002	232.4	181.5	2.6		22918.3	41.6
2003	246.6	194.4	2.8		21206.9	29.3
2004	278.1	217.7	3.2		20166.1	28.4
2005	260.0	255.0	3.8		27111.6	33.5
2006	151.4	166.5	2.5	23957.5	60123.0	94.5
2007	155.1	176.0	2.7	25938.8	64538.1	105.3
2008	176.4	190.9	2.9	27495.1	69701.1	113.7
2009	190.0	205.0	3.2	28180.0	72834.0	118.4
2010	193.4	212.3	3.3	28501.3	77058.4	124.9
2011	198.2	205.0	3.2	30282.6	79169.8	128.8
2012	203.6	206.0	3.2	31202.6	82631.7	136.0
2013	202.2	205.6	3.2	30625.4	82218.5	135.3
2014	201.6	205.0	3.2	30656.0	78288.1	128.2
2015	202.6	205.3	3.2	31330.4	80825.0	132.5
2016	203.7	207.2	3.3	30860.5	82237.3	135.0
2017	222.4	209.7	3.3	32712.1	86486.3	142.0
2018	223.5	210.9	3.4	33300.9	84929.5	138.8
2019	231.2	217.5	3.5	38296.1	101660.6	162.9
2020	239.2	228.0	3.6	37932.3	114571.5	179.9
2021	259.0	245.8	4.0	36483.2	108728.4	169.2
2022	276.1	261.9	4.3	35534.7	105357.8	164.1

主要统计指标解释

粮食产量　指日历年度内生产的全部粮食数量。按收获季节包括夏收粮食、早稻和秋收粮食，按作物品种包括谷物、豆类和薯类。其产量计算方法：谷物按脱粒后的原粮计算，豆类按去豆荚后的干豆计算；薯类（包括甘薯和马铃薯，不包括芋头和木薯）1964年以前按每4公斤鲜薯折1公斤粮食计算，从1964年开始改为按5公斤鲜薯折1公斤粮食计算；城市郊区作为蔬菜的薯类(如马铃薯等)按鲜品计算，并且不作粮食统计。1989年以前全国粮食产量数据主要靠全面报表取得，1989年开始使用抽样调查数据。

猪、牛、羊、禽肉产量　指当年出栏并已屠宰、除去头蹄下水后带骨肉（即胴体重）的重量。1996年以前为全面统计并逐级上报数据。1996年第一次农业普查以后，根据普查结果，对畜牧业主要年报数据进行了修正。1999年，国家统计局在部分地区开展了猪、牛、羊、禽等主要畜禽品种的抽样调查，并用抽样数据作为国家定案数据使用。未开展抽样调查的地区，仍使用各级统计部门逐级上报数据。2008年，建立了主要畜禽监测调查制度，猪、牛、羊、禽等主要畜禽数据均以抽样调查数为法定数据。

期初(末)畜禽存栏头(只)数　指报告期初(末)饲养的大牲畜、猪、羊、家禽等畜禽的数量。数据上报方式及数据调整情况同猪、牛、羊、禽肉产量。

当年出栏头数　指农林牧渔企业生产单位饲养的，供屠宰并已出栏的全部牲畜头数。包括自宰、集市上出售的部分。

常用耕地　是指耕地总资源中专门种植农作物并经常进行耕种、能够正常收获的土地。包括当年实际耕种的熟地；弃耕、休闲不满三年，随时可以复耕的地；开荒利用三年以上的土地。在统计口径上包括南方小于1米、北方小于2米宽的沟、渠、路和田埂。不包括临时种植农作物的坡度在25度以上的陡坡地；在河套、湖畔、库区临时开发的成片或零星土地；也不包括已列为国家和省（区、市）退耕计划但临时耕种的土地。常用耕地是国家需要重点保护的耕地，是反映我国农业综合生产能力的一个重要指标。

农作物播种面积　指指日历年度内收获农作物在全部土地（耕地或非耕地）上的播种或移植面积。凡是本年内收获的农作物，无论是本年还是上年播种，都算为播种面积，但不包括本年播种，下年收获的农作物面积。

Explanatory Notes on Main Statistical Indicators

Grain Output refers to the total output of grains produced within a calendar year. It includes summer crops, early rice and autumn crops by harvest seasons; and covers cereals, beans and tubers by type of crops. Output of cereals cover husked grain only. Output of beans refers to dry beans without pods. The output of tubers (sweet potatoes and potatoes,not including taros and cassava) are converted with the ratio of 4:1, i.e. 4 kilograms of fresh tubers were equivalent to 1 kilogram of grain before 1964. Since 1964 the ratio has been changed to 5:1. Tubers consumed as vegetables (such as potatoes) in cities and suburbs are calculated as fresh vegetables and their output is not included in the output of grain. Data on grain production before 1989 were obtained through the comprehensive statistical reporting system. Since 1989, data from sample surveys are used.

Output of Pork, Beef, Mutton and Poultry refers to the meat of slaughtered hogs, cattle, sheep and goats with head, feet, and offal taken away. Before 1996, data were obtained through bottom-up comprehensive reporting system. The first agricultural census of China in 1996 revealed some discrepancy between the production of animal products from the annual reports and that from the census. Efforts were made to adjust the output value of animal husbandry to make the figures from the annual reports consistent with the census data. Since 1999, the NBS conducted sample surveys in selected regions for the major animal husbandry products, such as hogs, cattle, sheep and goats and fowls, and the data from sample surveys are used as finalized national data. Production of other regions which are not covered by the sample survey is still reported by statistical agencies level by level. A monitoring and survey program was set up in 2008 on main livestock, and data on the main livestock such as hog, cattle, sheep and poultry from the sample survey became the official data.

Number of Livestock or Poultry in Stock at Beginning (or End) refers to the total number of large animals, pigs, sheep, fowls, etc. raised by rural cooperative organizations, state farms, rural individuals, government agencies, schools, industrial and mining enterprises, army, and urban residents at the beginning (or end) of the reference period. Data reporting system and data adjustment are the same as that in the output of pork, beef and mutton.

Number of Livestock or Poultry in Stock at Beginning/End of Period refers to the total number of large animals, pigs, sheep, fowls, etc. raised at the beginning/end of the reference period. Data reporting system and data adjustment are the same as that in the output of pork, beef, mutton and poultry.

Regularly Cultivated Land refers to farmland among the total land resources, which is exclusively used for farming and is under regular cultivation with harvest in normal years. Included are currently cultivated land, land that has been abandoned or put in idle for less than 3 years and could be re-used for cultivation at any time, and new-claimed land that has been put into cultivation for more than 3 years. According to statistical coverage, it includes the gouges, dykes, roads and ridges of field with 1 meter wide in Southern areas and 2 meters wide in Northern areas. Excluded under this category are steep slope land over 25 degrees under temporary cultivation, land (large or small plots) that is claimed along river bends, lake sides or banks of reservoirs, as well as land that has been designated under the “Green for Grain” programme of the state and provincial governments but is still temporarily under cultivation. The regularly cultivated land is the key protection land of the nation, an important indicator reflecting the comprehensive productivity of agriculture of China.

Sown Area of Crops refers to area of all land(cultivated or non-cultivated area) sown or transplanted with Agriculture crops that are harvested within the calendar year. All crops harvested within the year are counted as sown area, regardless of being sown in this year or the previous year. Crops sown this year but will be harvested in the coming year are excluded.

第六篇　　分析资料

Chapter　6　　Analytical of Data

6-1　2022年广西壮族自治区国民经济和社会发展统计公报

Statistical Communique on National Economic and Social Development of Guangxi Zhuang Autonomous Region in 2022

2022年广西壮族自治区国民经济和社会发展统计公报[1]

广西壮族自治区统计局　国家统计局广西调查总队

2023年3月31日

2022年，面对严峻的国际环境和疫情反复等多重超预期因素冲击，广西各级各部门坚持以习近平新时代中国特色社会主义思想为指导，深入学习贯彻党的二十大精神，坚决贯彻落实党中央“疫情要防住、经济要稳住、发展要安全”重要要求，高效统筹疫情防控和经济社会发展，按照自治区党委、政府要求，全力以赴推进“稳中求进攻坚年”各项工作，全力以赴打好“十场攻坚战”，顶住了经济下行压力，保持了经济社会大局稳定。广西主要指标保持增长，民生福祉持续改善，新时代中国特色社会主义壮美广西建设迈出坚实步伐。

一、综合

初步核算，全年广西生产总值[2]（GDP）26300.87亿元，按可比价计算，比上年增长2.9%。其中，第一产业增加值4269.81亿元，增长5.0%；第二产业增加值8938.57亿元，增长3.2%；第三产业增加值13092.49亿元，增长2.0%。第一、二、三产业增加值占地区生产总值的比重分别为16.2%、34.0%和49.8%，对经济增长的贡献率分别为28.6%、35.6%和35.8%。按常住人口计算，全年人均地区生产总值52164元，比上年增长2.6%。

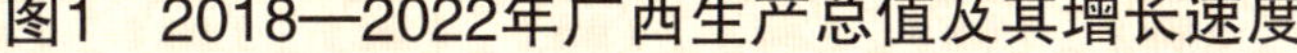
图1　2018—2022年广西生产总值及其增长速度

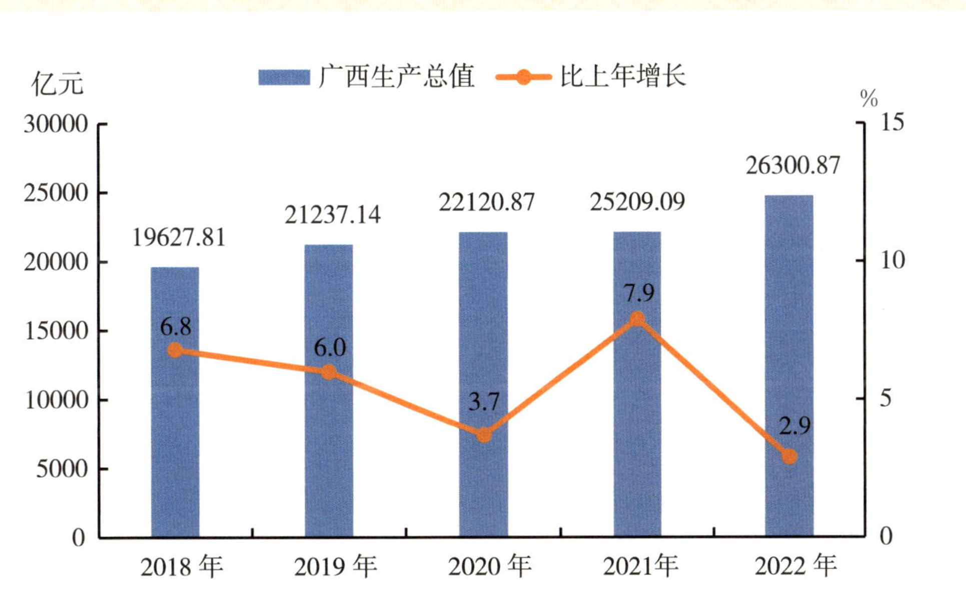

图2　2018—2022年广西三次产业增加值占GDP比重

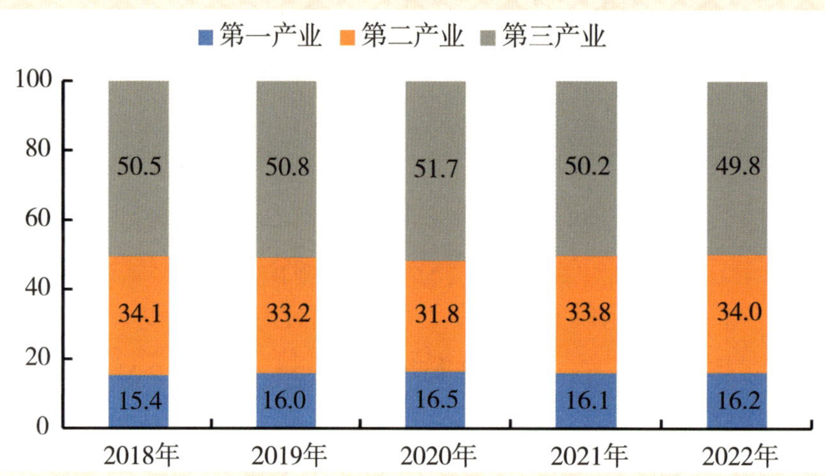

年末广西常住人口[3]5047万人，比上年末增加10万人，其中城镇人口2809万人，占常住人口比重（常住人口城镇化率）为55.65%，比上年末提高0.57个百分点。全年出生人口42.9万人，出生率为8.51‰；死亡人口35.7万人，死亡率为7.08‰；自然增长率为1.43‰。

图3　2018—2022年年末广西常住人口城镇化率[4]

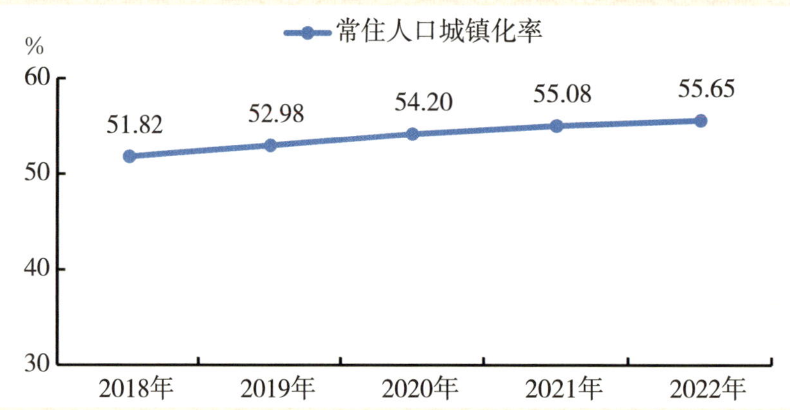

表1　2022年年末广西常住人口数及其构成

指标	年末数（万人）	比重（%）
常住人口	5047	
其中：城镇	2809	55.65
乡村	2238	44.35
其中：男性	2612	51.75
女性	2435	48.25
其中：0～15岁（含不满16周岁）[5]	1196	23.70
16～59岁（含不满60周岁）	2970	58.85
60周岁及以上	881	17.46
其中：65周岁及以上	663	13.14

全年城镇新增就业38.42万人，比上年少增2.28万人。农民工[6]总量1314万人，比上年增长0.9%。其中，外出农民工（离开本乡镇）888万人，增长0.2%；本地农民工426万人，增长2.4%。

图4　2018—2022年广西城镇新增就业人数

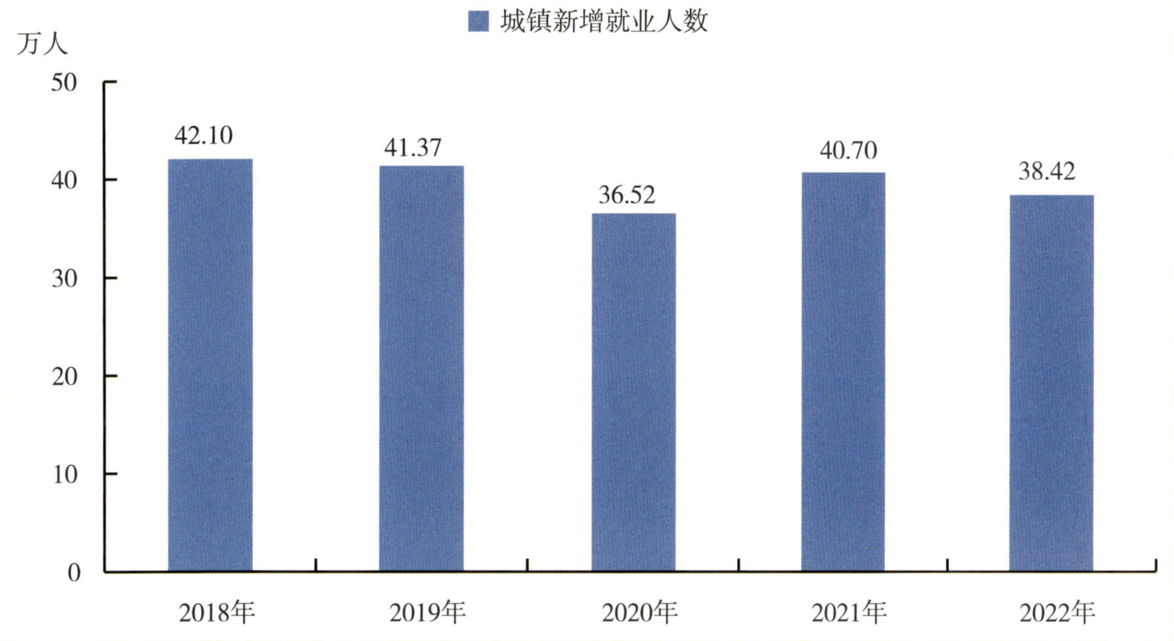

城镇新增就业人数
万人
50
40
30
20
10
0
42.10
41.37
36.52
40.70
38.42
2018年
2019年
2020年
2021年
2022年

全年居民消费价格比上年上涨1.9%。工业生产者出厂价格上涨2.5%。工业生产者购进价格上涨7.3%。农产品生产者价格[7]上涨0.8%。

图5　2022年广西居民消费价格月度涨跌幅度

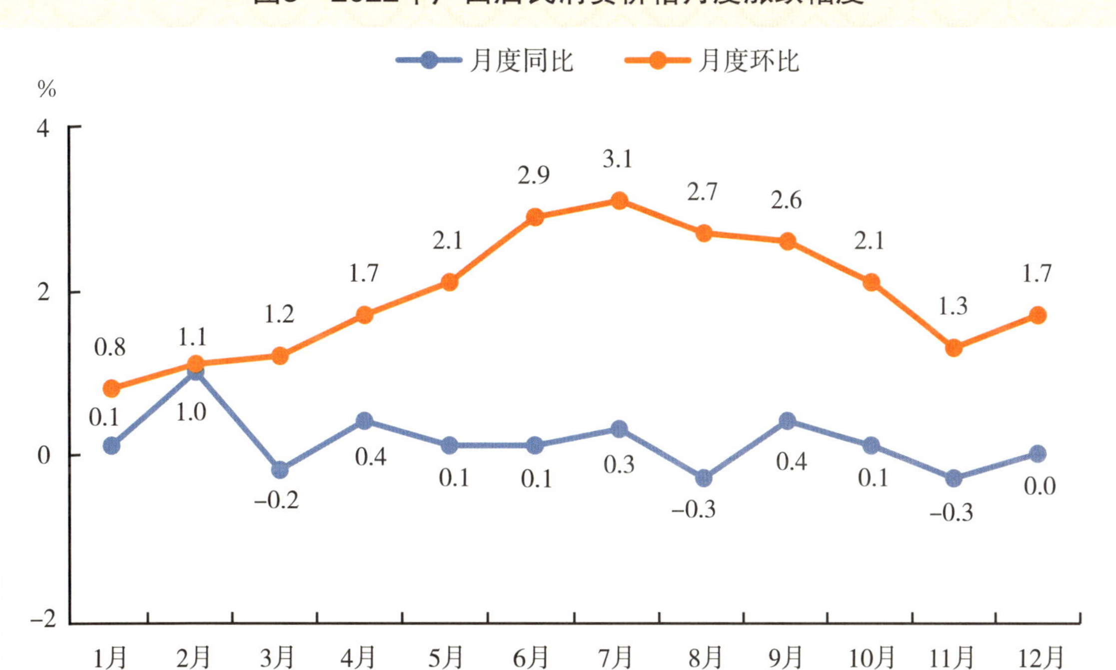

表2　2022年广西居民消费价格比上年涨跌幅度

单位：%

指标	广西		
		城市	农村
居民消费价格	1.9	1.8	2.2
其中：食品烟酒	1.9	2.2	1.4
衣　着	0.7	0.6	0.8
居　住[8]	0.4	-0.1	1.3
生活用品及服务	0.5	0.4	0.7
交通通信	4.5	4.5	4.7
教育文化娱乐	4.0	3.5	4.8
医疗保健	0.9	0.5	1.8
其他用品及服务	1.0	1.0	1.1

新动能引领持续增强。一是新产业蓬勃发展。全年规模以上工业中，高技术制造业[9]增加值比上年增长13.9%，占规模以上工业比重为6.1%，比上年提高0.8个百分点。其中，电子及通信设备制造业、计算机及办公设备制造业增加值分别增长17.8%、23.9%。二是高技术产业投资[10]增长势头强劲。全年高技术产业投资比上年增长40.9%，其中，高技术制造业投资增长60.8%，工业技术改造投资增长11.5%。三是高技术服务业快速增长。全年规模以上服务业[11]中，软件和信息技术服务业营业收入比上年增长35.6%，互联网和相关服务增长42.0%。四是高技术产品增势良好。新能源汽车产量比上年增长39.2%，光电子器件增长72.2%，集成电路增长78.4%，锂离子电池增长14.5%。五是新业态较为活跃。全年实物商品网上零售额[12]785.90亿元，按可比口径计算，比上年增长15.0%。广西新登记市场主体73.41万户，比上年增长11.3%。年末广西实有市场主体430.27万户，比上年末增长9.5%。

民生保障有力有效。一是居民收入保持增长。全年居民人均可支配收入27981元，比上年名义增长4.7%，扣除价格因素实际增长2.7%。二是物价温和上涨。食品烟酒、衣着、居住、生活用品及服务、交通通信等八大类重要民生商品和服务价格总体平稳，保供稳价成效明显。三是就业形势总体稳定。全年城镇新增就业、失业人员再就业、就业困难人员实现就业人数全部超额完成年度任务。四是民生支出有效保障。全年民生领域财政支出4654.73亿元，占一般公共预算支出的比重为79.0%。其中，最低生活保障、节能环保、卫生健康等领域支出分别增长17.8%、8.2%、3.7%。

区域发展活力稳步释放。分区域看[13]，全年北部湾经济区生产总值9777.63亿元，比上年增长3.3%；西江经济带生产总值12577.47亿元，增长2.0%；左右江革命老区生产总值4167.65亿元，增长4.6%。桂林国际旅游胜地、强首府战略、北钦防一体化等区域重大战略扎实推进。

绿色转型发展深入推进。一是绿色经济持续发展。全年水电、风电、核电、太阳能发电等清洁能源发电量比上年增长11.8%。深入实施绿色环保产业链招商，一批重大项目开工建设。二是生态环境质量保持全国前列。全年地表水考核断面水质优良比例98.2%，排名全国第2位；近岸海域优良水质面积比例94.5%，排名全国第2位。生态质量指数位排名全国第2位，生物多样性丰富度排名全国第3位。

二、农业

全年粮食种植面积2829.3千公顷，比上年增加6.4千公顷。甘蔗种植面积847.95千公顷，减少9.87千公顷。油料种植面积265.58千公顷，减少1.47千公顷。蔬菜种植面积1653.69千公顷，增加57.36千公顷。木薯种植面积155.54千公顷，减少9.95千公顷。果园面积1405.35千公顷，增加16.03千公顷。茶园面积102.51千公顷，增加6.4千公顷。

全年粮食总产量1393.1万吨，比上年增加6.6万吨，增产0.5%。其中，春收粮食产量27.6万吨，增产3.7%；早稻产量480.4万吨，增产0.1%；秋粮产量885.1万吨，增产0.6%。谷物产量1312.2万吨，增产0.4%。其中，稻谷产量1028.1万吨，增产1.0%；玉米产量280.4万吨，减产1.7%。

图6　2018—2022年广西粮食产量

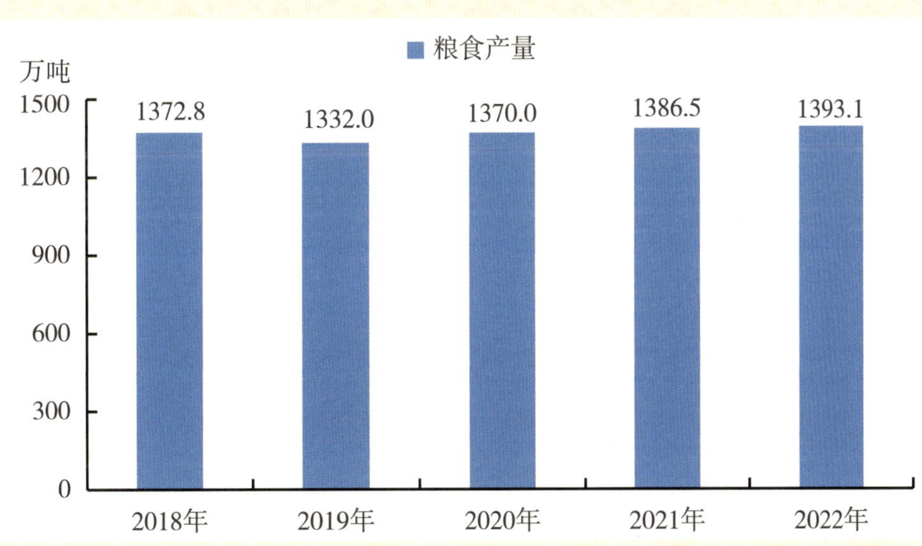

全年油料产量76.48万吨，比上年增产0.8%。

甘蔗产量7116.54万吨，减产3.4%。蔬菜产量（含食用菌）4236.52万吨，增产4.7%。园林水果产量3080.07万吨，增产10.1%。

全年猪牛羊禽肉产量445.98万吨，比上年增长3.1%。其中，猪肉产量262.65万吨，增长7.1%；牛肉产量14.94万吨，增长6.5%；羊肉产量4.31万吨，增长7.4%；禽肉产量164.08万吨，下降3.0%。禽蛋产量29.32万吨，增长8.3%；牛奶产量13.12万吨，增长0.3%。全年生猪出栏3347.44万头，比上年增长7.5%。年末生猪存栏2219.70万头，比上年末增长4.3%。蚕茧产量43.71万吨，比上年增长7.3%。

全年水产品产量363.77万吨，比上年增长3.1%。其中，海水产品产量213.29万吨，增长3.3%。

全年木材采伐4864.97万立方米，比上年增长3.5%。天然松脂77.09万吨，增长3.1%。油茶籽38.80万吨，增长10.7%。

表3　2022年主要农产品产量及其增长速度

产品名称	产量（万吨）	比上年增长（%）
粮　食	1393.1	0.5
其中：稻　谷	1028.1	1.0
其中：早　稻	480.4	0.1
晚　稻	453.2	3.1
玉　米	280.4	-1.7
油　料	76.48	0.8
其中：花　生	71.68	0.8
甘　蔗	7116.54	-3.4
其中：果　蔗	267.05	-7.8
蔬　菜（含菌类）	4236.52	4.7
烤　烟	1.62	1.8
木　薯	157.67	-3.1
茶　叶	10.77	12.1
园林水果	3080.07	10.1
其中：柑橘类	1808.04	12.5
香　蕉	300.66	-2.9
菠　萝	3.48	9.3
荔　枝	86.34	7.0
龙　眼	62.55	3.1
芒　果	128.74	16.5
火龙果	68.66	15.0
百香果	38.00	4.7
食用坚果	16.52	8.7
肉类总产量	454.94	3.2
其中：猪　肉	262.65	7.1
禽　肉	164.08	-3.0
蚕　茧	43.71	7.3
水产品	363.77	3.1
其中：海水产品	213.29	3.3

三、工业和建筑业

全年全部工业增加值6775.89亿元，比上年增长3.1%。规模以上工业增加值增长4.2%。在规模以上工业中，分经济类型看，国有控股企业增加值下降0.3%；股份制企业增长5.2%，外商及港澳台商投资企业下降0.5%；非公有工业企业增长7.2%。分门类看，采矿业增长5.5%，制造业增长4.0%，电力、热力、燃气及水生产和供应业增长5.3%。

全年规模以上工业中，农副食品加工业增加值比上年增长4.1%，木材加工和木、竹、藤、棕、草制品业增长8.8%，石油煤炭及其他燃料加工业下降1.1%，非金属矿物制品业下降4.2%，黑色金属冶炼及压延加工业下降0.6%，有色金属冶炼及压延加工业增长1.9%，专用设备制造业下降16.7%，汽车制造业增长0.2%，电气机械及器材制造业增长33.4%，计算机、通信和其他电子设备制造业增长12.9%，电力、热力生产和供应业增长5.3%。

表4　2022年广西规模以上工业主要产品产量及其增长速度[14]

产品名称	单位	产量	比上年增长（%）
成品糖	万吨	735.74	6.2
发酵酒精	万千升	37.08	-24.2
卷　烟	万箱	143.63	0.2
机制纸及纸板	万吨	558.05	64.8
发电量	亿千瓦小时	2022.82	-0.3
其中：火电	亿千瓦小时	1087.14	-8.8
水电	亿千瓦小时	547.97	14.9
粗　钢	万吨	3793.23	3.6
钢　材	万吨	4995.56	-5.8
十种有色金属	万吨	398.95	-5.9
其中：电解铝	万吨	196.58	-14.7
氧化铝	万吨	1279.28	12.9
水　泥	万吨	10422.80	-8.6
显示器	万台	451.15	22.1
电子元件	亿只	241.80	-26.9
化　肥（折100%）	万吨	34.09	-1.6
发动机	万千瓦	15026.82	-27.0
汽　车	万辆	177.00	-6.9
铁合金	万吨	248.43	-13.5

全年规模以上工业企业利润[15]比上年下降38.2%。分经济类型看，国有控股企业利润比上年下降51.2%；股份制企业下降40.4%，外商及港澳台商投资企业下降32.9%；非公有制企业

下降30.8%。分门类看，采矿业利润比上年增长26.1%，制造业下降48.1%，电力、热力、燃气及水生产和供应业增长39.7%。广西规模以上工业企业每百元营业收入中的成本为89.78元，比上年增加2.73元；营业收入利润率为3.02%，下降2.13个百分点。年末广西规模以上工业企业资产负债率为64.4%，比上年末提高0.7个百分点。

全年全社会建筑业增加值2180.36亿元，比上年增长3.8%。具有资质等级的总承包和专业承包建筑业企业实现总产值7275.76亿元，比上年增长8.6%。其中国有控股企业3614.10亿元，比上年增长13.5%。

四、服务业

全年批发和零售业增加值2156.28亿元，比上年增长1.9%；交通运输、仓储和邮政业增加值1098.29亿元，下降1.8%；住宿和餐饮业增加值385.91亿元，增长0.5%；金融业增加值1834.66亿元，增长6.5%；房地产业增加值1899.26亿元，下降5.3 %；其他服务业增加值5566.06亿元，增长4.1%。规模以上服务业企业营业收入比上年增长8.8%，营业利润下降21.0%。

图7 2018—2022年广西服务业增加值及其增长速度

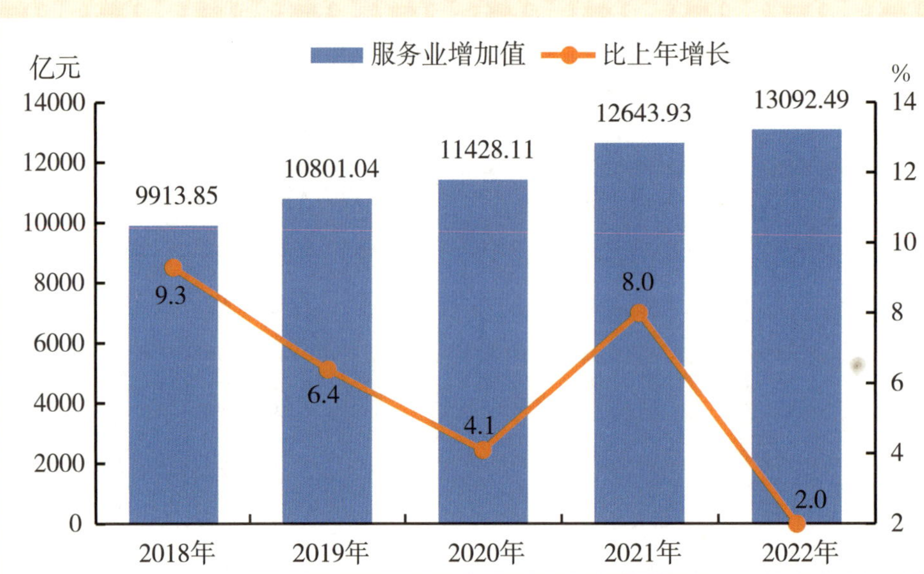

年末公路总里程17.24万公里，比上年末新增1.18万公里；其中，高速公路里程8271公里。年末铁路营业总里程5337公里，比上年末增加121公里；其中，高速铁路营业里程1892公里。

表5 2022年广西旅客、货物运输量及其增长速度

指标	单位	绝对数	比上年增长（%）
旅客运输总量	亿人次	2.16	-27.5
旅客运输周转量	亿人公里	377.78	-27.6
货物运输总量	亿吨	21.33	-1.3
货物运输周转量	亿吨公里	5172.95	6.0

全年货物运输总量[16]21.33亿吨，比上年下降1.3%。货物运输周转量5172.95亿吨公里，增长6.0%。港口完成货物吞吐量5.68亿吨，比上年增长2.0%，其中外贸货物吞吐量1.69亿吨，增长0.3%。港口集装箱吞吐量827万标准箱，增长14.8%。

全年旅客运输总量2.16亿人次，比上年下降27.5%。旅客运输周转量377.78亿人公里，下降27.6%。

年末民用汽车保有量892.24万辆，比上年末增长7.1%，其中私人汽车保有量825.61万辆，增长7.8%。轿车保有量501.66万辆，增长10.1%，其中私人轿车486.22万辆，增长10.5%。

全年完成邮政业务总量[17]168.80亿元，比上年增长4.2%。邮政业全年完成邮政函件业务0.13亿件，包裹业务21.00万件，快递业务量10.55亿件，快递业务收入116.89亿元。

全年完成电信业务总量[18]531.82亿元，比上年增长23.7%。

年末移动电话基站数[19]32.2万个，其中4G基站18.8万个，5G基站6.6万个。年末电话用户总数6317.4万户，其中移动电话用户5805.3万户。电话普及率为125.4部/百人。年末互联网用户7232.0万户，比上年末增加393.2万户。固定互联网宽带接入用户[20]2054.2万户，比上年末增加226.8万户，其中固定互联网光纤宽带接入用户1958.3万户，增加215.3万户；移动互联网用户5177.8万户，增加166.4万户。互联网宽带接入通达的行政村比重达到100%。全年移动互联网接入流量96.12亿GB，比上年增长21.1%。

五、国内贸易

全年社会消费品零售总额8539.09亿元，与上年持平。按经营地统计，城镇消费品零售额7364.17亿元，下降0.1%，乡村消费品零售额1174.92亿元，增长0.6%。按消费类型统计，商品零售额7316.54亿元，增长0.1%，餐饮收入额1222.55亿元，下降0.5%。

图8　2018—2022年广西社会消费品零售总额[21]

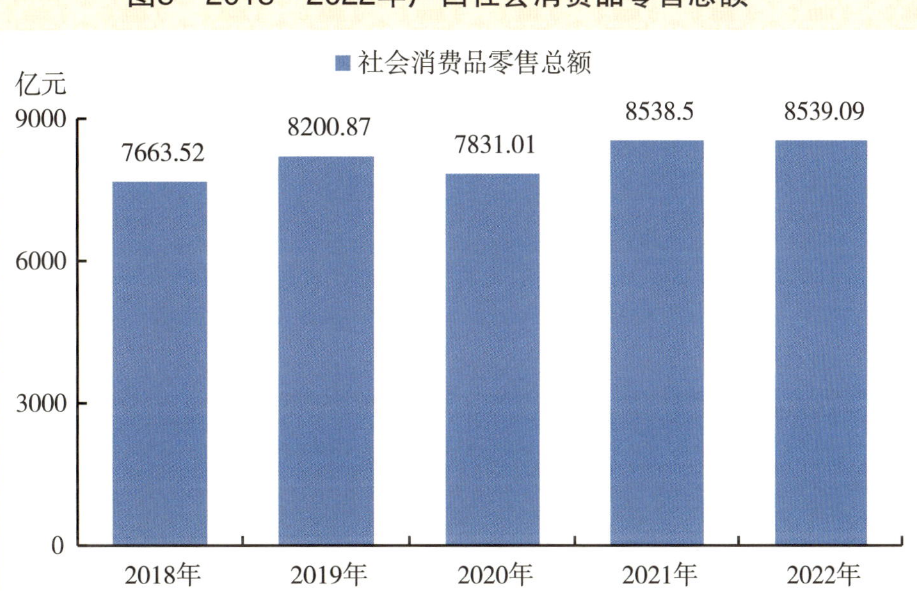

全年限额以上单位商品零售额中，粮油食品、饮料、烟酒类零售额比上年增长22.1%，服装、鞋帽、针纺织品类下降16.2%，化妆品类增长3.7%，金银珠宝类下降15.9%，日用品类增长

8.4%，家用电器和音像器材类下降10.1%，中西药品类增长2.6%，文化办公用品类下降2.4%，家具类增长13.8%，通讯器材类增长0.7%，建筑及装潢材料类下降6.3%，石油及制品类增长13.7%，汽车类增长1.5%。

全年实物商品网上零售额785.90亿元，按可比口径计算，比上年增长15.0%，占社会消费品零售总额的比重为9.2%，比上年提高1.3个百分点。

六、固定资产投资

全年固定资产投资（不含农户）比上年增长0.1%，其中，第一产业投资增长2.2%；第二产业投资增长28.5%，其中工业投资增长30.0%；第三产业投资下降10.2%。基础设施投资[22]增长10.2%。民间固定资产投资[23]下降13.6%，社会领域投资[24]增长12.5%。

表6 2022年广西分行业固定资产投资（不含农户）增长速度

行业	比上年增长（%）
总 计	0.1
农、林、牧、渔业	2.2
采矿业	7.7
制造业	26.2
电力、热力、燃气及水生产和供应业	48.2
建筑业	-25.1
交通运输、仓储和邮政业	14.4
信息传输、软件和信息技术服务业	12.3
批发和零售业	50.8
住宿和餐饮业	2.9
金融业	17.5
房地产业[25]	-35.5
租赁和商务服务业	5.0
科学研究和技术服务业	-17.5
水利、环境和公共设施管理业	4.6
居民服务、修理和其他服务业	29.3
教育	10.0
卫生和社会工作	17.4
文化、体育和娱乐业	11.5
公共管理、社会保障和社会组织	-23.9

全年房地产开发投资2307.38亿元，比上年下降38.2%。其中住宅投资1815.85亿元，下降37.4%；办公楼投资41.55亿元，下降44.9%；商业营业用房投资153.49亿元，下降

40.1%。商品房销售面积4370.89万平方米，下降29.3%，其中住宅3322.88万平方米，下降37.1%。年末商品房待售面积1745.49万平方米，比上年末增加284.39万平方米。其中，商品住宅待售面积937.77万平方米，增加207.73万平方米。

表7　2022年广西房地产开发和销售主要指标完成情况及其增长速度

指标	单位	绝对数	比上年增长（%）
投资额	亿元	2307.38	-38.2
其中：住宅	亿元	1815.85	-37.4
其中：90平方米及以下	亿元	283.68	-46.8
房屋施工面积	万平方米	32203.25	-5.8
其中：住宅	万平方米	23818.31	-5.6
房屋新开工面积	万平方米	3033.98	-43.1
其中：住宅	万平方米	2347.79	-41.5
房屋竣工面积	万平方米	2345.43	-3.6
其中：住宅	万平方米	1847.65	-2.1
商品房销售面积	万平方米	4370.89	-29.3
其中：住宅	万平方米	3322.88	-37.1
本年资金来源	亿元	2618.65	-39.5
其中：国内贷款	亿元	270.77	-48.2
其中：个人按揭贷款	亿元	601.70	-34.3

七、对外经济

全年货物进出口总额6603.53亿元，比上年增长11.3%。其中，出口3705.35亿元，增长26.1%；进口2898.18亿元，下降3.2%。进出口顺差（进口小于出口）807.17亿元。对东盟国家进出口总额2811.13亿元，比上年下降0.4%。其中，出口2055.15亿元，增长24.0%；进口755.98亿元，下降35.1%。对“一带一路”沿线国家[26]进出口总额3531.84亿元，比上年增长16.1%。其中，出口2334.38亿元，增长31.9%；进口1197.46亿元，下降5.9%。对《区域全面经济伙伴关系协定》（RCEP）其他成员国[27]进出口额3214.33亿元，比上年增长0.2%。其中，出口2194.48亿元，增长27.1%；进口1019.85亿元，下降31.1%。

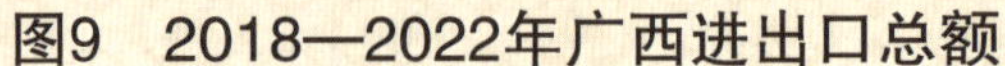

图9　2018—2022年广西进出口总额

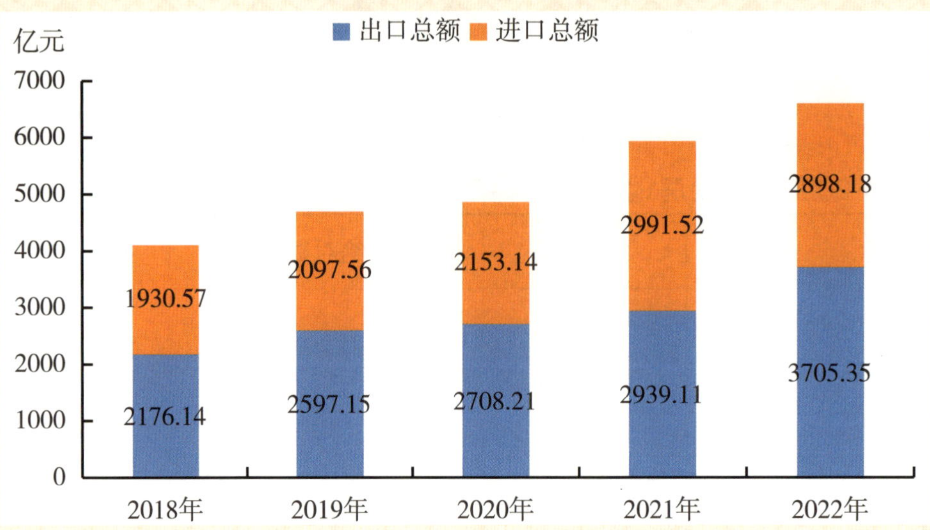

全年实际利用外资13.72亿美元（商务部口径），比上年增长46.4%。对外承包工程营业额3.58亿美元，比上年下降4.3%。对外劳务合作实际收入总额0.06亿美元，比上年增长44.9%。

表8　2022年广西货物进出口总额及其增长速度

指标	绝对数（亿元）	比上年增长（%）
货物进出口总额	6603.53	11.3
其中：一般贸易	2817.04	52.9
其中：货物出口额	3705.35	26.1
其中：一般贸易	1581.11	129.2
来料加工	44.40	150.9
进料加工	546.52	-1.2
边境小额贸易	776.44	-25.9
货物进口额	2898.18	-3.2

表9　2022年广西对主要国家和地区货物进出口总额及其增长速度

国家和地区	货物出口额（亿元）	比上年增长（%）	货物进口额（亿元）	比上年增长（%）
亚洲	2855.99	14.2	1600.86	-6.8
其中：东盟	2055.15	24.0	755.98	-35.1
其中：越南	1582.49	11.0	408.85	-29.3
其中：中国香港	450.01	-35.0	21.59	-39.9
日本	51.99	108.9	30.43	-49.5
韩国	47.77	158.2	94.76	58.5
非洲	92.29	130.7	174.62	10.8
欧洲	231.75	90.8	122.08	21.5
其中：欧盟	145.70	63.0	45.24	-0.8
拉丁美洲	151.26	96.2	620.37	2.7
北美洲	332.55	93.6	237.45	15.5
其中：美国	311.01	93.3	120.56	33.4
大洋洲	41.51	52.7	142.39	-30.8

八、财政金融

全年一般公共预算收入1687.72亿元，比上年下降6.2%，扣除留抵退税因素还原后，按同口径计算[28]，增长3.6%。其中税收收入930.37亿元，占一般公共预算收入的比重为55.1%。一般公共预算支出5893.89亿元，比上年增长1.5%，其中，民生重点领域支出4654.73亿元，增长1.5%，占一般公共预算支出的比重为79.0%。

年末金融机构本外币各项存款余额40212.38亿元，比年初增加3332.94亿元，其中人民币各项存款余额40032.65亿元，增加3326.42亿元。年末金融机构本外币各项贷款余额44689.79亿元，比年初增加4838.66亿元，其中人民币各项贷款余额44197.23亿元，增加4871.95亿元。

表10　2022年广西金融机构本外币存贷款余额及其增长速度

指标	年末数（亿元）	比上年末增长%
各项存款余额	40212.38	9.0
其中：住户存款	23552.64	12.2
其中：人民币	23501.14	12.2
非金融企业存款	9866.86	5.8
各项贷款余额	44689.79	12.1
其中：境内短期贷款	7996.64	11.8
境内中长期贷款	34204.56	11.7

年末上市公司数量40家，市价总值2720.58亿元。

全年保险公司原保险保费收入[29]812.02亿元，比上年增长3.7%。其中，财产险业务原保险保费收入263.58亿元，增长8.2%；寿险业务原保险保费收入548.44亿元，增长1.6%，健康险和意外险业务原保险保费收入185.29亿元，下降4.4%。支付各类赔款及给付295.84亿元，增长0.4%，其中，财产险业务赔款160.05亿元，下降0.3%；人身险业务给付135.79亿元，增长1.2%；健康险和意外险业务赔款及给付为90.37亿元，下降3.1%。

九、居民收入消费和社会保障

全年居民人均可支配收入27981元，比上年名义增长4.7%，扣除价格因素，实际增长2.7%。居民人均可支配收入中位数[30]22463元，名义增长4.4%。按常住地分，城镇居民人均可支配收入39703元，比上年名义增长3.0%，扣除价格因素，实际增长1.2%。农村居民人均可支配收入17433元，比上年名义增长6.5%，扣除价格因素，实际增长4.3%。城乡居民人均收入比为2.28：1，比上年缩小0.07。

图10　2018—2022年广西城乡居民收入

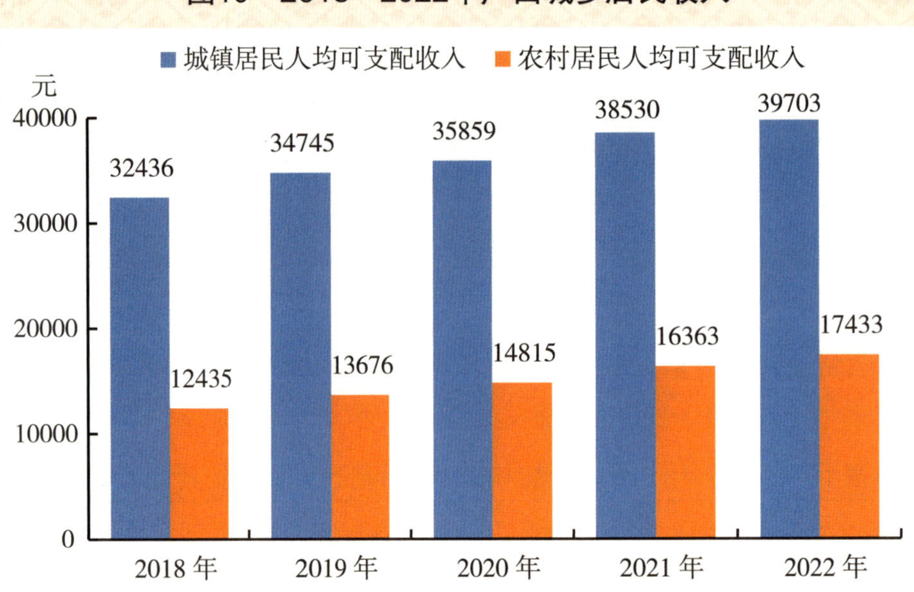

全年居民人均消费支出18343元，比上年名义增长1.4%，扣除价格因素，实际下降0.5%。按常住地分，城镇居民人均消费支出22438元，名义下降0.5%，扣除价格因素，实际下降2.2%；农村居民人均消费支出14658元，名义增长3.5%，扣除价格因素，实际增长1.4%。广西居民恩格尔系数为32.0%，其中城镇为32.0%，农村为32.1%。

参加基本养老保险3339.40万人，比上年末增加286.75万人。参加基本医疗保险人数[31]5201.86万人，减少47.42万人。其中，参加职工基本医疗保险人数730.39万人，增加15.61万人；参加城乡居民基本医疗保险人数4471.47万人，减少63.03万人。参加失业保险人数509.43万人，增加34.39万人。年末领取失业保险金人数7.28万人。参加工伤保险人数601.08万人，增加49.77万人，其中参加工伤保险的农民工31.85万人。参加生育保险人数508.31万人，减少15.18万人。

年末社会保障卡持卡人数[32]4965.42万人，比上年末减少133.93万人。共有35.52万人享受城市居民最低生活保障，238.37万人享受农村居民最低生活保障，25.78万人享受特困人员救助供养。医疗救助资助参加基本医疗保险人数299.93万人，比上年减少73.10万人。

年末共有提供住宿的养老服务机构12695个，床位26.12万张，收养4.74万人；为儿童提供救助收养服务的机构48个，床位0.37万张，收养0.16万人。

十、科学技术和教育

全年安排科学研究与技术开发计划项目4565项，资助经费6.37亿元。其中，重点研发计划经费1.53亿元，技术创新引导专项（基金）经费1.55亿元，科技基地和人才专项经费2.69亿元，自然科学基金0.60亿元。取得省部级以上登记科技成果6715项，其中，应用技术成果6218项，软科学研究成果7项，基础理论成果490项。全年广西三种专利获授权44689件，比上年下降4.5%，其中发明专利5471件，比上年增长19.6%。全年共签订技术合同13899项，技术合同成交金额808.85亿元，比上年下降63.1%。

年末共有产品检测实验室（指广西获得

省级实验室资质认定的检验检测实验室）1587个，国家级检测中心10个，自治区级检测中心40个。现有产品质量、体系认证机构19个，累计完成产品认证企业个数2164个。共有法定计量技术机构86个，全年强制检定计量器具291.63万台（件）。累计制、修订地方标准数2687个，地理标志保护产品93个。自治区主席质量奖[33]累计获奖单位23个。

全年研究生教育招生2.30万人，在校研究生6.41万人，毕业生1.43万人。普通高等教育招生46.83万人，在校生140.75万人，毕业生36.19万人。各类中等职业教育（不含技工）招生22.70万人，在校生65.27万人，毕业生18.78万人。普通高中招生44.05万人，在校生126.05万人，毕业生38.01万人。普通初中招生82.13万人，在校生236.20万人，毕业生76.23万人。普通小学招生81.29万人，在校生515.86万人，毕业生81.69万人。特殊教育招生0.74万人，在校生4.36万人，毕业生0.75万人。学前教育在园幼儿217.00万人。九年义务教育巩固率96.7%，高中阶段毛入学率92.9%。

表11　2022年各类教育发展情况

指标	招生人数（万人）	在校生人数（万人）	毕业生人数（万人）
研究生	2.30	6.41	1.43
普通高等教育	46.83	140.75	36.19
中等职业教育（不含技工）	22.70	65.27	18.78
普通高中	44.05	126.05	38.01
普通初中	82.13	236.20	76.23
普通小学	81.29	515.86	81.69
特殊教育	0.74	4.36	0.75

十一、文化旅游和卫生健康

年末共有县级以上公共图书馆116个，文化馆125个，博物馆155个，国有艺术表演团体78个。广西共有70个项目列入国家级非物质文化遗产名录，914个项目列入自治区级非物质文化遗产名录。

年末共有广播电视台91座。有线广播电视用户848.93万户，数字电视用户848.93万户。年末广播节目综合人口覆盖率为98.80%；电视节目综合人口覆盖率为99.45%。年末共有档案馆165个，已开放各类档案42.48万卷。

全年接待国内游客5.89亿人次；实现国内旅游收入6418.33亿元。

年末共有医疗卫生机构34502个，其中医院850个，乡镇卫生院1267个，社区卫生服务中心201个，诊所（卫生所、医务室）11804个，村卫生室18938个，疾病预防控制中心122个，卫生监督所（中心）126个，妇幼保健院（所、站）106个。年末广西卫生技术人员41.51万人，其中执业医师和执业助理医师13.86万人，注册护士19.28万人，乡村医生和卫生员2.70万人。医疗卫生机构床位34.17万张，其中医院23.70万张，乡镇卫生院8.26万张。

全年运动员在世界三大赛中获金银铜牌17枚，其中金牌12枚，银牌1枚，铜牌4枚。

十二、资源、环境和应急管理

全年国有建设用地供应总量[34]2.97万公顷。其中，工矿仓储用地0.84万公顷，住宅用地0.22万公顷，基础设施等其他用地1.78万公顷。

全年规模以上工业企业原煤产量比上年增长4.3%，原油产量增长40.5%，发电量下降0.3%，水电、风电、核电、太阳能发电等清洁能源发电量增长11.8%。电力消费量下降3.9%。

全年供水综合生产能力1007.31万立方米/日。城市用水普及率99.81%。总用水量264.01亿立方米。其中，生活用水36.11亿立方米，工业用水31.63亿立方米，农业用水189.95亿立方米，生态补水增长6.32亿立方米。人均用水量523立方米。

年末广西共有国家生态文明建设示范市县16个，其中本年新增3个。森林面积1486.8万公顷，森林覆盖率62.56%。全年完成造林面积239.1千公顷，其中人工造林面积89.9千公顷，占全部造林面积的37.6%。截至年底，建成自然保护区78个，其中国家级自然保护区23个，自然保护区面积125.83万公顷。新增水土流失治理面积1939.32平方公里。

全年广西地表水考核断面水质优良率98.2%，地级城市集中式生活饮用水水源地水质达标率97.1%。

全年广西近岸海域海水水质[35]总体为优，优良水质（一、二类）面积比例平均为94.5%，三类水质面积比例为1.9%，四类水质面积比例为2.5%，劣四类水质面积比例为1.1%。

监测的14个设区市空气质量全部达标。细颗粒物（PM2.5）年平均浓度26.2微克/立方米。城市区域昼间声环境质量较好的市占64.3%，一般的占35.7%。

全年广西平均气温为20.9℃，比上年下降0.7℃，共有3个热带气旋直接影响广西。

全年广西共有海洋观测站25个，海洋监测预报中心发布预警44次。

年末广西污水处理厂集中处理能力633.98万立方米/日，污水处理率98.66%。生活垃圾无害化处理率100%。建成区绿地率35.67%，人均公园绿地面积13.83平方米。

年末共有地震台站641个，地震监测台网10个。

全年广西各级气象台共发布气象预警信号14711次，全年自治区气象台发布预警157次。

全年因地质灾害造成直接经济损失5366万元，因海洋灾害造成直接经济损失4483万元。全年共发生森林火灾114次，受灾面积0.06万公顷。

注释：

[1] 本公报中数据均为初步统计数。部分数据因四舍五入的原因，存在总计与分项合计不等的情况。

[2] 地区生产总值、三次产业及相关行业增加值、人均地区生产总值绝对数按现价计算，增长速度按不变价格计算。

[3] 常住人口指在广西居住半年以上的人口，以及户口在广西、外出广西不满半年或在境外工作学习的人口。

[4] 根据第七次全国人口普查结果，对2018、2019年年末常住人口城镇化率数据进行了修订。

[5] 2022年年末，广西0～14岁（含不满15周岁）常住人口为1118万人，15～59岁（含不满60周岁）人口为3048万人。

[6] 年度农民工数量包括年内在本乡镇以外从业6个月及以上的外出农民工和在本乡镇内从事非农产业6个月及以上的本地农民工。

[7] 农产品生产者价格是指农产品生产者

直接出售其产品时的价格。

［8］居住类价格包括租赁房房租、住房保养维修及管理、水电燃料、自有住房服务价格。

［9］高技术制造业包括医药制造业，航空、航天器及设备制造业，电子及通信设备制造业，计算机及办公设备制造业，医疗仪器设备及仪器仪表制造业，信息化学品制造业。

［10］高技术产业投资包括医药制造、航空航天器及设备制造等六大类高技术制造业投资和信息服务、电子商务服务等九大类高技术服务业投资。

［11］规模以上服务业统计范围包括：年营业收入2000万元及以上的交通运输、仓储和邮政业，信息传输、软件和信息技术服务业，水利、环境和公共设施管理业，卫生行业法人单位；年营业收入1000万元及以上的房地产业（不含房地产开发经营），租赁和商务服务业，科学研究和技术服务业，教育行业法人单位；以及年营业收入500万元及以上的居民服务、修理和其他服务业，文化、体育和娱乐业，社会工作行业法人单位。

［12］实物商品网上零售额是指通过公共网络交易平台（主要从事实物商品交易的网上平台，包括自建网站和第三方平台）实现的商品零售额。

［13］北部湾经济区是指南宁市、北海市、防城港市、钦州市4市；西江经济带是指柳州市、桂林市、梧州市、贵港市、玉林市、贺州市、来宾市7市，左右江革命老区是指百色市、河池市、崇左市、隆安县、马山县5市（县）。

［14］2021年部分产品产量数据进行了核实调整，2022年产量增速按可比口径计算。

［15］由于统计调查制度规定的调查范围变动、统计执法、剔除重复数据等因素，2022年规模以上工业企业财务指标增速及变化按可比口径计算。

［16］货物运输总量包括铁路、公路、水路、民航四种运输方式完成量；周转量包括铁路、公路、水路三种运输方式完成量，2022年增速按可比口径计算。

［17］邮政行业业务总量按2020年价格计算。

［18］电信业务总量按2021年价格计算。

［19］移动电话基站数是指报告期末为小区服务的无线收发信设备，处理基站与移动台之间的无线通信，在移动交换机与移动台之间起中继作用，监视无线传输质量的全套设备数。

［20］固定互联网宽带接入用户是指报告期末在电信企业登记注册，通过xDSL、FTTx+LAN、FTTH/O以及其他宽带接入方式和普通专线接入公众互联网的用户。

［21］根据第四次全国经济普查结果及有关制度规定，对2018、2019年社会消费品零售总额数据进行了修订。

［22］基础设施投资包括铁路运输业、道路运输业、水上运输业、航空运输业、管道运输业、多式联运和运输代理业、装卸搬运业、邮政业、电信广播电视和卫星传输服务业、互联网和相关服务业、水利管理业、生态保护和环境治理业、公共设施管理业投资。

［23］民间固定资产投资是指具有集体、私营、个人性质的内资企事业单位以及由其控股（包括绝对控股和相对控股）的企业单位建造或购置固定资产的投资。

［24］社会领域投资包括教育，卫生和社会工作，文化、体育和娱乐业投资。

［25］房地产业投资除房地产开发投资

外，还包括建设单位自建房屋以及物业管理、中介服务和其他房地产投资。

［26］“一带一路”是指“丝绸之路经济带”和“21世纪海上丝绸之路”。

［27］《区域全面经济伙伴关系协定》（RCEP）其他成员国包括印度尼西亚、马来西亚、菲律宾、泰国、新加坡、文莱、柬埔寨、老挝、缅甸、越南、日本、韩国、澳大利亚、新西兰。

［28］一般公共预算收入、税收收入的同口径增幅，是按财政部要求，将2022年和2021年同期新老政策留抵退税金额返加到收入中，以便更加准确反映经济财政运行实际情况。

［29］原保险保费收入是指保险企业确认的原保险合同保费收入。

［30］人均可支配收入中位数是指将所有调查户按人均收入水平从低到高（或从高到低）顺序排列，处于最中间位置调查户的人均可支配收入。

［31］2022年，基本医疗保险参保人数统计口径发生变化，剔除部分重复参保人数。

［32］2022年，广西清查社会保障卡，已剔除无效卡、死亡卡及库存卡。

［33］自治区主席质量奖每两年评选一次。

［34］国有建设用地供应总量是指报告期内市、县人民政府根据年度土地供应计划依法以出让、划拨、租赁等方式与用地单位或个人签订出让合同或签发划拨决定书、完成交易的国有建设用地总量。

［35］近岸海域海水水质采用面积法进行评价。

资料来源：

本公报中城镇新增就业、社会保障数据来自自治区人力资源社会保障厅；医疗保障数据来自自治区医保局；财政数据来自自治区财政厅；物价、城乡居民收入和支出、恩格尔系数、农民工、部分农业数据来自国家统计局广西调查总队；进出口数据来自南宁海关；实际利用外资、对外承包工程和劳务合作等数据来自自治区商务厅；金融数据来自中国人民银行南宁中心支行；证券数据来自中国证券监督管理委员会广西监管局；保险数据来自中国银行保险监督委员会广西监管局；公路里程、港口数据来自自治区交通运输厅；旅客、货物运输量和周转量数据来自自治区交通运输厅、中国铁路南宁局集团有限公司和广西机场集团；铁路营业里程、高速铁路数据来自中国铁路南宁局集团有限公司；汽车保有量数据来自自治区交警总队；邮政业务数据来自自治区邮政管理局；电信业务数据来自自治区通信管理局；教育数据来自自治区教育厅；安排科技计划项目、技术合同等数据来自自治区科技厅；市场主体、专利数据、质量检验、标准制定修订等数据来自自治区市场监督管理局；艺术表演团体、博物馆、公共图书馆、文化馆、非物质文化遗产、旅游等数据来自自治区文化和旅游厅；广播电视数据来自自治区新闻出版广电局；医疗卫生数据来自自治区卫生健康委；社会服务及救助数据来自自治区民政厅；国有建设用地供应、地质灾害数据来自自治区自然资源厅；用水量数据来自自治区水利厅；林业、自然保护区等数据来自自治区林业局；环境监测数据来自自治区生态环境厅；污水处理、生活垃圾无害化处理、建成区绿地率等数据来自自治区住房和城乡建设厅；气象预警、平均气温、热带气旋等数据来自自治区气象局；海洋观测站、海洋监测预报、海洋灾害等数据来自自治区海洋局；地震数据来自自治区地震局；其他数据均来自自治区统计局。

6-2　2022年广西城镇居民生活调查报告

Investigation Report of Urban Residents Living in 2022

2022年广西城镇居民收入增长放缓 消费支出略有下降

2022年，受新冠疫情反复影响，居民收入和消费受到较大冲击。面对严峻的形势，自治区党委、政府坚定不移地贯彻落实党中央“疫情要防住、经济要稳住、发展要安全”的重要要求，抓好稳经济一揽子政策措施，抓实稳就业保民生，广西城镇居民收入保持持续增长，但增速有所放缓，生活消费支出略有下降。

一、2022年广西城镇居民收入增长放缓

2022年，广西城镇居民人均可支配收入39703元，同比增加1173元，增长（如无特别说明，均为名义增长，下同）3.0%，扣除价格因素，实际增长1.2%。与上年的7.4%名义增幅相比，回落4.4个百分点，2022年广西城镇居民收入增长放缓，具体情况如图1所示。

图1　2018—2022年广西城镇居民人均可支配收入及增速

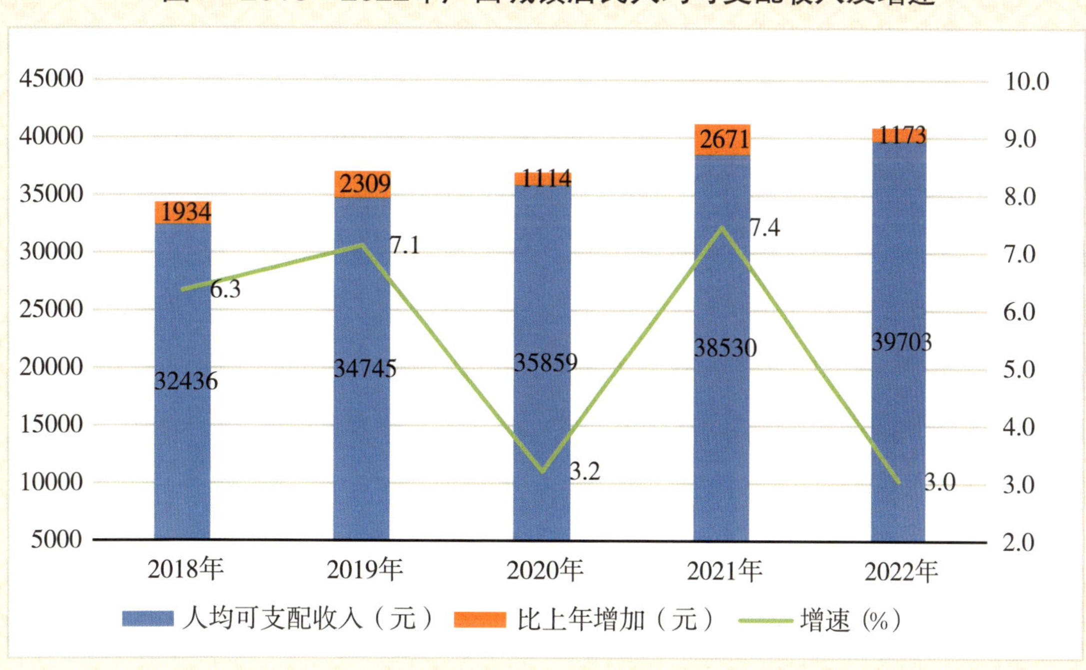

（一）季节呈现“高开低走”的态势

分季度看，增幅呈现“高开低走”的态势。2022年一季度、上半年、前三季度和全年城镇居民人均可支配收入分别增长4.5%、2.8%、2.8%、3.0%，总体上呈现“高开低走”的态势。

（二）增速慢于农村居民收入

分城乡看，城镇增速慢于农村。2022年广西城镇居民人均可支配收入增速比农村居民收入增速6.5%低3.5个百分点；城乡居民收入比由

上年的2.35：1下降到2.28：1，缩小了0.07，城乡居民收入差距进一步缩小。

（三）增速低于全国、西部平均水平

与全国相比，增速低于全国平均水平。2022年广西城镇居民可支配收入增速比全国平均增速低0.9个百分点，位居全国第24位，比上年后移1位。在西部12省（区、市）排位中排第10位，比上年后移2位。

二、2022年广西城镇居民收入增长因素

2022年，广西城镇居民四大项收入中，经营净收入增速最快，财产净收入次之，工资性收入小幅增长，转移净收入较上年有所下降，具体情况如表1所示。

表1　2022年广西城镇居民人均可支配收入及构成

指标	2021年（元）	2022年（元）	增加额（元）	增幅（%）	贡献率（%）	拉动增长（%）
可支配收入	38530	39703	1173	3.0	100.0	
工资性收入	20640	21321	681	3.3	58.1	1.8
经营净收入	6848	7222	374	5.5	31.9	1.0
财产净收入	4015	4206	191	4.8	16.3	0.5
转移净收入	7027	6954	-73	-1.0	-6.2	-0.2

（一）工资性收入稳步增长

2022年，广西城镇居民人均工资性收入21321元，同比增长3.3%，占到可支配收入的53.6%，比重最大，拉动收入增长1.8个百分点，对收入增长的贡献率达58.1%。工资性收入增长的主要因素：一是就业总体保持稳定。据人社部门数据显示，1—11月，广西城镇新增就业37.12万人、失业人员实现再就业12.00万人、就业困难人员实现就业4.49万人，分别完成全年目标任务的123.73%、133.33%、128.29%，就业形势总体平稳。二是广西机关事业单位基本工资标准调整政策兑现到位，人均月增资约300元。三是推进事业单位工资改革。推进公立医院薪酬制度改革，持续有效实施“动态奖励”模式；完善义务教育教师绩效工资总量管理政策；出台义务教育学校课后服务经费额度纳入绩效工资总量管理政策；深化企业负责人薪酬制度改革，完善企业负责人经营业绩考核、工资总额预算管理和收入分配监管；实施公益二类事业单位绩效工资总量区间核定政策，对“非驻邕”公益二类事业单位绩效工资控高线按“驻邕”标准计算，消除因地区因素带来的控高线水平差异，进一步激发事业单位活力。2022年1—10月，广西事业单位从业人员工资福利同比增长16.7%。

（二）经营净收入平稳增长

2022年，广西城镇居民人均经营净收入7222元，同比增长5.5%，拉动收入增长1.0个百分点，对收入增长的贡献率达31.9%。经营净收入的增长主要得益于：一是减税降费等政策助推企业发展，为居民增收提供基础。2022年，广西落实社保“缓、返、降、补、扩”助企纾困政策，切实减轻企业负担。二是普惠性金融政策支持中小企业发展，为居民增收提供保障。2022年，广西开展民营中小微企业金融服务能力提升工程、金融支持个体工商户专项

活动。据人民银行南宁中心支行数据显示，2022年前11个月，广西金融系统累计投放“桂惠贷”超3000亿元，贷款加权平均利率3.14%，惠及企业超过10万家。三是经营户采取多种措施降低经营风险，有力促进经营净收入恢复增长。为应对疫情的冲击，不少个体工商户积极实施自救或止损，寻求生存发展。

（三）财产净收入平稳增长

2022年，广西城镇居民人均财产净收入4206元，同比增长4.8%，拉动收入增长0.5个百分点，对收入增长的贡献率达16.3%。银行利息收入、集体分红收入是带动居民财产净收入平稳增长的主要因素。据人民银行数据显示，11月末，广西本外币各项存款余额40256.13亿元，同比增长9.8%。

（四）转移净收入略有下降

2022年，广西居民人均转移净收入为6954元，比上年同期减少73元，下降1.0%。从增收因素看，养老金和离退休金是城镇居民转移净收入增长的主要影响因素。2022年自治区人民政府优先保障民生支出，调整提高退休人员基本养老金，保障广大退休人员的基本生活，重点做好困难群体生活保障，提高伤残抚恤金标准、扩大失业保险保障范围及困难群体等各类补助，适时增发困难群众一次性生活补贴，兜住兜牢了基本民生。广西人均养老金和离退休金收入、社会救济和补助均呈现增长态势。从下拉影响看，受社保支出上涨等因素影响，一定程度上拉低了转移净收入的增速。随着居民保障待遇提高，民生福祉提升，居民参加社会保障意识增强，在社会保障方面支出较大。此外，社会保障支出标准提高，支出相应也增多，2022年城乡医保个人缴费最低标准调整至320元/年，同比增长14.3%。

三、2022年广西城镇居民消费支出略降

2022年，广西城镇居民人均消费支出22438元，比2021年减少117元，同比下降0.5%（如表2所示）。

表2　2022年广西城镇居民消费支出情况表

指标	2022年		2021年		2022年比2021年±	
	金额（元）	比重（%）	金额（元）	比重（%）	金额（元）	增幅（%）
生活消费支出	22438	100.0	22555	100.0	-117	-0.5
食品烟酒	7172	32.0	7089	31.4	83	1.2
衣着	905	4.0	996	4.4	-90	-9.1
居住	4760	21.2	4704	20.9	57	1.2
生活用品及服务	1250	5.6	1371	6.1	-121	-8.8
交通通信	3033	13.5	3009	13.3	24	0.8
教育文化娱乐	2791	12.4	2812	12.5	-20	-0.7
医疗保健	2097	9.3	2163	9.6	-66	-3.1
其他用品和服务	429	1.9	413	1.8	16	3.9

（一）八大类消费“四升四降”

2022年广西城镇居民八大消费支出中，人均食品烟酒、居住、交通通信、其他用品和服务支出保持平稳增长，同比分别增长1.2%、

1.2%、0.8%和3.9%；衣着、生活用品及服务、教育文化娱乐、医疗保健支出为负增长，同比分别下降9.1%、8.8%、0.7%和3.1%。

（二）发展享受型消费有所减弱

从生活消费支出构成来看，2022年广西城镇居民人均食品烟酒、衣着和居住等生存型消费支出占生活消费支出的比重合计达57.2%，生存型消费仍然是日常消费的核心；人均家庭生活用品及服务、教育文化娱乐、交通通信、医疗保健等发展享受型消费支出占生活消费支出的比重合计达42.8%，比上年回落了0.5个百分点，发展享受型消费有所减弱。

四、需要关注的几个问题

（一）与全国收入差距持续拉大

2022年，广西城镇居民收入水平仅相当于全国平均水平的80.6%，比上年下降0.7个百分点；在全国31个省（区、市）中居第24位，比全国平均水平低9580元，与上年相比差距扩大698元；增速由上年全国第23位退至第24位。

（二）工资性收入增幅大幅回落

工资性收入是城镇居民收入增长的主要动力，近年来城镇居民工资性收入增长呈放缓态势，增幅由2019年的7.0%下降至2022年的3.3%，增收后劲明显不足。一方面受公务员规范津贴补贴同步调整影响，自治区本级和部分地区公益一类事业单位绩效工资水平略有降低。另一方面受经济下行冲击的大环境影响，加上疫情散发多发，企业正常生产受到一定影响，企业提供的就业岗位就业时间有所减少，影响居民本地务工收入。

（三）居民消费信心不足

受新冠疫情影响，居民对未来就业、收入等的预期转弱，生活消费活动更趋谨慎，消费意愿更加克制，消费意愿逐步降低，尤其是对接触型的服务行业影响更为明显。广西前三季度接待国内游客下降36.9%，旅游消费下降19.9%。同时，收入增长的不确定性也一定程度影响居民的消费信心。2022年，广西城镇居民平均消费倾向（生活消费支出占可支配收入的比重）为56.5%，较上年下降2个百分点（如图2所示）。

图2　广西城镇居民平均消费倾向

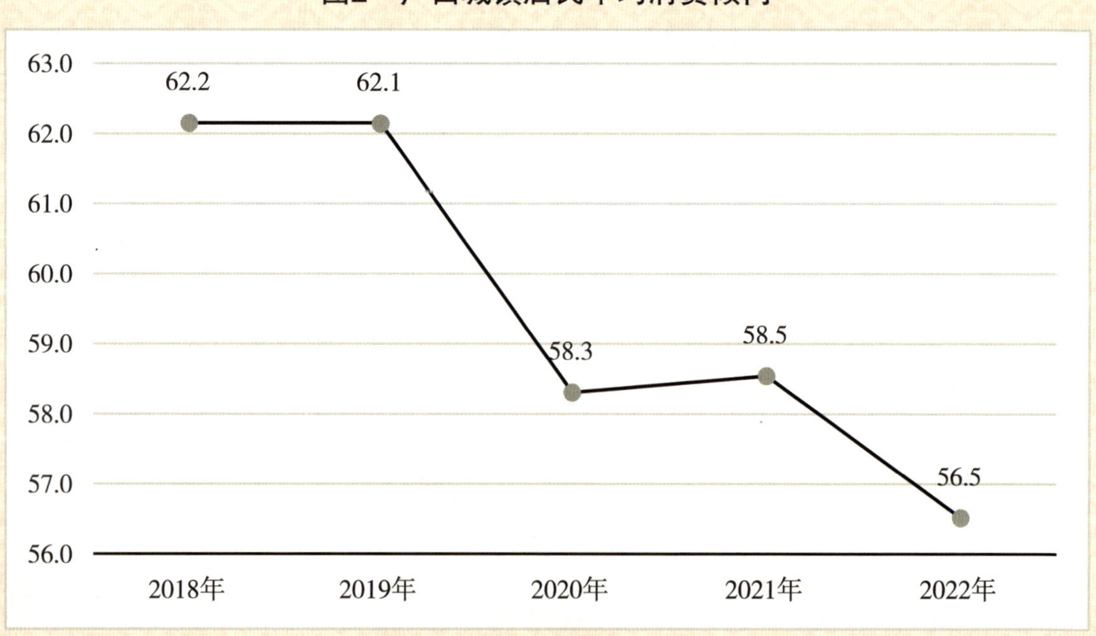

五、对策建议

（一）加快经济发展，稳定增收基础

经济增长是居民增收的基础，经济增长与居民增收有密切关系，面对复杂的国内外经济形势，抓住“平陆运河”等重大项目建设发展机遇期，做大GDP这块蛋糕，不断增强经济又快又好发展的实力和竞争力，促进广西城镇居民收入增速与经济同步实现“量”的增长和“质”的提升。

（二）持续拓宽就业市场，稳定和扩大居民增收基础

持续制定落实稳岗政策，提供充足的就业岗位，落实就业创业帮扶政策，多渠道帮助困难群体解决就业问题，满足劳动力的就业需求，加强产业工人队伍建设，持续做好培训提质增效工作，完善薪酬制度改革，着力扩大居民工资性收入，保持工资性收入稳步增长。

（三）提振消费信心，激发消费潜力

持续做好消费品保供稳价工作，提振居民消费信心。持续改善消费环境，发放消费券和财政补贴等手段刺激消费，增强居民消费信心，促进内需良性发展。深挖消费潜力，鼓励创新消费业态和模式，促进新型消费，加快线上线下消费有机融合，着力扩大大宗商品消费、服务消费、网络消费等。

（撰稿：陈　娟）

6-3 2022年广西农村居民生活调查报告

Investigation Report of Rural Residents Living in 2022

2022年广西农村居民收入稳步增长

2022年，广西各级党委、政府坚定不移贯彻落实党中央“疫情要防住、经济要稳住、发展要安全”重要要求，出台并加快推动落实稳经济、促民生一揽子政策和接续措施，农业生产和居民就业总体稳定，农村居民可支配收入实现稳步增长。

一、2022年广西农村居民收入主要特点

2022年，广西农村居民人均可支配收入为17433元，比上年增加1064元，增长6.5%（如无特别说明，为名义增速，下同），扣除价格因素，实际增长4.3%；与2021年相比，增速回落3.9个百分点，具体情况如图1所示。

图1 2018—2022年广西农村居民人均可支配收入增速趋势

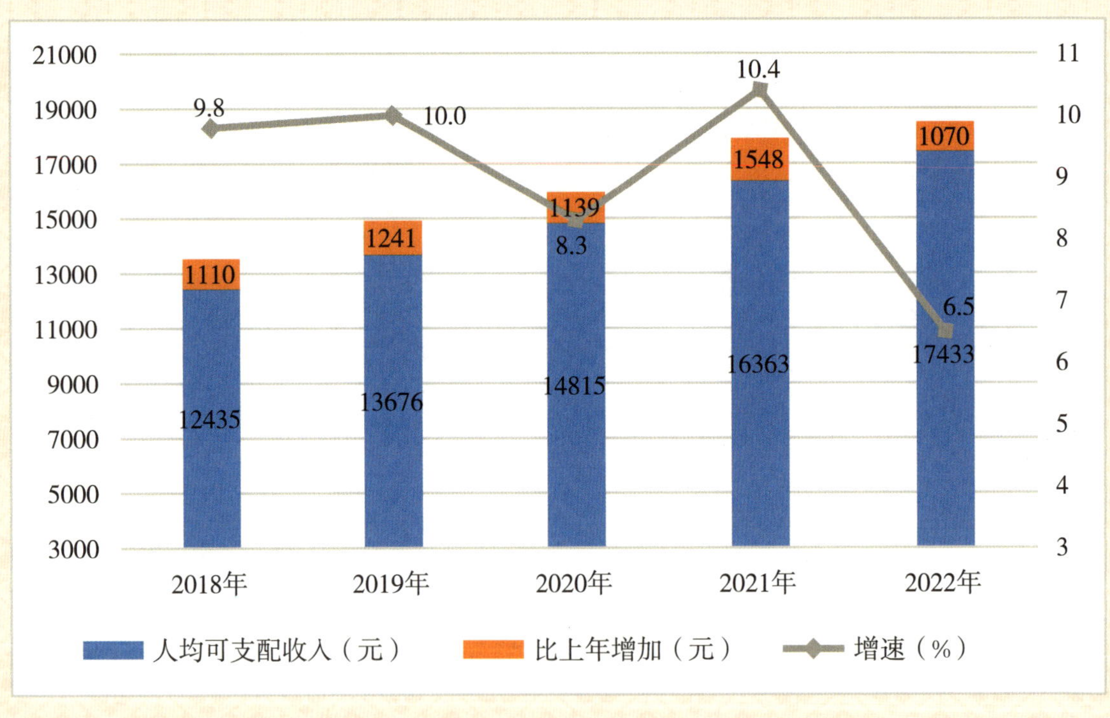

（一）四大项收入全面增长

从结构看，广西农村居民四大项收入实现不同程度增长。其中，工资性收入5922元，增长7.0%；经营净收入6982元，增长9.2%；财产净收入430元，增长11.6%；转移净收入4099元，增长1.2%。其中，工资性收入、经营净收入贡献较大，分别拉动可支配收入增长2.4个百分点和3.6个百分点（详见表1）。

表1　2022年广西农村居民四大项收入情况

指标	2022年（元）	2021年（元）	增量（元）	增速（%）	构成（%）	贡献率（%）	拉动增长（%）
可支配收入	17433	16363	1070	6.5			
工资性收入	5922	5536	386	7.0	34.0	36.1	2.3
经营净收入	6982	6391	591	9.2	40.0	55.2	3.6
财产净收入	430	385	45	11.6	2.5	4.2	0.3
转移净收入	4099	4051	48	1.2	23.5	4.5	0.3

（二）农村增速快于城镇

从城乡看，2022年广西农村居民人均可支配收入增速为6.5%，比城镇居民收入增速3.0%高3.5个百分点；城乡居民收入比为2.28∶1，比上年的2.35∶1缩小0.07，城乡居民收入差距进一步缩小。

（三）全国、西部排位均上升

从全国看，2022年广西农村居民人均可支配收入增速比全国平均水平6.3%高出0.2个百分点，增速高于全国平均水平，在全国31个省（区、市）的排位由上年的第17位上升为14位。在西部12个省（区、市）中，广西农村居民人均可支配收入增速排在第7位，比2021年前进1位。

二、促进广西农村居民增收的有利因素

（一）农业生产总体稳定，带动农业经营收入增长

1.主要农产品产量增加，价格上涨。一是主要农产品产量增加。据粮食产量实测调查结果显示，2022年广西稻谷产量增长1.0%，豆类产量增长1.8%，薯类产量增长1.2%。2022年广西水果产量增长预计在13%左右，保持全国第一。主要农产品产量的增长带动了农户的农业经营收入增长。如贺州市2022年水果产量达162.97万吨，同比增长16.04%；该市昭平县村民陈某2022年全年出售砂糖橘58807公斤，比上年出售量提高119.2%，收入也随之增加。二是农产品价格稳中有升，出售农产品收益增加。据农产品生产者价格调查，2022年全年农产品价格上涨0.8%，其中，农业产品价格上涨3.6%（水果价格上涨18.1%，柑橘价格上涨10.3%），林业产品价格上涨0.2%。如北海市是广西哈密瓜种植面积最大的产区，2022年秋季北海市哈密瓜平均收购价格在7元/公斤左右，收购价比上年增长30%左右，是最高的一年，哈密瓜种植户普遍实现亩利润超过1万元。

2.生猪家禽价格回升，养殖效益提高。一是2022年下半年生猪价格持续上涨，养殖户收益提高。截至2022年12月底生猪出栏价格是21.02元/公斤，同比增长18.4%。2022年，广西生猪出栏3347.4万头，同比增长7.5%；存栏2219.7万头，同比增长4.3%。如玉林市陆川县养殖户丘某因2022年猪价持续多月上涨，加大投入，加上下半年生猪出栏价上涨，其2022年牧业净收入19.7万元，同比增加10.2万元，收入大幅增长。二是活家禽价格上涨11.0%，其中活鸡、活鸭分别上涨10.6%、12.3%，中小养殖户受益明显。如钦州市钦北区龙眼村陆某上年养鸡亏损9.5万元，2022年养殖户信心增强，积极投入生产，该户牧业经营净收入5.5万元，实现扭亏为盈。

（二）落实稳岗就业政策，促进农民工资性收入增长

一是实施“10+N”就业服务专项行动，加大招聘信息推送投入力度，增加推送渠道，不断促进农民工就近就业，提高工资性收入。根据农民工监测调查数据显示，2022年底，广西农民工总量增长0.9%，其中本地务工农民工总量增长2.4%。二是自治区财政积极筹措资金，下达以工代赈示范工程中央预算内基建资金1.01亿元，支持农村当地劳动力参与农村公益性基础设施和农村产业发展配套基础设施，促进有效投资、稳就业保民生。截至2022年11月底，广西乡村公益性岗位安置脱贫人口、监测对象28.5万人上岗，是2021年的2倍。

（三）农产品批发零售业发展，助力农民三产收入增长

2022年，广西第一产业增加值同比增长5.0%，是广西三个产业增加值中增速最高的。随着农业增加值的稳步增长，广西各地农产品的实体经销、电商服务等批发零售产业也随之发展，带动农民第三产业经营不断向好。如贺州市富川县通过“互联网+农业”和直播带货等商业模式，让富川县水果销往全国各地。该县果农杨某参加县里的电商培训，成为了一名卖货主播，除了直播售卖自家脐橙，还帮人卖货，得到的收入不比种水果的收入低。

三、制约农村居民收入增长的主要因素

（一）农资价格上涨，农业经营成本增加

一是农业种植成本上涨。苗种、肥料、农药、燃料、生产服务支出等成本价格2022年均有不同程度的增长，农业生产利润空间受到挤压。根据广西晚稻中间消耗调查，2022年晚稻中间消耗664.4元/亩，同比增长10.4%。如钦州市钦南区屯显村农某为种粮大户，在种粮面积减少104.6亩的情况下，2022年化肥支出30400元，比2021年增加15210元，多了1倍，导致其农业经营净收入同比减少8.2万元，下降89.1%。二是玉米等饲料价格居高不下，全年玉米价格上涨5.1%，农户畜牧业养殖成本有所增加。

（二）政策红利逐步趋弱，转移性收入增收效果减弱

2022年，广西农村居民转移净收入在可支配收入总量中占比为23.5%，占比较大，而此项收入对政策依赖性较大。一方面近两年各项惠民政策拉动农村居民收入增长的政策效应已基本释放，对农村居民增收的支撑力逐步减弱；另一方面转移性支出不断增加，导致转移净收入下降，如城乡居民医疗保险从320元提高至350元，同比增长9.4%。

（三）居民消费价格上涨，影响居民实际收入增长

2022年，广西农村居民消费价格指数为102.2，比2021年的100.5提高了1.7个百分点。农村物价上涨幅度增加，导致农村居民收入实际增速放缓，收入增长带来的获得感减弱。2022年，广西农村居民人均可支配收入实际增速较2021年回落5.5个百分点。

四、促进农民增收的建议

（一）完善稳岗就业体系制度，促进非农就业

一是加大高素质农民培训等项目投入，切实提高培训的针对性和实效性，落实返乡就业扶持政策，特别是重点支持脱贫户和监测户就近就地就业。二是提高创业就业信息流通度，真正了解当前农民信息主要来源渠道，充分利

用线上线下宣传推广，让农民有更多就业选择。三是降低农民创业准入门槛，搭建支持农民创业平台，降低农民创业畏难情绪，支持创业带就业，鼓励农民各行各业全面开花。

（二）深化供给侧结构性改革，提高农业竞争

一是要以市场为导向，提高前瞻性和一盘棋意识，及时引导农民种植相关农作物，要避免扎堆性种植和盲目种植引起的农产品积压问题。二是结合地方资源优势，因地制宜，不断优化，种植出更好更符合当下年轻人喜欢的农产品，控制好优质中高端农产品的供给量，提高本地农产品竞争力。三是加强农业科技支持和服务，尤其是推动技术人员到点到户到地展开面对面培训，帮助农民抵抗旱汛、虫害，提高农业生产抗风险能力。

（三）加快构建农村商业体系，助推三产发展

一是要积极借助直播带货等新型供销模式，推动农村电商发展，做好乡村优质产品宣传，加快完善乡村物流配送体系建设，做大做强优势乡村特色产业。二是加大对乡村旅游的推广投入力度，出台相关优惠政策和支持措施，支持旅游企业投入乡村旅游产业，带动当地农户发展和完善旅游产业链，提高游客旅游体验感。三是改善农村消费环境，增强农村居民消费信心，多举措激发农村居民消费活力，挖掘农村消费潜力，促进内需良性发展。

（撰稿：黄丽婷）

6-4 2022年广西脱贫县监测调查报告

Investigation Report of Poverty Relief County Monitoring in 2022

2022年广西脱贫县农村居民收入稳定增长

据国家统计局广西调查总队监测调查结果显示，2022年广西脱贫地区（指原33个国定贫困县，下同）农村居民人均可支配收入15796元，比上年增长7.7%，高于全国农村平均水平1.4个百分点，高于广西农村水平1.2个百分点，具体情况如图1所示。

一、广西脱贫地区农村居民收入保持稳定增长

2022年，广西脱贫地区农村居民人均可支配收入15796元，比上年增长7.7%，增速较2021年回落3.9个百分点，较前三季度上涨0.4个百分点，处于历史较低水平。

图1　2018—2022年广西脱贫地区农村居民可支配收入及增速

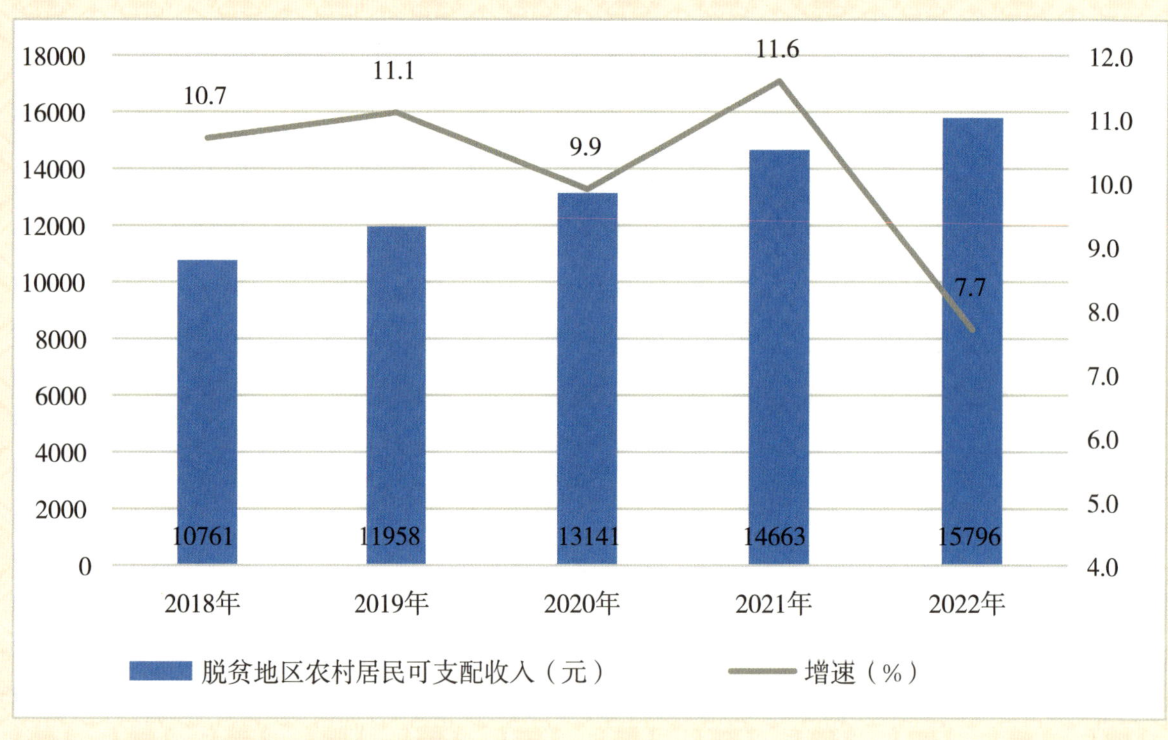

（一）脱贫地区收入增速高于全国、广西农村平均水平

2022年，广西脱贫地区农村居民人均可支配收入增长7.7%，收入增速比全国农村平均水平6.3%高出1.4个百分点，比广西农村居民平均水平6.5%高出1.2个百分点，“两个高于”目标实现。

2018—2022年期间，广西脱贫地区农村居民可支配收入增速均实现“两个高于”目标，详见表1和图2。

表1 2015—2022年全国、广西和脱贫地区收入增速

单位：%

地区	2018年	2019年	2020年	2021年	2022年
全国农村	8.8	9.6	6.9	10.5	6.3
广西农村	9.8	10.0	8.3	10.4	6.5
广西脱贫地区	10.7	11.1	9.9	11.6	7.7

图2 2018—2022年全国、广西和脱贫地区农村居民可支配收入增速

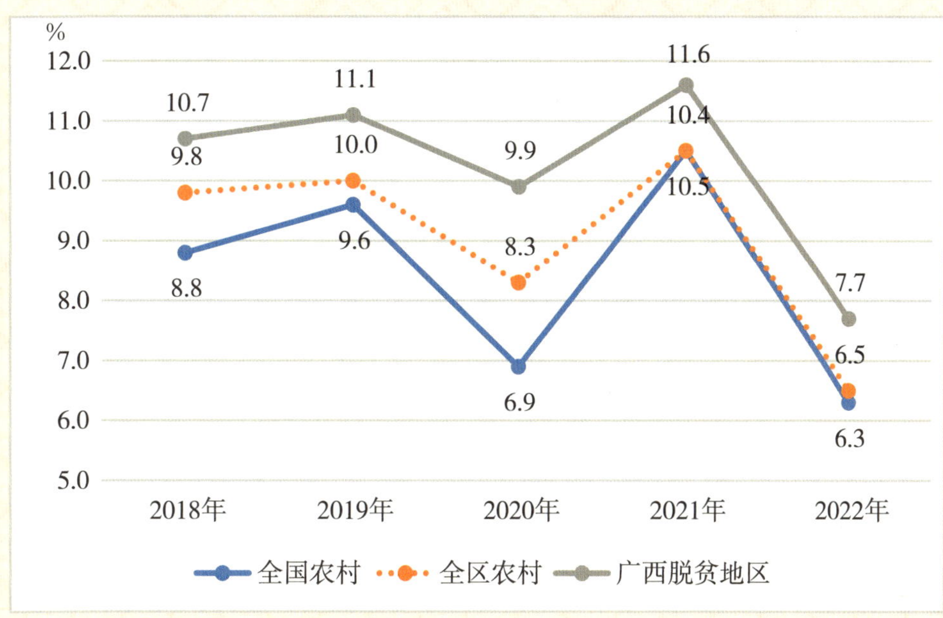

（二）与广西农村居民收入差距进一步缩小

2022年，广西脱贫地区农村居民人均可支配收入占广西农村居民收入比重达90.6%，较2021年提高了1.0个百分点，脱贫地区农村居民收入与广西农村居民收入相对差距进一步缩小。

2018—2022年期间，脱贫地区农村居民人均可支配收入占广西农村居民收入比重由2018年的占比86.5%逐步提高到2022年的90.6%，脱贫地区与广西农村居民相对收入差距不断缩小（详见表2和图3）。

表2 2018—2022年脱贫地区农村居民人均可支配收入占广西农村居民收入比重

单位：%

指标	2018年	2019年	2020年	2021年	2022年
广西脱贫地区（元）	10761	11958	13141	14663	15796
广西农村（元）	12435	13676	14815	16363	17433
收入占比情况（%）	86.5	87.4	88.7	89.6	90.6

图3　脱贫地区农村居民人均可支配收入占广西农村居民收入比重

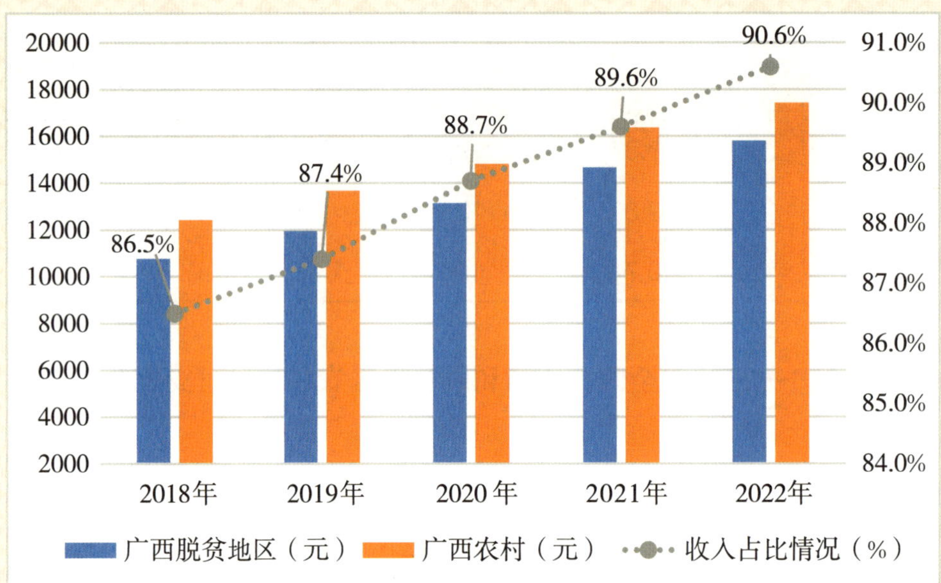

（三）收入增速居中西部脱贫地区中上水平

从收入水平看，2022年广西脱贫地区收入在中西部22个省（区、市）排第9位，在西部12个省（区、市）排第5位。从收入增速看，广西脱贫地区比全国脱贫地区平均增速7.5%高出0.2个百分点。在中西部22个省（区、市）排位第9位，在西部12个省（区、市）排第3位。收入增速高于贵州脱贫地区收入增速（6.8%）0.9个百分点，高于四川省脱贫地区收入增速（7.0%）0.7个百分点，高于重庆市脱贫地区收入增速（7.2%）0.5个百分点，与云南省脱贫地区收入增速持平。

二、工资性收入是主要增收动力

脱贫地区农村居民人均可支配收入中的四大项收入保持不断增长。其中，工资性收入增速较快，达到11.2%，经营净收入在农业、林业、牧业和第三产业带动下增长5.1%，财产净收入稳定增长46.9%，转移净收入增长6.0%（详见表3）。

表3　2021—2022年广西脱贫地区农村人均可支配收入增长结构表

指标	2021年（元）	2022年（元）	比上年		拉动可支配收入增长（%）
			增加（元）	增长（%）	
可支配收入	14663	15796	1133	7.7	
工资性收入	4582	5095	513	11.2	3.5
经营净收入	5648	5934	286	5.1	1.9
财产净收入	162	238	76	46.9	0.5
转移净收入	4271	4529	258	6.0	1.8

（一）工资性收入增加是可支配收入增长主要动力

2022年，全年工资性收入增长较快，拉动可支配收入增长贡献最大。工资性收入为5095元，同比增加513元，增长11.2%，占人均可支配收入的比重为32.3%，增收贡献率为

45.3%，拉动可支配收入增加3.5个百分点，是拉动可支配收入稳定增长的主动力。影响工资性收入的有利因素：有广西发放稳岗补贴、提高就业帮扶车间补贴标准、鼓励企业为脱贫群众保留岗位等，大力开发乡村公益性岗位等，脱贫劳动力就业增加，工资性收入增加。据了解，一是公益性岗位比上年大幅增加。截至2022年11月底，公益性岗位共安置脱贫人口、监测对象28.5万人，比上年增加134.1%。二是本地产业、车间就业人数增加。截至2022年11月底，广西实有运行就业帮扶车间4265家，比上年增加35.6%，带动6万多脱贫劳动力就业，人数比上年增加54.1%。三是项目开工稳步推进用工需求增加。农村富余劳动力利用农闲时节跨村屯搞建筑、打零工增加收入，从而拉动工资性收入较快增长。截至2022年11月，广西全年共发布四批重大项目，共2972个，总投资53703.72亿元。广西2022年纳入巩固拓展脱贫攻坚成果和乡村振兴项目库年度实施计划项目2.57万个。四是就业扶持力度持续发力。自治区出台26条措施，助力农民工精准就业创业，促进脱贫户监测户就业创业。如对区外、区内就业的脱贫户给予交通补助200～1000元补助。马山县落实县内务工稳岗政策，促进劳动力外出务工增加收入，已发放补贴人数8698人次1714.45万元。

（二）农业、牧业增长拉动经营性收入增长较快

家庭经营净收入为5934元，同比增加286元，增长5.1%，占人均可支配收入的比重为37.6%，增收贡献率为25.2%，拉动可支配收入增加1.9个百分点，成为拉动可支配收入稳定增长的第二主动力。其中，第一产业经营净收入是拉动经性收入和可支配收入增长的主动力。

2022年，广西脱贫地区第一产业经营净收入4280元，同比增加217元，增长5.3%，占家庭经营净收入72.1%，占可支配收入比重达27.1%，对可支配收入增收贡献率高达19.6%，拉动可支配收入增加1.5个百分点。影响第一产业经营净收入的有利因素主要有：

1.农业经营净收入2526元，同比增加107元，增长4.4%，占可支配收入比重16.0%，对可支配收入增收贡献率达9.4%，拉动可支配收入增加0.7个百分点。2022年，广西传统种植产业优势凸显，产量保持较快增长：一是各地加强果园管理，果树生长正常，水果生产稳定。前三季度，广西园林水果产量1517.25万吨，同比增长15.3%。二是甘蔗主产区产量增多。广西是国内最大的糖料种植基地和食糖主产区，糖料甘蔗种植面积和产量连续多年占全国60%左右，甘蔗收入是崇左市、百色市、柳州市等多个地方脱贫人口的主要家庭收入来源。2020/2021年榨季，广西原料蔗产量为4921.32万吨，同比增长2.0%。

2.牧业经营净收入956元，同比增加105元，增长12.3%，占可支配收入比重6.1%，对可支配收入增收贡献率达9.3%，拉动可支配收入增加0.7个百分点。一是猪牛羊产业继续保持增长势头。近年来，广西陆续出台《关于加快牛羊产业高质量发展助推乡村振兴的意见》《关于印发广西支持水牛奶业发展若干措施的通知》等文件支持畜牧业稳步发展，广西猪牛羊产业不断壮大，特别是2022年猪肉价格持续回升，有力拉动农村居民收入增长。如田阳区2022年广西牧业产值8.53亿元，同比增长25%。二是蚕茧产业成为农村居民增收亮点。那坡、凤山等脱贫县地区不断发展壮大蚕茧产业，带动收入提高。监测数据显示，2022年调查户蚕茧销售量同比增长18.4%，收入同比增长14%。如那坡县全县9个乡镇约15814户农户参与种桑

养蚕项目，截至2022年11月，全县桑园面积10.74万亩，饲养大蚕19.15万张，蚕茧产量8900吨，平均单价46元/公斤，按常住人口17.15万计人均受益2387.1元。

（三）财产净收入增长较快

财产净收入238元，同比增加76元，增长46.9%，占人均可支配收入的比重约为1.4%，增收贡献率为6.7%，拉动可支配收入增加0.5个百分点。随着巩固脱贫成果、乡村振兴等利好政策实施落地，部分脱贫县以项目建设为载体，加大项目招商引资力度，使过去不适宜种植、土地产出率不高的土地资源有效升值，变成土地资本，农村居民转让承包土地经营权收取租金理念逐步形成，农村土地流转规模化经营步伐加快，居民转让承包土地经营权租金净收入迅速增长。

（四）转移性收入稳步增长

转移净收入为4529元，同比增加258元，增长6.0%，占人均可支配收入的比重为28.7%，增收贡献率为22.8%，拉动可支配收入增加1.8个百分点。其中，外出人员寄带回1973元，同比增加243元，增长14.0%，占人均可支配收入的比重为12.5%，增收贡献率为21.4%，拉动可支配收入增加1.7个百分点，是农民转移净收入的重要组成部分。2022年以来随着疫情防控的稳定，外出务工的人员和时间增加，外出务工收入增加，寄回带回增加。

三、需要关注的问题

（一）加强市场引导与风险预警，保障脱贫人口增收

脱贫地区个体种、养，抵御风险的能力弱，需要政府加强市场引导，根据实际情况选择发展项目，减少盲目跟风种养现象，做好产业布局规划，避免产业重叠，同时要加强风险预警，提前预判自然风险，最大限度减少农民损失，为农民增收保驾护航。

（二）密切关注牧业发展，提高风险应对能力

近年来，国内牛羊肉市场稳定向好，广西各级政府和职能部门先后出台“加快牛羊产业高质量发展助推乡村振兴工作方案”，支持和鼓励牛羊养殖，广西群众发展肉牛养殖虽有增多，但存在引种难、风险高、缺技术、缺资金等因素制约，防范风险能力偏低。

（三）聚焦农村劳动力素质结构性下降

如今青壮年对种粮、种菜农业产业基本不感兴趣，多选择外出打工，脱贫人口外出务工增加，外出寄带回增多，但是值得关注的是农村特别是脱贫地区农村空心化严重，能种粮农民大多年纪偏大、文化素质较低，给农业良种、良法的普及推广带来影响。

（撰稿：杨宁琳）

6-5 2022年广西居民消费价格调查报告

Investigation Report of Consumer Prices in 2022

2022年广西居民消费价格温和上涨

2022年，自治区党委和政府认真贯彻落实中央决策部署，坚持稳中求进工作总基调，统筹推进疫情防控和经济社会发展，扎实做好保供稳价工作，居民消费价格温和上涨。据国家统计局广西调查总队调查数据显示，2022年广西居民消费价格上涨1.9%，涨幅较上年扩大1个百分点。

一、2022年广西居民消费价格总体运行情况

（一）全年运行处于温和上涨区间

2022年，广西居民消费价格上涨1.9%，其中，城市上涨1.8%，农村上涨2.2%；食品价格上涨2.3%，非食品价格上涨1.8%。居民消费价格指数（Consumer Price Index，简称CPI）涨幅比上年高1个百分点，比全国低0.1个百分点，低于3.0%的年度控价目标，物价运行总体平稳，处于温和上涨区间（详见图1）。

图1 2018—2022年全国与广西居民消费价格指数走势

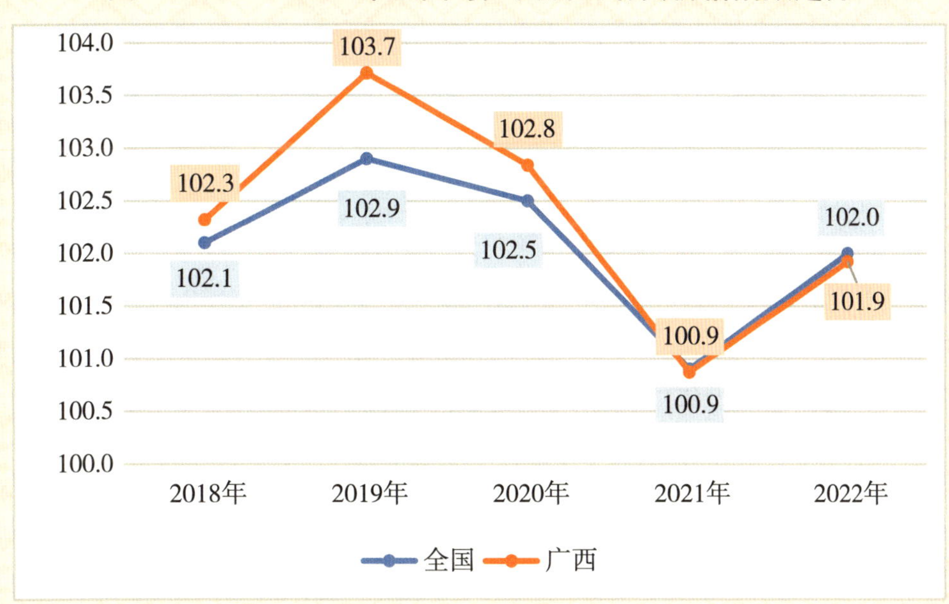

（二）月度呈现波动上行态势

从同比看，一季度广西居民消费价格温和上涨，1—3月同比分别上涨0.8%、1.1%和1.2%；二季度涨幅快速扩大，4—6月同比分别上涨1.7%、2.1%和2.9%；7月份达到峰值后涨幅逐月收窄，7—11月同比分别上涨3.1%、2.7%、2.6%、2.1%和1.3%；12月涨幅扩大，同比上涨1.7%。

从环比看，只有3月、8月和11月广西居民消费价格环比呈下降走势，12月环比持平，其

余8个月环比呈上涨走势。其中环比波动最大为2月份，受春节消费需求增加影响，环比上涨1.0%，其余11个月CPI整体保持相对平稳，涨跌幅在−0.3%至0.4%之间（详见图2）。

图2　2022年广西居民消费价格月度涨跌幅（%）

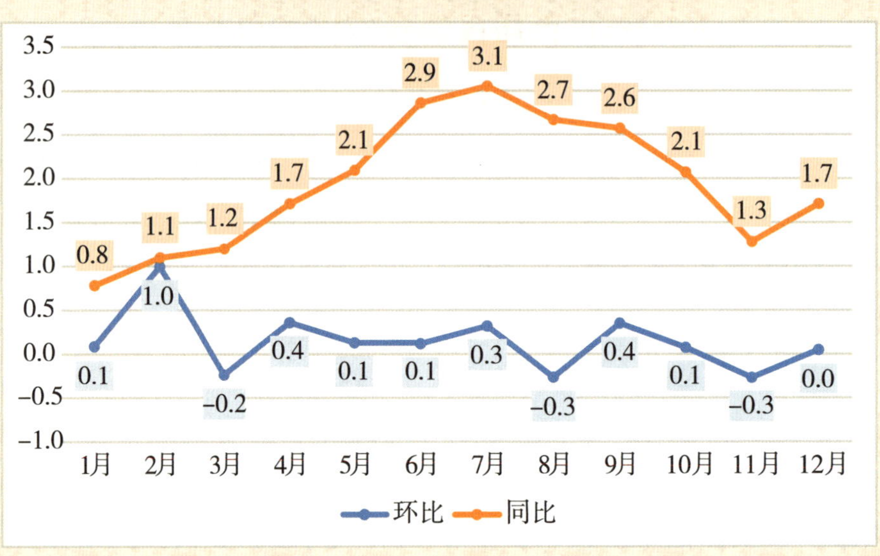

（三）农村价格涨幅高于城市

2022年，广西农村居民消费价格涨幅高于城市0.4个百分点，主要是自有住房和教育服务两个小类对城市和农村的不同影响形成的。受房地产市场不景气的影响，2022年城市自有住房价格下降1.4%，农村上涨0.1%，城市自有房受影响程度比农村大；受部分学校上调收费标准的影响，2022年城市教育服务价格上涨5.0%，农村上涨6.3%，农村受影响程度大于城市。

（四）八大类商品和服务价格全面上涨

2022年，八大类商品和服务价格同比全面上涨。其中，交通通信类上涨4.5%，教育文化娱乐类上涨4.0%，食品烟酒类上涨1.9%，其他用品及服务类上涨1.0%，医疗保健类上涨0.9%，衣着类上涨0.7%，生活用品及服务类上涨0.5%，居住类上涨0.4%（详见图3）。

图3　2022年广西八大类商品和服务价格涨跌幅（%）

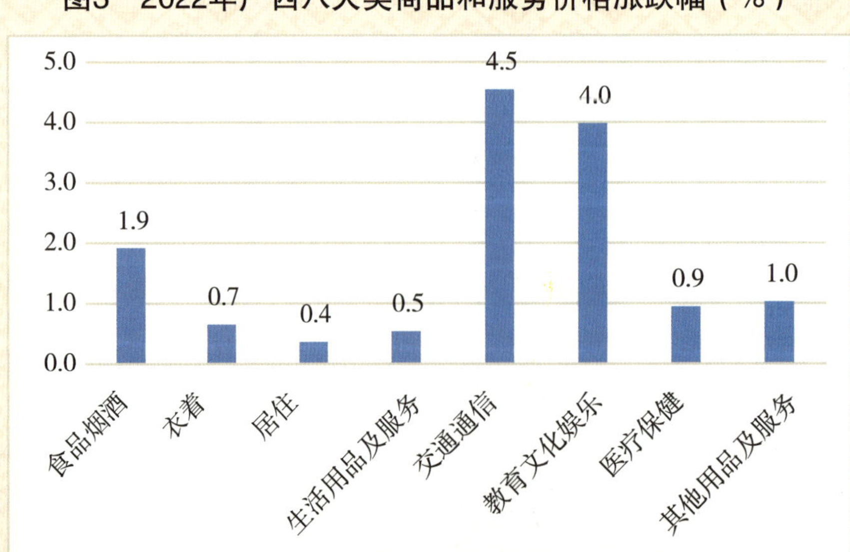

（五）涨幅位居全国、西部中游

2022年，广西居民消费价格涨幅比全国平均水平（2.0%）低0.1个百分点，在全国31个省（区、市）中居第16位，在西部12个省（区、市）中居第6位。从结构上看，广西八大类商品和服务价格变动情况与全国趋势基本一致。差距较大的是教育文化娱乐类，广西比全国平均水平高2.2个百分点，主要是受广西部分地区调整学校收费标准影响。其余七个大类广西与全国的差距不大，均在1个百分点以内。

二、影响广西居民消费价格变动的因素分析

（一）非食品价格上涨1.8%，是CPI上涨的主要因素

2022年，广西非食品价格上涨1.8%，涨幅与上年持平，影响广西CPI上涨约1.5个百分点，对CPI的影响程度超过七成，是拉动CPI上涨的主要因素。其中工业品价格上涨2.4%，影响CPI上涨约0.8个百分点；服务价格上涨1.5%，影响CPI上涨约0.6个百分点。

1.国际油价波动推动能源价格上涨。2022年受俄乌冲突影响，引发市场对全球石油供应链的担忧，上半年国际原油价格快速上涨，国内油价相应上调，7月以后国际油价开始下行，但油价上涨幅度大于下降幅度。2022年广西汽油、柴油和液化石油气价格分别上涨21.0%、22.9%和18.4%，共同拉动CPI上涨约0.7个百分点。

2.政策性调价推动教育服务、医疗服务和车辆使用费价格上涨。2022年春季学期和秋季学期，部分地区的学校调整收费标准，推动教育服务价格上涨5.5%。上半年部分地区公立医院进行医疗服务价格调整，推动医疗服务价格上涨1.9%。2022年3月起，广西机动车检测收费取消政府定价，实行市场调节价格管理，导致车辆使用费上涨14.9%。

3.消费需求不旺导致通信工具、文化娱乐耐用消费品、大型家用器具等产品价格下降。在新冠疫情和经济增速放缓的背景下，居民的消费需求不旺，商家为了刺激消费，推出一系列促销活动，降价销售。2022年通信工具、文化娱乐耐用消费品、大型家用器具价格分别下降4.0%、2.3%和0.6%。

（二）食品价格上涨2.3%，是CPI上涨的次要因素

2022年，广西食品价格由上年的下降2.7%转为上涨2.3%，影响CPI上涨约0.4个百分点。

1.鲜菜和鲜果价格上涨。2022年广西鲜果价格上涨13.5%。其中1月、2月、12月受居民消费需求增加影响，水果价格明显上涨；4月和5月受低温阴雨天气影响，水果市场供应减少，鲜果价格快速上涨；6—8月、10月季节性水果上市，市场供应充足，鲜果价格环比下降。2022年广西鲜菜价格上涨1.3%。其中2月和12月低温阴雨天气及7月、9月高温少雨天气，不利于蔬菜生长和运输，市场供应减少，推动鲜菜价格上涨；其余月份气候温和适合蔬菜生长，市场供应充足，推动鲜菜价格下降（详见图4）。

图4　2022年广西鲜菜和鲜果价格环比涨跌幅（%）

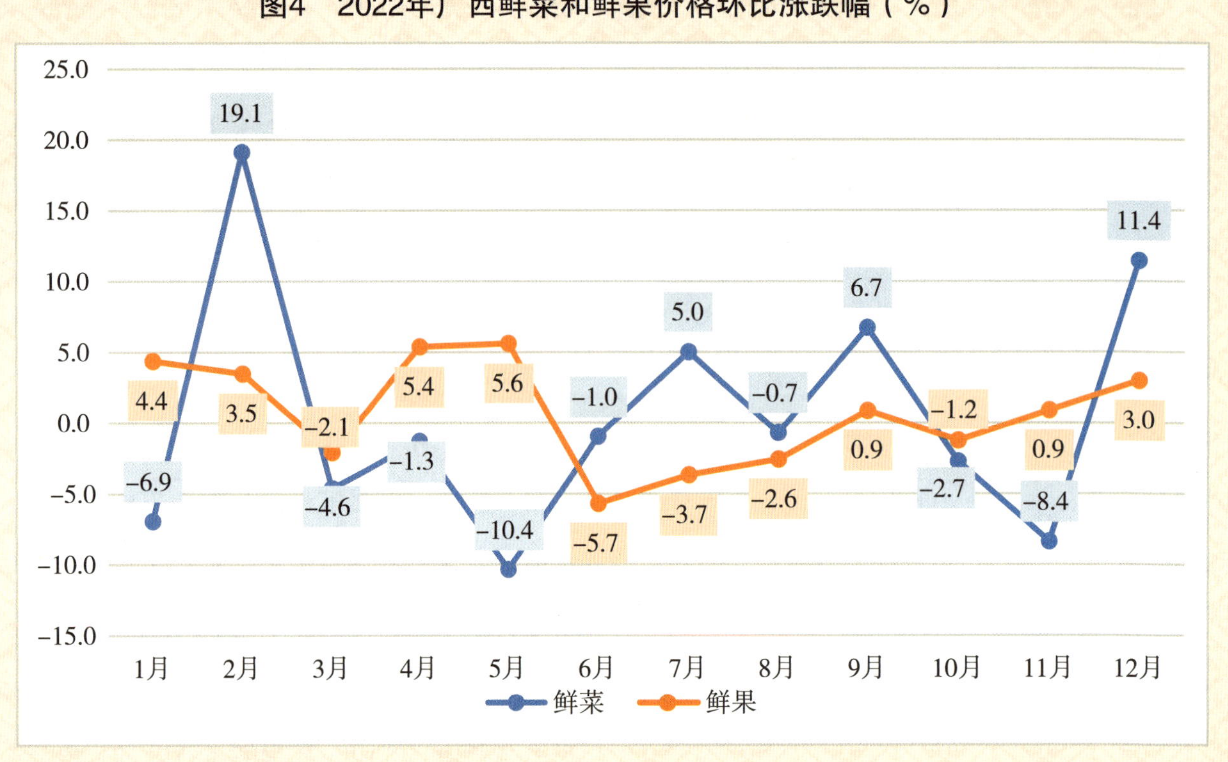

2.蛋类、禽肉类和水产品价格涨幅明显。2022年广西蛋类、禽肉类和水产品价格分别上涨6.8%、5.6%和4.0%。受俄乌局势、疫情及供应链紧张等因素影响，豆粕、玉米、麦麸等饲料原材料进口受阻，饲料价格高位运行，推升养殖成本，养殖利润下降，养殖户减少养殖规模甚至退出养殖，导致市场供应减少。市场供应不足和成本上涨两方面因素共同推动蛋类、禽肉类和水产品价格上涨。

3.豆类、食用植物油和调味品价格上涨。2022年广西豆类、食用植物油和调味品价格分别上涨5.0%、5.5%和3.2%。2022年因干旱造成巴西、阿根廷等关键产区大豆减产，全球大豆供应总体偏紧，叠加俄乌冲突影响，各国加强粮油储备，限制粮油出口，推动全球粮油价格持续走高。而国内受疫情影响及农业投入成本增加，国产大豆价格也呈上涨走势。大豆价格上涨，处于下游的食用植物油和酱油、增味剂等调味品价格随之上涨。

4.猪肉价格总体呈下降趋势。2022年广西猪肉价格下降10.7%，跌幅比上年（-32.5%）收窄21.8个百分点，影响CPI下降约0.2个百分点，有效拉低食品价格上涨的幅度。如图5所示，猪肉价格各月环比、同比波动均整体呈现“降—涨—降”的走势。1—4月随着生猪生产持续恢复，生猪存栏量稳定增长，生猪市场供过于求，出栏价格不断下跌，猪肉价格持续下降；5月开始猪肉价格由降转升，连续6个月呈持续上涨走势，尤其7月份受生猪养殖成本持续增长、母猪存栏量减少以及部分养殖户压栏惜售影响，猪肉价格出现了大幅上涨；11月生猪养殖户出栏的意愿较强，生猪供应充足，叠加疫情导致的需求收缩，导致猪肉价格由升转降。

图5　2022年广西猪肉价格月度走势（%）

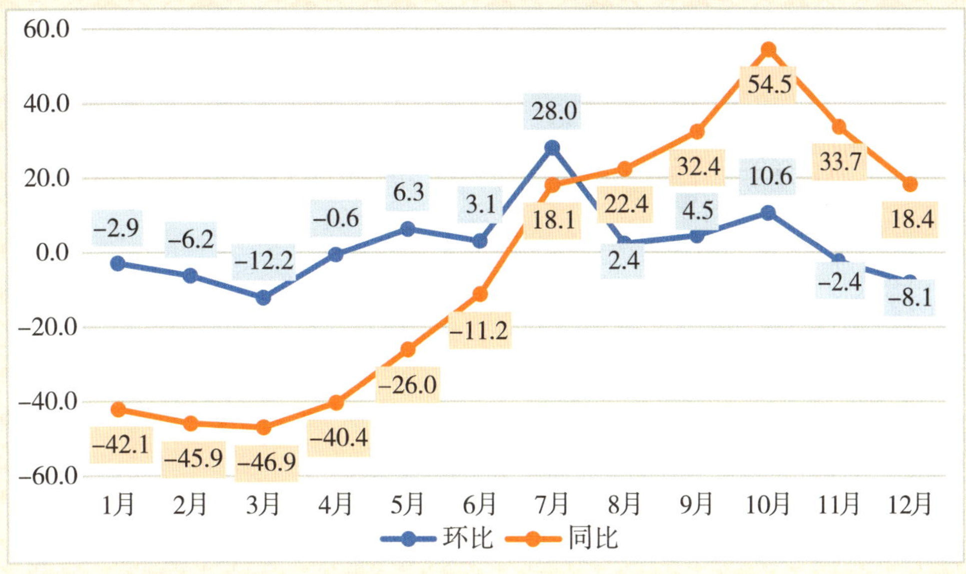

三、2023年广西居民消费价格走势分析

2023年，随着各项稳价保供和促进消费政策不断发力，经济有望逐步复苏。预计2023年广西居民消费价格继续保持温和上涨态势，全年CPI将在合理区间波动。主要影响因素有：

一是输入性通胀压力减轻。全球经济增长放缓，当前全球大宗商品价格，尤其能源价格已经较上年价格明显回落，输入性通胀压力减轻，但疫情反复、极端气候、地缘政治冲突等因素对全球粮价形成向上支撑。尽管我国粮食基本实现自给自足，但大豆等农作物的进口依赖度依然较高，易受国际价格波动的影响。

二是食品价格仍将上涨。由于翘尾因素的影响，2023年上半年广西食品价格将呈上涨态势。随着新冠疫情对食品生产及需求的影响大幅降低，国内畜禽水产存栏充足，果蔬供给整体保持平稳，群众对猪肉和鲜果蔬菜的需求恢复常态，猪肉价格恢复至合理范围，为食品价格稳定运行提供了有利条件。

三是工业消费品价格涨幅缩小。国际局势尚不明朗，大宗商品价格仍高位运行，虽然涨幅有所回落，上游原材料价格上涨对下游产业、消费端价格的传导压力影响减弱，但工业消费品价格仍有上涨空间。随着国家对油价的调控，叠加居民收入增速放缓的大背景，人们对商品价格的敏感度上升，工业消费品价格上涨空间有限，预计国内工业品价格将呈温和上涨走势。

四是服务价格将呈上涨态势。随着疫情管控放开，旅游、餐饮、住宿、娱乐等服务行业消费将得到较好恢复，整体消费市场得到有效向上支撑，2022年12月文化娱乐服务以及旅游价格已呈现由降转升态势。2023年疫情对服务业的影响有望进一步消退，服务消费需求得到释放，加上人工成本上涨，飞机票、旅行社收费、电影及演出票、在外住宿等价格将继续呈上涨态势。

（撰稿：陈璐阳）

6-6 2022年广西工业生产者出厂价格调查报告

Investigation Report of Industrial Producer Prices in 2022

2022年广西工业生产者出厂价格涨幅大幅回落

据国家统计局广西调查总队监测数据显示，2022年广西工业生产者出厂价格上涨2.5%，较2021年涨幅8.9%回落6.4个百分点，比全国平均水平（4.1%）低1.6个百分点，在全国31个省（区、市）中排第26位，总体呈高位大幅回落态势。

一、2022年广西工业生产者价格总体运行情况

（一）月度指数总体呈现震荡回落态势

2022年1—12月，工业生产者出厂价格月度环比、同比总体呈现震荡回落态势，其中，月度环比回落幅度较小，2、3、4、10、11等5个月环比处于上涨区间，1月、5月、6月、7月、8月、9月、12月等7个月环比处于下降区间，最大涨幅与最低降幅相差2.8个百分点，涨跌震荡幅度较平稳；月度同比回落幅度较大，前8个月同比处于上涨区间，后4个月同比处于下降区间，最大涨幅与最低降幅相差12.9个百分点，涨跌震荡幅度较大（详见图1）。

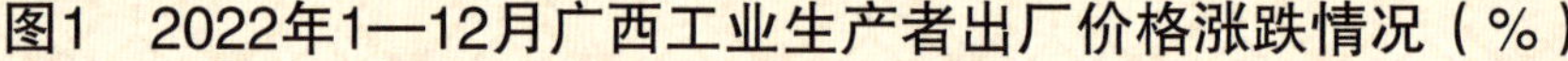
图1　2022年1—12月广西工业生产者出厂价格涨跌情况（%）

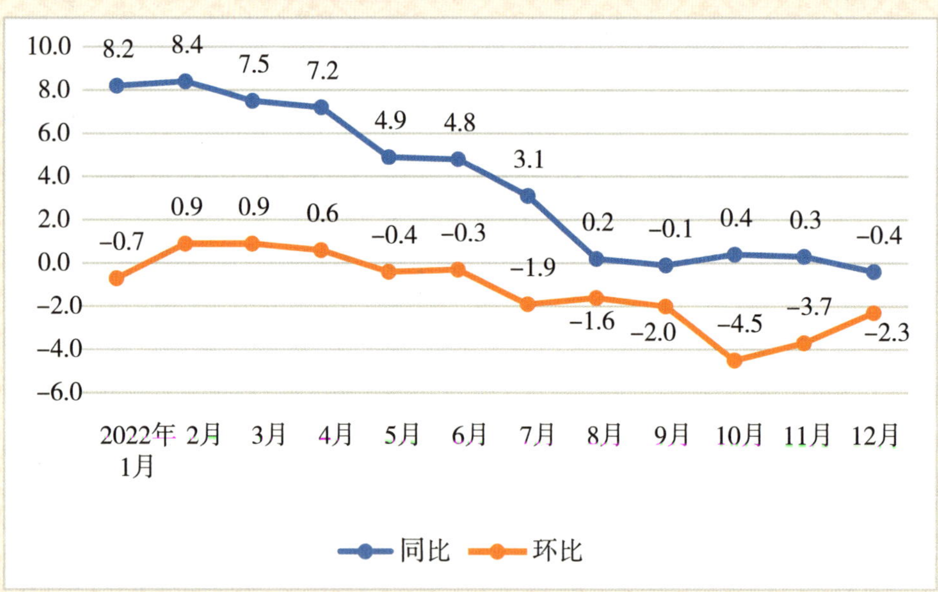

（二）全年涨幅低于全国平均水平

2022年，广西工业生产者出厂价格同比走势与全国一样，总体呈上涨态势，但广西涨幅低于全国，回落速度比全国快（详见图2）。主要原因：受国外通胀压力、国内疫情冲击及工业产品市场需求不振等影响，2022年广西非金属矿物制品业、黑色金属冶炼和压延加工业、汽车制造业等主要行业价格回落速度较快，加上上年工业生产者出厂价格基数较高，以及与全国产业结构的差别，因而同比涨幅低于全国。

图2　2022年1—12月全国与广西工业生产者出厂价格同比变动走势（%）

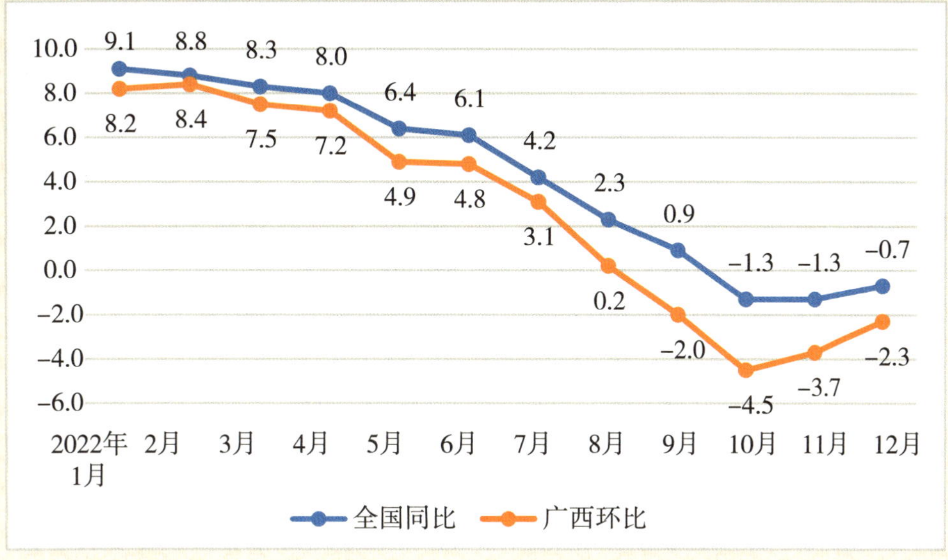

（三）翘尾因素和新涨价因素共同拉动涨幅回落

受2021年广西工业生产者出厂价格高位运行的影响，2022年广西工业生产者出厂价格翘尾因素影响约为3.3个百分点。新涨价因素影响约为-0.7个百分点，其中翘尾因素影响更大。两者共同推动2022年全年广西工业生产者出厂价格持续上涨，但涨幅回落较快（详见表1）。

表1　2022年1—12月广西工业生产者出厂价格翘尾因素和新涨价因素

月份	翘尾因素	新涨价因素
1月	9.0	-0.7
2月	8.2	0.2
3月	6.3	1.1
4月	5.4	1.7
5月	3.6	1.2
6月	3.8	0.9
7月	4.1	-0.9
8月	2.7	-2.5
9月	0.6	-2.6
10月	-2.4	-2.1
11月	-1.9	-1.9
12月	0	-2.3

（四）生产资料和生活资料均保持小幅上涨

按生产生活资料分，2022年广西工业生产者出厂价格中，生产资料价格上涨2.3%，其中：采掘、原材料、加工工业产品价格同比涨幅分别为11.1%、9.0%和−2.1%；从各月同比数据来看，1—12月生产资料同比涨幅分别为9.7%、9.9%、8.5%、8.1%、5.3%、5.1%、3.1%、−0.5%、−3.2%、−6.2%、−5.4%和−3.5%，全年同比涨幅快速回落，8月份由升转降后持续5个月处于下降区间。生活资料产品价格上涨2.9%，持续12个月保持涨势。其中：食品、衣着、一般日用品、耐用消费品价格同比分别上涨4.4%、3.0%、2.3%和0.6%。

（五）行业大类上涨面近八成

2022年，广西工业生产者价格调查涉及的36个行业大类呈“27升1平8降”，上涨面为75%，比上年的83.3%缩小8.3个百分点。其中涨幅较大的几个行业：石油和天然气开采业上涨47.5%、石油、煤炭及其他燃料加工业上涨26.6%、燃气生产和供应业上涨22.3%；降幅较多的两个行业：黑色金属冶炼和压延加工业下降7.9%、非金属矿物制品业下降3.9%。

二、广西重点行业价格运行情况分析

（一）钢材价格同比震荡回落

2022年，广西钢压延加工价格同比下降9.8%。1—12月价格同比涨幅分别为4.0%、5.7%、1.6%、0.8%、−5.5%、−6.0%、−11.3%、−20.1%、−21.7%、−23.7%、−19.7%和−16.1%，同比价格自5月由升转降后，连续8个月保持降势，呈现持续低迷状态。全年钢材价格经历三个阶段：一是年初铁矿石和焦炭价格上涨，春节后钢材需求释放，成本支撑和需求利好，钢材价格在前4个月仍保持在上行通道。二是下半年开始，国际美联储及欧洲多国加息、货币政策加速收紧，全球经济增速放缓，钢材期货价格走弱；国内需求收缩、供给冲击和预期转弱“三重压力”持续显现，下游基建、房地产等行业市场需求疲软尤为明显，钢企去库存压力大，价格不断承压下行。三是10月之后，随着国内稳经济一揽子政策措施陆续落地实施，施工旺季下游赶工，钢材需求逐步恢复。叠加年尾央行降准、疫情放开等利好因素影响，同比降幅逐步收窄，但回稳向上势头尚不明显。

（二）有色金属价格先扬后抑

2022年，广西有色金属冶炼和压延加工业价格同比上涨6.1%，涨幅较前三季度回落4.7个百分点。1—12月价格同比涨幅分别为19.9%、21.1%、18.1%、17.1%、10.4%、10.0%、3.2%、2.0%、−1.9%、−8.0%、−7.0%、−3.9%，全年同比价格先高位运行，再快速回落，9月由升转降，年终降幅收窄。主要原因：一是一季度俄乌冲突等地缘政治因素影响，国际能源价格上涨，全球铝供应端缩减；2月广西百色新冠疫情，本地铝企产能减少，推动区内以铝为主的有色金属价格上扬。二是4月起，铝企复产进程加快，库存高企，产能过剩。国内经济下行压力下铝产业链下游开工低迷，供强需弱局面难以缓解；国际上美联储频繁加息打压铝价，共同推动铝价高位快速回落。三是11月后云南枯水期及冬季采暖用电高峰压力，多地铝企产能缩减，加上前期产能过剩压力已逐步被消化，铝价回升，年末趋稳回调。

（三）水泥价格快速回落

2022年，广西水泥制造价格同比下降14.3%。1—12月价格同比涨幅分别为19.1%、13.6%、14.5%、11.2%、7.3%、−1.5%、−1.1%、−18.9%、−42.4%、−45.6%、

-37.8%、-32.5%。受上年水泥价格冲高影响，加上1、2月份适逢春节前后工地停工，需求淡季，2022年初始水泥价格呈现快速回落态势。二季度基建、房地产业低迷，叠加南方多种气候变化频繁，工地施工进度暂缓，水泥需求较难释放，价格持续走低。三季度经济下行压力加大，房地产业销售速度和建筑业开工率相对较低，行业需求偏弱，水泥库存保持高位，价格不断下调。四季度在房地产市场保交付政策推动下，年前工地赶工，下游客户订货积极，水泥需求较快恢复。加上广西多地水泥错峰停窑，库存下滑，价格上涨，同比降幅有所收窄。

（四）石油价格全年高位运行

2022年，广西精炼石油产品制造价格同比上涨26.8%。1—12月价格同比涨幅分别为27.5%、31.5%、31.6%、35.6%、33.7%、41.3%、32.0%、25.8%、23.9%、15.7%、14.4%、13.1%，全年价格高位运行，四季度涨幅有所回落。石油价格变动主要受国际因素影响：一是年初随着多国放开新冠疫情限制措施，石油市场需求不断增加，对油价上涨有一定利好。二是俄乌冲突局势变动持续数月，西方针对俄罗斯制裁不断加码，双方博弈加剧市场石油供应收紧预期的担忧情绪，叠加石油输出国组织（OPEC）年内产量增长不及预期，渐进式小幅增产政策对平抑油价作用有限，年内油价保持高位震荡。

三、需关注的问题

（一）部分企业原料及能耗成本高

2022年，广西工业生产者出厂价格较上年上涨2.5%，涨幅较2021年缩小6.4个百分点；购进价格较上年上涨7.3%，涨幅较2021年缩小3.4个百分点。从数据上看，购进价格涨幅回落幅度低于出厂价格，“高进低出”价格倒挂问题持续存在，部分企业成本压力较为明显。

1.能耗成本居高不下增加企业经营压力。秋冬季是大部分工业企业的生产旺季，工业用电普遍在四季度激增，实行竞价电价和分时电价等结算方式带来的电价攀升问题，给企业成本带来不小压力。广西某矿业公司反映，2022年实行分时电价后，电价平均约0.9元/度，同比上涨近50%。南丹县某有色金属公司电价成本占加工成本的50%，2022年平均电价比上年高0.09元/度，每吨锌锭生产成本增加300多元，每年电价成本需增加1.2亿元。

2.原材料成本上涨压缩企业利润空间。受期货市场波动、炒作或囤货等因素影响，部分企业原料成本上涨压力仍在延续。河池某茧丝公司反映，因原材料鲜茧采购价格不断上涨，四季度销售收入约1161万元，但生产成本高达1480万元，四季度利润减少约50万元；广西某科技公司受纯碱、磷酸等大宗商品原材料价格上涨较快影响，1—11月企业成本较上年同期增长35%以上；广西梧州某药业公司反映，疫情以来，80%的中药材价格出现不同程度上涨，其中地黄市场价格由疫情前20元/公斤涨至11月的60元/公斤，价格已翻了三倍，中药材市场价格上涨导致企业成本不断攀升，已经成为企业当前面临的主要困难。

（二）市场需求收缩等多重因素影响企业生产经营

1.建筑行业需求疲软影响上下游产业链企业。2022年以来，基建和房地产市场低迷，工地停工或延期交房，对其相关钢企、水泥厂、制砖厂等企业主要影响表现为订单、销量减少，产能缩减及利润减少等。如柳州某大型钢铁集团1—11月营业收入899.56亿元，同比下降26.6%，利润总额减少71.39亿元，累计同比下降176.21%；百色某水泥公司2022年计划产值1亿，实际产能释放率为75%，截至2022年12月初仅完成6000万产值；广西贺州某墙体材料公司主要生产实心砖，2022年订单、产量同比下降20%—30%。

2.铝价走势难以预测致下游企业生产较为被动。2022年以来，上游原铝经历了供应不足、复产加快库存高企、需求不足缩减产能三个过程，全年铝价宽幅震荡。下游企业除去必需的原料采购外及周期性囤货外没有进行更多额外采购交易，四季度产销表现较为平淡。如广西某铝镁线缆公司四季度销量与三季度相比下降19.1%，与上年相比下降44.4%；广西某铝业公司为提高市场竞争力，11月计划性多产50吨铝型材以满足快速出货需求，产量环比上涨7.14%，但当月实际销售订单环比上涨5.26%，与企业对于临近年关销售旺季的预期出现偏差。

3.新冠疫情管控放开短期内对企业生产经营造成一定影响。主要表现在放开初期人员感染导致出勤率下降，部分订单存在延期交付风险，但长期来看，防控政策调整更有利于促进市场需求回暖。如平果某铝合金铸件公司反映，2022年12月有60%～70%的工作人员感染，30%左右的员工无法正常出勤，其中一个工段12员工仅有4人能够正常上班。桂林某电气公司反映，由于近15%的工人无法到岗生产，造成订单交付时间延后。

四、2023年一季度广西工业生产者出厂价格运行研判

从2022年广西工业生产者出厂价格走势和当前经济形势来看，预计2023年一季度广西工业生产者出厂价格将处于降势。

一是上年同期价格基数较高，将影响2023年一季度广西工业生产者出厂价格。从数据看，2023年一季度，广西工业生产者出厂价格翘尾因素分别为−1.6、−2.4和−3.3。预计将导致同比价格变动持续处于下降通道。

二是春节假期对工业品需求产生一定影响，价格上涨缺乏动力。2023年一季度前期正值中国传统节日春节，假期较长。从以往情况看，春节前后下游工业产品需求相对偏少，价格上涨缺乏动力。

三是国外通胀压力依然存在，外需预计将会偏弱。国际上美联储2022年12月继续加息50个基点，2023年或将采取更多紧缩措施抑制通货膨胀，进一步加剧全球经济衰退预期风险，大宗商品价格承压，快速回升几率较小。

（撰稿：罗宇连）

6-7　2022年广西农产品生产者价格调查报告

Investigation Report of Producer Price for Farm Products in 2022

2022年广西农产品生产者价格上涨0.8%

2022年，广西全年粮食增产丰收，生猪生产总体稳定，禽蛋奶供应充足，农业生产稳中向好，为主要农产品价格基本稳定打下了坚实的基础。据国家统计局广西调查总队农产品生产者价格调查显示，2022年广西农产品生产者价格比上年上涨0.8%，总体呈现基本稳定的态势。

一、2022年广西农产品生产者价格变动情况

2022年，广西农产品生产者价格上涨0.8%，呈现止跌回升、小幅上涨的态势；与全国相比，涨幅高0.4个百分点，排位居全国31个省（区、市）第14位（详见图1）。

图1　2018—2022年广西与全国农产品生产者价格总指数变动情况

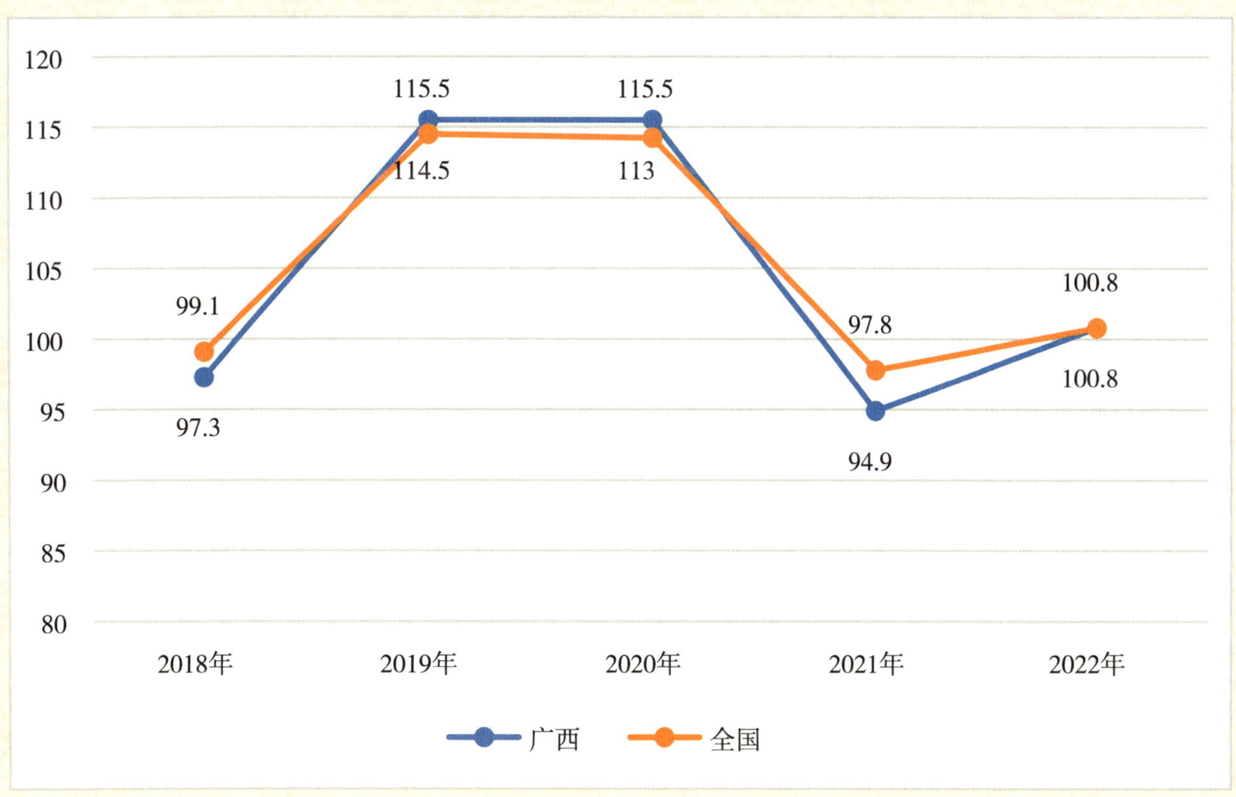

从各季度看，呈现“前抑后扬”的态势。其中，一季度、二季度同比分别下跌7.6%和2.5%，三、四季度同比分别上涨12.1%和7.2%（详见图2）。

图2 2021-2022年各季度广西农产品生产者价格指数变动情况

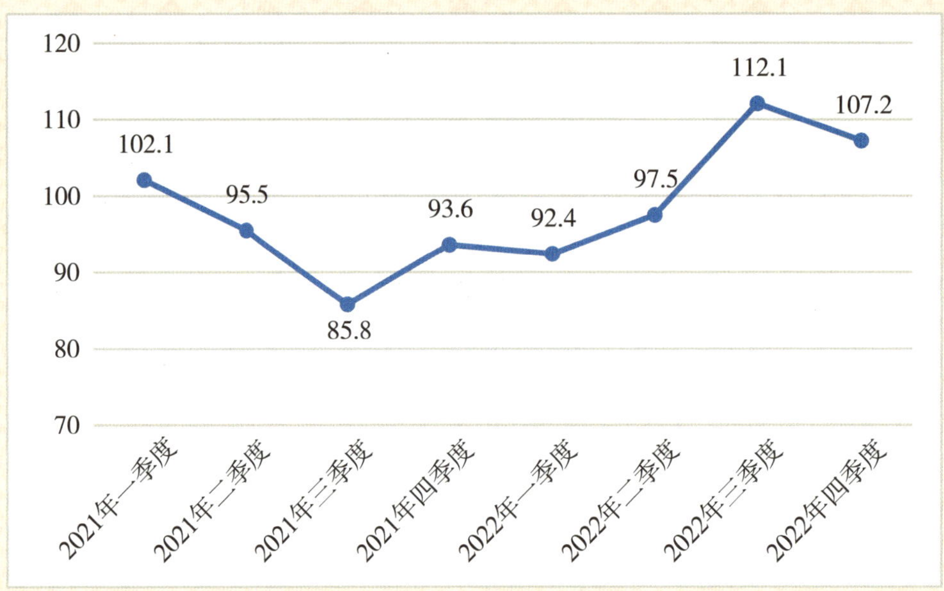

分品种看，四个行业大类农产品生产者价格呈现“三涨一降”态势。其中，农业、林业、渔业产品价格分别上涨3.5%、0.2%和0.3%，畜牧业产品价格下降5.7%。

二、主要农产品价格变动特点及原因分析

（一）玉米、水果等价格上涨，蔬菜价格下跌

1.受生猪价格回升和种粮成本增加影响，玉米价格居高不下。2022年广西玉米价格比上年上涨5.1%，一至四季度玉米价格同比分别上涨1.2%、4.6%、6.5%和4.7%，呈现“四连涨”态势。主要原因：一是饲料价格上涨带动玉米价格上涨。据调研，2022年受生猪价格回升影响，广西生猪养殖场补栏积极逐渐提高，对饲料的需求量随之增加，作为猪饲料主要原料的玉米价格也随之上涨。二是种粮成本持续上涨，带动粮食价格提高。据广西主要农产品（秋粮）中间消耗调查显示，2022年玉米中间消耗为385.4元/亩，比上年同期增加73.1元/亩，增长23.4%，其中，玉米种籽、农药、外雇排灌费、外雇机械作业费的支出分别上涨34.7%、4.3%、45.8%和22.9%。

2.受高温天气及市场供过于求影响，蔬菜价格下跌。2022年广西蔬菜价格比上年下跌3.3%，其中，四季度蔬菜价格同比下跌16.6%，是影响全年蔬菜价格指数下降的主要因素。主要原因：一是2022年广西秋冬季气温比上年同期偏高，有利于各类蔬菜生长，本地蔬菜和外地菜同时大量上市，同时受各地疫情防控影响，蔬菜运输受到限制，部分蔬菜出现滞销现象，导致价格大幅下降。二是部分特色蔬菜跟风种植，市场供过于求，价格下跌显著。如贺州市富川县反映，2022年该县相关部门出台芋头特色产业鼓励政策，种植1亩芋头补助600至1000元，许多农户争相种植，导致年底芋头种植面积过大，再加上受旱情和疫情的双重影响，导致芋头滞销严重，价格从上年四季度的7元/公斤降至本年的2.4—3.4元/公斤。

3.龙眼、荔枝等热带水果价格大幅度上涨，拉动水果价格上涨。2022年广西水果价格比上年上涨18.1%。分品种看，调查的14种水果呈现“10升4降”特点，其中，龙眼、荔枝价格涨幅

最大，分别上涨89.4%和43.3%。龙眼、荔枝价格上涨的主要原因是产量大幅度减少。据调研，2022年是龙眼、荔枝的种植小年，部分龙眼、荔枝树在开花授粉期受降雨和气温低的影响，出现沤花、烂花等现象，坐果率低，许多果场的果树只有零星挂果，产量很低，一些管理较好的大型果场的产量也只有往年的4—5成。如玉林市北流市荔枝种植户肖某介绍，该户种植1000亩鸡嘴荔枝，6—7月正值荔枝果实膨大、成熟期，受持续暴雨天气的影响，果肉吸水过多，荔枝容易开裂、脱落，荔枝减产，2022年亩产只有400公斤，比上年减少1250公斤。

2022年广西农产品生产者价格变化情况详见图3。

图3　2022年广西农产品生产者价格变动情况（%）

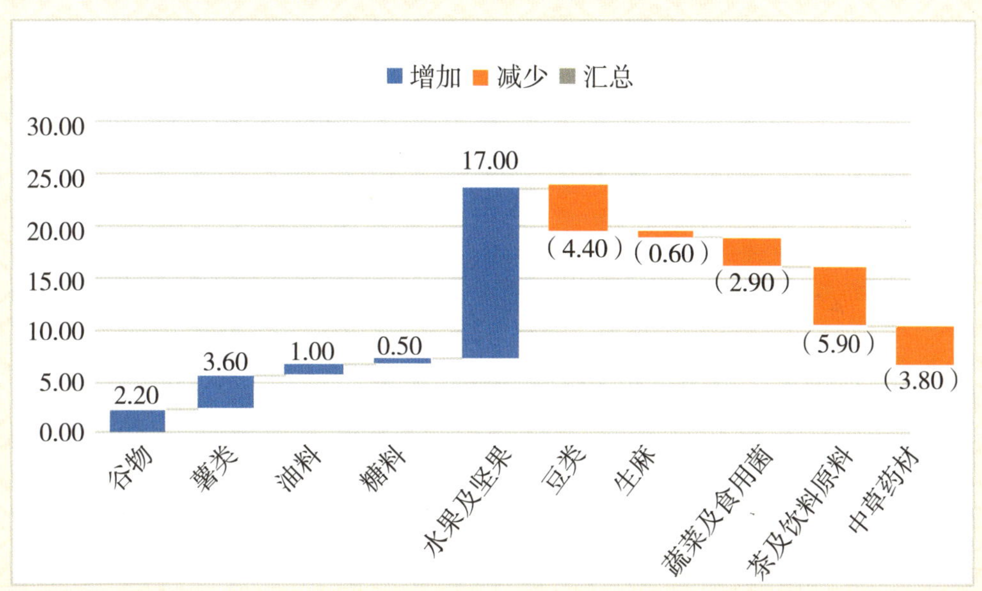

（二）果树苗、桉树原木等价格上涨，天然松脂价格下跌

1.果树苗市场需求增加，价格上涨。2022年广西果树苗价格比上年上涨5.0%，其中，柑橘树苗价格上涨20.0%。据调研，2022年种植户购买的果树苗主要用于嫁接蜜柚、沙田柚、金桔等优质柑橘，由于柑橘种植量增加，农户对柑橘苗的市场需求量增多，但柑橘树苗供应量有限，导致价格大幅上涨。

2.桉树种植面积减少，导致市场供应减少价格上涨。2022年广西桉树原木价格比上年上涨3.1%。随着广西“清桉还蔗”“退桉还粮”等措施的实施，桉树种植面积出现下降，桉树原木保有量也下降，市场供应量减少，加上人工成本不断上涨，导致桉树砍伐成本不断增加，带动桉树原木价格上涨。

3.受国际形势影响，松香类市场持续低迷，天然松脂价格大幅下跌。2022年广西天然松脂价格比上年下跌21.9%。受俄乌战争和新冠疫情等国际形势影响，以松脂为原材料的松香类产品市场持续低迷，松脂收购价格也一路走低，致使松脂价格大幅下滑。据梧州市某化工公司介绍，2022年二季度以来松香市场价格呈下滑趋势，以行业内作为标准的广州黄埔松香市场交货价格为例，2022年6月的马尾松松香市场交货价为12748元/吨，同比下降21.3%，因松香市场价格低迷，各大厂商也降低了松脂的收购价格。

（三）生猪价格降幅收窄，家禽市场价格不断升温

1.生猪价格回升，降幅收窄。2022年广西生猪价格比上年下跌14.7%，分季度看，一季度、二季度价格同比分别下跌58.6%和32.0%，三季度、四季度价格同比分别上涨40.2%和56.3%（详见图4）。

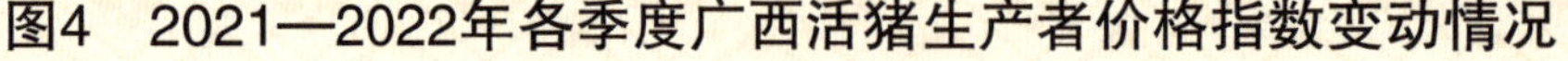
图4　2021—2022年各季度广西活猪生产者价格指数变动情况

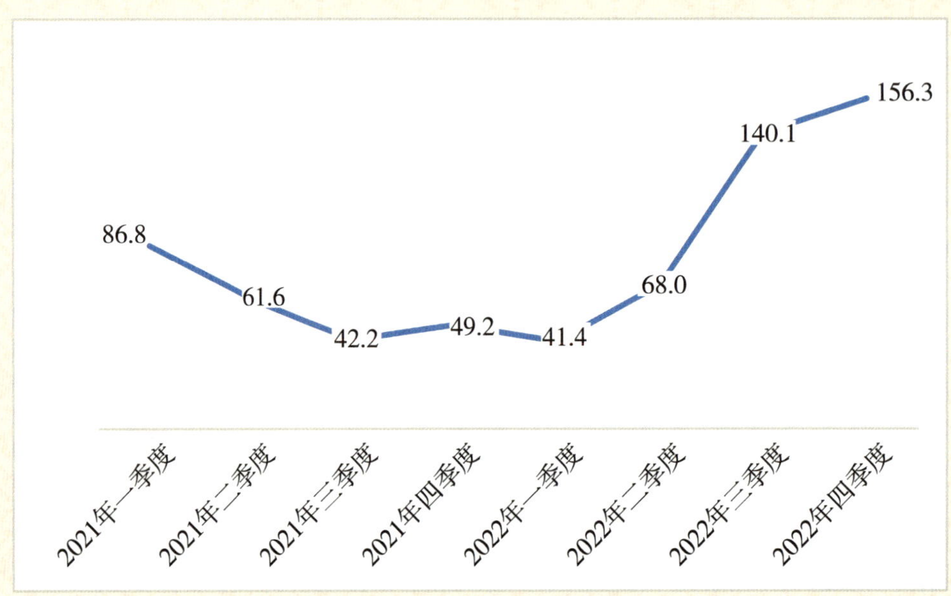

生猪价格出现回升的主要原因：一是生猪出栏量减少。调研了解，2022年二季度以来广西生猪出栏量出现逐步减少的现象，市场供求不足的矛盾不断凸显，生猪价格开始反弹。如桂林市全州生猪大县调查结果显示，三季度该县调查样本生猪出栏为31872头，比上年同期减少9960头，下降23.8%。据贵港市主要畜禽监测调查结果显示，2022年四季度贵港市生猪监测大型规模养殖场168家，其中出栏和存栏均为0的养殖场有14家，比三季度减少4家，占比为8.3%，说明仍有近一成的养殖场猪舍里面没有猪，生猪供应态势偏紧。二是生猪养殖成本增加。据广西主要农产品中间消耗调查数据显示，2022年下半年广西成品猪中间消耗为1843.0元/头，比上年同期增加123.3元/头，上涨7.2%，其中饲料饲草支出为1624.3元/头，同比上涨11.7%。

2.市场需求增加叠加养殖成本上涨，导致家禽市场价格上涨。2022年广西活家禽价格比上年上涨11.0%，分品种看，活鸡价格上涨10.6%，活鸭价格上涨12.3%。活家禽价格上涨主要原因有：一是家禽类对猪肉有较强的替代性，猪肉价格的上涨导致禽类市场消费增加，市场需求量增加。二是养殖成本增加，助推家禽价格上涨。据玉林市畜牧协会监测数据显示，2022年11月，豆粕价格为5300～5400元/吨，比9月下旬上涨300～350元/吨。玉米价格也从2900～2950元/吨涨至3000～3200元/吨的高位。三是家禽出栏量减少。由于养殖成本不断上升，养殖户利润低，风险大，许多养殖户不敢大胆饲养，市场供应量减少。

（四）受养殖成本和疫情影响，海水养殖、海水捕捞产品价格均上涨

2022年，广西渔业产品价格比上年上涨

0.3%，分品种看，海水养殖蟹、海水捕捞鲜鱼、海水捕捞虾等价格均有不同程度的上涨。主要原因：一是受疫情影响，出海捕捞少。广西毗邻越南等东南亚国家，为做好边境疫情防控，出海捕捞船只减少，海水捕捞产量下降，海鲜供应减少价格上涨。二是养殖成本持续上涨，带动海水养殖类价格上涨。据防城港市部分养殖场反映，2022年对虾饲料价格比上年上涨12%，养殖成本增加，导致出售价格上涨。

三、建议与对策

一是合理保障农民种粮收益。2022年，广西粮食产量实现增长，在此基础上，应继续巩固粮食生产补贴政策，健全粮食保供稳价工作机制，进一步提振种粮农户信心，稳步增加种粮收益。

二是切实抓好“菜篮子”工程。进一步优化布局蔬菜产业链，示范引导菜农科学种植管理，不断畅通蔬菜生产销售渠道，确保市场蔬菜供应的稳定性和持续性。

三是生猪养殖方面，不断强化生猪养殖市场保护机制，科学引导生猪养殖行业生产发展，提升生猪养殖抗击疫病的能力，稳定市场猪肉供应，保障养殖户收益。

（撰稿：卢聪聪）

6-8　2022年广西粮食生产调查报告

Investigation Report of Grain Production in 2022

2022年广西粮食生产实现播种面积、单产和产量“三增长”

根据国家统计局广西调查总队粮食产量实测调查结果并经国家统计局核定，2022年广西粮食播种面积为2829.3千公顷（4244万亩），比上年增加6.4千公顷，增长0.23%；单位面积产量为4924公斤/公顷（328.3公斤/亩），比上年增加12.3公斤/公顷，增长0.25%；总产量为1393.1万吨，比上年增加6.6万吨，增长0.48%，实现了播种面积、单产和产量“三增长”，连续三年保持稳定增长（详见图1）。

图1　2016—2022年广西粮食产量情况

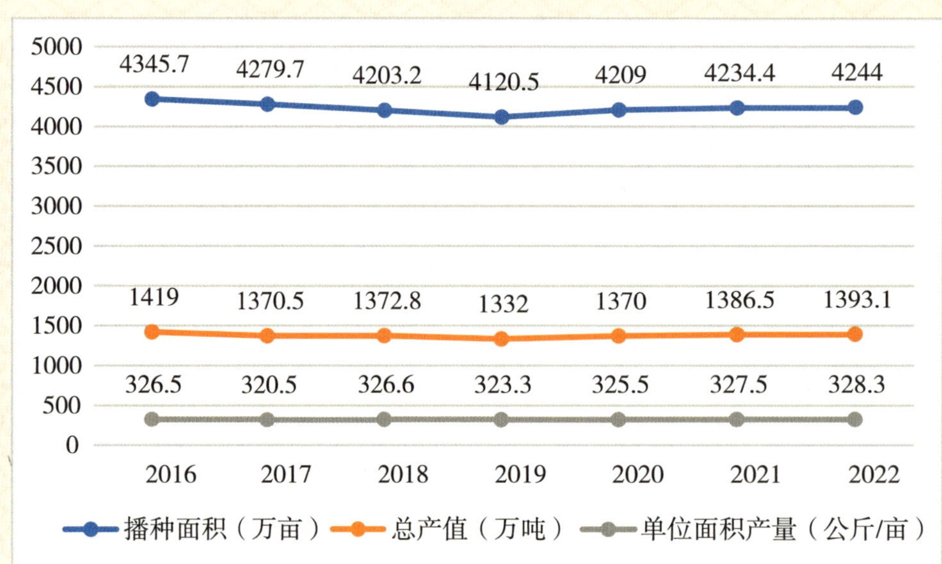

一、2022年广西粮食生产概况

分大类看：谷物播种面积3590.7万亩，比上年增加3.4万亩，增长0.09%；亩产365.4公斤，比上年增加1.2公斤，增长0.32%；产量1312.2万吨，比上年增加5.5万吨，增长0.42%。（注：部分数据因四舍五入，分大类、分季节、分品种合计数与全区合计数略有差异，下同。）

豆类播种面积251.9万亩，比上年增加5.8万亩，增长2.37%；亩产108.2公斤，比上年减少0.6公斤，下降0.56%；产量27.3万吨，比上年增加0.5万吨，增长1.8%。

薯类播种面积401.4万亩，比上年增加0.4万亩，增长0.09%；亩产（折粮）133.9公斤，比上年增加1.5公斤，增长1.13%；产量（折粮）53.7万吨，比上年增加0.7万吨，增长1.22%。

分季节看：春收粮食（注：国家口径为“夏粮”）播种面积177万亩，比上年增加3万亩，增长1.71%；亩产155.9公斤，比上年增加3公斤，增长1.98%；产量27.6万吨，比上年增加

0.99万吨，增长3.7%。

早稻播种面积1216万亩，比上年增加4.7万亩，增长0.4%；亩产395.11公斤/亩，比上年减少1.17公斤/亩，下降0.3%；产量480.4万吨，比上年增加0.4万吨，增长0.1%。

秋粮播种面积2851万亩，比上年增加1.9万亩，增长0.07%；亩产310.46公斤，比上年增加1.62公斤，增长0.52%；产量885.11万吨，比上年增加5.17万吨，增长0.59%。

分品种看：玉米播种面积924.5万亩，增加2万亩，增长0.21%；亩产303.3公斤，减少5.8公斤，下降1.87%；产量280.4万吨，减少4.7万吨，下降1.66%。

中稻播种面积200.4万亩，减少5.6万亩，下降2.7%；亩产471.1公斤，减少5.2公斤，下降1.08%；产量94.4万吨，减少3.7万吨，下降3.76%。

晚稻播种面积1220.7万亩，增加2.8万亩，增长0.23%；亩产371.3公斤，增加10.1公斤，增长2.81 %；产量453.2万吨，增加13.4万吨，增长3.05%。

二、气候条件对粮食生产影响较大

早稻方面：2022年5—6月份，柳州市、桂林市、梧州市、贵港市等桂中、桂北地区出现低温寡照天气，早稻病虫害较上年严重；7月份，梧州市、北海市、防城港市等桂东、桂南地区受“暹芭”台风影响，出现持续性强降雨和大风天气，部分早稻倒伏、局部地区早稻穗上发芽，影响产量提高；部分地区“旱改水”等新田种植的早稻因地力肥力不足，单产偏低。

中稻方面：中稻生长期间，部分地区遭受长时间暴雨和短期洪涝灾害影响，中稻受灾减产。

玉米方面：2022年夏秋季广西遇到高温少雨天气，桂中、桂北缺乏灌溉条件的地区旱地作物受旱情影响，发育迟缓，玉米单产受灾减产。

晚稻方面：晚稻生长期间，广西大部分地区大部分时段气候条件适宜，寒露风比往年迟来10～15天，晚稻已完成抽穗扬花，产量已经形成，秋旱和寒露风都未对晚稻产量造成实质性灾害，晚稻单产比上年实现恢复性增长。

三、四点建议

一是稳定耕地面积和粮食播种面积。锚定稳粮目标，继续以粮食安全党政同责考核为抓手，抓好耕地非粮化整治、耕地撂荒整治、退果还粮、退桉还粮、耕地有序流转、代耕代种、粮食生产社会化服务等工作，稳定耕地面积和粮食播种面积。

二是努力提高单产。加大高标准农田建设、农田水利建设力度，及时兑现种粮补贴，稳定农资价格，做好病虫害防治，提高农户种粮积极性，提高粮食单产水平。

三是优化大豆玉米带状复合种植。优化种植区域布局，落实种植主体责任，加强施肥除草管护，不断提升种植水平，增加单产。

四是抓好再生稻生产。从2022年起，国家统计局将再生稻产量纳入统计范围。从广西情况来看，再生稻收获面积4.6万亩，单产210公斤/亩，产量0.97万吨，还有较大发展潜力。桂北等适宜种植地区应加强引导，扩大面积，做好管护，提升单产水平。

（撰稿：钟日辉）

6-9 2022年广西主要畜禽生产调查报告

Investigation Report of Production of Major Livestock and Poultry in 2022

2022年广西畜牧业生产平稳发展

2022年，广西各级党委、政府认真贯彻党中央、国务院决策部署，积极出台并落实各项畜禽稳产保供的政策，推动生猪生产规模不断壮大，家禽生产持续恢复，牛羊产业加速发展，猪牛羊禽肉产量持续增加，广西畜牧生产保持平稳发展。

一、2022年广西主要畜禽生产情况

（一）猪牛羊禽肉产量持续增加

2022年，广西猪牛羊禽肉产量445.98万吨，比上年增长3.1%，肉产量为近5年新高。其中，猪肉、禽肉、牛羊肉产量占主要畜禽肉产量比重分别为58.9%、36.8%和4.3%，猪肉仍然占据肉类产品中的主导地位（详见图1）。

图1 2018—2022年主要畜禽肉产量趋势

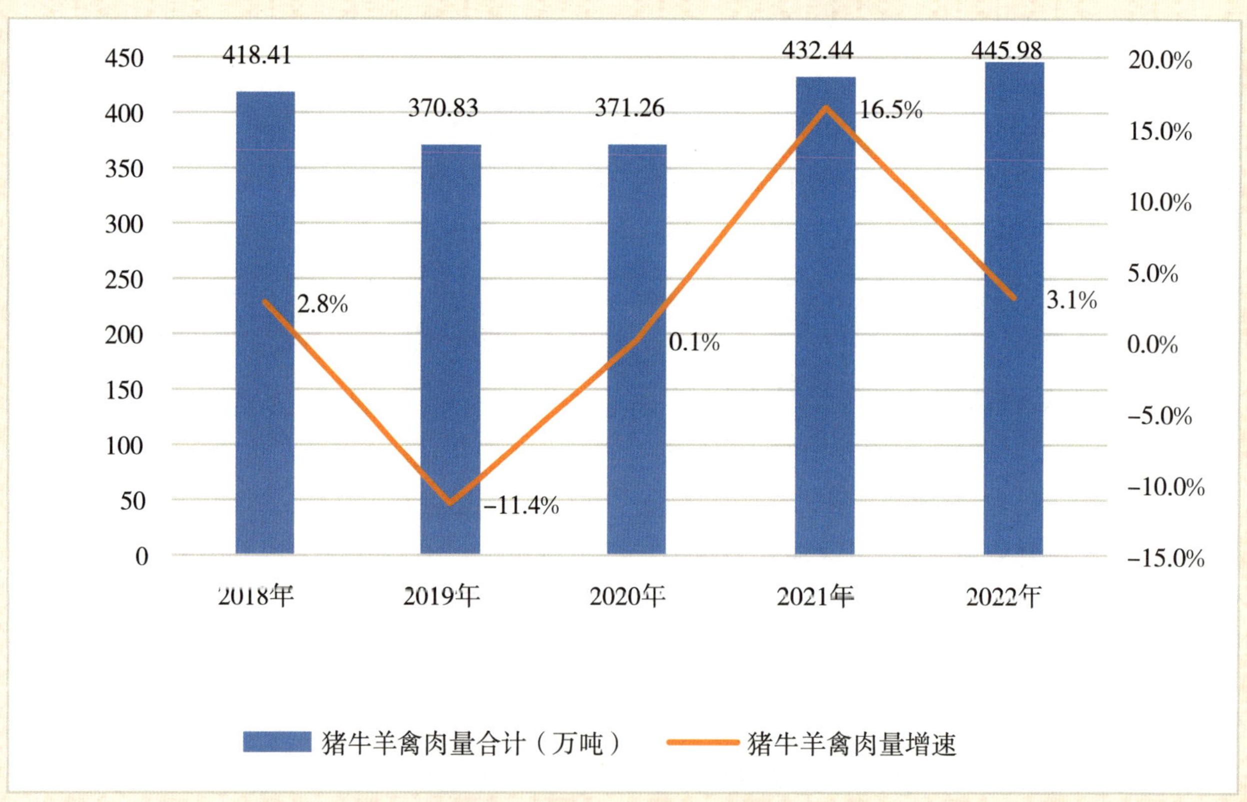

从近五年来发展趋势来看，受2019年非洲猪瘟影响，猪肉占肉类比重有所下降，家禽在非洲猪瘟时期快速扩张，在2020年占主要畜禽肉类比重超过猪肉占比。此后，禽肉占比随着生猪生产恢复逐年回落，但总体呈增长趋势，牛羊肉占比仍较小，产业发展则相对平稳（详见图2）。

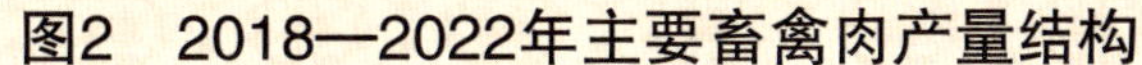

图2　2018—2022年主要畜禽肉产量结构

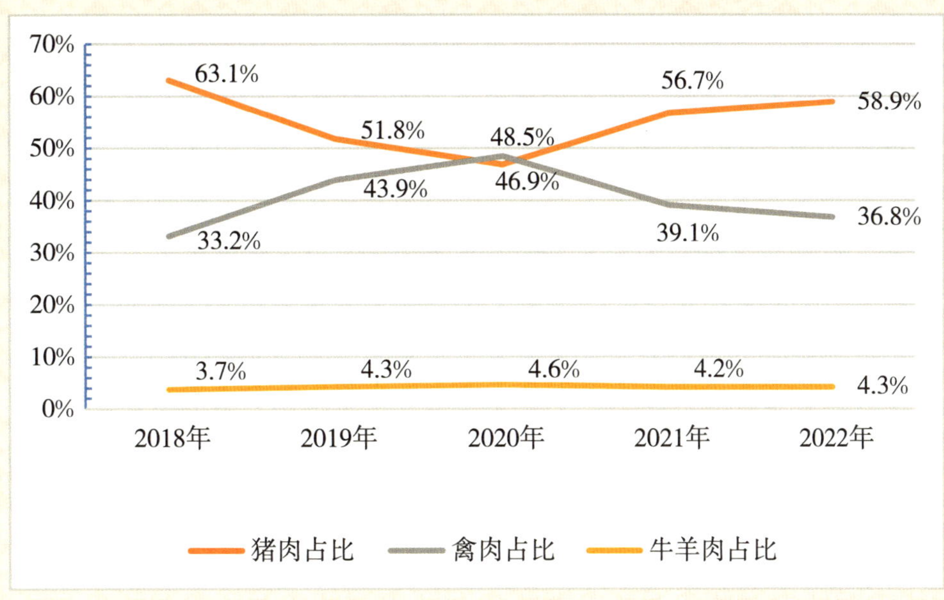

（二）生猪生产规模不断壮大

2022年末，广西生猪存栏为2219.70万头，比上年增长4.3%；全年生猪出栏3347.44万头，比上年增长7.5%，猪肉产量262.65万吨，比上年增长7.1%，增速高于全国平均水平2.5个百分点（详见图3）。

图3　2018—2022年广西生猪生产情况

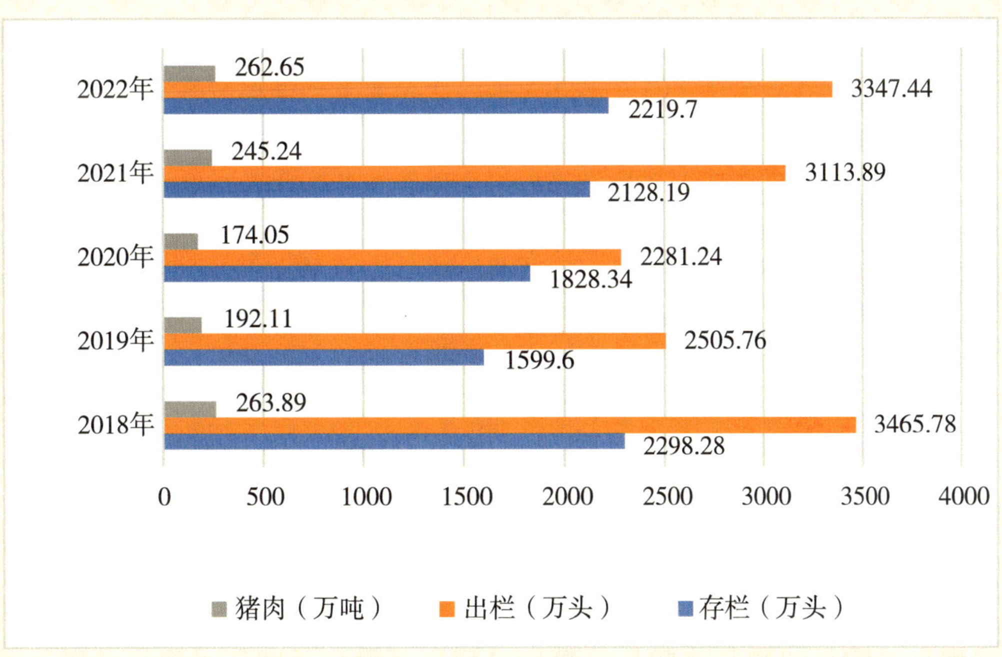

生猪生产规模持续壮大的主要原因：

一是基础产能稳定。2022年1—4季度能繁母猪存栏量分别为215.59万头、216.63万头、222.81万头和223.52万头，母猪存栏量始终处于产能调控的绿色合理区域，并呈逐季增加态势。经过前期市场低迷时产能去化，低产母猪持续淘汰带来了母猪种群结构优化升级，母猪繁育率、仔猪成活率提高，有效保障生猪市场的基础产能。

二是大型养殖场产能大幅增长。2020年以来，广西优化生猪产业布局和结构，推动生猪产业发展的质量效益和竞争力稳步提升。国内牧原、温氏、汉世伟、正邦等大型企业落户广西，广西桂垦、农垦、扬翔等本地企业也得益于政策的驱动做大做强，带动广西生猪规模化、智能化发展，生猪规模养殖不断扩大。2022年，广西生猪大型养殖场出栏1349.19万头，比上年增加581.45万头，增长75.7%。

三是生猪养殖盈利可观。2022年6月以来，生猪价格上升较快，生猪养殖开始进入盈利。据自治区发展和改革委员会资料，7月第一周猪粮比价直接从上半年平均6：1跃升至7.07：1，猪价持续上涨，直至2022年10月第三周，猪粮比价达到9：1，为广西猪粮比价合理区间的上限。调查数据显示，2022年四季度生猪出栏平均价格24.57元/公斤，较上年同期上涨51.5%，生猪养殖利润可观，大型养殖场前期亏损压缩的产能不断释放，新增产能加速投产，而中小型养殖户补栏也较为积极。

四是养殖预期向好。随着疫情防控政策持续优化，聚集性餐饮消费、旅游等活动将逐步恢复，肉产品消费潜力将得到不断释放，养殖户对市场预期向好。据四季度生猪问卷调查显示，78.6%的养殖户表示后期保持现有规模，11.4%“扩大规模”，5.7%“不好决定”，2.9%“减少规模”，1.4%“退养”，后期将保持或扩大规模的养殖户占90.0%。

（二）家禽生产持续恢复

2022年年末，广西家禽存栏为35534.68万只，比上年下降2.6%；全年家禽出栏为105357.81万只，比上年下降3.1%，其中四季度出栏31151.78万只，同比增长2.7%，单季度增幅实现2021年2季度来的首次“转正”。全年家禽出栏量处于近年较高生产水平（详见图4）。

图4　2018—2022年广西家禽生产情况

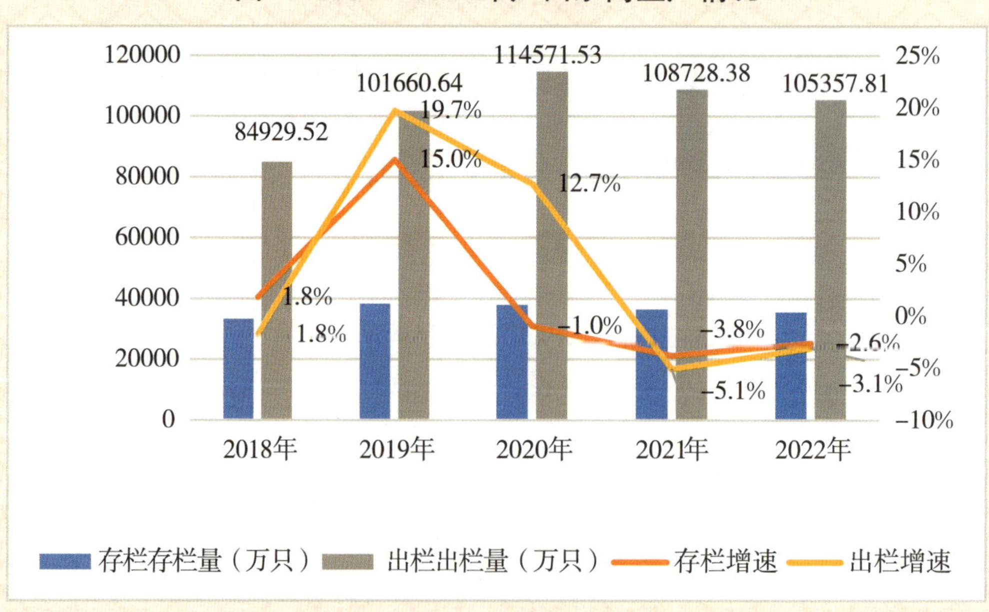

影响家禽生产不利因素主要有：一是受快速恢复的生猪市场冲击。2020年生猪生产恢复以来，生猪养殖快速增长，冲击了非洲猪瘟期间快速扩张的家禽市场，家禽价格持续低迷，不少养殖户缩小养殖规模、转型甚至退出市场。二是新冠疫情高频散发。此起彼伏的疫情

使餐饮行业整体营收收紧，客流量下滑，行业持续低迷，抑制了家禽消费市场。三是养殖户补栏积极性不足。受饲料价格上涨较快、饲养成本增加影响，养殖户补栏积极性有限。

但从2022年7月以后，作为猪肉替代品的家禽产能逐渐得到增长。据主要畜禽监测调查数据显示，三季度家禽平均出售价格18.77元/公斤，同比上涨28%，四季度平均出售价格18.07元/公斤，同比上涨11.2%。家禽价格提高，养殖盈利，下半年养殖户补栏积极性有所提高，出栏速度加快，推动全年家禽存出栏量降幅收窄。

（三）牛羊产业稳步发展

近年来，各级政府和有关部门将牛羊产业发展纳入精准扶贫、乡村振兴战略，出台扶持牛羊养殖的相关政策，在引种、新建（扩建）栏舍、饲料种植、疫病防治等各方面给予补贴和技术支持，推动牛羊产业继续加速发展。2022年末，广西的牛、羊存栏分别为363.77和276.14万头，比上年分别增长2.3%和6.6%；全年牛、羊出栏分别为142.82和261.85万头，比上年分别增长6.3%和6.5%；牛羊肉产量分别为14.94万吨和4.31万吨，比上年分别增长6.5%和7.4%，高出全国平均水平3.5和5.4个百分点；牛奶产量13.12万吨，比上年增长0.3%。

二、当前畜禽生产面临的主要问题

（一）生猪价格波动剧烈不利于生产健康发展

2022年，受市场供需变化的影响，生猪价格波动剧烈，不同程度影响养殖户的信心和预期。在价格过快下跌时养殖户抛售、减产，导致产能快速缩减，后期价格大涨；在价格快速上涨时养殖户则扎堆入行，导致产能明显增加，后期价格大跌。从生猪大县大型养殖场监测数据可以看出，3、4月份生猪出栏价格处于低谷，不到13元/公斤，养殖户预期悲观，生猪存栏也降至年内最低水平，5月以后生猪出栏价格迅速攀升，养殖户信心提升，补栏积极性增加，11月价格达到26.3元/公斤高位，半年时间上涨幅度超1倍，12月生猪存栏为年内最高水平，但这也导致了12月供应过剩，价格受挫陡然跌至2022年7月水平（详见图5）。价格的剧烈波动不利于畜牧业健康稳定发展。

图5 2022年生猪大县大型养殖场生猪存栏与价格关系

（二）饲料价格上涨过快增加养殖成本

从2020年以来，饲料主要原料玉米、豆粕都出现了多轮上涨，特别是2022年豆粕涨幅更快，饲料成本不断上涨。据自治区农情监测中心资料显示，2022年12月，玉米价格为3.28元/公斤，比上年增长6.8%；豆粕为5.12元/公斤，比上年增长25.2%；育肥猪配合饲料为4.04元/公斤，比上年增长7.5%；肉鸡配合饲料为4.0元/公斤，比上年增长6.38%。

（三）土地资源、环境污染等因素制约生产规模扩大

由于排污工程投入大、维护成本高、无明显效益回报等原因，养殖户对治污的迫切性、主动性不强。此外，在申请养殖场建设用地审批等问题上，申报流程和申报手续较烦琐，审批更加严格，都对养殖户扩大生产规模形成制约。

三、对策建议

（一）持续提升畜牧产业化、规模化、集约化水平

目前，广西畜禽生产规模发展还有继续提升的空间，需因地制宜，在用地、环保、财政、保险等各方面给以更多适宜的政策帮扶和支持，引导规模养殖发展壮大，提高畜禽生产稳定性。

（二）持续完善生猪生产逆周期调控机制。

继续认真落实《广西生猪产能调控实施方案》，稳定能繁母猪存栏量处于绿色区间，完善政府猪肉储备调节机制，做好猪肉市场保供稳价工作，稳定政策支持和行业预期。

（三）着力降低饲料成本

强化高性能种猪选育以及母猪管理的同时，提升饲料饲喂效率；充分利用一些农作物副产物和可替代饲料原料，在不影响营养均衡的前提下，替代一部分高价饲料原料；通过政策鼓励养殖龙头企业在提高资源转化效率、降低饲料成本方面的尝试和成果分享。

（四）继续推动畜牧产品增量提质

结合区内猪牛羊禽产业现状和实际情况，持续推动牛羊等高品质肉类产业发展，提升生猪、家禽品质，增强牛奶生产效率和竞争力，打造供给数量充足、品种和质量契合消费者需要、结构合理、保障有力的畜牧产品有效供给体系。

（撰稿：罗俐芬）

国家统计局南宁调查队

2022年9月16日，国家统计局党组成员、副局长毛有丰（中）莅临南宁调查队检查指导工作

2022年，国家统计局南宁调查队（以下简称南宁调查队）在南宁市委、市政府和国家统计局广西调查总队（以下简称广西调查总队）的正确领导和大力支持下，坚持以习近平新时代中国特色社会主义思想为指导，深入学习贯彻党的十九大及十九届六中全会精神，迅速掀起学习宣传贯彻党的二十大精神热潮，紧扣廖金昌总队长提出的“四个‘一流’”目标要求，全面落实广西国家调查工作会议决策部署，圆满完成各项调查任务，推动首府国家调查事业高质量发展。

一、把握重点，高站位推进机关党的建设

一是持续强化理论武装，始终把习近平新时代中国特色社会主义思想、习近平总书记最新重要讲话和指示批示精神、中央领导关于统计工作的指示批示精神作为党组会议“第一议题”，作为党组

2022年6月14日，南宁调查队开展“精神谱系守初心，竹韵清风显清廉”主题党日活动

理论学习中心组学习、各支部“三会一课”和党员干部教育培训的“第一内容”。二是突出抓好清廉机关建设，出台创建方案细化任务，统筹推进清廉机关与模范机关、文明机关同创共建。三是持续推动党建与业务融合发展，打造“绿城党旗红·崇法唯实真”“绿城党旗红·为民调查实”党建品牌，让党建品牌成色更足底色更亮。

二、抓牢要点，高要求落实全面从严治党主体责任

不折不扣落实主体责任。狠抓意识形态建设，扎实推进政治理论学习，召开全面从严治党工作会议，部署了创新廉政教育宣传手段等3项重点任务，围绕巡察“回头看”反馈的4方面、12项问题、38项具体表现，制定58项整改措施，整改工作成效明显。

持续强化落实监督责任。通过督促辖区市县队开展政治理论学习、带队赴辖区县级队开展政治巡检等方式强化政治监督。通过确保制度执行到位、数据质量责任制落实到位等强化日常监督。通过提醒党组成员上廉政党课、组织开展廉政教育学习等方式强化宣教。通过廉政谈话、全程参与巡察“回头看”自查及整改工作等强化专责监督。

三、突破难点，高质量推进调查业务改革

住户调查——汇聚合力攻克样本轮换难题：一是推动召开全市住户调查大样本轮换工作部署会议，总队领导和市政府领导出席会议作动员部署。二是推动市政府印发《2022年南宁市住户调查大样本轮换工作实施方案》压实工作责任。三是联合城区政府召开现场办公会破解高收入调查小区开户率低难题，开户工作按时高质完成。

农业调查——主动作为推动市级工作部署：一是推动设立南宁市粮食生产监测调查和南宁市主要畜禽监测调查等2项地方调查项目，在工作部署和专项经费方面获市政府大力支持。二是以样本轮换为契机，主动对接邕宁区政府召开业务交接推进会议，就邕宁区大县样本调查业务由南宁调查队移交给邕宁区统计局事宜达成共识，顺利完成业务移交。

劳动力调查——赶前抓早优化调查失业率工作环境：一是推动成立南宁市市级城镇调查失业率统计工作专班，宣传、统计、人社等部门及各县区政府通力协作，分析研判工作形势。二是将市级城镇调查失业率工作列入市政府督查清单，确保责任明确、落实到位。三是队领导带队与市县级人社、统计等部门交流座谈20余次，广泛听取各方意见建议，调查失业率工作环境不断优化。

工价调查——核查走访全覆盖夯实业务基础：根据总队及本队双随机执法检查反馈问题，对75家工价调查样本企业就统计台账、凭证及报表存档等基础工作进行全面核查，对发现问题给予现场反馈并限期要求整改，切实保障源头数据质量。

ICP调查——“点线面”强化全流程数据质量管理：作为广西唯一开展ICP调查的基层队，南宁调查队以本轮采集数据为“点”，通过排序选定最精准的规格品和采价网点作为最终规格品；以2017年轮ICP历史资料和本年度CPI数据为“线”辅助审核，剔除奇异值，确保数据的合理性和可比性；以互联网数据为“面”，对网点地址、规格品名称和

2022年10月26日，南宁调查队在隆安县那桐社区粮产调查点开展晚稻实割实测

2022年9月19日，南宁调查队开展第十三届“中国统计开放日”南宁分会场现场宣传活动

计量规格的真实准确复核，强化全流程数据质量管理。

采购经理调查——把握“三度”提高年报审核质效：一是初审抢进度，密切关注直报进度，做到即报即审，针对疑点第一时间核实。二是复审提精度，对于资产总计、营业收入等关键数据，要求企业提供财务报表辅助核查。三是核查强力度，自查、抽查和上级核查融合推进，年报核查实现300家样本企业全覆盖。

专项调查——主动对接疏通“美丽南宁”考评堵点：主动对接市发改、财政等部门，获批专项预算重建“考评信息处理系统建设项目”。在大数据管理局的支持下，项目已进入开发阶段，有望解决“美丽南宁”专项考评工作的技术堵点，助力市政府提升城市管理监督工作效率。

四、聚焦热点，高标准优化统计信息服务

提升统计信息分析能力。召开统计信息分析工作推进会，学习贯彻总队2022年统计信息分析工作推进会精神，队主要领导为信息工作谈思路、指方向，“两个信息”采编部门分别开展业务培训，实施聚焦时效、建好渠道、经验总结的信息工作法，营造“主动写、及时写、能写好”的良好氛围。

提升统计信息服务效能。一是强化调查指标的跟踪监测和运行预警分析，主动向党委政府报送有情况、有分析、有对策的信息，及时发挥预警作用。二是积极编纂“数说十年”系列报告，为党委政府了解国家调查工作发挥积极作用。

五、找准支点，高定位提升“南宁调查”品牌影响力

多途径解读调查数据。一是定期通过《南宁日报》《南宁晚报》、南宁新闻网等主流媒体发布和解读数据运行情况，提供便捷高效的统计服务。二是在“南宁调查”公众号“花式”解读调查数据，方便社会公众查询使用。三是借调研走访之机宣传调查数据运行情况，有针对性地提供统计咨询服务，满足调查对象的实际需求。

全方位构建“大”宣传格局。一是创作歌曲MV《心有数心如初》，展现国家调查人的精神风貌、工作成效。二是成功举办第十三届“中国统计开放日”南宁分会场暨广西住户调查大样本轮换入户摸底调查启动仪式，邀请总队长廖金昌及常务副市长陈竑莅临致辞，宣传工作收效好。三是编发专

报、月刊、年度报告集、调查年鉴及“十八大以来”系列资料汇编，使调查成果更好地服务决策、服务改革、服务发展。四是借力主流媒体多角度反映数据生产过程，自治区驻邕及市属主流媒体直接采用新闻通稿53篇次，为统计改革发展营造良好舆论环境。五是加入全国统计调查系统微信矩阵、南宁政务微信矩阵，实现宣传信息全方位、多层次传播。

2022年11月2日，南宁调查队在宾阳县开展农业调查调研

国家统计局柳州调查队

2022年，国家统计局柳州调查队（以下简称柳州调查队）以习近平新时代中国特色社会主义思想为指引，深入学习贯彻落实党的二十大精神及习近平总书记对统计工作的重要指示批示精神和重要统计改革文件精神，围绕广西国家调查工作会议的有关部署，凝心聚力抓落实，敢于担当勇作为，顺利推进各项统计调查工作。

一、以品牌创建为依托，政治建设创造新成效

一是以“廉”为根铸品牌。以打造“清廉国调 数海清风”品牌为载体，深入开展“四强四重”专项行动，结合“企业服务年”主题，通过“三带三助”“三进三送”等举措，联合调查样本企业丰富开展系列主题活动；以“清廉讲堂”“家风助廉行”“以莲促廉”等活动不断丰富清廉教育形式。二是以“匠”为魂强品牌。以“五匠五新”为载体，精心打造“工匠统计 品质国调”党建品牌收获良好成效，获评全区系统“一支部一品牌”党建品牌先进党支部称号，“党建+清廉”双品牌“强强联动”成效凸显，党建与业务融合发展迈出新步伐。

二、以数据质量为目标，业务建设实现新提高

一是创新管理。柳州调查队在14个市级队中首个建立市级住户调查业务骨干驻县区现场办公制度，将业务监管和服务工作重心前移，促进源头数据更加真实准确完整及时，进一步巩固和提高县区住户调查工作质量。

二是创新模式。一方面，“微课堂”实现“大功效”。企业调查以QQ群微课堂方式，在直播间对新企业开展线上业务培训，并在直播间现场答疑解惑，做好疫情防控形势下新增企业的培训。

2022年9月23日，广西调查总队总队长廖金昌、自治区统计局局长武央、柳州市委书记吴炜参加在柳州举办的第十三届“中国统计开放日”广西主会场活动

2022年10月18日，柳州调查队举行乔迁新址揭牌仪式，广西调查总队党组书记、总队长廖金昌（左一）出席仪式

次选取位于柳州市商业中心户外全彩LED显示屏、商业广场大型广告屏等商圈核心地段作为主要传播渠道，滚动播放劳动力调查宣传视频与生动活泼的宣传标语，全力提高社会公众关注度。四是创下新高。年内各专业共开展业务培训次数、培训人次、走访企业和基层数量等均创新高。

另一方面，多方联合培训扩大影响力。农业调查通过改变以往传统培训模式，强化部门间的协调配合，联合地方相关部门举办柳州市第一产业统计业务知识专题培训班，参训人数为历年规模最大，达到培训的最佳效果。

三是创新方式。首次开展柳州市月度劳动力调查业务规范和数据质量检查；首次使用短信提醒和去电名片功能，提高入户和电话核查配合度；首

三、以重点工作为抓手，调查任务取得新进展

一是主动作为。率先促成市政府组织实施住户调查大样本轮换工作，以柳州市人民政府名义印发工作方案，在广西率先全面部署住户调查大样本轮换工作；“精准”宣传取得良好成效，大样本轮换全市首次开户成功率保持较高水平；推进市政府首次组织召开柳州市国家调查工作暨大样本轮换动员部署电视电话会议。二是持续发力。率先在居民消费价格调查中应用电子扫描数据进行价格采集后，柳州调查队作为两个成员单位之一参与的《大数据在广西CPI调查

2023年2月27日，广西调查总队党组成员、副总队长陆奉昌（左一）一行到柳州调查队调研指导工作

中的应用》，获广西调查总队列为世界数据论坛统计大数据成果上报国家统计局作品。三是顺势而为。柳州调查队顺应统计信息化改革，积极配合推进信息技术运用，提前完成全部66家大型养殖场电子记账全覆盖的建设目标，基本实现全市畜牧业统计调查数据采集电子化、数据传输即时化、数据审核自动化、数据共享同步化。

2023年2月2日，柳州市副市长王鸿鹄（左二）一行到柳州调查队调研指导工作

四、以正向激励为导向，队伍建设走出新路子

一是注重发挥干部考核“指挥棒”作用。修订完善《工作目标管理和工作人员年度考核管理办法》等5项管理制度，制定干部教育培训工作要点，选派3名干部参加广西调查队系统首届统计建模比赛获一等奖，柳州调查队获评优秀组织奖，代表广西国家调查队系统参加全国统计系统建模大赛，荣获三等奖；二是搭建队校学习交流平台。发挥“机关+高校”合作研究机制，与广西科技大学理学院签订合作协议，联合打造实习实践基地，高质量开展课题研究并提交课题报告；有条不紊培养干部，2022年，正科级干部转正2名，交流转任干部2名，选派1名干部到总队跟班学习；圆满完成单位整体搬迁工作，较大改善干部职工的工作环境。

五、“紧盯三点”党风廉政建设抓紧抓稳

一是紧盯重要风险点抓质量。首次组织开展数据质量纪检、制度与业务“三联动体检”工作，督促及时“对症下药”进行有效整改。二是紧盯重要点位抓全面。坚持每季度到辖区县级调查队检查指导，直接传导责任压力。队纪检组重点对涉及电脑不关机等影响信息网络安全行为的队员进行“一对一”约谈。三是紧盯重要节点抓教育。强化对工作纪律、会议纪律、公车使用等监督检查，利用廉政党课和典型案例通报等形式开展5场次警示教育，廉政谈话约200人次。

2023年3月29日—4月10日，柳州调查队主要领导带队深入基层，开展住户调查“送技下基层”和“六个一”活动

六、“突出三高”统计法治建设走深走实

一是高层次推动统计监督发力，推动柳州市委常委会、市政府常务会分别传达学习《监督意见》，研究并提出柳州市贯彻落实意见。二是高水平扩大法治宣传影响力，在《柳州日报》等主

2022年7月21日，柳州两面针股份有限公司科室党支部与柳州调查队党支部签署党建联盟和党风廉政建设结对共建协议

流媒体发表队长统计法治专题署名文章。三是高质量强化执法监督力度。全年对各业务工作进行全覆盖式数据质量大检查，涉及农业、住户等专业30个调查网点；对8家样本企业规范开展“双随机”统计执法检查；柳州辖区调查队报送的执法案卷获评全区系统“双随机”统计执法检查、查处统计违纪违法优质案卷。

七、“三力齐发”统计优质服务提质提效

一是注入“动”力，政务信息打出“组合拳”。通过抓管理机制、奖励机制和会商机制，充分整合资源，运用群策群力，合力提高信息采用率，全队政务信息获国家局采用数连续三年名列系统前茅。二是挖掘“潜”力，信息报告奏响“前进曲”。《中国信息报》采用数量和稿件质量均取得新突破，调查信息和调查报告报送量和上级采用量同比分别大幅增长。三是积聚“合”力，新闻宣传跑出“加速度”。与市统计局联合承办第十三届“中国统计开放日”广西主会场现场宣传活动，市、县区主要领导和嘉宾参加活动，参加人数和活动规模为历届之最；微信公众号编发和上级平台采用数量均比上年大幅增加，宣传影响力不断扩大，2条推文获评全国统计系统宣传热文；在总队举办的首届微信技能创作大赛和好新闻评比活动中，柳州调查队多篇作品高票获奖，宣传作品质量不断提高。

国家统计局桂林调查队

2022年以来，在广西调查总队党组的正确领导下，在桂林市委、市政府的关心关怀下，国家统计局桂林调查队（以下简称桂林调查队）坚持以习近平新时代中国特色社会主义思想为指导，深入学习贯彻习近平总书记关于统计工作重要讲话指示批示精神和《意见》《办法》《规定》《监督意见》等重要统计改革文件精神，稳步推进各项工作落实。年度内获评桂林市第十一批文明单位，“漓江党旗红·调查数据真”党建品牌获国家局优秀党建品牌案例，获广西国家调查队系统首届统计建模比赛二等奖及优秀组织奖，1名干部获全国统计系统先进个人。

一、以党的政治建设为统领，党建工作扎实有序

（一）理论武装入脑入心。制定党组理论学习中心组理论学习计划，严格落实第一议题制度，落实落细“五级联动”学习机制，举办“学习党的二十大精神”知识竞赛，掀起学习贯彻热潮。全年开展第一议题学习17次，中心组理论学习研讨16次，不断增强坚定拥护“两个确立”、坚决做到“两个维护”的思想自觉、政治自觉、行动自觉。

（二）党的建设有序有效。制定年度党建工作要点，开展“我为群众办实事”“喜迎二十大 永远跟党走 奋进新时代”系列活动等10余项。落实“三会一课”制度，推进支部标准化规范化建设，召开党员大会7次、支委会12次、党小组学习20次，领导干部上党课3次，开展主题党日活动16次。

（三）党建品牌提质升级。召开“漓江党旗红·调查数据真”党建品牌升级工作推进会，推进模范机关、清廉机关、书香机关和自治区文明单位创建。党建品牌升级活动案例获国家局优秀党建品牌案例，获广西调查队系统2021年度创建“一支

2022年9月15日，桂林调查队联合桂林市统计局、平乐县人民政府开展第十三届“中国统计开放日”暨“数说新时代 奋进新征程”主题活动

2022年10月14日，桂林调查队到阳朔县开展晚稻实割实测工作

部一品牌”先进党支部。

二、以目标考核为导向，提振干事创业精气神

（一）推进创先争优。召开2022年桂林区域调查队创先争优座谈会，通报历年目标管理考核情况，制定创先争优目标任务表，挂图作战，稳步落实。

（二）完善考核体系。组织传达学习总队统计调查业务和综合类业务考核办法，并完善本队目标考核管理办法、优质服务考核奖励办法、文明科室评比工作方案等配套制度，开展2次规范化自查和交叉检查，消除安全隐患，提高工作质量。

（三）加强督察督办。根据全区调查工作会议精神，制定本队全年工作计划、重点任务分解表，发出20份督办通知，督促目标任务落实落地。

三、以数据质量为核心，依法治统能力进一步增强

（一）加强统计法治建设。将统计法律法规教育融入日常工作，做到逢会必讲、逢班必讲、走访必讲。组织召开桂林区域调查队法治工作会议，集中学习《监督意见》。推动市政府在常务会议上专题学习《监督意见》，协调将《统计法》等文件纳入地方干部教育培训必修课。4月份队主要领导受邀到市委党校为第22期中青班授课。强化“纪法联动”，全年完成3次执法检查，对10个单位开展统计执法检查，立案查处1起。规范执行行政处罚公示制度，成功开通国家企业信用信息公示系统的专属账号。

（二）加强调查业务建设。一是加强走访培训。采购经理调查结合疫情防控形势开展“小灶式”培训，完成260家企业走访工作；房价调查加强对市、县（区）两级政府数据提供单位的培训。二是加强数据审核评估。居民消费价格调查发挥“人工+平台”双重审核的优势，采取“四级审核”机制审核；粮食调查利用抽样监测数据对非国家调查县粮食统计数据质量开展评估、自制多类审核附表协助审核；住户、畜禽、房价等调查加大与职能部门沟通协作，确保各项指标相互匹配验证。

（三）推进调查业务改革。一是有序推进畜牧业电子化记账推广工作。与市农业农村局会商并联合印发推广工作方案，明确电子记账户补助标准，召开全市业务培训会。二是稳步推进住户调查大样本轮换工作。成立领导小组，抓好市—县—乡三级协同和部门联动，强化培训和督导，如期圆满完成全市1640户新户落实工作。三是精心开展市级城镇调查失业率统计工作。组织14名县（区）业务员来队跟班学习，进行情景模拟教学，确保数据质量。

2022年10月21日，桂林调查队统计执法人员到企业开展“双随机”统计执法检查工作

2022年10月28日，桂林调查队举办第三届岗位技能比武暨党的二十大知识竞赛活动

年检，连续5年获桂林市档案管理先进单位。

（三）做好“两个信息”工作。开展3期信息写作培训，召开“两个信息”工作推进会，完善优质服务考核办法，推动信息工作稳步向前。2022年度，获广西调查总队采用调查信息156篇，报告12篇，总得分1626分，同比增加324分，增长24.89%，总得分在全区14个市中名列第三位。2022年1—12月，在市人民政府办公室信息通报中，获市级采用总数4篇，市级得分4分，自治区采用得分30分，总得分148.5分，超额完成年度任务48.5分，排在市直、中区直单位第九位。9篇信息获《中国信息报》及公众号采用。

（四）做好新闻宣传。加大微信公众运营维护，向地方政府部门和媒体提供信息咨询。微信公众号发布340篇稿件，其中21篇获总队采用，16篇统计数据信息获得《桂林日报》等地方主流媒体采用，有效发挥统计信息、咨询、服务职能。在全市17县（市、区）范围内开展“我与住户调查结缘——老记账户和老物件征集活动”，获国家统计局住户大样本轮换宣传工作展评。

四、以优质服务为抓手，服务保障工作提质增效

（一）发挥参谋作用，服务中心大局。制定全年工作计划，健全完善值班制度等11项制度并严格执行，完善办公室服务指南和内部控制手册，规范办事流程；严格会议、培训、差旅、公车审批管理，过好“紧日子”。

（二）加强保密和档案工作，维护国家安全。开展3次国家安全、保密和档案培训。利用微信公众号开展宣传，组织知识测试。持续做好保密管理，完成年度档案入库和数字化工作，通过档案

2022年11月4日，桂林调查队组织党员干部到桂林市党群服务中心参观自治区优秀党员曹艳群先进事迹展

五、全面落实“两个责任”，推进全面从严治党治队

（一）履行全面从严治党主体责任。制定2022年党风廉政建设和纪检监察工作要点，组织召开区域全面从严治党工作会议，开展廉政谈话，完善纪检监督检查工作台账，编印“两个责任”工作纪实手册，开展经常性对照检查，党组每季度学习统计法律法规，履行统计监督责任。

（二）履行全面从严治党监督职责。完善区域干部廉政档案。建立本队内部监督工作贯通协同机制，到区域县队检查指导4次，加强对县队的监督提醒。开展“两个责任”检查4次。强化对元旦、春节等重要节点教育提醒和监督检查，开展廉政教育学习14次，上“纪检微党课”5次。

2022年11月8日，桂林调查队党支部联合临桂区统计局党支部赴临桂区中庸镇泗水村开展“学习宣传党的二十大精神 记小账汇大数奋进新征程”主题党日活动

国家统计局梧州调查队

2022年，在国家统计局广西调查总队的正确领导下，国家统计局梧州调查队（以下简称梧州调查队）坚持以习近平新时代中国特色社会主义思想为指导，认真学习贯彻党的二十大精神，全面对照广西国家调查工作会议部署，紧紧围绕“一巩固二强化三提升”工作思路，全力开拓梧州国家调查工作新局面。在2022年度广西国家调查队系统市县调查队目标管理考核中，梧州调查队以第一名的成绩荣获“优秀”等次。

一、持之以恒强化思想理论武装，在学思践悟中筑牢思想根基

充分运用“五级联动”学习机制，把学习贯彻习近平新时代中国特色社会主义思想、党的二十大精神和习近平总书记重要讲话等内容，作为党组会议、党组理论学习中心组、“三会一课”的“第一议题”，作为干部教育的重中之重，切实把全队上下的思想和行动统一到习近平总书记重要讲话精神及党中央的决策部署上来。其中党组会“第一议题”学习24次，中心组学习5次，“三会一课”学习32次，青年理论学习小组学习4次；队领导带头为辖区干部职工讲党课7次，多次到辖区调查网点（村）授课，将党中央重大决策部署、统计法律知识传播向基层统计力量、调查对象延伸。

二、毫不动摇坚持党的全面领导，在笃行实干中强化责任担当

（一）持续加强党的政治建设，落实管党治党责任。始终以党的政治建设为统领，把落实管党治党责任作为关键。一是全面细化落实党建工作责任。定期召开专题会议谋划部署党建工作，制定本队2022年党建工作要点，切实有效推动党建责

2022年8月25日，广西调查总队党组成员、副总队长邱洪刚（中）率队到梧州茂圣茶叶有限公司参加“‘小梧’慧企服务+”结对共建主题党日活动

2023年1月29日，梧州市委常委、常务副市长汪东明（左一）到梧州调查队走访慰问干部职工

任落实。二是构建系统党建与地方党建“一盘棋”工作格局。认真对照总队机关党委及梧州市委直属机关工委要求，逐项落实全年党建任务清单，推动系统党建和地方党建有机融合，一体推进。三是扎实推动清廉机关建设。党组专题研究部署3次，围绕清廉机关、家风家教等开展了2次主题宣传活动，并在走廊打造清廉文化宣传阵地，全面营造风清气正的良好氛围。2022年，梧州调查队党支部获评梧州市清廉党支部、党建工作示范点，1名干部获评梧州市直机关优秀共产党员。

（二）深化党风廉政建设，推动全面从严治党治队走深走实。召开全面从严治党专题研究会议2次，党组会议专题研究党风廉政工作22次，压实管党治党主体责任和监督责任。印制“两个责任”工作手册，先后5次到辖区县队开展监督检查、廉政党课及谈心谈话。开展“廉政家访”活动7次，加强对队员“八小时以外”的监督。聚焦新入职人员、关键岗位人员、新任科室负责人和“后进”人员，谈话提醒13人次。

（三）坚持发挥党建引领作用，力促党建与业务深度融合。围绕党建品牌升级版“‘小梧’慧企服务+”举办了系列“党建+业务”主题党日活动。组建一支以青年党员为主力的党建先锋模范队伍，先后深入疫情防控一线、“双报到”社区积极开展志愿者服务活动20余次，开展“我为记账户办实事”行动为调查对象办成实事24件，以实际行动践行为民服务的初心使命，促进党建与业务深度融合。

2022年11月3日，梧州调查队在岑溪市南渡镇开展“党建护航数据真 强基固本夯实产”主题党日活动

2022年12月7日，梧州调查队联合梧州市统计局开展“统计法进社区”集中宣传活动

三、凝心聚力推动国家调查事业发展，在守正创新中开创调查工作新局面

（一）一以贯之高质量推进统计调查改革

一是上下联动，粮食畜牧业统计调查迈出新步伐。大力推进畜牧业统计调查电子化记账工作，梧州市60个大型养殖场（户）电子记账实现全覆盖，中小型养殖场（户）电子记账覆盖率超过50%。二是统筹兼顾，高质高效推进住户调查大样本轮换。从强化组织领导、舆论引导、培训演练、督促指导等四方面入手，提前完成辖区720户新样本户开户落实工作。三是精心组织，劳动力调查扩点工作高位推进。以市政府名义召开动员部署会，从调查员选聘、业务培训、社区宣传、数据审核等四方面着力，顺利完成劳动力调查29个样本点的扩点工作。四是精准用力，积极推广扫描数据采价工作在CPI调查中的应用。每月通过扫描数据获取商品价格的规格品数量405个，约占规格品总数的23.18%。

2023年2月3日，梧州调查队联合梧州市统计局召开2022年梧州市经济运行情况新闻发布会

（二）“多点开花”提升统计服务水平

一是优质服务工作进步明显。抓好调查信息报告工作短板弱项，及时抓住社会经济热点难点做好专题调研，全年共撰写调查信息137篇，调查报告7篇。统计科研及其成果转化进一步加强，1篇经济类课题研究获广西调查总队二等奖，并获梧州市常务副市长批示。二是新闻宣传工作亮点纷呈。积极主动发声，发布宣传作品数量与质量明显提升，获得多个“零的突破”。1篇作品获国家统计局官微采用，3篇作品荣登国家统计局官微月度热文榜，1篇作品的原创MV获“学习强国”采用；新闻稿获《中国信息报》采用5篇，获《梧州日报》等市级主流媒体采用10篇；召开主要调查数据新闻发布会2次，进一步提升知名度，打响调查品牌。三是政务服务管理打开新局面。充分挖掘干部职工写作技能，全年政务信息获国家统计局采用55篇，比上年增加42篇。高度重视档案工作，管理实现制度化、规范化、服务化，推动档案

工作向高质量迈进，2022年晋升为市直机关一级档案室。

（三）攻坚克难优化统计调查外部环境

一是活用《广西壮族自治区人民政府办公厅关于进一步加强广西国家调查工作的通知》桂政办发〔2021〕53号文件精神，主动向地方党政领导汇报，千方百计争取地方经费支持，在确保地方经费预算不削减的前提下，获地方调查经费较上年翻了一番，基本解决干部全额绩效奖励经费，并协调地方安排2名公益性岗位人员。二是争取梧州市政府通过召开会议、印发通知和方案文件等形式支持住户调查大样本轮换、劳动力调查扩样工作，加强组织保障。

（四）强化导向激发干部干事创业精气神

一是为干部“加油充电”。先后在梧州市委党校和梧州职业学院自主办班，采用“传统专班+随堂测试+分组研讨+党性现场教学”模式提升干部学用结合能力。与辖区县队建立年轻干部“一对一”双向交流，对1名科级干部、3名业务骨干进行队内交流轮岗。提拔1名副科级领导干部，选派7名优秀干部参加总队文明城市测评、“三项清理”专项治理检查、巡察等实践锻炼。二是强化“业绩”导向。运用奖惩并进机制，修订年度目标管理考核办法，对各科室、干部职工全年各项表现实行综合量化计分，实行绩效奖励二次分配激励，激励干部职工担当进取，焕发干事创业生机和活力。

四、坚持不懈推进依法统计依法治统，在溯本清源中巩固防惩成果

一是有效发挥统计监督职能。针对住户调查大样本轮换等重点工作，队领导亲自带队前往辖区统计局、县级调查队对制度执行情况和数据质量进行监督检查，以真查促真改，着力营造防惩统计造假弄虚作假高压态势。二是推动《关于更加有效发挥统计监督职能作用的意见》（以下简称《监督意见》）落实落细。制定贯彻落实《监督意见》分工方案及实施方案，提请市委、市政府专题学习讨论研究贯彻落实意见，并纳入市委党校的学习内容。三是凝聚依法统计共识，营造浓厚统计法治氛围。充分利用统计开放日等节点广泛开展普法活动，促进社会公众了解统计、配合统计。

国家统计局北海调查队

2022年9月1日，广西调查总队党组成员、副总队长邱洪刚（左一）到北海调查队指导工作

2022年，在广西调查总队的坚强领导下，国家统计局北海调查队（以下简称北海调查队）以习近平新时代中国特色社会主义思想为指导，深入学习贯彻党的十九届历次全会、党的二十大精神和习近平总书记关于统计工作重要讲话指示批示精神，贯彻落实全国统计工作会议及总队工作会议决策部署，奋力推动北海统计调查工作取得更大进步。

一、砥砺奋进新征程，围绕新时代党的建设再发力

（一）强化组织领导，“机关+”建设成果丰硕

严格执行“第一议题”制度，及时组织学习习近平总书记重要讲话精神和指示批示精神，引导党员干部强化理论武装，在统计调查工作中忠实践行“两个维护”。统筹研究

2022年10月19日，北海调查队开展“学习先进典型勇于担当作为”党性教育活动

和部署党建与统计调查工作，部署创建“模范机关”“清廉机关”，推进“五基三化”，实施“书记创优项目”，成效显著。年内，成功创建“北海市民族团结进步示范机关”，被选在市直机关党建“五基三化”现场观摩推进会暨第二批创建模范机关示范单位授牌仪式上作典型发言，创城工作主动作为获全市红榜通报表扬，全国文明单位创建得到地方大力支持有序推进。

2022年7月12日—8月15日，北海市7.12新冠疫情期间，北海调查队党员干部职工冲锋在前，主动下沉社区参与疫情防控工作

（二）强化政治监督，压实全面从严治党主体责任

压紧压实班子及成员“两个责任”落实落地，形成齐抓共管、各负其责、协同推进的工作格局。抓班子、盯“头雁”，推进权力监督制约机制建设，以“日常监督+重点监督”抓手，切实抓好政治、权力运行、作风、执纪全方位监督，建立廉政谈话室，开展廉政谈话、廉政党课，强化廉洁文化建设，修订完善廉政风险防范机制，加强廉洁警示教育和督促检查，筑牢廉政思想防线。定期召开内部监督贯通协同机制工作会议，推进内部监督工作的贯通融合、协同联动。

（三）发挥先锋作用，疫情防控与调查工作高效统筹

北海市7.12新冠疫情期间，23名党员干部职工冲锋在前，主动下沉社区参与疫情防控工作，得到社区大党委和群众的一致好评。同时做到随“疫”而变，坚持一手抓抗疫一手抓调查，扎实开展线上调查，保证疫情防控期间调查工作不间断，调查工作质量不下降。

二、咬定青山不放松，围绕新时代统计目标再启航

（一）以推动重大工作为契机，构建统计调查保障体系

以住户调查大样本轮换、劳动力调查扩样、畜牧业调查电子化记账工作推动为契机，争取到地方党委政府对专项调查、调查经费和办公用房等方面支持，统计调查工作多次获市领导从全局部署推进。同时积极探索构建县区乡镇政府、相关业务部门支持统计调查的保障体系，凝聚扎实推进各项统计调查工作高效开展的合力，夯实保障统计调查数

2022年9月20日，北海调查队组织开展第十三届“中国统计开放日”暨北海市住户调查样本轮换宣传月活动

据质量的基础。

（二）创新调查方式，不断夯实调查数据质量

进一步扩大消费价格调查网络采价及电子扫描的应用范围，将超市部分分类规格品纳入网采，增加网络采价的分类和规格品数量。结合北海市CPI房租价格调查指数，深入开展房地产调查大数据应用研究，形成课题报告，并获广西调查总队2022年制度方法类课题评审二等奖。通过培训会议和个别回访相结合的方式，指导工业生产者价格调查业务知识及网上填报技巧，全年实现样本企业走访核查全覆盖，有效提高调查数据质量。加强实地复核，建立粮食和畜牧业调查定期通报制度，每季度向县区农业分管领导通报各县区在粮食畜牧业工作存在的问题，高位推动立行立改、真改实改。靶向发力，有序推进畜牧业电子化记账，2022年，北海辖区大型、中小型养殖户电子记账率分别为100%、47.1%，超额完成总队制定的目标任务。

（三）夯实统计法治，护航统计调查事业行稳致远

一是强化学习教育，定期开展统计法律法规专题学习、统计违纪违法案例警示教育，筑牢统计法治之基。二是强化执法监督，探索统计执法检查与基础工作检查、数据质量检查等有机结合的途径，常态化开展统计“双随机”执法检查、数据质量核查、统计执法检查对照自查等，把紧统计调查数据质量之关。三是强化法治宣传，积极推进统计法进党校，将日常普法宣法融入下乡访户、业务培训等调查工作各环节。在6个黄金地段公交站台的广告位投放法治宣传图文，创新碎片化普法提高统计法治宣传覆盖面。利用重要节点在报刊发表队长署名文章，开展“统计法进海岛”“巾帼普法下乡村”“纪法联动护航统计调查工作”，汇聚统计法治监督之力。四是强化责任担当，将防范和惩治统计造假弄虚作假责任制执行情况纳入干部年度述职述廉、支部民主评议党员考核，压实防惩统计造假弄虚作假之责。2022年，广西调查队系统首届统计执法案卷评审中，北海调查队查处统计违纪违法案卷获评“优质案卷”。

三、踔厉笃行不停步，围绕新时代统计管理再奋进

（一）做好提质加法，提升政务管理服务水平

强化“以文辅政”工作，依规依程序提升办

2022年6月1日，北海调查队组织开展“巾帼普法进乡村”活动

2022年10月31日，北海调查队开展“稻浪飘香党旗红 秋粮实测数据真”主题党日活动

公服务后勤保障工作。2022年，政务信息获广西调查总队采用103篇，其中获国家统计局采用40篇，国家统计局采用同比增长150.0%；工作情况交流获广西调查总队采用23篇，获国家统计局采用6篇。坚持常态管理，提高网安和保密工作水平。推进档案管理工作提质升级，建立健全档案工作规章制度，创获市级“一级档案室”。

（二）创新宣传模式，筑牢新闻宣传主阵地

充分利用内网、微信公众号和主流媒体等向社会，弘扬社会正能量，传播好统计声音。2022年，北海调查队官方微信发布图文514篇次，获广西调查总队官方微信采用11篇次，获国家统计局“统计微讯”综合采用1篇次。另外，北海调查队集中收看党的二十大开幕盛况照片获中国信息报视频号采用播放。

（三）聚焦统计服务，擦亮国家调查队名片

开展队内首次经济类课题，并获广西调查总队2022年经济类课题评审三等奖，编印出版《2022北海调查年鉴》《北海住户调查资料汇编（2022）》统计刊物。2022年调查信息报告获广西调查总队采用130篇次、获市委、市政府采用23篇次，其中1篇获北海市委书记批示，获市政府2022年度政务信息工作3次“红榜”表扬。进一步强化统计数据发布及解读，召开3次新闻发布会，分获《中国信息报》《北海日报》刊发文章4、6篇次，进一步提升北海调查队社会影响力。

（四）强化建章立制，构建防惩数据造假长效机制

制定《统计违法违纪行为查处情况报告制度》《统计执法监督工作协调联动办法（试行）》等制度，落实领导干部违规干预统计工作记录制度，健全数据质量内部控制和廉政风险防控机制，开展全面清理纠正违反统计法律法规文件和做法、防范和惩治统计造假专题调研等工作，有的放矢扎牢防控网，着力构建不敢假不能假不想假的体制机制，守护统计调查数据质量生命线。

国家统计局防城港调查队

2022年，在国家统计局广西调查总队的坚强领导下，国家统计局防城港调查队（以下简称防城港调查队）坚持以习近平新时代中国特色社会主义思想为指导，深入学习和贯彻落实党的十九大、二十大和历次全会精神，锚定“提档进位”总目标，团结带领全体干部职工直面挑战、锐意进取，攻坚克难、扎实工作，较好地完成了各项工作任务。

一、以政治建设为统领，推动党建工作取得扎实成效

一是提高站位、统一认识，推动主体责任有效落实。扎实推进党建“五基三化”攻坚年行动，研究制定《党组及党组书记、班子成员抓机关党建责任清单》，推动主体责任落实。二是精准施策、建强品牌，促进党建业务双融互促。构建“八效合一”的创建矩阵，积极发掘品牌升级潜力。编印《边海国调宣讲队宣讲手册》，在微信公众号开展“最美调查人”专题宣传。积极推进结对共建帮扶活动，常态化开展帮扶慰问和政策宣讲。与联建党支部建立新时代文明实践结对共建、粮食和畜牧业统计结对服务关系。统筹开展“党建+业务”主题党日优秀案例比拼活动，激发品牌建设发展动能。三是锤炼作风、提升能力，着力建设模范机关和清廉机关。强化组织领导，对“十个一”重点任务进行部署安排，队党支部获评防城港市第一批四星级党组织。强化文化建设，打造廉洁文化阵地，修订完善《廉政风险防控手册》，强化风险防控。2022年11月，经中共防城港市直属机关工作委员会批准，荣获“第一批模范机关示范单位”荣誉称号。

二、统筹做好疫情防控和国家调查工作，确保各项工作不断、数据不乱

（一）担当作为，统筹做好新冠疫情防控和国家调查工作

牵头并会同市人力资源和社会保障局、市农业农村局组建三人工作组进驻疫情防控形势严峻

2022年9月20日，防城港调查队联合防城港市统计局开展第十三届“中国统计开放日”活动

复杂的东兴市，对国家调查业务工作进行督导和检查，加强双向沟通，确保国家调查方案执行到位，业务工作稳妥有序推进。积极参与疫情防控志愿服务。组织开展疫情防控志愿服务180余人次，其中7名党员、青年长期驻扎防疫一线，最长达2个月。

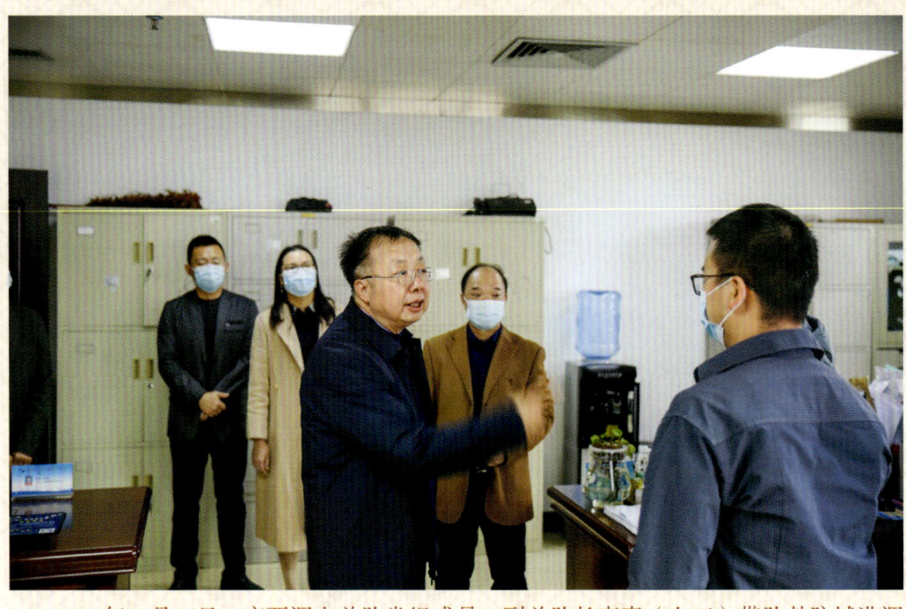

2022年12月16日，广西调查总队党组成员、副总队长李青（左三）带队赴防城港调研指导网络安全和信息化建设工作

（二）创新形式，不断夯实基层基础工作

一是在劳动力、价格、住户、农业调查等专业探索开发辅助审核工具，细化审核内容、统一审核尺度、节省审核时间、管控审核质量。二是经常性走访慰问调查对象，完善考核和奖励制度，评选表彰并宣传先进典型。三是因地制宜、科学分类做好业务培训工作，采取线上线下相结合的方式确保培训全覆盖。四是建立了对县级统计局的业务检查、指导和考核机制，明确了国家调查工作市、县、乡、村四级联系人。

（三）履职尽责，认真做好各项调查工作

住户调查工作率先落实经费保障，推动市政府发文部署样本轮换工作。日常工作中严格执行“日审周结月清”工作法，实行“全面、彻底日审”。价格调查工作扎实做好采价网点和规格品选取和替换，顺利完成消费价格调查年度初始化工作。积极对接市住建局和不动产登记中心，建立“房价+房租”双业务工作机制。农业调查工作中紧盯制度方法改革，稳步推进畜牧业电子记账工作。防城港市大型养殖场（户）电子记账APP安装率和注册率均达到100%。专项调查工作推动市政府发文部署调查失业率工作，顺利完成调查网点扩样工作。

2022年12月1日，防城港市委常委、副市长王列军（右三）带队赴防城港调查队调研指导工

（四）依法治统，扎实推进统计法治工作

常态化组织学习《关于深化统计管理体制改革 提高统计数据真实性的意见》《统计违纪违法责任人处分处理建议办法》《防范和惩治统计造假、弄虚作假督察工作规定》（以下简称《意见》《办法》《规定》）和《关于更加有效发挥统计监督职能作用的意见》（以下简称《监督意

2022年6月23日，防城港调查队党支部联合结对共建的防城区十万山瑶族乡那稔村党支部开展“七一”系列主题活动

见》)，编印《宣传手册》。推动地方党委政府带头学习统计法律法规，持续推进统计法进党校。市委常委会（扩大）会议、市政府常务会议集中学习《监督意见》。党组书记、队长卢建岁在市委党校举办的2022年中青年干部培训班上专题讲解《监督意见》。

三、踔厉奋发，着力推动年度工作“提档进位”

（一）锚定目标，强化督查督办促落实

一是修订完善《年度目标管理考核办法》，研究制定《实现“提档进位”重点工作任务表》，将全年工作分解为556项具体任务，定期检查并通报完成情况。期召开月度例会和信息分析写作周例会，剖析困难问题，提出建议和要求，更新“红黑榜”，对工作滞后的人员进行约谈、发出督查督办单。二是研究制定《干部教育培训工作管理办法》，贯彻执行《广西国家调查队系统干部专业能力提升三年规划（2022—2024）》，强化干部职工教育培训，举办“岗位大练兵 业务大比拼”活动，联合市统计局在广西大学举办综合能力提升培训班，着力提升干部职工专业素质和工作能力。

（二）规范管理，提升政务管理与服务水平

认真负责做好日常办文办会，不断提升会议质量，加强公车管理和后勤保障，发挥综合协调职能，切实保障政令畅通。积极与市档案局沟通联系，邀请专业人员进行实地指导，及时完成年度档案整理和归档，年初被市档案局评为2021年度档案工作“优秀”等次。严格执行各项财务管理制度，坚决贯彻落实“过紧日子”思想，按照计划加强预算执行。

（三）高度重视，统筹推进保密、国家安全、网络安全和信息化工作

将保密和国家安全工作列入重要议事日程，及时传达学习重要文件精神，研究部署相关工作。开展4次保密和国家安全教育培训会议，增强全体干部职工保密意识和国家安全意识。认真开展保密自查工作，全面排查安全风险隐患，不断提升保密工作规范化水平，防范和化解潜在风险，全队无失、泄密事件发生。从制度机制、规范管理、行为

管理和教育培训等四方面持续发力，促进网络安全和信息化建设高质量发展。

（四）发挥优势，着力提升统计服务水平

2022年，共编发上报调查信息129篇，调查报告12篇；向市委、市政府两办报送调查信息30余篇，向市委、市政府及有关部门报送调查专报12期；发布原创微信公众号作品102篇；上报政务信息202篇，有关信息获《防城港日报》等媒体报道6篇次。

2022年10月18日，防城港队到那梭镇开展水稻产量调查航拍工作

四、压实“两个责任”，推进全面从严治党向纵深发展

严格履行主体责任和监督责任，驰而不息推进作风建设。一是定期召开全面从严治党专题会商会议，压紧压实主体责任和监督责任。二是推进巡察反馈问题长期整改措施落实，扎实开展巡察整改“回头看”自查与整改工作。三是开展巡察共性问题、“三项清理”专项治理全覆盖检查和经济责任审计发现问题的自查与整改。四是通过专题学习讨论、队领导上廉政党课等方式，开展廉政教育。开展谈心谈话20余场，节前廉政教育7次，队领导上廉政党课6次，不断筑牢拒腐防变思想防线。五是开展专项执纪检查，对上下班纪律、公车使用、疫情防控方面进行专项执纪监督检查。

国家统计局钦州调查队

2022年，在国家统计局广西调查总队的正确领导下，国家统计局钦州调查队（以下简称钦州调查队）坚持以习近平新时代中国特色社会主义思想为指导，精诚团结，守正创新，认真贯彻落实党中央、国务院关于统计工作的重大决策部署及2022年广西国家调查工作会议精神，深入推进全面从严治党、从严治队各项工作，圆满完成全年工作任务。

一、提高政治站位，坚决贯彻落实党中央、国务院关于统计工作重大决策部署

钦州调查队深入学习贯彻习近平新时代中国特色社会主义思想和习近平总书记关于统计工作重要讲话指示批示精神，深入学习贯彻党的十九届六中、七中全会、党的二十大、二十届一中全会精神，坚定干部政治信仰，教育和引导干部始终站在政治的高度贯彻落实好党中央、国务院关于统计工作重大决策部署。认真落实“第一时间”“第一议题”制度，采取党组、党组理论学习中心组、党支部集中学，依托“学习强国”“钉钉”自主学等多种方式，促进干部政治素质不断提高。全年党组开展学习19次，党组理论学习中心组学习4次，党支部、支委会、党小组学习38次。

二、强化党建引领，充分发挥战斗堡垒作用

党员先锋模范作用突出。2022年3月钦州市突发新冠疫情全市静默二十多天期间，成立党员疫情防控志愿服务队奔赴抗疫一线，参加入户排查、现场核酸采集、值守等工作；进入常态化至今，1名队领导担任联谊共建社区第二网格临时党支部副书记，带领党员干部在网格开展疫情防控常态化管理、文明城市创建等工作，充分发挥了党组织战斗堡垒和先锋模范作用。加强党建与业务融合，住户调查开展“下基层宣讲党的二十大精神暨住户调查试记账培训”活动，农业调查联合市农业农村局、统计局到钦北区板城镇红色基地与农业样本点开展

2022年6月24日，钦州辖区调查队赴柑子根开展“学党史 强党性 促清廉 担使命”主题培训班

2022年10月26日，钦州调查队联合市统计局、农业农村局到钦北区板城镇农业样本点开展“新中国政府统计机构成立70周年 农产量实割实测统计调查60周年”主题党日活动

“田间党建课堂”等主题党日活动。增强党员党性修养，组织辖区调查队党员到浦北县大成镇柑子根党支部开展“学党史 强党性 促清廉 担使命”主题党日，瞻仰张世聪等本地革命先烈的英雄事迹。发挥党员干部在振兴乡村中的主心骨作用，到灵山县烟墩镇莲塘村开展“党旗领航 钦调先锋”“我为群众办实事”实践活动。荣获2022年度钦州市直机关“五星级党支部”。

三、深化统计法治建设，提升统计执法水平

通过党组、支部、青年理论学习小组、全体会议等深入学习《意见》《办法》《规定》《监督意见》累计10次，制定了《认真贯彻落实〈关于更加有效发挥统计监督职能作用的意见〉工作方案》。推进统计法进地方进党校成效良好，钦州市第六届人民政府第9次常务会专题学习了《关于更加有效发挥统计监督职能作用的意见》文件精神和习近平总书记关于统计工作重要讲话指示批示精神、中央关于统计现代化改革工作部署要求等，钦州市县处级领导干部进修班（第9期）、钦州市2022年中青年领导干部培训班学习了统计法律法规相关知识。

加强统计执法队伍建设，积极动员青年干部参加执法证考试、统计法律法规知识竞赛以及法治征文比赛，壮大执法队伍，强化队伍素质。统一管理统计执法证，严格执法人员持证上岗和资格管理制度，健全统计执法骨干人才库，目前全队持有统计执法证人员9人，占全队在编人数的45%，执法能力进一步增强。加强对执法骨干的培养和锻炼，

2022年11月18日，钦州调查队统计执法检查组到企业开展执法检查工作

在实践中检验队伍整体素质，积极选派执法骨干参加总队组织开展的“双随机”统计执法检查，在实践中提高业务技能，并积极参加总队举办的统计执法骨干培训班，参加总队执法案卷评审，通过培训、案卷评审提升业务水平。

统计法治建设不断深化。开展常态化统计法治宣传活动，如与市、区两级统计局联合举办了主题为“数说新时代 奋进新征程”的第十三届“中国统计开放日”宣传活动、开展“传播法律知识，弘扬法治精神”法律知识讲座等。制定《2022年国家统计局钦州调查队统计执法检查方案》，强化统计执法检查与业务指导同步推进，全年完成统计执法检查4次，检查企业8家，立案1起。

四、党风廉政建设持续增强，营造风清气正良好氛围

一是党组专题研究党建和党风廉政建设工作2次，制定清廉机关工作方案，召开2次全面从严治党专题会议，压紧压实“两个责任”。二是认真履行“市管县”职责，队主要领导、分管领导分别带队到辖区县队开展党建、党风廉政建设检查指导和上廉政党课。三是完成固定资产管理服务外包和因公务租赁车辆风险自查、利用会议和培训虚列套取资金问题自查、任职回避关系自查、县级统计局承担总队组织实施的调查任务情况自查等工作，消除廉政风险隐患。四是开展节前集体廉政提醒谈话7次，通报违反中央八项规定精神的典型案件，到钦北区党风廉政教育基地开展现场警示教育，牢牢防住腐败根源。五是完成《廉政风险防控手册》编发工作。

五、统计服务水平不断提高，服务地方经济发展作用凸显

钦州调查队始终坚持高质量服务地方经济社会发展目标，关注经济运行中的热点、难点、焦点问题，反映各方诉求和期盼，充分发挥统计工作服务经济社会发展的作用，为党委政府领导决策服务，当好参谋。全年获得广西调查总队调查信息报告约稿采用153篇（其中报告13篇），获国家统计局采用10篇，得分1458分，较去年1198分增加了260分，上涨21.7%，实现调查信息写作水平稳中有增。2022年，钦州调查队积极向市政府报送调查信息报告24篇，得到自治区领导批示3篇，在20个非考核单位中，报送数量排名第三位，自治区采用数

2022年10月14日，钦州调查队党员干部到钦州市钦北区警示教育基地开展“喜迎二十大 清廉伴我行”主题党日活动

2023年2月12日，广西调查总队党组成员、副总队长李青（右二）到钦州市开展海水养殖发展情况调研

量排名第二位，报送信息且信息质量较高，获得市政府的通报表扬。

全面提升统计信息服务，加强公众号信息宣传工作，全年在微信公众号发布CPI、居民收入、工作动态等信息209篇次，获广西调查总队公众号采用9次，钦州新闻网等地方媒体公众号采用3次。与钦州市统计局联合召开钦州市主要调查数据新闻发布会，发布了2021年度钦州市城乡居民收入、消费价格指数等数据。与农业部门联合开展了“新中国政府统计机构成立70周年、农产量实割实测统计调查60周年”宣传活动。

六、强抓干部管理，积极锻造优良队伍

把《党政领导干部选拔任用工作条例》《关于推进领导干部能上能下的若干规定》等制度、规程纳入党组会学习，坚决贯彻落实好新时代党的组织路线。修订年度目标管理考核办法，优化考核评价办法，凝聚干部士气。及时更新干部信息保证公务员信息系统信息准确。完成2名干部、1名新录用公务员试用期满考核工作。落实干部教育培训工作要点，与党校联合举办培训班2期。组织干部参加联合国亚太统计研修所（SIAP）等国际统计培训机构网上培训5期共8人次，拓宽了干部国际统计视野。组队参加系统建模培训班和系统建模大赛，荣获二等奖和优秀组织奖。组织70%的在编人员共14人报名参加中级和高级统计师考试，加快提升干部统计专业能力。

七、高效推动调查工作落地落实，统计业务工作亮点纷呈

2022年钦州调查队高效完成各项统计调查业务工作，畜牧业统计调查大型养殖场（户）电子记账APP安装率和账号注册率均达100%，样本村中小养殖场（户）电子记账率超过60%。农作物对地抽样调查样本轮换顺利推进，协助钦北区统计局落实样本轮换工作经费5万元和新增4个公益性岗位。市政府召开市级城镇调查失业率统计工作部署会议，所有样本点已下放钦北区、钦南区统计局，为工作全面铺开打牢基础。高位部署推动2022年住户调查大样本轮换工作，市政府召开住户调查大样本轮换工作动员部署会，并印发《关于做好2022年钦州市住户调查大样本轮换工作的通知》，市发改委等五部门联合出台《关于推进2022年钦州市住户调查大样本轮换工作的通知》。消价调查通过共享管理形成了完整的数图结合的全套图片库，保证了数据溯源，提高了工作效率。

八、筑牢网络安全防线，政务综合管理提质增效

贯彻落实总队政务微课堂培训精神，公文管理规范有序。开展2次固定资产盘点和1批次固定资产报废处置工作，确保账实一致。修订了工作人员考勤管理办法、采购管理办法、办公用品管理办法，制定了带薪年休假管理规定、网络信息安全应急预案、网络安全管理办法、信息化建设管理办法等7项制度，进一步建立健全管理制度。完成办公用房装修和调整、网络信息化设备接入间整体迁移升级和网络链接优化，办公条件和网络信息安全明显改善。实现在编人员国产电脑替换率100%，做到真替真用。开展了4期网络安全专题培训和4次网络安全自查工作，筑牢了网络安全防线。按期开展保密和国家安全工作自查、保密和国家安全教育专题培训，订阅保密教育资料，完成了2022年密件清退工作等，保密工作有序开展。

国家统计局贵港调查队

2022年，国家统计局贵港调查队（以下简称贵港调查队）坚持以习近平新时代中国特色社会主义思想为指导，认真学习贯彻党的二十大和二十届一中全会精神，贯彻落实全国统计工作会议、2022年广西国家调查工作会议和年中工作推进会议决策部署，踔厉奋发、开拓进取，高质量完成各项工作任务。

一、突出政治建设，党建引领作用更加凸显

一是坚守政治机关定位，始终把学习贯彻习近平新时代中国特色社会主义思想作为首要政治任务，严格执行“第一议题”制度，运用好“五级联动”学习机制。2022年党组会集中学习24次，党组理论学习中心组学习6次，领导干部上专题党课11次，青年理论学习7次。二是及时开展党的二十大精神专题学习和交流研讨，利用“每周一讲”平台，坚持集体学习、领学促学，带动党员干部学深悟透党的二十大精神，深刻领悟“两个确立”的决定性意义。到基层党支部联系点、调查网点宣讲党的二十大精神，营造浓厚的宣传氛围。扎实推进模范机关创建，落实具体措施49条，成功入选贵港市首批“模范机关示范单位”候选单位。三是建立党史学习教育常态化、长效化制度机制，开展“我为群众办实事”志愿服务7次。四是落实意识形态工作责任制定期报告制度，做好调查年鉴、微信公众号等意识形态阵地管理，严格执行信息报告发布保密审查制度。严格执行“三会一课”制度和基层党支部工作联系点制度，全面升级组织生活阵地硬件条件，建设“清风书吧”，推动“清廉机关”创建。成功打造“荷城党旗扬·贵调业务强”党建工作品牌，推动党建和业务融合发展，获评为2021年度市直机关五星级党支部。

二、聚焦主责主业，重要业务改革工作卓有成效

一是夯实基础，扎实做好住户调查大样本轮换工作。以市人民政府名义发文并召开全市动员部署会议，形成工作合力；落实市县级住户调查及大样本轮换调查工作经费共140余万元，奠定坚实工作基础。二是分类实施，推进畜牧业统计调查电子化记账工作。制作发布宣传小视频，编印《电子化记账指导服务手册》，采取分区集中培训方式，建立每月进度报告制度，现场核查电子记账数据质量。三是高质量、高要求抓好粮食畜牧业统计调查数据归口管理工作。建立《畜牧业全面统计村级台账管理制度（试行）》，涵盖辖区范围内1152个行政村委会，规范村、乡镇畜牧业全面统计工作

2023年2月22日，广西调查总队党组书记、总队长廖金昌（左一）到贵港调查队调研指导工作

2023年5月11日，广西调查总队党组成员、副总队长邱洪刚（左三）到贵港市开展劳动力入户陪访工作

流程。加强数据审核评估工作，评估过程与农业农村、气象等行业部门数据进行对比分析，参考粮食畜禽生产形势及走访调研情况，确保评估结果符合贵港市当前生产形势。四是高效率、高成效开展城镇调查失业率扩样工作。推动市政府印发工作实施方案，及时组织召开局队对接工作会议，落实各方工作责任。安排三区统计局业务人员到队跟班学习和入户陪访。按要求定期开展调查陪访，及时纠正调查员不规范调查操作，强化检查指导，切实提高源头数据质量。五是扫描数据采价实现由“零到一”跨越。依托行业主管部门走访调研，宣传工作重要意义；详细讲解采价数据填报流程和要求，确保扫描数据工作质量；每月定期发放调查补贴，提高工作配合度。

三、注重数据质量，责任体系建设日益健全

一是及时调整数据质量工作领导小组成员，切实加强党组对数据质量的组织领导。严格把控数据生产全流程工作质量，将规范化检查结果和整改情况列入队目标管理责任考核；修订完善业务流程规范，推动常规业务调查工作规范完成；按季度召开数据质量分析评估会议，提高数据质量分析科学性。二是制定贯彻落实《监督意见》具体措施，积极推动地方党委政府将统计法律法规纳入领导干部教育培训必修课，单位主要负责人进党校授课2次。组织辖区执法骨干参与总队统计执法检查案卷集中评审，得分排名系统第一。完成

2022年7月6日，广西调查总队党组成员、副总队长李青（左二）到贵港市石卡工业园区林产品加工企业实地走访调研生产企业信息化应用情况

4次2个县级统计机构、7家调查企业“双随机”统计执法检查，进行书面通报、约谈和整改情况“回头看”，压实各级领导干部和统计人员政治责任、法律责任。三是借力主流媒体刊登单位领导署名文章，邀请执业律师开展法律专题讲座，召开统计法治培训会，向调查对象大力宣传统计制度和统计法律法规，开展统计违纪违法和失信案例警示教育。开展“统计法进乡村”和“统计普法进校园”活动，组织105人次参与民法典学习有奖竞答，拓宽统计法治和诚信统计宣传广度。

2022年9月19日，贵港调查队联合贵港市统计局、港北区统计局在贵港市步步高广场开展第十三届“中国统计开放日”现场宣传活动

四、坚持正风肃纪，全面从严治党纵深推进

一是党组带头落实全面从严治党主体责任清单，坚持纵深推进党风廉政建设，建立内部监督工作贯通协同机制，纪检组长履行专责监督职责，加强对“一把手”和领导班子监督，推动党组全面从严治党会商工作常态化。到辖区县级调查队督查指导党风廉政建设工作，印发《党风廉政建设“两个责任”全纪实手册》，开展“廉政家访”活动，经常性开展廉政警示教育。召开作风建设集体提醒谈话会，切实落实整改“四风”问题、三项专项治理等各项任务。严格执行“三重一大”监督和决策制度，管好人、财、物、数等关键环节。

五、紧扣经济形势，统计调查服务成果丰硕

一是坚持以统计调查分析服务发展为己任，

2022年10月28日，贵港调查队到贵港市港北区大圩镇民乐村开展“荷城党旗扬 贵调业务强 实测数据真”主题党日活动

充分发挥约稿会商工作机制作用，组织编发调查信息报告160篇，其中获得广西调查总队采用调查信息148篇，调查报告11篇。编写党的十八大以来经济社会发展成就专题分析报告4篇，获国家统计局采用3篇。向贵港市委、市政府报送调查专报58篇，编发《调查简讯》12期。获评为2021年度贵港市党委信息工作成绩突出单位和政务信息工作成绩突出单位。二是坚持加强新闻宣传营造更加良好发展环境。2022年，宣传通稿获得《中国信息报》汇编采用1篇，单篇采用4篇，《贵港日报》和贵港新闻网采用4篇，国家统计局“统计微讯”公众号汇编采用1篇，广西调查总队微信公众号汇编采用14篇，单篇采用1篇。2022年3月跻身全国市级统计调查系统微信公众号综合影响力TOP50排行榜第34名。1篇微信宣传稿获首届广西国家调查队系统微信创作技能大赛二等奖，2篇宣传稿获2022年度广西国家调查队系统《中国信息报》好新闻二等奖。

2023年4月11日，贵港调查队到桂平市石龙镇新乐村泗林片开展“义务植树添新绿 乡村振兴增活力”志愿服务活动

复杂的东兴市，对国家调查业务工作进行督导和检查，加强双向沟通，确保国家调查方案执行到位，业务工作稳妥有序推进。积极参与疫情防控志愿服务。组织开展疫情防控志愿服务180余人次，其中7名党员、青年长期驻扎防疫一线，最长达2个月。

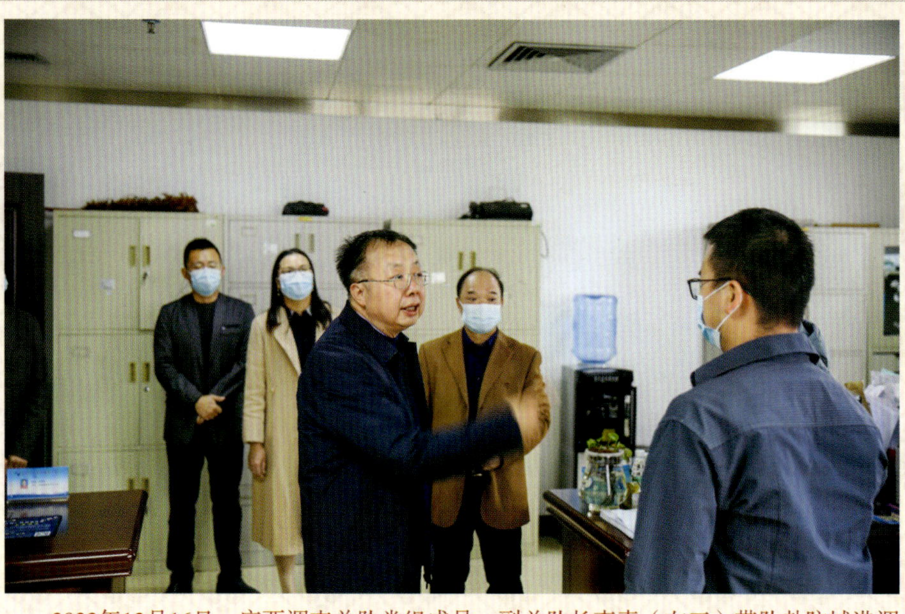

2022年12月16日，广西调查总队党组成员、副总队长李青（左三）带队赴防城港调研指导网络安全和信息化建设工作

（二）创新形式，不断夯实基层基础工作

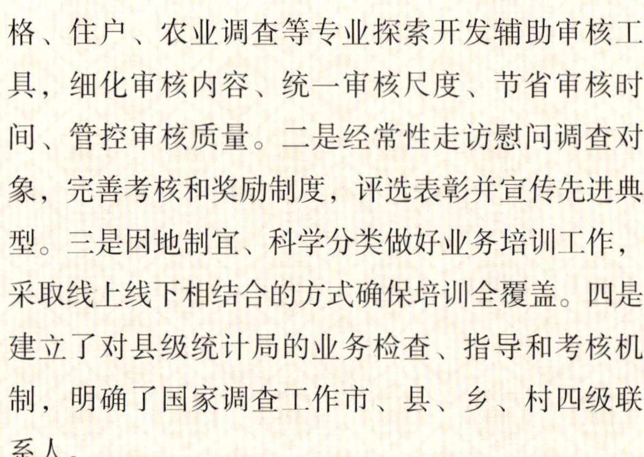

一是在劳动力、价格、住户、农业调查等专业探索开发辅助审核工具，细化审核内容、统一审核尺度、节省审核时间、管控审核质量。二是经常性走访慰问调查对象，完善考核和奖励制度，评选表彰并宣传先进典型。三是因地制宜、科学分类做好业务培训工作，采取线上线下相结合的方式确保培训全覆盖。四是建立了对县级统计局的业务检查、指导和考核机制，明确了国家调查工作市、县、乡、村四级联系人。

（三）履职尽责，认真做好各项调查工作

住户调查工作率先落实经费保障，推动市政府发文部署样本轮换工作。日常工作中严格执行“日审周结月清”工作法，实行“全面、彻底日审”。价格调查工作扎实做好采价网点和规格品选取和替换，顺利完成消费价格调查年度初始化工作。积极对接市住建局和不动产登记中心，建立“房价+房租”双业务工作机制。农业调查工作中紧盯制度方法改革，稳步推进畜牧业电子记账工作。防城港市大型养殖场（户）电子记账APP安装率和注册率均达到100%。专项调查工作推动市政府发文部署调查失业率工作，顺利完成调查网点扩样工作。

2022年12月1日，防城港市委常委、副市长王列军（右三）带队赴防城港调查队调研指导工

（四）依法治统，扎实推进统计法治工作

常态化组织学习《关于深化统计管理体制改革 提高统计数据真实性的意见》《统计违纪违法责任人处分处理建议办法》《防范和惩治统计造假、弄虚作假督察工作规定》（以下简称《意见》《办法》《规定》）和《关于更加有效发挥统计监督职能作用的意见》（以下简称《监督意

4次2个县级统计机构、7家调查企业“双随机”统计执法检查，进行书面通报、约谈和整改情况“回头看”，压实各级领导干部和统计人员政治责任、法律责任。三是借力主流媒体刊登单位领导署名文章，邀请执业律师开展法律专题讲座，召开统计法治培训会，向调查对象大力宣传统计制度和统计法律法规，开展统计违纪违法和失信案例警示教育。开展“统计法进乡村”和“统计普法进校园”活动，组织105人次参与民法典学习有奖竞答，拓宽统计法治和诚信统计宣传广度。

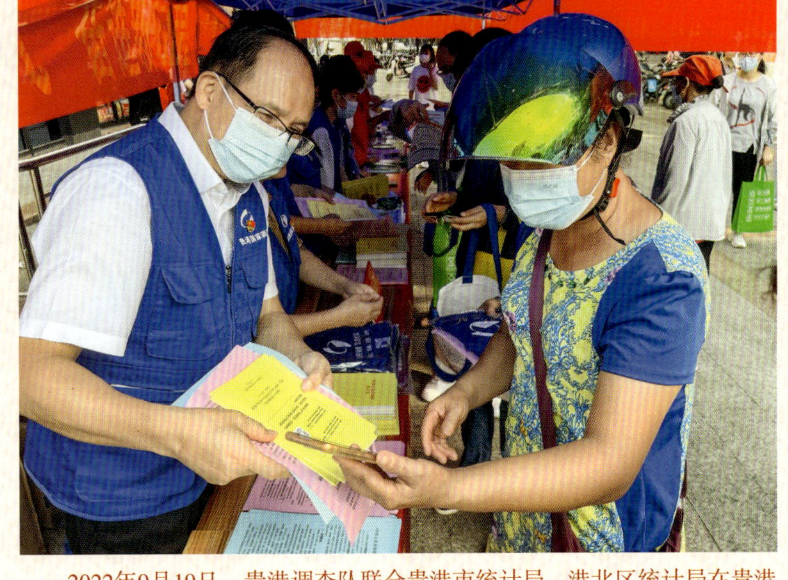

2022年9月19日，贵港调查队联合贵港市统计局、港北区统计局在贵港市步步高广场开展第十三届“中国统计开放日”现场宣传活动

四、坚持正风肃纪，全面从严治党纵深推进

一是党组带头落实全面从严治党主体责任清单，坚持纵深推进党风廉政建设，建立内部监督工作贯通协同机制，纪检组长履行专责监督职责，加强对“一把手”和领导班子监督，推动党组全面从严治党会商工作常态化。到辖区县级调查队督查指导党风廉政建设工作，印发《党风廉政建设“两个责任”全纪实手册》，开展“廉政家访”活动，经常性开展廉政警示教育。召开作风建设集体提醒谈话会，切实落实整改“四风”问题、三项专项治理等各项任务。严格执行“三重一大”监督和决策制度，管好人、财、物、数等关键环节。

五、紧扣经济形势，统计调查服务成果丰硕

一是坚持以统计调查分析服务发展为己任，

2022年10月28日，贵港调查队到贵港市港北区大圩镇民乐村开展“荷城党旗扬 贵调业务强 实测数据真”主题党日活动

国家统计局玉林调查队

2022年，国家统计局玉林调查队（以下简称玉林调查队）深入学习贯彻党的二十大精神，全面贯彻落实全国统计工作会议、广西国家调查工作会议部署，真抓实干，勇毅前行，圆满完成各项工作任务。

一、坚持依法统计、依法治统，统计监督职能作用有效发挥

（一）理论学习有组织有氛围

将《统计法》《意见》《办法》《规定》《监督意见》等作为干部职工“必修课”，全年共组织学习26次，形成了党组带头学、执法人员重点学、业务人员岗前学、全体人员随时学的良好学习氛围。

（二）普法宣传有创新有成果

通过主题党日活动、业务培训会、入企入村入户调研、举办统计法治宣传微课堂、统计开放日等活动推进普法宣传；加大线上宣传力度，全年在微信公众号编发（转发）统计法治类文章20篇。

（三）执法检查有方法有力度

全年派出3人次参加总队统计执法检查，积累实战经验；采取“以市带县”“以老带新”“以干代训”等方式，抽调辖区调查队执法骨干，对3个县级统计调查机构，8家调查企业开展执法检查，对1家企业进行立案调查；执法检查案卷在总队14个市级队评比中获优秀等次。

（四）监督落实有抓手有实效

在玉林市人民政府召开的全市统计调查工作会议上组织学习《意见》《办法》《规定》《监督意见》等重要文件；推动玉林市委第9次常委会、市政府第7次常务会对《监督意见》进行专题学习；队党组书记、队长黄庆豪分别于7月1日、8月

2023年2月21—22日，广西调查总队党组书记、总队长廖金昌（左二）到玉林市调研指导工作

2022年11月17日，广西调查总队党组成员、副总队长邱洪刚（前排中）到玉林市开展工业生产者价格调查基础工作检查和调研

31日在《玉林日报》发表题为《以习近平法治思想为指引推动统计法治建设》《贯彻〈监督意见〉要求 提升统计监督效能》的署名文章；统计法治课纳入玉林市委党校（行政学院）领导干部教育必修课，队领导应邀到市委党校为市直部门科级干部培训班授课；与玉林市统计局联合印发《关于进一步清理纠正违反统计法精神文件和做法的通知》，在全市范围内再次清理纠正违反统计法律法规的文件和做法。

二、紧盯决策需求、社会期待，优质服务水平不断提高

（一）围绕热点难点，强化信息报送

一是加强对粮食畜牧业、就业、价格、居民收入等方面的数据监测，深入开展分析研究。2022年，玉林调查队获广西调查总队采编调查信息、报告得分1491分，同比增长20.3%。二是积极向市委、市政府报送调查信息报告，玉林调查队获采用篇数和得分在全市所有参与排名的单位中稳居第2位。三是定期报送《玉林调查专报》，积极为地方经济社会发展建言献策，其中，反映玉林市早稻生产情况的专报获副市长批示。

（二）做好新闻宣传，强化数据发布

一是组织召开1次新闻发布会，印发玉林调查资料小册子，队微信公众号发布（转载）信息415篇，满足社会各界对统计产品需求。二是积极向

2022年9月16日，玉林调查队协同北流调查队、博白调查队、兴业县统计局开展“走进政府统计，共叙调查未来”主题活动

《中国信息报》《玉林日报》等媒体投稿。2022年，获《中国信息报》采用3篇，《玉林日报》发布信息10篇。三是创新宣传方式，组织拍摄方言版《@所有人，我想跟你说说住户调查大样本轮换》宣传视频。

（三）强化数据管理

一是按时整理并归档有关专业月度性、季度性和年度性汇总上报数、反馈数。二是整理并归档优质服务约稿台账，并做好纸质存档。三是每月月末优质服务信息发布之日，玉林调查队及时做好信息、报告汇总，并针对其结果进行讨论研究，对下一月度或者季度工作做好准备。

三、锚定目标任务、精准发力，统计调查重点改革稳步前行

（一）政府高位部署，部门协调推进

一是以市政府名义高位部署。7月11日，玉林市政府办连续印发《玉林市人民政府办公室关于做好住户调查大样本轮换工作的通知》《玉林市人民政府办公室关于做好市级城镇调查失业率统计工作的通知》；8月10日，玉林市人民政府组织召开全市城市调查失业率统计工作暨住户大样本轮换工作推进会；11月4日，玉林市人民政府组织召开农业经济运行分析调度会，专题推进畜牧业电子记账及农作物对地抽样调查样本轮换工作。二是与相关部门协调推进。与玉林市统计局、农业农村局、林业局建立农业农村经济形势运行分析联席会议制度；与玉林市发改委联合推进建立玉林市深化收入分配制度改革局际联席会议制度，以联席会议办公室名义印发《2022年玉林市住户调查大样本轮换工作实施方案》，召开了2次局际会议专题分析居民收入形势及部署大样本轮换工作。

（二）强化工作规范，突出质量核查

一是针对粮食畜牧业统计调查、住户类调查、劳动力调查、居民消费价格调查等专业，修订印发了14个数据质量控制相关制度，明确各级、各环节工作标准和职责分工。二是对队内及各县（市、区）重点调查业务开展了11次基础工作检

2022年8月10日，玉林调查队到玉林市玉州区新定村开展劳动力调查入户陪访工作

2022年10月31日，玉林调查队联合玉林气象局、玉林市农业农村局、陆川县统计局、陆川县农业农村局到陆川县马坡游击区党史教育基地开展研学主题活动

查，检查中发现的问题及时通报并督促整改，有效提高源头数据质量。

四、强化党建引领、全面从严治党，调查事业发展根基更加坚实

（一）促深学求实效，迅速掀起学习贯彻党的二十大精神热潮

组织全体干部职工，邀请少数民族、退休党员、调查户党员代表集中收看党的二十大开幕会，并第一时间组织学习党的二十大报告；制定深入学习宣传党的二十大精神工作方案，在内网开设党的二十大学习专栏；与玉林市气象局结合部门职能，就贯彻党的二十大报告提出的“全方位夯实粮食安全根基”展开深入座谈交流；学习贯彻习近平总书记在党的二十大开幕会上的报告精神；在陆川县马坡镇，党组书记、队长黄庆豪以“学深悟透二十大精神 踔厉奋发服务国家粮食安全”为题上了“专题党课”；11月7—9日，科级及以上干部参加了玉林市委组织的玉林市领导干部学习贯彻党的二十大精神专题研讨班。

（二）加强党的建设，在夯实基础上提高政治站位

一是理论学习走心走实。严格落实“第一议题”制度，全年共组织召开党组会19次、党组理论学习中心组学习8次，坚持开展党小组“每周晨读”活动，第一时间学习贯彻党的理论、方针政策、习近平总书记有关重要讲话及关于统计工作重要指示批示精神。二是深入推进党建品牌升级版创建。在粮食畜牧业、居民收入、居民消费价格等统计调查中开展先进典型评选，充分发挥党员先锋模范作用。三是党组织建设提质增效。围绕“五基三化”建设，全面推进党支部标准化规范化建设；通过“一季一晒一评”活动开展“星级党员”和“红旗党小组”评选。四是党群联建提升群团向心力。6月份，共青团玉林调查队支部成立，开展的“砥砺奋进守初心，奋斗青春向未来”五月青年月系列活动获玉林电视台报道。

（三）强化监督执纪，压实管党治党责任

一是组织辖区调查队召开全面从严治党工作专题分析会；完善《廉政风险防控手册》。二是纪检组全程监督“三重一大”事项决策、政府采购流程、调查数据质量等情况，跟进监督职工聘用、干部提拔等工作，通过上廉政党课、节前警示教育、任前廉政谈话等，筑牢干部队伍廉政思想防线。

国家统计局百色调查队

2022年，国家统计局百色调查队（以下简称百色调查队）坚持以习近平新时代中国特色社会主义思想为指导，认真学习贯彻党的十九届历次全会精神和党的二十大精神，深入贯彻落实习近平总书记关于统计工作重要讲话指示批示精神，积极贯彻毛有丰副局长批示精神和2022年广西国家调查工作会议精神，聚焦统计调查事业和百色社会经济高质量发展，狠抓数据质量和业务能力建设，出色地完成了年度工作任务，在2022年广西国家调查队系统市县调查队目标管理考核中排名第二，在单项工作考评中获得12项优秀，9项良好，优秀率达46.15%，优良率达80.77%。

一、突出政治功能，强化政治引领

（一）深化政治建设

1.坚定政治方向，推进政治机关建设。一是认真贯彻落实《中共中央关于加强党的政治建设的意见》，坚持规范决策程序，切实落实好“三会一课”、民主生活会、组织生活会、民主评议党员等制度。二是大力推进“五基三化”工作，全面提高党组织的政治功能和组织功能。三是党建工作提质升级，荣获了百色市民族团结进步示范区示范单位，成功创建节约型机关、获评自治区卫生先进单位。

2.擦亮党建品牌，推动党建与业务相融合。依托百色市红色资源优势，深入学习发扬黄文秀精神，推进党建与业务深度融合，获得来队督导工作的国家统计局党组成员、副局长毛有丰肯定。百色调查队党支部获评百色市2021年党建规范化建设示范单位以及广西国家调查队系统2021年度创建“一支部一品牌”党建品牌先进党支部。

3.认真自查整改，推进问题风险治理。一是深入开展巡察整改“回头看”自查工作，对照国家统

2022年9月17日，国家统计局党组成员、副局长毛有丰（左三）到百色调查队督导党建工作

2022年6月9日，广西调查总队党组书记、总队长廖金昌（前排右一）到百色芒果产业基地开展工作调研

议，适时召开辖区调查队全面从严治党工作推进会，部署推动百色辖区调查队全面从严治党工作。

二是筑牢廉政建设防线。严格执行党风廉政谈心谈话制度，扎实开展清廉机关建设和家庭助廉活动，制作印发《莫拿贪腐赌未来——年轻干部违纪违法典型案例汇编》，与嘉兴调查队、遵义调查队、黄冈调查队联合举办“学习贯彻二十大 红城清风伴我行”纪检工作交流培训会，成立“红城清风”四方廉盟，共造跨省行业共建课堂。

计局党组巡视通报、总队党组巡察反馈意见和通报问题逐条逐项检查落实情况，认真自查整改。二是配合总队检查组开展巩固深化“三项清理”专项治理全覆盖检查，坚持立行立改，确保“三项清理”专项治理“清仓见底”。

（二）抓牢思想建设

一是严格落实“第一议题”制度，坚持“五级联动”学习机制，全年党组会议跟进学习习近平总书记重要讲话精神25次，党组理论学习中心组学习11次。二是坚持推动党史学习教育常态化长效化，持续巩固党史学习教育成果。三是严格落实意识形态工作责任制，主动把握意识形态主导权。四是扎实做好党的二十大精神学习宣传贯彻工作，邀请市委党校教师为辖区调查队干部专题培训，切实推进党的二十大精神入脑入心、走深走实。

（三）抓紧廉政建设

一是狠抓“两个责任”落实。严格执行“一把手负总责、分管领导各负其责，班子成员齐抓共管”的领导机制，定期召开全面从严治党相关会

二、坚持精准发力，各项调查工作推进扎实有效

一是高效完成各项统计调查任务。推动涉企调查规范化建设，在全年报表质量完成情况的通报中，工价调查获得12次优秀，新设立小微企业跟踪调查获得3次优秀，采购经理调查获得2次优秀，工价调查工作在全区生产价格调查工作会议上作典型发言；扎实推进农作物对地调查样本轮换工作；大力开展畜牧业统计调查电子化记账工作，推动实现全市大型养殖企业电子化记账率100%；有序推进

2022年6月29日，百色市人民政府常务副市长孙睿君（右三）带队到百色调查队开展调研工作

2023年4月20日，国家统计局财务司司长刘恒带队到百色调查队调研指导工作

住户调查工作，“日审”工作获全区住户调查工作会议肯定，在2022年广西住户调查大样本轮换业务培训班作典型发言；劳动力调查数据质量进一步提高，月度劳动力调查数据质量分析报告全部获得优秀等次；积极探索建立和完善居民消费价格调查图库新方法，并获在全区居民消费价格业务会议上作交流发言机会。

二是坚持依法统计依法治统。持续深化法治宣传教育，持续推进“统计进党校”；积极推动《监督意见》学习宣传，队主要领导在百色新闻网发表署名文章；精细化防惩统计造假弄虚作假“五单管理”，推动“照单履责、合力落实”；常态化组织纪检干部协同百色辖区统计执法检查，年内开展“双随机”执法检查4次8家企业，其中立案查处2家企业，给予警告行政处罚。

三是统计优质服务水平进一步提高。积极围绕经济社会发展中的重点、热点、难点问题，主动开展分析研究工作，全队2022年度共撰写信息173篇，信息、报告采用得分在全区市级队中排名第二。

四是积极为新冠疫情防控贡献力量。高效统筹疫情和各项调查工作，积极抽调党员干部参加地方疫情防控志愿服务活动的同时，主动组织人员对重点疫区开展调研，报送专题调研报告并获得自治区领导批示。

三、强化统筹协调，国家调查工作保障能力得到增强

一是争取地方党委政府的工作支持。主动加强与地方党委政府的沟通，积极争取市政府分管领导亲自部署畜牧业电子化记账、失业率调查等重点统计工作。利用全市大力推进乡村振兴工作的契机，将农作物样本轮换调查、非粮食大县粮食生产监测调查、畜牧业统计调查电子化记账等重点统计工作列入全市2022年乡村振兴重点工作同步推进，为完成全年统计调查任务打下坚实基础。

二是强化政务管理提质增效。强化网络安全和信息化日常管理和服务，严格落实“人防、技防、物防”。档案管理工作规范有序，年内共收集整理照片档案47份，文书档案533份。高度重视保密工作管理，通过组织干部职工参加“保密观”APP线上培训和考试、开展保密主题活动、参观南疆保密基地等方式，提升保密工作成效。加强督察督办，建立《2022年各个专业重点工作任务清单》，经常性开展重点工作督察督办，确保各项工作落实。

四、加强教育管理，干部队伍建设水平进一步提升

一是强化干部职工的培养和选优。进一步优化中层干部队伍结构，坚持以“实绩”用人的鲜明导向，年内提拔2名正科级领导干部。选树先进典型和标兵，表彰3个文秀先锋科室、6名先进个人和6名“两个信息”写作标兵，激励干部职工向先进看齐。

二是加强干部教育培训。制定干部教育培训计划，鼓励7名队员参加中、高级统计专业技术资格考试；持续开展干部上讲台活动，举办7期培训课堂，为干部学习交流搭建平台；组织10名队员参加国家局国际网络培训，拓宽眼界和知识面；积极参与地方调训，选派4名队员参加市直部门组织的党建、保密、妇联等培训；自主办学，邀请市委党校和百色学院讲师到队开展培训，提升干部综合素质能力；积极培养师资人才，制做住户调查平台数据审核工作、CPI图片库的建立和使用培训视频课程和培训教材资料。

2022年9月19日，百色调查队联合百色市统计局开展第十三届“中国统计开放日”主题活动

国家统计局贺州调查队

2022年以来，国家统计局贺州调查队（以下简称贺州调查队）积极应对综合统计调查工作新形势、新任务、新要求、新机遇和新挑战，以提升统计调查优质服务为主线，聚焦“组织保障、赋能增效、传播效应”，着力打造管理优秀、服务优质、宣传优化“三优”服务品牌。

一、聚焦组织保障，打造“管理优秀”品牌

（一）强化制度保障。一是规范管理制度。根据工作实际，制定或修订《国家统计局贺州调查队调查数据综合管理工作规范》《国家统计局贺州调查队数据处理设备管理办法》《统计舆情监测和舆论引导制度（试行）》等管理办法，完善信息报告、微信稿件完成情况月度通报制度。二是健全考核制度。完善综合调查工作的量化考核制度，印发了《国家统计局贺州调查队2022年度目标管理考核办法》《国家统计局贺州调查队2022年度聘用人员信息考核办法》等考核办法，考核评价主要以信息采用量为基础，同时兼顾约稿信息、研究课题、统计分析和新闻稿件等统计服务产品的质量，通过对各科室及个人工作职责和工作任务再细化再分解，切实压实责任。三是强化组织协调。继续打破科室和专业限制，整合人员力量，组建政务信息和统计分析服务“两个信息”工作专班、网络安全和数据安全领导小组、新闻宣传领导小组、网络舆情监测和舆论引导工作领导小组等组织机构，凝聚工作合力。

（二）强化人才保障。一是强化理论武装，建立高素质的分析研究人才队伍。通过党组会、党组理论学习中心组（扩大）会、党小组会等深入学习贯彻习近平总书记关于统计工作重要讲话指示批示精神和关于党的新闻舆论工作的重要论述，广泛宣传《意见》《办法》《规定》《监督意见》等文件贯彻落实情况，推动干部职工深刻理解把握习近平新时代中国特色社会主义思想的科学体系、精神实质。积极选派年轻干部参加全国统计系统建模大赛建模培训和竞赛，其中联合梧州队撰写的课题《广西县域经济高质量发展评价指标体系及测度研究》获三等奖并被国家局网站采用。二是完善培训机制。积极参加国家统计局、广西调查总队高质量的培训学习，同时不定期开展信息写作经验交流会，邀请本队优秀写作能手进行授课，开展自讲互学，以先进带动后进，提高年轻干部的分析研究能力和水平，形成全队上下参与统计调查优质服务的良好氛围；积极发动队员通过国家统计局、广西调查总队、外省外市网站及“学习强国”平台学习借鉴写作方法，集思广益凝聚智慧，不断提高统计分析研判能力。

（三）强化监督保障。一是明确检查重点。

2023年2月22—23日，广西调查总队党组成员、副总队长邱洪刚（左四）到贺州有关样本企业开展工业生产者价格调查调研

2022年9月20日，贺州调查队联合广西调查总队、贺州市统计局、富川调查队、八步区统计局在灵峰广场举办第十三届"中国统计开放日"分会场现场活动

围绕综合调查工作特点、广西调查总队综合工作情况反馈和队内各科室对综合调查工作的意见建议，认真研究工作规律，逐条对照检查，深入查找工作中的薄弱环节、短板和弱项，提出改进措施，制定切实可行的年度工作任务和任务清单。二是加强动态管理。在力量配置、职责分工上统筹协调，及时对全队统计服务方面的重点工作任务进行分解，明确责任科室、节点任务、完成时限，实行动态管理、全程督导和督查，及时跟进提醒任务推进缓慢的科室和队员。三是严格逐级审核流程。执行四级审核流程，做到数据可靠、案例真实、观点突出、逻辑清晰、不出差错，坚决杜绝弄虚作假。四是加强监督检查。纪检部门加强对信息分析工作的监督检查，针对责任落实不力、工作作风不实、剽窃抄袭等现象，综合精准运用执纪监督"四种形态"，督促信息工作实干干实、快干干好。

二、聚焦赋能增效，打造"服务优质"品牌

（一）加强信息分析服务。一是明确服务目标。紧盯国家统计局、广西调查总队网站信息采编方向，分析各版块、各栏目采编内容特点，结合具体要求加强报送；紧盯广西调查总队信息目标考核办法，紧紧围绕广西调查总队目标考核任务，确定本队信息写作重点方向、重点内容。二是加强数据分析解读。对主要调查指标做到及时撰写月度、季度分析信息，积极参与广西调查总队及市两办信息约稿，同时围绕经济运行和社会发展中的重点、难点、热点问题，自行开展专题调研，及时向广西调查总队和市委、市政府报送经济运行报告。2022年，贺州调查队累计被广西调查总队采用调查信息报告合计151篇，参与组稿广西调查总队布置的自主约稿5篇；政务信息获广西调查总队采用144篇，采用量在全区市队中排名第二，其中国家统计局内网采用50篇，在全区市队排名第四；累计上报市两办信息68篇，约稿信息得分57分，任务完成进度190%。

（二）强化咨询决策服务。在经济运行分析、专题分析、专题调研和课题研究上用心用力，把握发展难点、洞察数据亮点、领会决策观点、关注社会热点，为党政领导及时掌握经济动态、进行科学决策提供重要的参考依据。2022年，贺州调查

队共向市四大班子领导报送17期简报信息，其中11篇优质调研报告分别获得市委书记、市长批示。

（三）加强数据共享服务。通过开发多样的统计调查资料，满足不同服务对象的多样化需求。一是编印《统计调查信息》《贺州统计调查》小册子等多种资料汇编本报送贺州市四大班子及相关部门，为市领导、相关部门掌握全市经济形势提供了重要参考。二是编辑出版《贺州调查资料汇编》寄送广西调查总队和各个市级调查队。三是充分发挥统计调查职能作用，扎实做好统计调查发布工作，每月定期向市发展改革委、人社局、统计局等经济对口部门提供消费价格指数、城乡居民收入、粮食产量、主要畜禽产品产量等主要调查指标数据。

2022年10月12日，贺州调查队联合贺州市农业农村局、富川调查队、富川瑶族自治县农业农村局等部门在富川县柳家乡红薯种植大户生产基地开展以“筑梦乡村振兴 共庆稻薯丰收”为主题的“1+X”支部共建主题党日活动

三、聚焦传播效应，打造“宣传优化”品牌

（一）优化宣传渠道。贺州调查队以互联网大数据技术为支撑，打通各类线上线下宣传平台，整合多方宣传资源，共同汇聚成弘扬主旋律、传播正能量磅礴力量，2022年贺州调查队被各类新闻媒体采用15篇文章，其中《中国信息报》采用4篇，《广西法治日报》采用2篇文章，《贺州日报》采用稿件4篇，其他媒体采用5篇。一是发挥主流媒体宣传引导作用。在广西调查总队综合处指导下，探索搭建了与《广西日报》《广西法治日报》《贺州

2022年10月28日，贺州调查队以晚稻实割实测活动为契机，联合八步区统计局、八步区农业农村局赴八步区粮食样本点开展“红心测产 真数献党”学习贯彻党的二十大精神基层宣讲主题党日活动

2022年10月28日，贺州调查队以晚稻实割实测活动为契机，联合八步区统计局、八步区农业农村局赴八步区粮食样本点开展“红心测产 真数献党”学习贯彻党的二十大精神基层宣讲主题党日活动

日报》、贺州电视台等本地主流媒体合作机制，进一步畅通宣传渠道，扩大宣传覆盖面和影响力，打响贺州“国家调查”品牌，推动品牌成色更足、底色更亮；建立新闻发言人制度，不定期在贺州市主流媒体解读统计调查数据。二是积极参与开展民法典宣传月、统计开放日、宪法宣传周、法治进社区进企业进学校进党校活动等重大宣传活动，以讲座、座谈会等形式开展宣传普法，营造良好统计氛围。三是优化微信公众号运营。围绕人民群众最关心、最急需、最盼望的现实需求，丰富发布指标，改进发布方式，不断优化微信公众号“贺州调查”栏目设置，将微信公众号作为统计数据发布的权威平台，围绕月度消费价格指数、季度城镇农村居民人均可支配收入等调查数据，及时对外发布积极回应社会关注，引导社会各界全面准确看待经济发展形势；打造微信宣传精品，开发图文并茂的新媒体宣传产品，扩大宣传效能。2022年，贺州调查队累计发布原创稿件185篇，《民法典宣传月丨广西调查总队开展“美好生活·民法典相伴”主题宣传活动》等16篇获广西调查总队采用，其中“为国记账 我来接棒”进入全国统计系统微信热文榜，并获得广西首届广西国家调查队系统微信创作技能大赛二等奖。

（二）优化部门联动。一是积极加强与对应处室沟通交流。及时了解广西调查总队综合统计调查工作部署，积极协助广西调查总队开展重大活动，主动承担工作任务，经常汇报工作情况，积极邀请广西调查总队来贺州指导检查工作。二是主动加强与市委办、市府办的交流合作。积极承接市两办信息约稿，充分发挥国家调查队“轻骑兵”优势，坚持问题导向，聚焦社会经济热点难点重点问题，围绕领导关心、群众关切的重点问题，以及重大政策落实情况组织开展快速调研。三是注重加强与经济对口相关部门的联系沟通。联合市统计局、市发展改革委等部门召开贺州市建市二十周年经济指标数据新闻发布会，联合辖区市县统计局开展第十三届“中国统计开放日”活动、“12·8”《统计法》颁布纪念日宣传活动。四是加强与宣传部门沟通交流，增加统计调查宣传力度。2022年，贺州调查队首次与市委宣传部、文明办对接，在公交车站制作涉及统计法治、劳动力调查、住户调查大样本轮换宣传栏，着力扩大统计调查宣传影响力。

国家统计局河池调查队

2022年，在国家统计局广西调查总队的正确领导下，国家统计局河池调查队（以下简称河池调查队）以习近平新时代中国特色社会主义思想为指导，全面贯彻党的十九届历次全会和二十大精神，树牢政治机关意识，走好"第一方阵"，扛牢防惩统计造假弄虚作假政治责任，纵深推进全面从严治党，不断推进河池国家调查事业改革发展。

一、强化政治引领，推动上级重大决策部署落地生根

（一）认真落实"第一议题"制度。一是依托党组理论学习中心组理论学习、"三会一课"、青年理论学习小组等载体，深入学习习近平新时代中国特色社会主义思想、习近平总书记关于统计工作重要讲话指示批示精神、党的十九届历次全会精神和党的二十大精神。通过党组会、支部会、全队干部职工大会等认真学习贯彻落实《意见》《办法》《规定》《监督意见》等重要统计改革文件精神。二是积极推动《意见》《办法》《规定》《监督意见》纳入地方党委政府和职能部门学习内容和党校培训范围。2022年，河池市委常委会学习1次，河池市政府常务会议学习2次，党校培训统计法律法规已成常态化，队纪检组长到党校授课3次。

（二）狠抓贯彻落实上级重大决策部署。一是召开党组（扩大）会议、全体会议专题深入学习中央经济工作会议和全国统计工作会议精神，并提出相应的贯彻落实措施。二是积极贯彻广西国家调查队系统2022年年中工作推进会精神，组织学习研讨，提出贯彻落实措施并跟踪落实到位。围绕新中国政府统计机构成立70周年开展统计开放日、主题党日、征文等一系列活动。

二、强化基层党建工作，持续推动全面从严治党向纵深发展

（一）党建工作迈上新台阶。制作具有本队特色的"河调轻骑续红色血脉 账实数真读百姓冷暖"党建品牌LOGO；6月联合辖区县队开展

2023年2月21日，广西调查总队党组成员、党组纪检组组长姜永亮（右二）到河池调查队检查指导工作

2022年11月14日，广西调查总队党组成员、副总队长邱洪刚（左三）到河池市开展工价调查基础工作检查

主体责任和监督责任。修订《廉政风险防控手册》深入排查廉政风险点，把党风廉政建设融入统计调查的全过程。推动“纪检+法治”“纪检+清廉机关”“纪检+党史学习教育”等系列品牌建设，系统推动纪检监察工作提质增效。认真对待“三项清理”专项治理核查工作，召开专题部署会，组建专题小组，对2013年以来的财务凭证再次进行自查，全力配合总队“三项清理”专项治理全覆盖检查工作组的工作，如实提供资料，如实说明情况，以高度政治责任感配合检查整改。

“党旗飘扬践初心 住户调查我先行”主题党日活动；10月联合广西调查总队第四党支部到环江县开展区、市、县、村四级联合“统计奋进70年 秋粮实产数据真”主题党日活动，促进党建业务深度融合。通过打造“清廉统计驿站”开展各种沉浸式体验活动，大力推进清廉机关建设工作，成效显著，获评河池市清廉机关建设示范单位。严格落实意识形态工作责任，加强统计工作信息内网、微信公众号等平台的管理，加强干部职工的教育与监督，牢牢掌握意识形态工作主动权。

（二）全面从严治党体现新担当。定期召开全面从严治党专题研究会议，进一步压紧压实

三、强化统计职能职责，推动各项工作提质增效

（一）夯实数据基础取得新进步。一是积极开展统计执法。2022年，河池调查队共对6家企业、7个非国家调查县统计局承担的调查业务进行执法检查。二是开展系列数据质量检查。在辖区5个市县调查队开展“纪检+法治”贯通协同监督大练兵专项检查，抽调辖区县调查队队长、纪检监察

2022年11月22—24日，广西调查总队党组成员、副总队长黄茂平（主席台中）到河池市开展居民增收形势调研和住户调查大样本轮换督导工作

2022年10月11日，广西调查总队一级巡视员梁开光（左八）到河池市环江县开展秋粮实产调查指导工作

员、执法人员、业务骨干，对辖区市县调查队党建、纪检、法规、调查数据质量等方面的工作进行全面检查。三是开展违反统计法精神的文件和做法专项清查。采取有力措施，及时对相关部门把调查队作为经济发展牵头单位的做法进行纠正。

（二）重点调查业务打开新局面。住户调查方面，推动河池市人民政府办公室印发《2022年河池住户调查大样本轮换工作实施方案的通知》，协调全市各级落实大样本轮换专项工作经费，圆满完成全市25273户摸底调查和1180户开户调查工作。农业调查方面，推动河池市开展非国家调查县粮食和畜牧业监测点建设工作，共建立粮食监测点35个，畜牧业监测点168个。在全区首次以市级名义举办无人机操作技能培训，为河池辖区培养了17名合格的技术人员。劳动力调查方面，联合河池市人力资源和社会保障局等五个部门印发实施方案，推动各级人民政府及相关部门落实人员、经费、设备等各项保障。价格调查方面，联合河池市发展和改革委员会等有关部门召开价格走势分析座谈会、编写CPI专报等，为地方研判重要民生商品价格变动情况、实施惠民政策提供参考。

（三）优质服务实现新突破。制订写作激励制度，推动全队统计信息工作水平上新台阶。2022年，全队政务信息获总队采用145篇，国家统计局采用29篇，采用量比2021年提升了383.33%；全队被采用调查信息及报告147篇，其中获国家统计局采用调查报告4篇。围绕城乡居民收入、粮食产量、CPI等主要指标数据，多次参加市政府经济形势分析会并作书面发言，并多次向河池市委、市人民政府主要领导、分管领导作专题汇报。

2023年3月20日，河池调查队参加河池市第六届职工运动会

（四）统计宣传彰显新成效。2022年7月，在河池市新闻发布厅举办河池市2022年上半年调查数据新闻发布会。在《河池日报》发表《浅谈如何防范和惩治统计造假》署名文章。邀请《河池日报》记者与采价员一起深入农贸市场和超市等采价点，参与CPI数据生产的全过程，并在《河池日报》微信公众号及纸质报纸上进行刊登；邀请河池电视台到住户调查大样本轮换调查点跟踪采访，并通过多个新闻媒体进行播出；制作的《众里寻“他”千百度——河池市2022年住户调查样本轮换》在首届广西国家调查队系统微信创作技能大赛中荣获三等奖。

（五）干部队伍焕发新气象。一是以制度立队，修订完善了《目标管理考核办法》，制订《文明科室评比办法》《劳务派遣人员信息写作激励办法》《目标任务完成情况定期通报制度》等制度。二是严管厚爱，从严治队。建立优秀青年干部成长管理档案，精准采集德才表现、工作业绩等信息，建立队领导与年轻干部之间“一对多”结对传帮带机制，定期与年轻干部谈心谈话。三是加强干部教育和培训工作。积极组织干部职工参加总队、市委党校举办的各类培训班，提升工作能力。

2023年3月7日，河池调查队赴帮扶联系点板坝村开展“学思践悟二十大 国调轻骑春耕助农”活动

国家统计局来宾调查队

2022年10月20日，广西调查总队党组书记、总队长廖金昌（前排右一），一级巡视员梁开光（前排左一）到来宾市兴宾区凤凰镇新隆村参加以“新中国政府统计机构成立70周年、农产量实割实测统计调查60周年”为主题的党日活动

2022年，国家统计局来宾调查队（以下简称来宾调查队）坚持以习近平新时代中国特色社会主义思想为指导，深入学习贯彻党的二十大精神及习近平总书记关于统计工作重要讲话和指示批示精神，对照广西国家调查年度及年中工作会议精神，以“136”工作法推进各项工作落实。

一、全面加强党的建设，凝聚高质量发展活力

坚决把党的政治建设摆在首位，严格落实第一议题学习制度，积极利用“五级联动”学习机制，认真学习贯彻落实习近平新时代中国特色社会主义思想、党的二十大精神以及习近平总书记关于统计工作重要指示批示精神，深化推进“麒麟国调讲堂”，在学习交流中形成思想共识，2022年，党组理论学习中心组集中学习5次，两个党小组分别学习20次，党员集中学习4次，队领导上党课4次，“麒麟国调讲堂”开讲6期。

围绕“红映国调·数说来宾”党建品牌创建宗旨，持续推进党建与统计调查业务深度融合，党支部获评为广西国家调查队系统2021年度创建“一支部一品牌”党建品牌先进党支部；广西调查总队党组书记、总队长廖金昌充分肯定来宾调查队党建引领业务发展工作，莅临现场指导并参加了“田间党旗红 秋收稻飘香”粮食产量调查实割实测主题党日活动。

二、推进业务改革创新，重点工作抓出成效

（一）统筹谋划，重点改革工作有序推进

发挥党建引领高质量完成住户调查大样本轮换工作。以廖金昌总队长到来宾市调研指导住户大样本轮换工作为契机，积极推动“党建+住户调查”的深度融合，来宾调查队在2022年住户调查大样本轮换工作中成立“党员业务员+党员辅调员+

2023年2月13日，广西调查总队党组成员、副总队长陆奉昌（左一）到来宾调查队检查指导工作

2022年11月16日，广西调查总队党组成员、副总队长邱洪刚（右二）到来宾市开展工业生产者价格调查基础工作检查并深入企业进行调研

党员记账户”的三级联动攻坚小组有效推动大样本轮换工作的高质量完成。在广西调查总队居民收支调查处的指导下，由党员业务员牵头组织辖区局队业务骨干修订《住户调查电子记账指南》面向全区分享和推广。“点线面”有机结合推进畜牧业统计调查电子化记账工作实施，向市政府争取经费20万元，联合市农业农村局推广畜牧业电子化记账工作，确保年底前完成大型场电子化记账率100%和中小场40%的目标。市县联动有效推进农作物对地抽样调查样本轮换工作，及时与市分管领导汇报，与兴宾区政府及农业农村部门沟通协商，争取人员和经费保障；完成22个省级样本村及调查样方确定和图像采集工作，有序推进象州县、兴宾区19个县级样本村及调查样方和图像采集工作。规范有序推进市级城镇调查失业率统计工作，来宾市在全区城镇调查失业率电视电话上做典型经验发言；加强沟通协调，完成与兴宾区统计局调查业务移交工作。8月，市委副书记、市长廖和明对来宾国家调查工作作出批示：“来宾调查队认真履职，积极服务地方经济社会发展，成效明显。希望继续发挥国家调查作用，推进大样本轮换、调查失业率等工作，为来宾市经济稳增长作出新的贡献。”

（二）强基固本保质量，不断提高制度方法执行力

召开数据质量领导小组会议，专题研究数据

2022年9月27日，广西调查总队党组成员、副总队长李青（右四）到广西调查总队和来宾调查队共同的民族团结结对共建点——长垌乡滴水村滴水屯走访调研，看望滴水村屯干部群众

质量问题。积极做好制度方法课题研究。完成《模型预测在稻谷产量调查中的应用探讨》，建立稻谷产量调查预测模型，提高水稻产量统计调查数据质量，该课题获得2022年全国统计系统建模大赛广西国家调查队系统选拔赛暨广西国家调查队系统首届统计建模比赛三等奖。积极探索利用广西重要商品价格指数平台及时上传和备份各市级调查队采购经理调查基础工作材料功能，积极协助广西调查总队开展采购经理业务信息化创新工作，实现总队远端查看基层队工作开展情况和样本企业信息，进一步提升采购经理调查的工作质量和效率。

2023年3月20日，来宾市市长廖和明（后排左二）到来宾调查队走访调研，并组织召开座谈会

（三）加强统计法治建设，更加有效发挥统计监督职能作用

推动《监督意见》学习列为市委常委会、市政府常务会议重要议程，纳入党校培训课程。成立两个统计执法检查小组，深入合山市、武宣县对合山市统计局和5家调查样本企业开展“双随机”统计执法检查，对1家未按国家有关规定设置统计台账的样本企业进行立案并给予行政处罚。加强对辖区国家调查业务数据质量的监督检查，先后深入金秀统计局、国家统计局象州调查队开展基础工作和数据质量检查，对检查发现的14个问题书面反馈，并要求及时整改，不断提升基础工作水平，全面落实防范和惩治统计造假、弄虚作假责任制。

（四）发挥职能优势，做好服务地方工作

积极主动服务地方党委政府需要，聚焦统计信息分析，服务党政领导决策。积极开展热点难点问题深度分析，加强统计信息和约稿撰写，快速反应快速调研。2022年，来宾调查队向广西调查总队上报约稿144篇，单篇信息5篇，单篇报告17篇。广西调查总队采用约稿128篇，单篇信息5篇，单篇报告14篇，总分1282分。来宾调查队积极向市委、市政府报送信息102篇，编发《调查专报》3期、《调查快报》5期，其中，调查专报《来宾市农村居民种养收益和面临困难调研分析》获市委常委、常务副市长李振品批示。

（五）加强干部队伍建设，激发干事创业动力

统筹考虑干部队伍建设规划，满足当前紧急需要和干部长远发展，通过国家公务员统一考试，招录2名公务员充实岗位；安排1名科长到国家统计局象州调查队基层锻炼；3名干部实施轮岗锻炼；启动职务职级晋升工作，提拔正科级、副科级领导职务各1名；选派1名执法骨干参加了国家统计局于7月开展的统计督察“回头看”工作。

（六）强化专责监督，党风廉政建设取得新进展

聚焦主责主业，纪检组长切实履行专责监督职责，落实“三转”到位。以清廉机关建设为抓手，不断巩固和提升纪检监察工作标准化规范化水平。动态更新干部廉政档案，对4名干部出具廉政意见。持续加强对“一把手”和领导班子监督，年内，纪检组长分别与主要领导、其他班子成员开展谈话达4次。全面加强干部日常管理监督，加强重要时间节点廉政提醒，全年队领导班子成员与重点岗位人员开展提醒谈话23次，针对重要节点开展集体廉政谈话6次。开展全方位廉政风险防控排查，编制完善《廉政风险防控手册》。举一反三，全面完成“三项清理”专项治理整改工作。全年利用“麒麟国调讲堂”开展理想信念教育、纪法教育、警示教育达6次，举办“粽香端午 清风国调”主题廉政教育活动。全年针对落实疫情防控责任、上班纪律、会风会纪等方面开展监督检查8次。在年度纪检、巡察知识抢答技能竞赛活动中荣获一等奖，党风廉政建设工作取得新进展。

2023年1月31日，来宾调查队到乡村振兴联系点、住户调查网点兴宾区良塘镇里望村开展新时代文明实践“学习宣传二十大 团结服务迎新春”主题活动

国家统计局崇左调查队

2022年，国家统计局崇左调查队（以下简称崇左调查队）坚持以习近平新时代中国特色社会主义思想为指导，以迎接党的二十大和学习宣传贯彻党的二十大精神为主题主线，全面贯彻落实全国统计工作会议和广西国家调查工作会议精神，履行好国家调查职能和服务地方职责，以“六大提升”为工作目标，奋力推进崇左国家调查事业高质量发展取得良好成效。崇左调查队获国家机关事务管理局等4部门授予“节约型机关”荣誉称号，获自治区爱国卫生运动委员会授予“广西壮族自治区卫生先进单位”荣誉称号。在全区国家调查队系统年度综合考评中，崇左调查队排第5位，获得良好等次的第一名，2022年单项考核获优秀12项，比上年多5项，优秀率为46.1%，比上年提高22.8个百分点；获奖率为65.4%，比上年提高15.4个百分点。崇左调查队在广西国家调查工作暨党建工作会议上作了典型发言。

一、贯彻新时代党的建设总要求，党建工作质量全面提升

一是持续深入抓学习，政治能力不断提高。扎实推进党史学习教育常态化，持续深入学习习近平新时代中国特色社会主义思想、党的十九大及十九届历次全会精神。举办崇左辖区国家调查队学习党的十九届六中全会精神培训班及学习贯彻全国两会精神专题辅导班，领导带头宣讲《中共中央关于党的百年奋斗重大成就和历史经验的决议》和《习近平谈治国理政》（第四卷），系统推进理论学习。严格执行“第一议题”制度，及时跟进学习贯彻习近平总书记最新重要讲话精神和关于统计工作重要讲话指示批示精神，在党组会、党组理论学习中心组学习会、党员大会、支委会上安排“第一议题”学习50余次。开展“书香国调·读书札记”活动，全员撰写读书心得体会300余篇，全体干部职工政治判断力、政治领悟力、政治执行力明显增强。

二是严格落实党建工作责任，机关党的建设稳步推进。严格落实意识形态工作责任制，树牢意识形态思想防线。扎实开展“五基三化两创”攻坚年活动，按照支部标准化规范化的要求推进党建工作，顺利通过崇左市委组织的“五基三化两创”工作检查。巩固党史学习教育成果，崇左调查队完成36项为民办实事工作，对标崇左市模范机关示范单

2022年5月31日，崇左调查队荣获崇左市沉浸式主题党日活动示范基地

2022年10月28日，崇左调查队开展“学习党的二十大精神 测产水稻践初心使命”主题党日活动

位创建清单推进工作，在践行“两个维护”上做表率。组织开展干部职工政治体检，评选季度清廉标兵，全面梳理《廉政风险防控手册》，推动清廉机关建设不断走深走实。

三是深化开展“一支部一品牌”建设，国家调查工作影响力不断扩大。丰富拓展“诚信统计·党员先行”党建工作品牌，崇左调查队党支部“诚信统计·党员先行”品牌入选《崇左市直属机关党建品牌选编》；成功打造崇左市和全系统首个“沉浸式”主题党日示范基地，获授予“崇左市直属机关沉浸式主题党日活动示范基地”牌匾，获得《中国信息报》、国家统计局内网、广西调查总队内网、崇左市委直属机关工委、《左江日报》推广，崇左国调党建品牌影响力进一步提升。

二、坚持系统性思维，重点统计业务改革成效显著

从战略上抓强组织领导：以崇左市人民政府的名义发文布置住户大样本轮换工作、畜牧业电子化记账工作和市级城镇调查失业率工作，其中畜牧业电子化记账和市级城镇调查失业率工作列入2022年崇左市委“改革攻坚年”活动项目，崇左调查队三项工作落实经费57万元，有效保障调查工作顺利开展。从战术上大胆创新：一是高效统筹疫情防控和住户样本轮换工作；二是高标准推进市级城镇调查失业率工作；三是广泛推广畜牧业电子记账工作。

三、贯彻创新理念，业务工作取得新突破

住户调查工作开展利用糖企APP核实甘蔗款收

2022年12月8日，崇左调查队召开统计法治宣传暨统计诚信企业表彰会议

2023年3月27日，崇左调查队到天等县南岭村走访肉牛养殖产业发展

入、巧抓日审等创新做法获得《中国信息报》报道。农产品价格指数调查推行调查户电子台账有效解决了新冠疫情期间入户调查难的问题。劳动力调查建立事后全面回访抽查制度，利用采价员队伍力量电话回访抽查全市调查样本，不断提高源头数据质量。价格调查实现药品及医疗服务价格在医院后台数据采集，实现大数据应用零的突破。综合数据管理方面，召开数据评估问诊会，由队领导班子和各科室负责人对重要专业数据进行问诊，有力提高各专业数据评估科学性、规范性。业务管理方面，每季度向辖区各县（市、区）通报各专业调查工作的工作质量并督促落实整改，充分发挥业务管理职能。

四、落实依法治统责任，统计环境持续向好

严格落实防范和惩治统计造假弄虚作假责任制，压实党组领导班子和科室数据质量责任，全面依法治统。一是全面提升党政领导干部依法统计意识。全力推动《监督意见》落实落地，市、县两级政府均在政府常务会上专题学习《监督意见》；有效推进统计法律法规进党校工作。二是提升普法宣传广度，崇左调查队党组书记在《中国信息报》、地方主流媒体发表统计法治类署名文章；及时到企业宣传《统计法》《统计严重失信企业信用管理办法》。三是营造良好统计生态。将《统计法》及《意见》《办法》《规定》《监督意见》等统计法律法规文件纳入党组学习内容，每季度集中学习一次；运用纪法联动开展“双随机”统计执法检查工作，全年开展4次对10家样本企业的统计执法检查。

五、聚焦服务能力建设，国家调查品牌获广泛认可

一是优质服务继续保持全区前列。全年获广西调查总队采用调查信息147篇、调查报告16篇，获得采用分1600分，在14个市级队中排第4位。二是课题研究实现“零突破”。《利用粮食生产功能区名录库提高水稻数据评估质量的研究》获广西调查总队2022年度制度方法类立项课题三等奖。三是组队参加广西调查总队首届建模大赛获得一等奖。四是为崇左市委、市政府提供优质服务获认可。五是新闻宣传取得新进展。在崇左市人民政府新闻办召开主要调查数据新闻发布会；全年获得《中国信息报》采用13篇、《左江日报》4篇；公众号关注人数突破1万人。

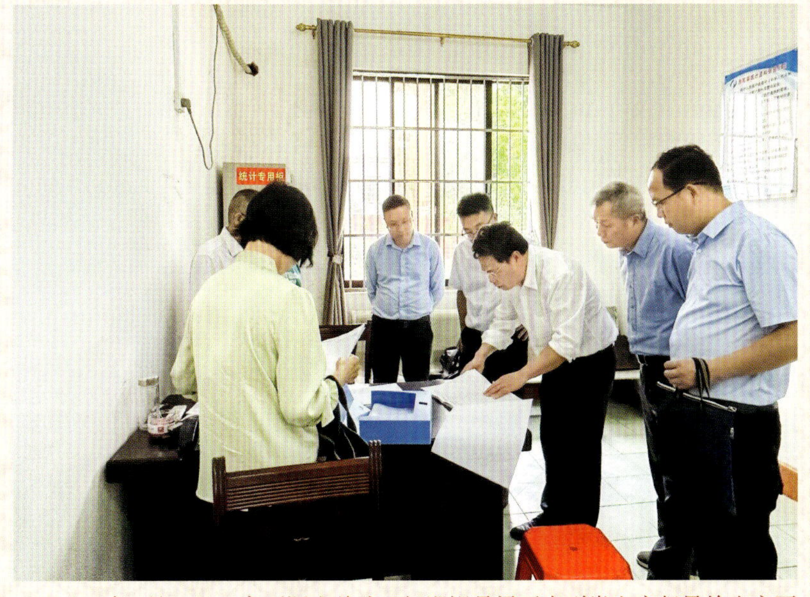

2023年4月18日，广西调查总队一级巡视员梁开光到崇左市督导检查主要畜禽监测调查样本轮换摸底调查工作

六、全面推进队伍建设，形成团结奋进的工作氛围

一是提高干部职工能力素质。举办统计知识网络培训班，邀请广西师范大学数学与统计学院专家讲授计量经济学、抽样技术等统计调查相关知识。举办“我的专业我来讲”，增强业务交流；组织9名干部报名参加统计专业技术资格考试，提升统计专业水平。二是打造干部干事创业展示平台。组织开展青年素质拓展、读书分享会、“我们的节日——中秋节暨民族团结一家亲”等活动；选送3名干部分别参加崇左市骆越演讲比赛；1名干部获崇左市“七五”普法工作先进个人，1名干部获崇左市2022年度“学习强国”平台学习积极分子。三是树立正确的用人导向。执行容错纠错制度，开展“晒业绩、勇担当、争先锋”活动，评选“星级党员”“业绩标兵”和“清廉标兵”27人次，营造干事创业良好氛围。四是加大干部培养力度。选派干部援疆、到广西调查总队帮助工作等9人次，选派1名干部任乡村振兴驻村第一书记，选拔任用1名正科级领导干部，选配干部做到人岗相适。

国家统计局马山调查队

2022年6月9日，广西调查总队党组成员、副总队长李青（左二）到马山县开展特色农业生产调研

2022年，国家统计局马山调查队（以下简称马山调查队）坚持以习近平新时代中国特色社会主义思想为指导，深入贯彻落实习近平总书记关于统计工作重要讲话指示批示精神，认真贯彻落实中央和国家统计局党组、广西调查总队党组、马山县委县政府的各项决策部署，坚持把党的政治建设摆在首位，坚决落实全面从严治党要求，牢记搞实搞准统计数据的初心使命，不断改革创新，锐意进取，圆满完成各项年度重点工作任务。

一、着力提高政治站位，坚决贯彻落实重大决策部署

（一）坚持“第一议题”制度，强化理论武装。一是严格落实“第一议题”学习制度，认真学习宣传贯彻党的二十大精神，坚守国家调查队政治机关定位，坚持理论创新每前进一步、理论武装就跟进一步。坚决守住意识形态主阵地，加强对内部网站、QQ群、微信群、公众号等的日常管理，掌握意识形态领域的话语权。

（二）推动《监督意见》落实落地。马山调查队领导班子第一时间深入学习《关于更加有效发挥统计监督职能作用的意见监督》（以下简称《监督意见》），积极推动《监督意见》在县委常委会、政府常务会上传达学习，提高地方党委政府重视和支持统计监督工作的力度。开展“我的业务我来讲”系列主题活动，围绕怎样在日常工作中落实《监督意见》的命题，轮流聊心得、讲业务、谈措施，促进学用结合。

二、着力加强党的建设，全面提升党建工作效能

（一）健全工作机制，规范党支部建设。着重抓好组织生活、党员发展等方面，全面提升党支部标准化规范化建设水平。一是严格落实“三会一课”制度，抓好党内生活规定动作、规定环节的落实，不断推动党内组织生活常态化长效化。二是严格把好发展党员工作的各个环节，2022年吸收2名入党申请人，充实党员干部队伍。三是扎实推进党支部标准化规范化建设。落实

2023年5月4日，马山县县长韦佳（左三）调研粮食面积产量调查工作开展情况

2022年7月18日，马山县委常委、常务副县长彭功茂（第二排左四）深入调查点参与大豆玉米带状复合种植产量核验工作

党建“五基三化”攻坚任务，“为民调查当先锋 千山万弄党旗红”党建品牌被评为“广西国家调查队系统2021年度创建‘一支部一品牌’党建品牌先进党支部”。

（二）树立先锋标杆，加强党员干部队伍建设。一是发挥模范带头作用。组建党员服务突击队，下沉一线，对接帮助基层辅助调查员、调查户解决调查工作中存在的急难愁盼问题，提供“不间断”的统计调查服务；评选2022年县级聘用调查员样本轮换先进个人，不断激发内生动力，增进党群关系。二是组建青年志愿者服务队，持续开展“残疾儿童·爱心屋”捐资慰问、助力共建小区风貌提升、抗疫爱卫“五大清洁行动”等志愿服务活动，为群众办实事贡献更多青年力量，提升青年干部职工凝聚力。

三、坚定国家调查定位，不断夯实统计基层基础

（一）坚持党建领航。把党建工作与调查工作同谋划、同部署、同落实，领导班子成员深入调查点上专题党课，不断增强调查员和调查对象的党性修养；组织开展“党建+住户”“党建+劳动力”“新中国政府统计机构成立70周年、农产量实割实测统计调查60周年”等主题党日活动，让党旗在调查一线高高飘扬。

（二）坚决执行国家统计调查制度。不断夯实调查基础，进一步规范统计调查数据的收集、整理、汇总、审核及资料归档管理工作，切实把统计监督指导作用贯穿于日常统计调查工作中。

（三）坚持开展“有温度”的调查。队领导班子以身作则，作好示范，分别带头深入城乡记账户家中走访慰问；慰问生病辅助调查员，慰问困难党员记账户，有效提高调查员和调查对象配合度。

（四）牢固数据质量意识。队领导班子部署统计执法检查“回头看”工作，组织所有调查专业对照2022年广西调查总队两轮“双随机”统计执法检查发现的问题，逐项逐条开展对照自查、整改落实，不断规范业务流程，建立长效机制，进一步强化防范和惩治统计造假、弄虚作假的主体责任意识。

（五）顺利推动重点改革任务。积极掌握工作主动权，树立全县“一盘棋”思想，与相关部门、各乡镇建立信息互通共享机制，凝聚工作合力，顺利完成住户调查大样本轮换、农作物对地抽样调查样本轮换等重点任务。通过加大业务培训、加强数据监测、提升审核效率等有序有效推进畜牧业电子化记账工作、市级城镇调查失业率统计工作。

2022年7月5日，马山调查队组织全体干部职工到永州镇开展爱国主义教育暨主题党日活动

2023年1月4日，马山调查队到加方乡福兰村为新一轮记账户发放国家调查户牌匾及宣传品

四、着力优化统计服务，调查环境更加美好

狠抓信息工作，不断提升统计优质服务水平。一是充分发挥“轻骑兵”作用，主动向地方政府报送居民收入、生猪养殖、春播春耕等专报，获得县人民政府有关领导批示，更好地发挥了“用数据说话”“为决策服务”的作用。二是加强政务信息工作，全年有13篇工作信息获国家统计局工作信息网采用。三是增强使命意识，讲好统计调查故事，2022年1篇图文信息获得“统计微讯”综合采编；1张工作照片及1个工作经验获《中国信息报》采用；4篇工作推文获马山县融媒体公众号及报刊采用；4篇工作信息获得中新网、广西新闻网采用，统计新闻宣传工作成效明显。

五、着力提高办公效能，政务管理不断规范

一是政务管理全面电子化，充分运用双杨OA办公软件流转办理公文，全面实现电子化办公替代，提升无纸化办公能力，创建节约型机关。二是加强保密工作，坚持“党管保密”原则，狠抓组织实施、科学管控、宣传教育，拧紧保密这根弦。三是推动统计信息化建设，强化宣传教育、制度建设、日常检查，积极构建统计网络信息安全屏障。四是强化财务管理，完善财务审批手续，严格落实调查队系统“县账省管”与地方财政“财务一体化管理”双重管理模式，优化预算与支出管理，财政资金使用更加安全高效。

六、加强作风建设，强化“两个责任”落实

始终坚持“严”的主基调，不断推进作风建设，制定年度党风廉政建设“三个责任清单”，年内专题研究部署全面从严治党工作2次，召开党风廉政建设专题会议10次，分析研判形势，研究工作措施，进一步压实管党治党主体责任，扎实推进模范机关、清廉机关创建。全面“体检”式廉政风险点排查，修订完善《廉政风险防控手册》，制定各股室权力运行中的廉政风险及防控措施清单12份，重要权力（业务）运行流程30个，涉及风险点108个，建立健全制度机制，及时堵塞风险漏洞，构建廉政风险防控体系。打出廉课堂、廉活动、廉阵地的“三廉”建设“组合拳”，将廉洁文化纳入干部日常教育管理和培训，廉政教育实现常态化。进一步加强对“人、财、物、数”的综合监督，强化干部职工日常纪律管理监督，推动党建监督、数据监督、廉政风险监督、财经纪律监督等多种监督方式的有机融合。

2022年9月20日，马山调查队联合马山县统计局开展第十三届“中国统计开放日”活动

国家统计局横州调查队

2022年，国家统计局横州调查队（以下简称横州调查队）在国家统计局广西调查总队党组、国家统计局南宁调查队党组和横州市委、市政府的正确领导和关心支持下，认真学习贯彻习近平新时代中国特色社会主义思想和党的二十大精神，贯彻落实全国统计工作会议精神、2022年广西国家调查工作会议和年中工作推进会议精神，凝心聚力，铆足干劲，圆满完成各项重点工作任务。

2022年7月1日，横州调查队党支部联合中共横州市平马镇平马社区党总支部开展“党建服务社区治理 共同缔造美好家园”结对共建暨“七一——统计心向党·送法到社区”主题党日活动

一、深化政治思想认识，压紧压实从严治党主体责任

（一）强化理论武装，政治站位不断提高。研究制定《2022年党支部理论学习计划》，将队领导、青年理论学习小组成员列为理论学习领学人范畴，每月召开理论学习专题会，并轮流安排干部职工代表就学习主题作中心发言，持续不断深入学习习近平新时代中国特色社会主义思想、党的二十大精神，及时跟进学习习近平总书记在2022年全国两会、参加党的二十大广西代表团讨论等时候的重要讲话指示批示精神，进一步增强“四个意识”，坚定“四个自信”，做到“两个维护”。

2022年10月8日，横州调查队到云表镇南康村委开展农作物对地抽样调查样本核实工作

（二）加强监督管理，全面从严治党治队向纵深发展。研究制定《2022年党的建设工作要点》，组织开展“弘扬清廉家风 建设清廉机关”“搞准秋粮产量调查 夯实粮食安全根基”等主题党日活动12次；修订完善《固定（无形）资产管理办法》《物品采购和领用制度》《农业统计调查数据质量管理和责任追究制度》等规章制度25则，加强对人、财、物、数的监督管理；认真落实全面从严治党“两个责任”，班子未健全（无纪检员）时以队务会集中研究讨论决定重大决策、重要事项。

（三）筑牢思想防线，党风廉政建设深入推进。召开党风廉政建设专题会议2次，集体廉政谈话4次，领导班子成员之间、领导班子（监察员）和股室负责人之间谈心谈话累计达到38人次；组织开展廉洁自律暨警示教育专题会，集中学习廉洁自律有关法规意见、分享家风故事、通报违反中央八项规定精神及违纪违法典型案例、观看廉政家风警示教育片;成立清廉机关创建工作

2022年10月28日，横州调查队党支部到陶圩镇六秀村委粮食抽样调查点开展“搞准秋粮产量调查 夯实粮食安全根基”主题党日活动，对晚稻进行实割实测

领导小组，制定《国家统计局横州调查队大力推进清廉机关建设实施方案》《2022年国家统计局横州调查队清廉机关建设工作重点任务清单》，推进清廉机关建设；加强专题党课教育，队领导给队员上廉政教育和家庭家教家风等专题党课5次，邀请横州市纪委副书记、横州市强制隔离戒毒所教导员上警示教育专题党课2次；利用当地红色资源加强现场党性教育，深化党史学习教育，营造崇廉拒腐的机关风尚。

（四）持续落实整改，财务管理工作进一步规范。召开全体会议，通报2022年财务审计发现的问题，统一思想，明确整改职责，严格按照财务有关标准和要求进行整改。截至2022年8月31日，审计反馈的七个问题已全部完成整改。持续对公务接待和津贴补贴发放不规范问题、未经审批开展委托调查问题开展自查，巩固“三项清理”专项治理工作成果，严格审批会议活动、培训活动等重点内容，按照规定批复所需预算。加强对《国家统计局市县调查队财务管理和会计工作规范》《调查队系统财务应知90条》等财经规章制度的学习，严守相关纪律及要求，强化财务管理工作。

二、牢固树立法治思想，持续提升统计监督实效

（一）紧抓学习教育，有效强化依法统计意识。深入学习贯彻习近平总书记关于统计工作系列重要讲话指示批示精神，将法治学习作为年度工作的重点，每季度组织开展专题学习，通过集中研讨、自主学习相结合的方式学习贯彻统计法律法规，筑牢依法统计依法治统思想根基。

（二）强化宣传解读，贯彻落实统计监督职能。推动《关于更加有效发挥统计监督职能作用的意见》等统计法律法规在横州市委常委会、市政府常务会上传达学习，并纳入地方干部教育培训内容；开展“七一——统计心向党·送法到社区”主题党日活动，下沉基层宣传《关于更加有效发挥统计监督职能作用的意见》《统计严重失信企业信用管理办法》等统计法律法规；编印并签订各专业辅调员和调查员数据质量承诺书，将“数据质量监督问责工作”内容纳入2022年年度考核管理办法，对出现统计数据造假等重大数据质量问题的实行“一票否决”机制；对辖区内1家调查对象企业开展双随机执法检查，强化统计监督贯彻落实。

三、聚焦统计调查职能，着力推动调查事业高质量发展

（一）认真统筹谋划，统计重点业务改革工作稳步推进。一是住户调查大样本轮换和农作物对地抽样调查样本轮换顺利完成。研究制定横州市住户调查大样本轮换工作实施方案，建立联络员制度，落实人员和工作经费保障，完成抽样框第一、二轮信息核实，一图两表和入户摸底调查及

2022年11月2日，广西调查总队一级巡视员梁开光（右二）、南宁调查队党组书记、队长、二级巡视员卢定新（左二）、横州市副市长黄晓婷（左三）一行到莲塘镇杨彭村委调研秋粮生产形势

2023年3月1日，广西调查总队一级巡视员杨锡虹（左四）一行到横州镇蒙村开展农民工监测调查问卷填写工作

110户调查户开户工作，2022年12月开始进入正式记账阶段；完成农作物对地抽样调查样本轮换抽样框信息，12个省级、3个粮食大县样本村样方情况的核实工作，通过无人机采集确认后的45个样方数据，有序开展辅调员选聘，为后续五年的粮食播种面积和单位面积产量调查奠定良好基础。二是畜牧业电子化记账工作稳步开展。向横州市政府请示汇报，落实畜牧业统计调查电子化记账经费保障；联合横州市农业农村局召开专题会议研究部署推进工作；组织开展电子化记账工作培训，邀请横州市融媒体中心进行专题报道宣传；印制重要商品价格指数平台操作手册370份发放给调查对象，整合资源，协同发力，促进主要畜禽监测调查电子化记账全面推广。截至2022年12月，横州市大型养殖户电子记账完成率100%，有存栏的中小型生猪养殖户完成率56%。三是劳动力调查工作有序推进。认真贯彻落实自治区人民政府及广西调查总队关于全区市级城镇调查失业率统计工作部署会议精神，抓实劳动力调查，重点抓辅助调查员培训，提高辅助调查员的思想认识和业务能力，保障和提升源头数据质量，真实反映横州市就业形势。

（二）加大学习宣传，统计优质服务提质增效。组织开展信息报告写作技巧、统计信息分析等队内培训，详细讲解、培训信息报告和政务信息写作要点、注意事项等，夯实干部职工信息写作功底，提升写作质量。编发包括单位简介、主要数据、分析报告、调查信息、调查风采等内容的《横州调查》小册子，发放至横州市有关部门和各乡镇，加强对外宣传和服务；同步将约稿信息调研报告发至市政府，为地方政府决策提供参考依据，并多次获采用与表扬。2022年，获国家统计局内网采用政务信息7篇，同比增长600%。

2023年4月13日，横州调查队到马山镇克安村委开展劳动力调查入户陪访工作

国家统计局阳朔调查队

2022年，国家统计局阳朔调查队（以下简称阳朔调查队）在广西调查总队的正确领导下，坚持以习近平新时代中国特色社会主义思想为指导，深入学习贯彻党的二十大精神，持续贯彻落实习近平总书记关于统计工作重要讲话指示批示精神，不断提高调查数据质量和统计调查优质服务水平，在2022年度广西国家调查队系统市县级调查队目标管理考核中再次获得优秀等次，单项业务考核优良率达到95.24%，圆满地完成了各项调查任务。

2022年6月30日，阳朔调查队到高田镇高田村委开展阳朔县市级城镇调查失业率统计工作高田村委现场业务培训班

一、提高认识，深入学习贯彻中央、国务院关于统计工作重大决策部署

2022年，阳朔调查队充分利用班子会、支部党员大会、全体干部大会、个人自学等多种形式，学习党的二十大精神、习近平总书记关于统计工作重要讲话指示批示精神、《意见》《办法》《规定》《监督意见》等重要统计改革文件精神，切实把思想和行动统一到习近平总书记的重要讲话精神上来，统一到党中央关于统计改革的研究决策上来。2022年开展全体干部集中学习会议17次，国家安全和保密学习6次，党的二十大精神学习活动8次。

2022年7月12日，阳朔调查队到灌阳县湘江战役新圩阻击战酒海井红军纪念园开展“重走长征路 奋战新征程”主题党日活动

二、加强党的政治引领，持续推进统计法律法规落地落实

一是推进党史学习教育常态化长效化，通过学习《中国共产党简史》《中国共产党早期组织的建立及其活动》《中共中央关于党的百年奋斗重大成就和历史经验的决议》等党史学习教育材料，聚焦大力弘扬伟大建党精神，加强党的政治引领。二是推动《监督意见》在地方落实落地，通过阳朔县委常委会学习，努力构建阳朔县统计不敢假、不能假、不想假的统计生态。三是推进统计法律法规进党校，为阳朔县2022年入党积极分子和发展对象培训班学员作了题为《依法统计 依法治统——发挥统计职能助力高质量发展》的专题培训讲座，帮助基层干部正确看待统计数据，树立正确政绩观，提高运用统计调查的能力。四是深入住户调查样本点阳朔县东岭社区居委会开展“美好生活 民法典相伴”集中宣讲活动，持续推进统计法进机关、进党校、进社区。

三、强化监督职责，全面加强从严治党工作

在日常工作中注重加强对“一把手”和领导班子成员权力的制约和监督，对单位进行一次全面“体检式”廉政风险点排查，全面准确查找在岗位职责、业务流程等方面可能存在的廉政风险点，落

2022年8月9日，阳朔调查队到葡萄镇杨梅岭村开展“党旗领航农产量 国调先锋测实数”主题党日活动

实党风廉政建设主体责任清单和监督责任清单，推动“两个责任”落实。并且利用重要节点，及时开展节前廉政警示教育暨廉政集体谈心谈话会议，进一步深化党风廉政建设，落实全面从严治党要求，筑牢防腐拒变思想防线，增强全队党员干部廉洁自律意识。

四、严格调查流程，提高数据质量

一是住户和价格调查股召开2022年阳朔县住户调查大样本轮换工作动员部署暨业务培训会，做好宣传动员工作，压紧压实责任，并积极主动与相关部门、抽中乡镇政府和抽中社区工作人员联系，多方联动，保质保量完成了住户调查大样本轮换抽样框核实、摸底、新一轮记账户开户和培训等各项工作。通过打造住户团队，采取团队负责制，完善规范“日审周结月清”工作流程，通过采取多方面培训、多形式交流、多维度把关、多角度结合等措施，强化调查人员业务能力，夯实原始数据基础，提高上报数据质量，扎实开展各项统计调查工作，谱好住户调查“四部曲”，不断夯实住户调查工作基础，提高数据源头质量，奏响数据质量“主旋律”。

二是农业调查股通过加强组织领导、强化培训沟通、严格执行制度、借力党建引领，扎实推进农产量调查工作，并实现2022年农业调查中粮食实割实测全流程队员100%参与，确保农产量调查数据真实、可靠。畜牧业统计调查电子化记账工作作为2022年重点工作，从组织领导、选优配强、培训指导、监测检查四个方位驱动发力，稳步推进畜牧业统计调查电子化记账工作，大型户电子化记账率达100%，其余养殖户电子化记账率71.23%，扣除使用老人机等不具备电子记账条件的养殖户，畜牧业统计调查电子化记账达到应开尽开100%。

三是专项调查股“五聚焦”提升劳动力调查数据质量。阳朔调查队通过“聚焦”组织领导管理、党建引领业务、加强业务培训指导、加强工作进度把控、加强数据监督审查五个方面，全面规范入户调查流程、严格执行调查制度、准确填报调查数据，进一步提升劳动力调查员业务工作水平，不断提高劳动力调查源头数据质量。

五、规范管理，提高综合业务能力

一是严格按照标准和要求，发挥组织协调作用，在流程规范、车辆管理、后勤服务等日常化工作中做到严谨高效，在来电来访、公务接待、会议组织等事务性工作中做到周密细致。2022年来，协助各股室成功举办10次业务培训，105次专题调研、12次主题党日活动，为各股室开展业务培训活动，提供了坚实的服务保障。

二是及时上传下达，发挥中枢作用。广西调查总队及阳朔县委、县政府等重要文件和通知，做到即收即达，让各项政令措施尽快传达落实到位。2022年来，共处理上级来文及阳朔县委、县政府等其他部门来文共978（份/次）。

三是通过比学赶超，形成创先争优良好氛围，提高综合业务能力。将“两个信息”写作作为锻炼干部队伍综合能力的抓手，通过量化工作任务、促比促学、以传帮带等手段推进政务信息、约稿调研工作稳步提升，通过多元化、多形式、多风格的政务信息展现阳朔调查队创先争优、积极向上的风采风貌。

2022年9月23日，阳朔调查队联合县统计局到阳朔公园开展第十三届“中国统计开放日”活动

国家统计局全州调查队

2022年7月28日，全州调查队联合县农业农村局到龙水镇开展早稻实割实测工作

2022年，国家统计局全州调查队（以下简称全州调查队）在广西调查总队的正确领导下，在各级党委、政府的关心支持下，以习近平新时代中国特色社会主义思想为指导，深入贯彻党的二十大和十九届六中全会精神，按照广西调查总队党组部署，扎实推进各项工作，圆满完成各项工作。

一、坚持党的领导，加强党的建设

一是强化政治引领和理论武装。严格落实“第一议题”制度，坚持以党的政治建设为统领，及时组织党员干部职工以参加总队组织的视频培训班、领导班子和党支部集体学习、在线学习以及自主学习等方式深入学习习近平新时代中国特色社会主义思想和党的二十大和十九届六中全会精神，始终在政治立场、政治方向、政治原则、政治道路上同以习近平同志为核心的党中央保持高度一致，更加自觉地用新时代党的创新理论武装头脑、指导实践、推动工作，提高运用科学思想方法和工作方法解决统计实际问题的能力和水平。

二是强化自身建设，提高党建战斗力。按照“党要管党”的要求，坚持把党建工作贯穿调查工作中，并列入队工作重要工作，精心组织、周密安排，做到有方案、有检查、有总结。严格按照党章规定完成支部换届工作，选举了新一任党支部书记，并获全州县直属工委批复。重视抓好发展党员工作，2022年新发展预备党员1名，党支部力量进一步壮大。

三是突出调查特色，打造党建品牌。创新“党建+”工作机制，将“为民调查、崇法唯实”精神贯穿于调查各领域、各环节，2022年以来，全州调查队党支部创设12个“党建示范调查点”，与4个调查网点所在村党支部共建，并根据党员干部个人特长、工作特点，建立特色服务岗，上门为群众排忧解难。农业调查股联合农业农村局打造田间流动技术培训课堂，免费为调查对象提供种养技术指导；专项调查股联合人社局就业办，举办一系列招聘活动，宣传就业政策，解决当地群众就业难的问题；住户和价格调查股联合当地残疾人联合会深入到学校、养老院、残疾人家中，开展上门办证、康复服务、就业扶持等活动，为调查对象提供“零距离”“面对面”“个性化”无障碍系列服务，力促党建工作与业务工作的深度融合，共生共长。

2022年8月8日，全州调查队到永岁镇开展无人机粮食夏播面积测量工作

2022年9月19日，全州调查队到才湾镇南一村开展住户调查大样本轮换宣传工作

二、深化业务建设，夯实调查数据质量

一是圆满完成住户调查样本轮换工作。全州调查队与地方相关部门积极沟通，借助政府平台将调查工作落实到相关乡镇，及时传达调查任务到抽中社区、村委，并提前做好相关宣传工作。通过村委干部以及调查队员耐心指导，顺利完成全部调查户落实及换户工作。

二是积极推进畜牧业统计调查电子化记账工作。联合县农业农村局共同印发了《全州县畜牧业统计调查电子化记账工作实施方案》，通过召开业务培训会，对14个乡镇辅助调查员和23个大型养殖场统计员进行现场培训，按照大型户、中型户和小型户分类分批入户或相对集中地推进电子化记账推广工作。已实现23个大型养殖户100%电子化记账、86个中小型养殖户开户记账，顺利完成推广任务。

三是扎实开展农作物对地抽样调查样本轮换工作。全州调查队研究制定《2022年全州县农作物对地抽样调查样本轮换工作实施方案》，明确工作目标、工作安排以及样本轮换保障工作，“一对一”联系18个乡镇的分管领导，认真组织数据核实，及时完成抽样框整理工作，顺利完成样本村及调查样方确认和图像采集工作，以及大县样本村的确认工作。

三、提高依法统计意识，推进防惩统计造假

一是坚持开展统计法律法规学习常态化。领导班子、全体干部坚持每季度学习《意见》《办法》《规定》《监督意见》等中央文件精神以及统计法律法规规范性文件，推动干部职工深刻认识党中央防范和惩治统计造假、弄虚作假的坚强决心，进一步提高全体干部职工遵守统计法律法规、依法组织实施统计调查、依法严把数据质量的意识和主动性。

二是积极推动地方党委政府学习《监督意见》和有关统计法律法规。推动县政府常务会议专题学习《监督意见》，联合县统计局推动统计法治课首次进入县党校培训班。使统计法治深入人心，努力营造不敢造假、不能造假、不想造假的统计生态环境。

三是扎实做好统计执法检查工作，充实统计执法人才队伍力量。2022年6月开展“双随机”统计执法检查，完成对1家畜禽调查企业的执法检查，督促其依法配合统计调查工作。8月底选派本队1名统计执法持证人员参加总队组织的2022年第二批“双随机”统计执法检查，通过实战增强现场执法检查的能力。积极选拔符合条件的2名业务

2022年9月22日，全州调查队开展“数说新时代 奋进新征程”第十三届“中国统计开放日”主题活动

骨干报名参加国家统计局统计执法考试，不断壮大统计执法人员队伍，提高统计执法的威慑性和执行力。

四是强化普法宣发，开展丰富宣传活动。利用各业务股室下乡访户和业务培训的有利时机，组织开展民法典进村入户活动，增进辅助调查员、调查对象对民法典和统计法的了解和认识。2022年9月，在县中心广场开展第十三届“中国统计开放日”现场宣传活动，面对面普及统计法律法规知识，解答群众对统计调查工作的疑问，进一步加深社会公众对国家调查队工作的了解，营造良好的统计调查氛围。充分利用住户调查大样本轮换、农作物对地抽样调查样本轮换、畜禽电子记账等工作契机，向调查对象及辅调员上门解答其对调查队常规调查的疑惑，引导其正确理解、积极配合统计调查工作。

2022年10月24日，全州调查队到绍水镇桂北农场开展农民工市民化监测调查工作

2022年10月24日，全州调查队到文桥镇圳头村开展“庆祝新中国政府统计机构成立70周年 农产量实割实测统计调查60周年”主题党日活动

国家统计局兴安县调查队

2022年全年，国家统计局兴安县调查队（以下简称兴安县调查队）在广西调查总队党组、兴安县委、县政府领导下，在桂林队党组关心下，深入学习贯彻落实习近平总书记关于统计工作重要讲话指示批示精神、党的十九大及十九届历次全会精神和二十大精神，坚持高定位、高标准完成国家统计局、广西调查总队的各项决策部署。

2022年9月22日，广西调查总队一级巡视员梁开光（前排中）到兴安县调查队开展三季度畜牧业生产形势及畜牧业电子化记账推广情况调研

一、以党建为引领，全面加强从严治党、从严治队

（一）落实全面从严治党工作

开展党风廉政警示教育。2022年，兴安县调查队及时组织队员参加国家统计局和广西调查总队警示教育，并就节假日开展节前警示教育，注重警示教育实效性，抓住时间节点，在节假日前夕，加强警示提醒，划清红线，宣传廉洁过节，通过提醒再提醒扫除队员心中侥幸心理。警示教育通过传达学习文件精神，再结合通报案例进行反面教材，突出危害性，提高队员的参与兴趣和警醒度。

开展谈心谈话工作。2022以来开展集体廉政谈心谈话、纪检监察员与队班子成员就党风廉政建设谈心谈话多次。通过谈心谈话等形式，就2022年党风廉政建设及落实“一岗双责”进行探讨，并提出工作建议意见。

2022年1月25日，兴安县调查队召开2022年全面从严治党专题研究会，总结2021年全面从严治党工作，就2022年全面从严治党工作提出部署

（二）提高政治站位，全面深入学习文件精神

2022年全年，兴安县调查队按照广西调查总队要求，开展了4次专题学习活动，深入学习了习近平总书记关于统计工作的重要指示批示和《关于深化统计管理体制改革提高统计数据真实性的意见》《统计违纪违法责任人处分处理建议办法》《防范统计造假、弄虚作假督查工作规定》《关于更加有效发挥统计监督职能工作的意见》（以下简称《意见》《办法》《规定》《监督意见》）等重要统计改革文件精神；加强党员干部的政治理论学习，依托“三会一课”和主题党日活动，组织干部职工学习了《习近平谈治国理政》第三卷、习近平新时代中国特色社会主义思想、党的二十大精神，通过学习筑牢思想基，引导党员、干部听党话、跟党走。2022年共组织集中学习4次，通过多次学习，促使干部职工不断增强“四个意识”，坚定“四个自信”，做到“两个维护”，深刻领悟“两个确立”的决定性意义。同时增强了干部职工在深

化统计管理体制改革方面的政治意识、担当意识和责任意识，明确了自身在数据质量方面应担负起的责任，切实发挥一线统计工作者在确保数据质量真实性工作中的重要作用。

（三）全面深入推进“红色兴安，国调为民”党建工作品牌

2022下半年，兴安县调查队组织开展了“党建+住户”“党建+畜禽”“党建+农业”等“党建+业务”的党建品牌创建活动。兴安县调查队积极创新、积极谋划，通过和调查点村委开展支部共建活动，共同学习党的二十大精神、评选先进记账户及辅调员并颁发纪念品、邀请种植养殖大户上课传授经验等多种形式开展品牌创建工作，活动形式多样，干部职工接受度高，品牌创建工作取得实效。

二、聚焦数据采集与审核，持续夯实数据质量基础

（一）加强辅调员培训。兴安县调查队积极与地方单位开展合作，通过邀请本地县、局领导在辅调员培训会议上授课的方式，强化辅调员责任意识。会上主动邀请辅调员发言，交流工作经验，现场解答工作问题，推进数据采集阶段工作进一步规范化。

（二）住户收支与生活状况调查全覆盖走访、指导、培训。兴安县调查队坚持每月对居民收支调查全部调查点或大部分调查点进行走访、指导、培训，不断提高辅调员业务水平。调查员“一对一”与记账户添加微信好友，做到能加尽加，有效增进与记账户感情交流，提高记账户的配合度和记账能力。

（三）多方式强化数据审核。与本地相关部门加强交流，通过横向参考部门数据评估本单位收集数据的准确程度；采用数据多级审核制度，由一线辅调员进行数据的初步审核，再由单位调查员录入数据时进行二次审核，最后对录入完后的数据进行整体审核评估，力争数据真实准确。同时以广西调查总队“双随机”执法检查为契机，对所有业务开展基础工作检查，完善各专业调查流程，夯实调查基础，切实提高数据质量。

三、完善内部制度，健全制度体系

2022年，兴安县调查队修订了《国家统计局兴安县调查队新媒体平台管理办法（试行）》《国家统计局兴安县调查队差旅费管理办法》等8项制度。通过更新完善制度以更符合总队要求和本队工作实际，有效防范廉政风险、提高干部职工的纪律意识、规范业务工作和综合工作流程。

细化考核项目，推进全队考核量化管理。兴安县调查队制定了《国家统计局兴安县调查队2022年工作目标管理考核办法（试行）》《国家统计局兴安县调查队2022年工作目标管理岗位责任制》，通过细化考核目标，将24个总队考核的业务具体到负责人和分管领导。个人计分项目更加明确，做到每个项目有独立打分表，对重点扣分问题在月例会上定期通报。

2022年10月25日，兴安县调查队开展“新中国政府统计机构成立70周年、农产量实割实测统计调查60周年”主题党日活动

国家统计局平乐调查队

2022年，在广西调查总队的正确领导下，国家统计局平乐调查队（以下简称平乐调查队）以习近平新时代中国特色社会主义思想为指导，深入贯彻党的二十大精神，以党的政治建设为统领，以提高数据质量为中心，不断提升统计调查业务能力和服务水平，有序推进各项工作。

2022年8月15日，平乐调查队党支部联合平乐县农业农村局党支部开展“结对共建强党性，粮食安全同守护”主题党日活动

一、加强党建引领，牢固树立政治机关意识

一是扎实推进党史学习教育常态化。平乐调查队将深入扎实开展好党史学习教育作为重要政治任务，坚持不懈把党史学习教育作为必修课、常修课，提升党史学习教育的针对性、实效性。平乐调查队制定支部理论学习方案，有序开展全年理论学习工作，组织开展理论学习10余次。持续深化“我为群众办实事”实践活动，推进党史学习教育常态化长效化。3月开展“传承雷锋精神 共修水利助耕”主题党日活动，6月开展灾后清淤志愿服务活动，11月参与社区联防联控、社区卡口值守等工作。

2022年9月19日，平乐调查队开展“党建引领数说统计，普法宣传助推轮换”主题党日活动

二是全力打造“昭州党旗引领 扬帆唯真数海”党建品牌，以“一模式、双促进、三服务”为载体，加强了党建和业务融合，使得党建活动切实成为促进工作开展、保障数据质量的有力抓手。“一模式”即“党建+业务”主题活动模式；“双促进”即党建与调查业务双促进；“三服务”即服务干部职工、服务调查对象、服务党委政府。

三是稳步推进党风廉政建设。领导班子成员把抓党风廉政建设作为分内工作，而不是额外负担，不仅要抓，而且要亲自抓。以更加坚决的态度、更加有力的措施推进党风廉政建设。以抓制度落实为践行党风廉政建设的落脚点，认真贯彻《中国共产党党组工作条例》，认真落实“三会一课”制度。全年召开党员大会4次、支委会10余次，开展党课6次、党日活动10余次。认真贯彻《关于新形势下党内政治生活的若干准则》，落实党风廉政建设和反腐败斗争工作。定期召开专题会议，班子深入讨论总结党风廉政建设工作，全面协调部署下阶段工作，切实做到和调查工作同部署、同安排。2022年以来，平乐调查队修订了调查业务工作风险防控措施，全面推动党风廉政工作与调查业务工作的深度融合。

2022年10月17日，平乐调查队到大发乡苍板村委开展国家住户调查2023—2027年新记账户落户和开户工作

二、围绕“稳进提质”，提高统计数据质量

一是扎实做好各项常规统计工作。严格按照国家调查方法制度要求，从实际出发、积极部署、周密安排，确保各项工作有条不紊推进，并保证了调查数据质量。二是顺利完成住户调查、农业调查的样本轮换工作，积极推进畜牧业电子记账工作。平乐调查队牢牢抓住新一轮样本轮换以及调查工作改革的主线不放松，精心谋划、认真部署，扎实推进各环节工作。三是切实加强统计监测预警分析，及时向广西调查总队以及县委县政府反映经济运行中的苗头性、趋势性问题，做好统计服务工作。四是深入企业加强指导和服务，切实帮助企业解决在统计工作中的问题和困难，有效提高企业统计人员的统计业务水平，从源头上提高统计数据质量。

三、强化统计法治建设，充分发挥统计监督职能作用

一是推进《监督意见》落地生根，推动统计监督职能作用有效发挥。进一步深入学习贯彻《意见》《办法》《规定》《监督意见》，制定印发《国家统计局平乐调查队 2022 年法治工作要点》，进一步强化统计法治工作力度，推动统计监督职能有效发挥。强化法治宣传，组织学习《防范和惩治统计造假、弄虚作假重要文件汇编》《〈关于更加有效发挥统计监督职能作用的意见〉解读》。印发《国家统计局平乐调查队法治宣传教育第八个五年规划（2021—2025 年）》。平乐县党委政府在平乐县十七届人民政府第9次常务会议上传达学习《监督意见》。平乐县委党校将《监督意见》等统计法律法规纳入领导干部教育培训必修课。

二是强化执法检查，认真落实防惩统计造假责任。一方面加强执法队伍建设，鼓励符合参考资格的干部参加统计执法考试。另一方面积极组织具有执法资格的干部通过“走出去”“请进来”等方式学习执法检查工作技巧，全面提高统计执法队伍的工作水平。5月份派出两名持证人员分别参与广西调查总队“双随机”执法检查和桂林队“双随机”执法检查。6月份邀请桂林调查队到本队指导执法检查工作全流程。

三是开展多样化普法宣传活动，确保依法统计依法治统落到实处。9月开展以迎接党的二十大胜利召开为主线，以“数说新时代 奋进新征程”为主题的系列活动。参加桂林市第十三届“中国统计开放日”现场活动；赴住户调查点沙子社区开展“党建引领数说统计，普法宣传助推轮换”主题党日活动。2022年以来，利用下乡入户契机，积极向调查对象大力宣传统计法，弘扬法治精神，推进依法统计，让调查对象更加了解统计法，做到让调查对象对统计调查工作、统计法律法规、防惩统计造假有了新的更深的认识。

2023年2月13日，平乐调查队到平乐镇民安村开展确认样本轮换新样方点压盖的田块工作

国家统计局藤县调查队

2022年，国家统计局藤县调查队（以下简称藤县调查队）坚持以习近平新时代中国特色社会主义思想为指导，深入学习贯彻习近平总书记关于统计工作重要讲话指示批示精神、党的十九大、二十大精神，统一全队思想和行动，紧紧围绕广西国家调查工作要求和目标，强化统计监督职能、抓好统计普法宣传、保障统计数据质量、稳步推进各项工作的开展。

一、深化思想认识，推动学习常态化发展

一是持续深入学习习近平总书记关于统计工作重要讲话指示批示精神，组织集中学习《意见》《办法》《规定》《监督意见》《习近平法治思想学习纲要》等重要文件，确保全体人员学习全覆盖、传达完整，切实做到入脑入心、走深走实，坚持把学习贯彻常态化。业务股室将《意见》《办法》《规定》《监督意见》精神纳入专业会议宣讲，确保辅助调查员掌握其精神内涵，有效推动防范和惩治统计造假、弄虚作假工作落实落地落细。

二是组织全体干部职工学习贯彻党的二十大精神，深刻领悟“两个确立”的决定性意义，增强“四个意识”、坚定“四个自信”、做到“两个维护”，以实际行动践行对党忠诚。确保在政治立场、政治方向、政治原则、政治道路上同党中央保持高度一致，确保党的团结统一。

三是压实主体责任，纵深推进全面从严治党，严格落实新形势下党内政治生活的若干准则要求、“三会一课”制度。明确领导班子主体责任、单位主要负责同志主体责任和班子其他成员主体责任。常态化开展党风廉政宣传教育活动、现场廉政教育主题活动等，加强党的政治建设，严明政治纪律和政治规矩，提高党员干部政治判断力、政治领悟力、政治执行力，进一步做到正风肃纪与日常工作有机融合、相互促进，以纪律作风整顿的实际成果推动统计调查工作再上新台阶。

二、扎实做好调查业务，助力统计调查事业发展

（一）真抓实干，夯实统计基层基础建设

加强学习，提高调查人员业务素质，强化辅助调查员业务培训，全面提升调查业务能力。以提高各项基础工作水平为抓手，将相关文件精神，法律法规知识纳入季度培训会，并通过制定《国家统计局藤县调查队劳动力调查辅助调查员考核评比办法（试行）》（藤调字〔2022〕13号）规范调查人员、辅助调查人员的业务工作流程，明确各项指标要求，确保数据真实性。通过会议表彰先进，激励

2022年9月20日，藤县调查队到民益村小学大岭分校开展“数说新时代，奋进新征程”——第十三届“中国统计开放日”宣传活动

2022年9月30日，藤县调查队到新庆镇河思亥村开展住户调查大样本轮换工作

后进，调动全体辅助调查员的积极性，打牢调查工作基础。

（二）做好住户调查大样本轮换工作

根据《国家统计局关于开展住户调查大样本轮换工作的通知》（国统字〔2021〕108号）文件精神，提前部署，确保住户调查大样本轮换工作顺利完成。在新样本开户过程中住户和价格调查股为提高开户质量：一是从“点”发力，在落实开户过程中面对面向抽中的记账户再次解释住户调查的意义，消除记账户的顾虑，确保得到的数据全面、真实、准确。二是从“面”上推进，通过逐级宣传、逐面覆盖最终助力住户调查大样本轮换开户工作顺利进行。截止到2022年10月28日藤县住户调查新调查点的100户记账户已全部完成，新样本开户工作100%完成。

（三）做好农作物对地抽样调查样本轮换工作

藤县本次样本轮换工作涉及15个调查村，分布在12个乡镇。按照自治区统一部署，在总队和市队的领导下，藤县调查队对国家局抽中的调查点开展了实地走访调研，通过与农业农村局、自然资源局等相关部门以及乡镇政府、村委沟通对接，高质量完成了样本核实工作，利用无人机航拍完成了调查样方田块图像采集，为新样本的启用打下了坚实的基础。

（四）做好劳动力调查工作

一是召开专题业务培训会。传达月度劳动力会议精神和要求，进行辅调员工作培训和讲解，把各项基础工作深入落实到每一位辅调员身上；二是抽调专人负责，树立质量意识。严把调查工作各个环节的质量关，高起点高标准保证调查工作的顺利进行；三是加强辅调员业务知识及管理。2022年全县共有15个劳动力调查点，分布在9个乡镇。为保证源头数据质量的准确性，选调责任心强，有一定调查工作经验的人员担任调查工作；四是严格按照月度劳动力调查制度开展工作。辅调员月初张贴公告，层层深入进行宣传，争取得到全方位的配合，营造良好的调查环境，为月度劳动力调查工作顺利进行打下良好基础。入户调查时发放致调查户一封信，对调查户认真询问信息，做到逐人逐项询问填写，反复核对，确保上报信息无误。

三、其他工作亮点

一是圆满开展第十三届“中国统计开放日”活动。2022年9月15日至21日，通过进校园、进社区、进乡村的方式，扩大宣传面，向群众普及更多的统计知识，提高调查对象对统计工作的配合度和认可度。

二是持续推进“党建+业务”工作出实效。2022年相继开展了“条儿要青，苗儿要新，党员要

2022年10月28日，梧州市委副书记张惠强（正面右三）参加由梧州调查队、藤县调查队在东荣镇思排村联合开展“党旗飘飘促秋收 踔厉奋进新征程”党建引领秋粮实产调查活动

冲，数据要真”“童心向党，喜迎六一”“红色主题教育——传承红色基因”“树清廉家风，推进清廉机关建设”“党建+粮食统计调查”“党旗飘飘促秋收 踔厉奋进新征程”等主题党日活动。深入推进党建与统计调查业务融合发展，切实提高党员辅调员、党员调查对象的党性修养，发挥党员先锋模范作用；同时促使党员干部在各自业务岗位中加强思想淬炼、政治历练、实践锻炼和专业训练，在本职工作中走前头、做表率，致力打造一支业务精湛、力争上游的标兵队伍。

2022年11月24日，藤县调查队到新良村开展劳动力调查入户回访工作

三是争取地方政府部门支持，促进调查工作高质量发展。2022年6月14日，藤县调查队推动《监督意见》在县委常委会上进行传达学习，充分营造各级各部门关心支持统计工作的良好氛围。积极落实文件精神，通过主动沟通协调，藤县调查队2022年争取到专项调查经费37万元。

2023年4月7日，藤县调查队到藤县宁康乡开展主要畜禽摸底调查工作

国家统计局岑溪调查队

2022年，在国家统计局广西调查总队的正确领导下，国家统计局岑溪调查队（以下简称岑溪调查队）坚持党建引领，聚焦主责主业，结合全国统计工作会议精神及广西国家调查队工作会议重点工作要求，主动作为，开拓创新，扎实推进各项工作高质量发展，取得较好成效。

2022年6月27日，岑溪调查队党支部与住户调查点归义镇金坡村党总支部到筋竹镇开展七一主题党建活动

一、党建引领，不断增强党支部战斗堡垒作用

1.扎实推进“一支部一品牌”创建工作出实效。一是支部互促，规范支部建设，激发干事活力，增强支部战斗堡垒作用，荣获岑溪市2021年度党的建设专项工作绩效考评一等等次。二是党建引领，发挥模范带头作用，提高记账积极性，确保数据质量。

2.持续巩固党史学习教育成果，积极推动常态化长效化。一是在党员活动日、组织生活会会前学习及专题学习中，严格落实“第一议题”制度。二是队班子带头深入基层，开展5次“我为群众办实事”活动，提高国家调查队在群众中的认可感和对统计调查工作的配合度。三是规范开展“三会一课”和主题党日活动，丰富党建工作内涵。

2022年7月13日，广西调查总队党组成员、副总队长邱洪刚（左五）在岑溪市委常委、常务副市长张波陪同下到岑溪市归义镇开展调研工作

二、强化培训，规范流程，抓好质量检查，确保数据真实可靠

1.注重培训，提高调查员业务能力。一是开展“重培训、夯基础、强动力”微课堂。梳理各股室工作的短板及特长，以股室骨干为讲师，开展微课堂，提高业务水平。二是在日常工作中制作辅助调查员个性清单，有针对性地开展个别业务指导，切实提高业务水平。

2.开展数据质量自查和交叉检查，狠抓数据质量。一是对照统计执法检查发现问题及总队各处室要求开展自查自纠，针对存在的问题制定整改措施，明确责任人和整改时限，标注整改成效，抓好跟踪落实。二是开展统计数据质量交叉检查。由队班子牵头，成立数据质量交叉检查工作小组，对各业务股室及办公室的统计数据及统计政令等方面进行检查，将问题汇总成清单，明确整改措施和整改时限，不断提高数据质量。

3.完善规章制度，规范数据流程。修订了农产量调查工作制度和数据质量控制实施细则等11项制度及管理办法，从数据采集、台账管理、数据质量检查等方面进行了规范。

2022年9月22日，由岑溪调查队自编自导小品《为国记账 为己理财》在“数说新时代 奋进新征程”第十三届“中国统计开放日”宣传文艺晚会演出

三、扎实做好综合业务工作

1.团结协作，“两个信息”再创新高。根据队员调研与写作水平，组建信息写作先锋队，及时总结各方面工作成效。2022年，政务信息撰写72篇，获广西调查总队采用43篇，获国家统计局采用10篇，开创岑溪调查队首次获国家统计局采用的先河；调查信息撰写106篇，获广西调查总队采用100篇，比2021年增加了21篇，同比增长26.6%；报送地方调研信息及数据分析共30余篇，以上信息同比上年均有新突破。微信公众号推文《数说端午·盘点住户调查的七“理”粽香》在首届广西国家调查队系统微信创作技能大赛中获得三等奖。

2.做好督查督办，抓好工作落实。结合年度重点工作及队务会决议等内容，2022年开展督查督办共10次，确保了各项中心工作落到实处。

3.加强制度化建设，不断推动政务管理规范化。一是修订内部控制管理相关制度，让制度管人管事管物有依据。二是用好OA平台，实现收发文、出差、用车和办公用品申购等审批流程信息化。

4.按要求做好档案管理工作。一是2022年4月，严格按照档案归档要求，高效完成2021年档案归档工作。二是落实专人负责档案管理工作，认真做好借阅登记和日常检查登记等工作。

5.多形式开展保密和国家安全宣传。通过“岑溪调查”微信公众号、工作群和专题会等形式，组织开展系列保密和国家安全宣传活动共4次。

四、多方联动，扎实开展第十三届“中国统计开放日”宣传系列活动

1.多形式开展集中宣传活动。一是结合住户样本轮换宣传工作，统筹推进法治宣传，通过向群众讲解统计法律法规知识，打消调查户顾虑，提高工作配合度。二是联合梧州调查队举办第十三届“中国统计开放日”文艺宣传晚会，通过自编小品《为国记账 依法记账》和统计知识有奖问答等节目，创新普法宣传方式，提高群众法治意识。三是联合岑溪市统计局开展集中宣传活动，通过发放宣传资料、宣传小礼品，组织开展统计小知识有奖问答等形式，加强统计宣传，效果显著。

2.扎实开展送“货”上门活动。统筹各项工作，各专业均变身为“快递员”，将统计法律法规、统计宣传小礼品等送“货”上门，做好法治宣传工作。

3.开拓新渠道，加强宣传效果。开拓岑溪市电视台和新闻网公众号加强宣传统计开放日活动，提高群众知晓率，增强宣传效果。

2022年11月3日，梧州调查队、岑溪调查队、岑溪市统计局、岑溪市农业农村局及岑溪市南渡镇人民政府到南渡镇盘古村开展“建‘三情’·记真数”为主题的“党建+晚稻实割实测”党日活动

2022年12月8日，岑溪调查队在岑溪市小广场开展统计法治宣传活动

国家统计局合浦调查队

2022年，国家统计局合浦调查队（以下简称合浦调查队）坚持以习近平新时代中国特色社会主义思想为指导，深入学习党的二十大精神，扎实开展各项调查工作，在广西国家调查队系统市县级目标管理考核中荣获县级优秀等级。

2023年3月16日，合浦调查队联合合浦县乌家镇丹田村委到乌家镇红色纪念馆开展"学习宣传贯彻党的二十大精神，讲好家门口的红色故事"结对共建活动

一、党建引航、踔厉奋发，认真贯彻落实习近平总书记重要讲话及指示批示精神

（一）扎实开展学习教育，认真学习习近平总书记重要讲话精神

全面贯彻落实2022年全国统计部门及广西国家调查队系统全面从严治党工作视频会议精神，贯彻落实《国家统计局合浦调查队"第一议题"学习制度》，教育引导全体党员干部进一步坚定政治方向，增强"四个意识"、坚定"四个自信"，做到"两个维护"，不断提高政治判断力、政治领悟力、政治执行力，确保第一时间组织学习传达、贯彻落实习近平总书记重要讲话、重要指示批示精神和党中央决策部署。及时召开领导班子会议、全队会议对党的二十大精神进行深入学习研究，就深刻领会和贯彻落实党的二十大精神谈心得体会并提出具体贯彻落实措施，使全体干部职工树立正确党史观，激励其守初心，担使命，不懈奋斗。

（二）着力加强党的建设，不断推动从严治党向纵深发展

一是落实"两个责任"，队领导班子切实履行好管党治党职责。主要负责人履行好"第一责任人"职责，管好班子，带好队伍，纪检监察员加强对人、财、物、数等关键岗位的监督检查，班子成员切实履行"一岗双责"，层层传导压力，落实在行动上。二是加强党建引领，让"党建+业务"推动调查工作开展。联合市级调查队支部开展"稻浪飘香党旗红，秋粮实测数据真"主题党日活动，把党旗高高飘扬在实割实测一线，激发和调动支部党员干部的工作热情，切实调高数据质量。三是加强清廉机关建设，营造风清气正的氛围。充分运用好合浦本地的博物馆、纪念馆、党史馆等红色资源，加强革命传统教育，从党的百年奋斗历程汲取共产党人廉洁为民的力量。推动廉洁教育融入家庭日常生活，教育领导干部从严管好亲属子女，组织党员干部与家属共签订廉洁承诺书，以良好的家教家风助推清廉政风提升。四是充分发挥纪检监察干部纪

2022年10月31日，合浦调查队联合北海调查队一同到党江镇开展实割实测数据质量检查

2022年10月9日，合浦调查队到合浦县石康镇开展主要畜牧业电子化记账推广工作

检监察职能作用，减少纪检干部分管工作，使其更好聚焦主责主业，灵活运用“四种形态”持续释放执纪必严、违纪必究的信号。

二、求真务实、勇毅前行，扎实推进统计调查工作高质量发展

合浦调查队认真学习并贯彻落实广西国家调查工作会议精神，顺利完成2022年住户样本轮换、推广畜牧业电子记账、农作物对地抽样调查样本轮换工作、劳动力调查扩点等重点工作任务。

一是科学统筹谋划，高质量完成大样本轮换工作。2022年是住户调查大样本轮换之年，2022年9月2日，召开2022年住户调查大样本轮换动员暨业务培训会，县委常委、常务副县长周水祥出席并作动员讲话，推动大样本轮换工作高质量完成。顺利完成120户调查样本的开户和培训工作，原始抽中户开户率高达89.2%，开户成功率在北海市三区一县中排名最高。经多次辅导培训，当前12个调查点共120户记账户中，有113户采用电子记账方式，电子记账率为94%，高于全区平均水平，电子记账水平稳步提高。

二是圆满完成农业调查各项重点任务。《国家统计局广西调查总队 自治区农业农村厅关于开展畜牧业统计调查电子化记账工作的通知》（桂调字〔2022〕7号）文件下发后，合浦调查队高度重视，积极向合浦县政府请示汇报畜牧业统计调查电子化记账工作。通过加强部门合作，加快推进合浦县畜牧业电子化记账进程，畜牧业电子化记账推广工作取得成效。同时，县政府主要领导在会议上明确要求各乡镇、各相关部门要高度重视农作物对地抽样调查样本轮换工作，加强和调查队的沟通联系，积极配合调查队做好样本轮换相关工作。合浦调查队聚焦思想认识，加强工作保障，圆满完成农作物对地抽样调查样本轮换抽样框核实、省级样本村确认、省级样本村调查样方确认及图像采集等样本轮换相关环节工作。

三是积极向地方领导汇报劳动力扩样具体工作，劳动力调查经费被列入地方常规预算。2022年6月以来，合浦县政府主要领导和分管领导主动过问合浦调查队工作开展情况，并协调人社局等有关部门和各乡镇支持调查队工作，加快推进城镇调查失业率统计工作进程。根据扩样要求，合浦县劳动力调查小区从9个扩充至15个，6月27日选聘了6名社区（村）辅助调查员，圆满完成了劳动力扩点工作。

三、以法为向、以勤为径，大力加强推进依法治统工作

一是紧抓领导干部这个“关键少数”，形成学法用法“风向标”。让领导干部发挥示范带头作用，把统计法治纳入干部培训的必修课，把学习宣传工作延伸到支部、党员和群众。持续推动统计法律法规进党校、进课堂、进基层，有力推进《意见》《办法》《规定》《监督意见》等统计法律法

2023年2月13日，广西调查总队一级巡视员杨锡虹（左二）到合浦县党江镇党江街社区开展劳动力调查入户陪访工作

2022年9月20日，合浦调查队在还珠广场开展第十三届“中国统计开放日”宣传活动

规及相关文件的学习。二是充分利用“9.20”统计开放日、“12.4”国家宪法日、“12.8”《统计法》颁布纪念日等重要时点做好法治宣传，向群众发放普法资料，开展普法宣传活动，并充分利用微信公众号等政务新媒体对统计法治开展宣传，在公众号上转载普法优秀推文、推出统计法律法规知识竞赛有奖答题活动，进一步拓宽向社会普及统计法律法规的宣传面。2022年第十三届“中国统计开放日”，合浦调查队首次采用开展文艺演出的形式开展普法宣传活动，由文艺团带来精彩的舞蹈表演《美丽中国》《幺妹住在十三寨》，在表演中穿插知识竞答活动，让文艺演出、有奖知识竞答活动共同提升群众的参与热情，也进一步提升统计开放日活动的观赏性、趣味性、互动性，达到了良好的宣传效果。

四、立好规矩、正其制度，防范和惩治统计造假弄虚作假

一是建立健全各项制度，夯实统计工作基础。印发《国家统计局合浦调查队统计违法违纪行为查处情况报告制度》《国家统计局合浦调查队关于完善统计违法举报工作制度的规定（试行）》《国家统计局合浦调查队防范和惩治统计造假弄虚作假责任制及问责制》等系列制度，不断推动构建防范和惩治统计造假、弄虚作假的长效机制，把权力关进制度的笼子里，坚决杜绝干部职工发生违规违纪违法、失职失责失范行为，切实提高统计公信力。

二是规范权利运行，为统计调查数据质量提供坚强法治保障。严格执行领导干部违规干预统计工作记录制度，进一步健全数据质量管理管控体系，建立本队的数据质量核查常态化机制，建立由副队长任组长，各股室业务骨干为成员的数据质量检查组，检查组每半年对队内所有专业开展一次数据质量业务检查，通过数据质量检查的常态化促进提高工作质量，保证上报统计指标数据的准确性、一致性，切实提高统计数据的逻辑性、支撑性。

五、力学笃行、见微知著，信息工作质量进一步提升

合浦调查队切实加强业务学习，认真开展信息撰写学习研讨，从提高数据解读能力入手，引导干部职工关注社会热点和焦点问题，并深入一线开展实地调研，搜集基础资料，撰写专题调查报告，不断提高写作能力水平，扎实信息撰写基本功，加大对农业、畜牧业、企业、物价走势等领域的分析研究，及时反映地方各行各业生产经营情况和经济运行特点。2022年，获广西调查总队采用调查信息125篇，政务信息68篇，工作情况交流20篇，其中国家统计局采用20篇。

2022年6月15日，合浦调查队数据质量检查工作组对各专业开展基础工作和数量质量检查

国家统计局灵山调查队

2022年，国家统计局灵山调查队（以下简称灵山调查队）坚持以习近平新时代中国特色社会主义思想为指导，认真落实国家统计局、广西调查总队工作部署，以更高标准、更严导向、更实举措纵深推进全面从严治党，以提升数据质量为目标，聚焦重点工作任务，真抓实干，高质量完成各项工作。

2022年9月20日，灵山调查队联合县统计局在灵山县城步行街开展第十三届“中国统计开放日”宣传活动

一、强化政治担当，压实“两个责任”

（一）坚持政治统领，持续提高政治能力

1.抓实党的政治建设，坚决做到“两个维护”。加强政治机关教育和对党忠诚教育，加大模范机关和清廉机关单位同创共建，切实把思想和行动统一到习近平总书记重要讲话和中央决策部署上来。

2.加强党支部建设，夯实组织基础。落实《国家统计局党组关于加强和改进调查队系统党建工作的意见》，压实队主要领导和领导班子成员的主体责任。以实施“五基三化”攻坚年为契机，将党的建设工作纳入年度督查内容，2022年共2次督查党建工作。

3.强化科学理论武装。制订2022年度理论学习计划，执行“第一议题”，跟进学习贯彻习近平新时代中国特色社会主义思想和习近平总书记重要讲话指示批示精神，多形式学习宣传贯彻党的二十大精神，引导党员干部用新思想武装头脑推动工作。

4.推进党建和业务深度融合。巩固“一支部一品牌”创建活动，促进抓党建“第一责任”与提高数据质量“第一要务”有机结合，提升“党旗红·数据真”的品牌影响力和价值。

2022年9月23日，灵山调查队到灵山县新圩镇塘排村举办第十三届“中国统计开放日”宣传活动

（二）贯彻落实上级部署，全力完成重点工作

1.贯彻落实统计改革重要文件精神。持续学习贯彻《关于更加有效发挥统计监督职能作用的意见》（以下简称《监督意见》），推动《监督意见》在地方政府传达学习，通过与县委、县政府、县委组织部、县委宣传部、县党校沟通，得到了重视与采纳。县委常委会第14次会议、县人民政府党组第四次会议等会议学习《监督意见》精神；县

2022年11月2日，灵山调查队到灵山县灵城街道谭礼村开展“新中国政府统计机构成立70周年 农产实割实测统计调查60周年”主题党日活动

委宣传部将《监督意见》纳入全县理论学习重要内容；县委组织部将统计法律法规知识纳入科级干部进修班专题学习内容。

2.强化统计法治意识。一是创新统计法治宣传模式。联合灵山县委宣传部在公众地方张贴宣传喷绘画开展户外宣传；联合县统计局在县城步行街开展现场宣传；联合县三多社区开展晚会宣传；联合村委（社区）干部入户开展面对面宣传，提高群众知晓率。二是开展2次“双随机”统计执法检查，增强调查对象的统计法治观念。

3.完成疫情防控工作等地方党委政府中心任务，落实落细常态化疫情防控各项工作。按要求完成脱贫攻坚与乡村振兴衔接、禁毒宣传防控等工作；圆满完成2021年度绩效考评满意度测评工作。

（三）全面从严管党治党，扎实履行“两个责任”

1.压紧压实管党治党政治责任。召开履行党风廉政建设主体责任和遵规守纪汇报会、全面从严治党专题研究会和全面从严治党工作会议，认真研判全面从严治党形势、分析工作难点和不足、研究工作措施和部署推动工作落实。队主要领导带头检查党风廉政建设工作、听取汇报，带头上廉政党课、开展廉政谈心谈话，推动“两个责任”和“一岗双责”同频共振。

2.严格履行全面从严治党监督责任。加强对“一把手”和领导班子监督。建立工作落实和数据质量常态化督查机制，制订2022年度督查计划，队纪检监察员、办公室每月分别组织开展1次、2次以上督查。

3.扎实做好巡视巡察“后半篇文章”。认真按广西调查总队党组关于开展对党的十九大以来巡察、对照国家统计局党组巡视和广西调查总队党组巡察发现问题通报和总队审计发现问题通报进行自查自纠的工作要求开展自查，制订整改工作台账，明确责任和工作要求，确保整改实效。

（四）加强党风廉政建设，持之以恒正风肃纪

一是深入推进专项治理。组织人员认真开展固定资产服务外包、公务用车租赁、套取会议费和培训费、用人关系专项自查工作，持续净化政治生态。二是抓好作风建设和警示教育。完善考勤管理

2022年11月30日，灵山调查队到灵山县平山镇龙垌小学开展“深入学习贯彻党的二十大精神，开启依法统计依法治统新征程”统计法治进校园宣传活动

2023年3月14日，灵山调查队到灵山县石塘镇平历村开展农产品生产者价格调查走访调研

和清洁卫生制度，持续开展作风建设。强化警示教育，注重运用身边人身边事违法违纪案例，开展“以案释纪释法”，筑牢拒腐防变思想防线。

二、强化数据质量，履行核心职能

（一）切实担负提高数据质量的政治责任

组织对2021年度各项业务和工作开展自查，压实领导班子抓好数据质量的责任，领导班子成员不定期对分管领域业务或工作开展抽检。把数据质量作为督查工作重要内容，2022年以来共集中开展3次统计政令执行、数据质量和规范化检查，严格督查和检查工作纪律，确保检查取得实效。

（二）扎实推进年度重点统计调查工作

紧盯住户调查大样本轮换、农作物对地抽样调查样本轮换、市级城镇调查失业率统计工作、畜牧业统计调查电子化记账和大豆玉米带状复合种植调查等工作，按时按质完成工作任务。与农业农村部门建立协调配合工作机制，发挥农业农村部门与养殖场（户）优势，合力推进畜牧业统计调查电子化记账工作，全县大型养殖场（户）电子记账达100%，中型养殖场（户）电子记账户达82%；积极向县政府争取，以县政府的名义下发文件和召开会议扎实推进住户调查大样本轮换工作，实行季度数据比对制度，每季度集中组织工作人员逐户分析家庭成员和工作变动、数据同比环比变化等情况，进一步消除错记漏记；以县政府的名义召开城镇调查失业率统计工作部署会议，及时部署推动城镇调查失业率统计工作；在农业面积产量调查中实行调查全过程100%参与，进一步提升调查数据质量。

（三）高效完成其他常规统计调查工作

严格遵守各统计调查专业方法制度，坚持数据质量第一理念，强化统计调查全过程质量控制，高效完成住户收支、农业播种面积等9项常规统计调查业务。

三、强化政务管理，提升管理水平

一是争取地方政府支持。为落实桂政办发〔2021〕53号精神，着眼调查工作，积极与县政府、县财政局进行沟通联系，在其他县直单位年初预算普遍减半的情况下，县政府同意追加25万元用于国家调查工作，并将干部绩效奖励专项经费列入县年度预算。二是将国家安全、保密工作和网络安全知识纳入队员、辅助调查员培训，不断提高国家安全意识和保密意识。强化检查机房设备、防火墙等联网设备，确保网络安全。2022年，开展4次国家安全、保密工作和网络安全工作教育。三是派员参加灵山县2022年档案业务培训班，做好2021年档案归档工作，巩固二级档案室成果。四是强化统计调查服务工作。采取轮流组稿的模式，参与优质服务的积极性和整体工作水平得到不断提高，2022年，2篇政务信息获国家统计局内网首页采用。

2023年5月4日，灵山调查队到灵山县佛子龙渊村开展春播调查

国家统计局浦北调查队

一、加强党建引领，提高支部战斗力

（一）夯基础、强队伍，促党建工作水平提升

1.落实党建目标责任。召开队务会，研究确定2022年党的建设工作要点；制定国家统计局浦北调查队（以下简称浦北调查队）党建“五基三化”攻坚年行动具体任务清单，明确年度工作任务、具体措施、责任人和完成时限，清单化开展年度党建工作；召开全面从严治党专题会，研究部署全面从严治党工作。

2022年6月14日，广西调查总队党组成员、党组纪检组组长姜永亮（左三）到浦北调查队检查指导纪检监察和党风廉政建设工作

2.严格抓好党员教育管理。严格落实组织制度，扎实完成“三会一课”目标任务；积极督促党员开展“学习强国”平台学习，支部年度学习积分超过15000分的党员共有3名；新发展1名预备党员；组织党员干部到市委党校参加“学习贯彻党的二十大精神培训班”，到大成镇甘子根村委开展“学党史强党性促清廉担使命”培训班，提高党员干部政治素养；走访困难党员和退役军人家庭，为他们带去组织的关怀与温暖。

3.切实落实“一岗双责”，推进全面从严治党。组织学《中国共产党廉洁自律准则》等重要文件，深化干部职工思想认识，增强行动自觉；重大节假日前后必开展党风廉政建设集体谈心谈话活动，案例警示教育活动，督促干部职工强化纪律意识和规矩意识；组织做好巡视巡察“回头看”自查整改工作，对照检查发现问题10个，制定整改措施12条，已全部落实；全力配合做好广西调查总队“三项清理”、统计执法检查和审计整改工作，所有存在问题均制定整改措施并跟踪落实到位。

（二）抓载体、求实效，切实提高为民服务水平

1.以“党建+网格化”疫情防控工作机制为载体，不断提高社区居民服务水平。作为浦北县江城街道江滨社区第一居民小区网格的牵头单位，浦北调查队2022年共3次组织网格内的276多户居民开展了9轮全员核酸检测工作，并多次开展一氧化碳中毒预防宣传、房屋安全隐患排查等活动。

2022年9月29日，浦北调查队在浦水县江滨广场开展第十三届“中国统计开放日”宣传活动

2.以乡村振兴联系村为载体，助推脱贫村发展水平提升。支付安石镇石凉村民委员会2000元，用于该村进村道路

2022年10月17日，浦北调查队在2022年浦北县青年干部培训班上开展统计法治授课

路灯修缮；加强石凉村集体经济的调研和指导，石凉村的村集体收入也由2021年的10.2万元提高到2022年的20.1万元；帮扶的14户脱贫户和监测户收入得到稳定增长。

3.以“双服务、双报到”活动为载体，做好社区居民服务工作。落实江滨社区申请的维修垌心村牛角坪道路及万荣华府小区一处土地硬底化资金2000元；划拨2000元购买帐篷灯疫情防控物资，服务社区居民开展疫情防控工作；对社区部分慰问困难群众进行走访慰问，认领“微心愿”，为困难群众排忧解难。

二、坚守数据质量“生命线”，各项调查业务不断取得新进展

1.合理调整分工，进一步凝聚业务调查力量。根据队内实际情况，积极探索队内分工调整，打造更年轻、更精简、更高效的业务调查队伍。队内通过各种会议、审核流程、绩效考核等强化股室负责人职责，强化工作落实和问题整改，更高效地推动统计调查业务工作开展。

2.抓检查结果运用，促问题整改。组织开展专项检查活动，对各专业2018年以来的所有报表进行全面检查。组织各股室对总队近年来“双随机”统计执法检查发现问题的通报进行再学习再检查。针对本队所存在的13项问题建立整改台账，并出台一系列长期整改举措。由分管领导和股室负责人作为主要责任人，压紧压实整改责任，提高整改成效。

3.强化部门配合，推动各项重点调查工作高质量开展。在住户调查大样本轮换工作中，浦北县政府印发了《浦北县人民政府办公室关于做好2022年浦北县住户调查大样本轮换工作的通知》，并召开浦北县样本轮换工作动员会，浦北队联合人社局、农业农村局及各相关镇（街道）深入调查点开展各项调查工作，并于12月前完成了建筑物清查、调查小区简图绘制、摸底调查、开户、培训、试记账等工作，新记账户于12月1日顺利实现正式记账。在畜牧业统计调查电子化记账工作中，浦北调查队联合浦北县农业农村局和浦北县统计局举办浦北县主要畜禽监测调查电子记账工作培训班，并采取分片集中培训方式对调查对象加以培训，通过日常的入户和后台监控等加以跟踪落实，年内已完成所有大中型养殖户的开户和试记账工作，部分调查户已实现正常记账。

三、落细落实防惩造假作假责任制，推动地区统计监督工作取得新突破

1.强化组织领导，落实责任主体。印发《2022年国家统计局浦北调查队统计法治工作要点》《国家统计局浦北调查队统计法治宣传教育第八个五年规划（2021—2025年）》，明确将学习贯彻《监督意见》与持续贯彻落实《意见》《办法》《规定》融会贯通起来，学习宣传贯彻的部署安排末端落实。

2023年4月10日，浦北调查队召开浦北县国家调查点数据质量提升工作会议

2023年4月4日，浦北调查队党支部深入江滨社区“双报到 双服务”活动

排名由去年的第9上升到第4，采用量与上年相比增长35%。政务信息2022年首次获得国家统计局内网采用2篇，信息撰写成效取得质和量的提升。同时本队已连续10年组织开展浦北县绩效考评社会评价调查工作，获地方各部门给予高度评价，成功打造地方知名调查品牌。积极响应地方经济社会发展需求，充分发挥自身优势，积极为各级各部门决策建言献策，高质量完成地方绩效考评工作，截至2022年，已连续九年获评浦北县绩效目标管理工作先进单位。

2.多方联动，推动地区统计法治工作取得新突破。5月9日，联合浦北县统计局向县政府发文，申请将《监督意见》纳入浦北县政府常务会进行学习。10月18日，浦北调查队党支部书记、队长梁广祥受中共浦北县委党校邀请，到2022年浦北县青年干部培训班开展授课，有效增强了统计调查工作在本地区的认知度，为地区统计法治工作深入发展奠定扎实的基础。

3.积极探索统计普法新思路。一是结合疫情防控工作，深入社区开展宣传。结合疫情防控核酸检测工作，有序开展了浦北调查队疫情防控志愿服务暨第十三届“中国统计开放日”宣传活动。二是与浦北县统计局联合开展现场宣传活动。三是与业务工作相融合，推动业务与法治工作协同发展。结合住户大样本轮换和畜牧业电子记账工作，深入各调查点开展宣传活动，有效提高了社会公众和调查对象法治意识，同时为业务工作的落实奠定坚实基础。四是充分运用新媒体平台，持续推动宣传工作走深走实。

四、统计调查“轻骑兵”优势显著，优质服务效能得到质的提升

聚焦地方经济社会发展热点难点和群众关注关切的民生问题，全年共撰写多篇次经济社会发展信息供县委县政府参考使用。2022年，浦北调查队调查信息获广西调查总队采用105篇，县队

五、强化沟通交流，营造良好统计调查环境

2022年度列入县财政预算金额比2021年度增加了35万元，新增加了劳动力调查和住户轮换调查预算，并在2022年6月追加了畜牧业调查电子化记账和住户样本轮换经费合计19.8万元，已落实的地方经费额度与去年相比增加324%。4月，浦北县委常委、宣传部部长覃永雁带队到浦北调查队开展调研指导工作，对浦北调查队的各项工作成绩进行了肯定，并对长期以来对地方经济发展作出的贡献表示感谢。浦北县政府领导多次在各种重要会议上要求各镇各部门加强与调查队的联系，2022年以来农业农村局和人社局共派车20余次，解决浦北调查队下乡用车问题。

2023年4月13日，浦北调查队党支部联合浦北县气象局党支部开展“缅怀革命先烈·赓续红色血脉”主题党日活动

国家统计局平南调查队

2022年，在广西调查总队的正确领导下，国家统计局平南调查队（以下简称平南调查队）以习近平新时代中国特色社会主义思想为指导，认真贯彻落实党的十九届六中全会精神和党的二十大精神，全面落实全国统计会议精神、广西国家调查工作会议和年中工作推进会部署，以提高数据质量为中心，落实防范和惩治统计造假、弄虚作假责任制，严格按照调查制度方案开展工作，顺利完成各项统计调查任务。

2023年5月10日，广西调查总队党组成员、副总队长邱洪刚（右三）到平南县丹竹镇梅令村开展劳动力调查调研工作

一、深入学习党的理论和路线方针政策和落实上级工作部署

（一）政治理论学习常抓不懈

严格落实“第一议题”制度，及时召开党员大会、全体会议学习党的十九届六中全会精神和党的二十大精神及《习近平谈治国理政》第四卷等书籍，通过讲党课、主题党日活动、党支部交流讨论及撰写心得体会等方式，在深入领会精神实质和统一思想认识上下功夫，强化党性修养，用科学理论知识武装头脑，增强“四个意识”、坚定“四个自信”、做到“两个维护”。

（二）《监督意见》长期坚持落实

一是充分认识《关于更加有效发挥统计监督职能作用的意见》（以下简称《监督意见》）的重要意义，从加强党对统计工作的领导、做到“两个维护”的政治高度，深入学习贯彻落实《监督意见》，自觉把思想和行动统一到党中央关于强化统计监督职能的重大决策部署上来。二是深入学习传达《监督意见》，平南调查队多次召开会议专题学习《监督意见》，自觉履行学习贯彻《监督意见》的责任，并积极推动县政府召开常务会议学习贯彻落实。三是强化责任担当，全面落实《监督意见》各项要求，充分发挥监督职能作用，至少每半年对各业务股室开展一次数据质量检查，查看调查工作开展情况，对各股室调查业务工作形成有效监督，提高业务人员防范统计造假、弄虚作

2022年11月2日，平南调查队开展“平南国调党旗田间扬 秋粮实测数据真”主题党日活动

2022年5月22日，平南调查队到平南县丹竹镇赤马村开展住户调查大样本轮换前期核查工作

假的责任感和使命感。

二、严格落实统计调查报表制度，全力完成全年重点调查工作任务

一是以各专业调查工作制度为根本，经常性组织业务人员进行深入学习讨论交流，按照规定开展辅助调查员业务培训，通过集中培训、一对一辅导等方式提高辅助调查员业务水平，充分掌握调查制度内容，做到心中有度。二是加强对报表的审核力度，充分利用程序自带功能对数据开展逻辑关系、数据匹配程度的审核，并结合业务人员人工复审、分管领导终审等多重审核，确保数据质量。三是依托总队的报表通报制度，及时了解业务工作中存在的问题和不足，及时进行整改，全面提高调查数据质量。

2022年，平南调查队除了完成住户调查、劳动力调查等常规调查工作任务外，通过优化内设机构人员、调查业务分配，统筹队内人员力量，落实工作经费保障，顺利完成住户调查大样本轮换工作和推进畜牧业统计调查电子化记账工作和对地抽样调查样本大轮换工作等年度重点工作。

三、落实防范和惩治统计造假弄虚作假工作责任制

一是队领导班子成员十分重视防范和惩治统计造假弄虚作假工作责任，强化责任意识、明确职责主体、狠抓责任落实，亲自部署、亲自过问、亲自参与，经常指导业务股室工作，深入调查一线，了解调查工作进度，检查调查工作质量，重视调查数据质量。二是加强统计法治宣传工作，充分利用业务培训、入户走访、集中普法宣传等方式开展宣传，利用统计开放日、《统计法》颁布纪念日等重要节点时间，积极面向辅助调查员、调查户和社会群众宣传统计法及其实施条例等统计法律法规，促进统计法深入群众、深入企业、深入调查户。

四、扎实推进党建工作向纵深发展

一是结合“一支部一品牌”创建工作，以创建“筑堡垒 聚合力 统真数 扬平南国调”党支部品牌为核心，结合本队实际情况，主要以农业调查为主，积极推动“党建+业务”深度融合，以党建引领业务促使调查工作更上一层楼。二是积极助力乡村振兴，利用党支部共建为契机，与共建村党支部村委成员、老党员座谈交流，探讨如何以党建为引领抓好乡村振兴。三是通过“红格善治”工程，充分发挥党员先锋模范作用，积极到联系社区开展新冠疫情防控知识宣传、排查，配合社区做好疫情防控工作，以及到挂点乡镇开展火灾、水灾隐患排查工作。

2022年9月20日，平南调查队联合平南县统计局在江滨小广场开展第十三届“中国统计开放日”宣传活动

五、抓管理促规范，推进各项工作全面提高

一是及时根据队内人事变动重新分配工作岗位，并将目标任务、工作职责、内部分工进行公示，进一步落实岗位工作职责和工作要求。二是加强保密教育工作，将保密工作和国家安全、网络安全工作结合起来，利用工作例会及召开专题会议开展4次宣传教育活动，通过学习保密法律法规、通报违法保密法典型案例和观看保密警示教育片等活动开展保密宣传教育，切实提高全体干部职工保密意识。三是重视政务信息工作，将政务信息作为绩效考核的重要部分，激励队员进行政务信息写作，政务信息获广西调查总队内部网站采用32篇、国家统计局网站首页采用8篇。四是充分发挥督查督办作用，实行纪检监察和办公室联合机制，对单位重点工作进行督促检查，年内督查督办重大事项8项，通过监督检查，严格落实规章制度要求，保障各项工作顺利有序开展。五是加强与地方政府部门沟通协调，主动向县政府分管领导汇报工作，推动县政府通过发文或者以县政府名义召开调查培训会议推进各项调查业务工作；提议常务副县长召开部门协调会，争取财政经费支持和各部门的理解支持。

2022年8月11日，平南调查队到大安镇同新村开展劳动力调查入户陪访工作

国家统计局桂平调查队

2022年，在广西调查总队党组、桂平市委、市政府的正确领导下，国家统计局桂平调查队（以下简称桂平调查队）坚持以习近平新时代中国特色社会主义思想为指导，认真贯彻落实2022年广西国家调查工作会议和年中工作推进会精神，稳步推进各项工作任务落实。

2022年6月23日，桂平调查队到城南社区开展“党建+住户调查大样本轮换”宣传活动

一、加强学习，持续推进理论学习走深走实

集中组织学习习近平总书记关于统计工作重要讲话指示批示精神、党的二十大精神和《关于深化统计管理体制改革提高统计数据真实性的意见》《统计违纪违法责任人处分处理建议办法》《防范和惩治统计造假、弄虚作假督察工作规定》（以下简称《意见》《办法》《规定》），领导班子利用下乡契机到调查点及企业宣传党的二十大精神。将《意见》《办法》《规定》贯穿在业务培训会，通过通读全文，逐句学习，使大家领会精神实质，不断增强统计调查人强化统计数据真实性的担当意识和责任意识。推动《监督意见》纳入桂平市政府常务会议学习内容，积极发挥“头雁”作用。

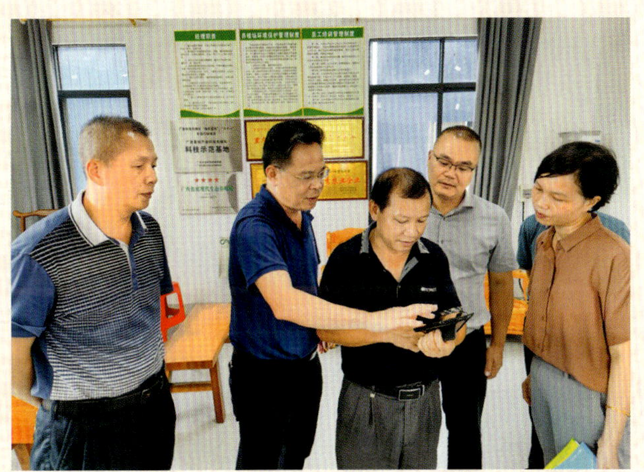
2022年6月17日，广西调查总队一级巡视员梁开光（左二）带队到桂平查看畜牧业电子记账推进情况

二、牢固树立政治机关意识，党的建设全面加强

（一）以党建为引领，推进政治机关建设。制定清廉机关创建方案和清单，召开动员部署会，落实工作责任，全面推动清廉机关创建工作。领导班子根据工作实际建立基层党支部工作联系点，压实管党治党政治责任。认真执行“第一议题”制度，组织青年理论学习小组开展集中交流研讨，不断提高政治理论水平。

（二）持续推进党史学习教育走深走实。通过开展专题学习、桂平历史教育基地参观、组织党员干部到社区开展疫情防控志愿服务、组织全体干部职工回居住社区（网格）参与党建引领网格管理“红格善治工程”，深入推进到“双报到”社区常态化志愿服务活动，进而推动党史学习教育、群众性主题宣传教育和“我为群众办实事”实践活动落实见效。

（三）“一支部一品牌”创建工作取得成效。聚焦“为民调查”主责主业，结合业务工作特点开展“党建+业务”活动，截至11月，在5个调查

2022年7月7日，广西调查总队党组成员、副总队长李青（右二）带队到桂平调查队开展网络安全和信息化工作检查

点开展了“党建+业务”活动，促进“抓党建”第一责任和“提升数据质量”第一要务有机融合。

三、踔厉奋发，务实笃行，统计调查业务改革发展取得新成效

（一）凝心聚力，抓好重点业务改革创新

扎实推进畜牧业电子记账推广工作。及时向地方党政领导和相关部门沟通协调，争取到工作经费19万元。举办了桂平市畜牧业调查电子记账培训班，分管领导与业务骨干带头深入乡镇村屯、养殖场，手把手指导养殖户利用记账APP填报数据。截至11月，桂平调查队推广大型规模养殖户电子记账为39家，覆盖率达到100%；中小型养殖户实现电子记账为35家，覆盖率接近50%，有效减轻了调查对象负担。

扎实有序推进住户调查大样本轮换工作。一是成立了2022年住户调查大样本轮换工作领导小组，争取到工作经费15万元，有效保障大样本轮换工作开展。二是通过微信公众号、拉横幅、下乡访户与开展“党建+住户调查大样本轮换宣传”进社区活动，提升社会公众的知晓度和配合度。三是通过两轮样本框信息核实、实地走访，夯实住户调查样本数据基础。四是整合全队力量，协调有关部门、乡镇政府及抽中村（居）委会，实现住户调查大样本轮换摸底全覆盖。

精心组织市级城镇调查失业率统计工作。积极主动向市委、市政府汇报市级城镇调查失业率统计工作情况，由市政府统筹协调有关单位与乡镇全力配合做好调查失业率统计工作。切实按照总队、市队新要求，强化调查过程数据核查工作，及时回应上级数据查询，确保数据真实可信。

扎实做好农作物对地抽样调查样本轮换工作。争取地方经费10万元，组织业务骨干对总队下发的省级样本村和县级样本村进行现场确认，并严格按照工作方案要求做好样方地块抽选。及时开展无人机遥感测量航拍工作，为下一步任务包制作、样方图勾画奠定坚实基础，确保在2022年秋冬播如期开展调查。

（二）主动作为，高质量推进中心工作

不断夯实统计调查基础。由队领导班子及股室负责人组成检查组，交叉对全部调查专业进行统计调查数据质量工作检查。根据检查结果，研究整改措施，落实整改，切实提高各专业统计调查数据质量。由参加广西调查总队2022年“双随机”统计执法检查业务骨干根据现场检查及各专业容易出现的风险点开展培训，各股对负责的专业开展自查自纠，补短板，堵塞漏洞，降低数据风险隐患，提高数据质量。

积极抓好统计法治建设。学习报表质量通报，队长逐个专业进行点评，对排名靠后的专业剖析原因，并提出整改要求。严格执行领导干部违规干预统计工作记录制度，加强对来访情况的登记和跟踪，充分发挥“前哨”作用。通过开展法治宣传“进农村”“进社区”“进校园”活动，营造良好

2022年9月20日，桂平调查队联合市统计局到文化广场开展第十三届“中国统计开放日”活动

2022年11月8日，广西调查总队农业调查处到罗秀镇新伟村进行晚稻实割实测

行政管理提档进位。落实重要事项请示报告制度和重点工作督查督办制度，年内开展督查督办6次。开展国家安全和保密专题学习，提升国家安全意识。在重要时间节点配合总队做好网络安全检查与报告工作，印发《国家统计局桂平调查队网络安全管理办法》等制度，进一步规范网络安全管理。100%完成信创工作替换工作。桂平调查队档案室成功升级为二级档案室。

的统计法治外部环境。联系桂平市融媒体中心跟踪拍摄第十三届“中国统计开放日”系列宣传活动，并在桂平新闻频道播出宣传视频，扩大社会知晓覆盖面。对1家主要农产品生产者价格调查企业开展“双随机”统计执法检查。

2023年4月12日，桂平调查队到南木镇朱凤村开展主要畜禽监测指导工作

进一步创造更优统计调查外部环境。年内对固定资产全面“摸家底”，及时更新资产变动信息，对资产实行动态管理。积极落实“过紧日子”要求，建立台账，强化对“三公”经费管理，提高预算绩效管理水平。加强与桂平市委市政府领导汇报，年内争取到地方支持调查任务的经费89万元。

压紧落实全面从严治党主体责任。召开全面从严治党专题研究会议；建立监督检查台账，加强对人、财、物、数等重点领域、重点环节的党风廉政监督检查频率。针对2021年巡察反馈的问题，认真开展“回头看”自查工作，对照清单台账逐条检查落实情况，确保整改到位。积极做好“三项清理”专项治理整改工作。

统计优质服务能力进一步提升。组织召开统计信息分析工作推进会，统计优质服务取得一定成效。截至11月份，上报广西调查总队调查信息90篇，反馈采用76篇；截至10月底，获国家统计局首页采用政务信息6篇，实现了建队以来国家局首页采用创历史新高。注重发挥新媒体宣传合力，转发推送各类文章137篇，队内原创编发13篇。宣传晚稻实割实测的新闻报道在桂平新闻频道、贵港新闻综合频道与广西新闻频道播出。

2023年5月11日，广西调查总队党组成员、副总队长邱洪刚（右二）到金田镇茶林村开展劳动力入户陪访工作

国家统计局博白调查队

2022年7月1日，博白调查队联合中国建设银行博白支行到博白县松旺镇朱光故居开展党史学习教育主题党日活动

2022年，国家统计局博白调查队（以下简称博白调查队）在广西调查总队和博白县委县政府的正确领导下，以习近平新时代中国特色社会主义思想为指导，深入学习贯彻党的二十大精神，按照广西调查总队党组部署，扎实推进各项工作，较为圆满地完成各项任务。

一、加强党的领导，扎实推进基层党建工作

一是加强理论学习，抓牢思想政治建设。坚持以党的政治建设为统领，把习近平新时代中国特色社会主义思想学习作为加强党员干部思想政治建设的重要抓手，严格落实“第一议题”制度，通过集中学习、主题研讨、专题党课、参观学习等形式，跟进学习习近平总书记重要指示批示和重要讲话精神，把学习好、宣传好、贯彻好党的二十大精神作为首要政治任务，推动以先进理论武装头脑、指导实践。一年来共开展理论集中学习15次，专题党课8次，主题研讨5次，基地参观学习5次，知识测试3次。二是强化组织制度建设，落实新时代组织路线。认真贯彻执行民主集中制，严格落实“三会一课”、党费收缴、组织生活会等制度，落实专职党务工作者。重视抓好发展党员工作，2022年成功发展了1名预备党员，党支部力量进一步壮大。加强支部阵地建设，对支部阵地进行升级改造，建设独立党员活动室，落实了党支部“五个一”“七有”标准，支部战斗堡垒作用进一步凸显。2022年支部书记获评博白县直属机关优秀共产党员称号，季度机关党建工作考核排名与去年同比有所提升。三是创新活动载体，推进党建与业务融合。2022年以来各业务股室结合工作实际，创新开展党建与业务融合主题活动，不断强化党建引领作用。如住户调查结合年中工作会议开展“缅怀革命先烈，传承红色精神”主题活动，以党史学习教育激励党员干部不忘初心、牢记使命，凝聚奋斗前进力量。农业调查结合水稻测产实割实测，开展“党旗飘扬在田间，助力秋收守初心”主题活动，以宣传贯彻党的二十大精神为主线，引导广大党员干部在农产量调查中发挥党员先锋模范作用，推进党建与业务深度融合。

二、落实高质量发展要求，不断提高统计数据质量

一是全面做好住户调查大样本轮换工作。加强与地方政府汇报，通过印发文件通知和召开全县工作会议的方式布置住户调查大样本轮换，2022年已完成全部调查户落实及换户工作，换户率20.9%，在110户调查户中，电子记账率87.27%。二是扎实做好畜禽电子记账推广工作。通过“以点带面，先易后难”的方式，先集中力量推广大型养殖场，后在样本调查村中选中型养殖户较多的村推

2022年8月14日，博白调查队到博白县三滩镇学田村开展遥感无人机对新样本农作物遥感测量和对地调查

2022年8月31日，广西调查总队党组成员、副总队长（右三）李青到博白调查队召开巡察整改专题民主生活会

广，分批试点，有序推进。2022年已完成年度大型养殖场100%、调查村内抽中的中小型养殖户不低于40%的任务目标。三是强化常规调查业务工作，不断提高调查数据质量。如农业调查通过制作《粮食生产影响因素分析统计表》发放给辅调员，实时观察记录，对高温天气、降雨时段降雨量、连续阴雨天气、台风寒露风等发生影响情况和时段，做好详细记录。查准化肥、农药的使用情况，摸清农户用水渠道、田间管理、种植品种情况，为准确研判粮食产量形势提供真实依据。消价调查通过制定采价员管理考核办法，稳定采价队伍。每个月对采价员价格上报、规格品和调查网点替换管理、业务学习等方面进行考核打分，并在年底对采价员进行年度考核，开展优秀采价员评选表彰活动，充分调动采价员的工作积极性，提高调查数据真实准确性。

三、不断强化轻骑兵本色，扎实做好统计优质服务

一是充分发挥调查队信息服务职能。扎实开展基层调研工作，掌握第一手调研资料，积极参与总队约稿和撰写调研信息，2022年被广西调查总队采用信息105篇次，增长66.7%。二是坚持服务好地方党委政府决策。在日常统计调查和调研中获取的社会热点形成信息及时报送地方党委政府，为准确反映博白县经济社会发展现状和问题，解决群众关切问题提供优质信息服务，2022年共获地方政府采用45条，在全县政务信息系统中排名第一。三是做好日常工作经验总结。在做好日常统计调查工作的同时，认真研究统计调查工作方式方法，加强工作经验总结和交流，2022年被广西调查总队采用的政务信息和工作交流19篇，其中获国家统计局采用5篇，与去年相比提升较大。

四、完善监督执纪，打造忠诚干净担当队伍

一是认真履行全面从严治党“两个责任”。贯彻落实中央及国家统计局、广西调查总队关于全面从严治党总体部署，班子成员严格落实“一岗双责”。加强干部作风建设，严格落实考勤制度，强化纪律约束，2022年以来共对3名工作纪律涣散的干部职工进行了谈话提醒。年内组织召开2次全面从严治党专题研究会议，分析全面从严治党形势和存在问题，研究提出整改措施。年初调整领导班子成员分工，推动纪检干部聚焦主责主业。二是开展廉政警示教育。坚持每季度至少召开一次廉政警示教育会议，以传达文件精神、通报反面典型案例、观看廉政短视频、廉政知识测试等方式，教育引导广大党员干部明法纪、知敬畏、守底线。2022年以来共通报反面典型案例40多起，观看廉政短片4个，开展廉政知识测试1次，参观廉政教育基地1次。三是加强廉洁宣传教育。充分利用单位微信公众号、工作群发布廉洁提醒；节假日前对干部职工发送廉洁过节提醒短信；开展廉洁故事分享活动，党员干部轮流分享古今中外廉洁人物故事；利用清廉机关建设，打造廉洁文化阵地，营造浓厚的廉洁氛围，让每一位干部职工紧绷廉洁自律弦。四是扎实做好巡察整改工作。领导班子高度重视巡察整改工作，紧盯广西调查总队巡察组反馈的意见，及时组织召开专题研究会议和专题民主生活会，认真组织、分类梳理、举一反三、压实责任，制定整改措施，明确整改责任人和整改时限。

2022年12月9日，博白调查队到博白县博白镇柯木村开展统计法治宣传活动

国家统计局北流调查队

2022年以来，国家统计局北流调查队（以下简称北流调查队）在广西调查总队的正确领导下，坚持以习近平新时代中国特色社会主义思想为指导，认真贯彻落实全国统计工作会议精神、广西国家调查工作会议精神，开拓创新，奋力争先，以优异成绩庆祝党的二十大胜利召开。

2022年9月20日，北流调查队到北流市桥头公园开展第十三届“中国统计开放日”宣传活动

一、多措并举，持续加强党的建设

（一）强化思想理论武装，提升干部职工综合素质

坚持贯彻落实“第一议题”制度，年初制定党建工作要点、党支部理论学习计划和干部教育培训工作要点，班子成员带头学，干部职工集中学，辅助调查员联动学，开展“每月一学”活动，党员干部职工轮流授课。把握时间节点制定方案并认真学习宣传贯彻党的二十大精神，积极参加上级举办的各项培训班和督促党员干部通过“学习强国”“钉钉”等平台学习。

（二）强基固本，提升支部凝聚力和战斗力

继续深化“党旗领航强堡垒，铜州国调绘蓝图”党建品牌建设，着力抓好基层党建“五基三化”攻坚年行动、模范机关创建和清廉机关建设工作，认真落实“三会一课”、组织生活会、党费收缴、党务公开等制度，精心谋划主题党日活动。2022年1月荣获“玉林市四星级基层党组织”称号；1月被命名为“玉林市无烟单位”；4月向北流市直机关工委推送的“树青年先锋 做悦读党员 颂建党精神”朗诵作品在北流市直机关“书香机关·阅读圆梦”线上朗诵比赛中荣获三等奖；6月获玉林市精神文明建设委员会命名为“第二十批玉林市文明单位”称号；11月北流市直模范机关创建示范单位拟选树单位名单公示，北流队榜上有名。

2022年12月8日，北流调查队到隆盛镇南禄村开展“12·8”《中华人民共和国统计法》颁布39周年纪念日法治宣传活动

（三）强化党建引领，促进党建与业务深入融合

强化党建与业务融合，各专业有特色有亮点，如结合住户调查培训会组织业务人员及辅调员到李明瑞俞作豫纪念馆开

2022年11月2日，北流调查队到北流市平政镇石榴村开展“铜州国调党旗红 实割实测出实数”主题党日活动

展现场党性教育，联合住户调查样本点北流镇环城村共同开展“国调喜迎二十大 党旗飘扬在一线”主题党日活动暨住户调查新样本点入户摸底调查启动仪式；联合农业调查样本点平政镇石榴村开展“铜州国调党旗红 实割实测出实数”主题党日活动；丰富劳动力回访卡内容，增加党史知识模块，推进“党建+劳动力调查”深度融合。积极推动“党建+业务”模式，促进各项业务工作在党建引领下不断提质增效。

（四）精准监督，推进全面从严治党

严格落实党风廉政建设责任制，组织班子成员开展学习习近平总书记关于全面从严治党重要论述12个专题。组织开展为期5个多月的“廉政我来说”微党课活动，以“每周一讲”的形式安排党员上廉政微党课。组织召开深化干部作风建设大会及廉政专题党课，进一步加强干部作风建设。重要节假日前开展廉政教育和廉政提醒谈话会，确保廉洁过节。修订完善《廉政风险防控手册》，强化监督，将全面从严治党引向深入。

二、稳中求进，促进各项调查业务提质增效

一是疫情下齐心合力完成11个调查点110户住户调查大样本轮换、培训工作。加强沟通协调，及时出台相关文件、争取工作经费和相关部门配合，形成工作合力。加强宣传动员，“线上”创新形式，编发公众号信息和拍摄北流话版宣传视频，“线下”多种方式精准宣传营造氛围。认真开展培训，在市政府支持下组织召开了三次住户大样本轮换工作相关会议。统筹各方力量做好现场调查。二是高质量完成每月14个调查点224户劳动力调查工作，完善调查制度、创新宣传方式和加强数据分析，并圆满完成市级城镇调查失业率省级劳动力样本扩样工作。全力做好小微企业和个体经营户跟踪调查工作，高效完成广西调查总队布置的专项调查。三是保证农作物播种面积遥感和产量调查工作质量的前提下，做好农作物对地抽样调查样本轮换15个调查点的轮换工作。推进畜牧业统计调查电子化记账工作，联合市农业农村局印发工作实施方案并举办业务培训会，定期开展畜牧业基层基础工作检查，强化畜牧业统计调查数据服务水平。

2022年8月26日，北流调查队到北流市新圩镇司马第开展“传承红色家风 涵养廉政清风”主题党日活动

2023年2月23日，北流调查队到北流市六靖镇龙湾村开展住户调查访户工作

三、多点发力，推进统计法治工作常态化

进一步压实防范和惩治统计造假弄虚作假责任，制定统计法治工作要点，抓好统计法治宣传教育。一是结合党建活动、调查业务的开展，以板凳会、田间地头会等灵活多变的形式深入推进统计法律法规进社区、进乡村、进企业，将民法典学习宣传同统计法治宣传有机结合，开展送民法典进乡村暨统计法治主题系列宣传活动，组织开展统计开放日系列活动和《统计法》颁布纪念日、宪法活动日活动。二是搭建“互联网+”普法载体平台。北流市人民政府门户网站发布队长党永富署名文章2篇，充分利用队微信公众号建立新的统计普法阵地，精心制作了一期《统计知识访谈之〈监督意见〉》普法宣传动漫，创新形式增强统计普法效果加强统计执法检查力度。三是加强与地方沟通联系，积极推动地方党政领导干部这一“关键少数”学习中央关于统计工作重要文件和统计法律知识，分别推动北流市政府常务会、市委常委会传达学习《监督意见》，并到中共北流市委党校为北流市2022年统计法律法规和统计业务知识培训班学员开展“深入学习贯彻《监督意见》”专题讲座。

四、精益求精，提升政务管理和综合调查工作质量

一是及时上传下达，规范高效做好综合业务和公文处理工作。二是认真开展督查督办工作，每季度对各股室开展一次基础工作检查，对重点工作完成情况进行督查督办。三是规范开展档案整理工作，加强日常管理，落实专人负责档案管理，做好归档工作。四是加强保密安全管理，每季度召开保密会议至少1次，开展“4.15”全民国家安全教育日活动，组织全体干部职工参加玉林辖区调查队保密及国家安全教育培训会。五是积极发挥调查队“轻骑兵”工作优势，着力抓好统计调查分析研究、新闻宣传、调查数据综合管理等工作，加大政务信息和调查信息报送。2022年获国家统计局内网首页采用政务信息11篇，广西调查总队采用政务信息62篇，调查信息91篇。地方融媒体中心“大美北流”采用政务信息7篇，北流市直机关工委采用政务信息3篇。总队微信公众号采用北流队举办“树青年先锋、做悦读党员、颂建党精神”朗诵活动图文。《中国信息报》采用北流调查队开展“铜州国调党旗红 实割实测出实数”主题党日活动照片。

2022年6月21日，北流调查队到北流市大坡外镇大坡外村开展“送民法典进乡村”暨统计法治主题宣传“板凳会”

国家统计局靖西调查队

2022年以来，国家统计局靖西调查队（以下简称靖西调查队）坚持以习近平新时代中国特色社会主义思想为指导，深入贯彻落实习近平总书记关于统计工作的重要讲话指示批示精神和重要统计改革文件精神，坚决落实广西调查总队党组的部署要求，全队各项工作顺利推进。

2022年9月20日，靖西调查队联合靖西市统计局在中山广场开展第十三届“中国统计开放日”活动

一、着力提站位，党的建设全面加强

靖西调查队始终将党的建设工作和各项工作联系起来统一谋划，坚定政治方向，常态化抓好党史学习教育，认真学习领会党的二十大精神，全面推进“党建+”工作模式，制定全队2022年党建工作要点，落实基层党建和意识形态工作责任，开展“一支部一品牌”创建成果获上级党委认可，给予命名“靖西市机关党建示范点”，并列为全市推进基层党建“五基三化”攻坚年行动示范点，在全市基层党建工作会议上作经验交流发言，同时深入开展清廉机关创建，探索党建创新方式，为全队各项调查事业健康发展提供坚强的政治保障。

二、致力建法治，数据质量不断提高

坚决扛起防惩统计造假弄虚作假政治责任，推进靖西市各部门落实防惩造假作假责任制成效明显，推动将依法统计纳入市委党校领导干部教育培训必修课，年内队领导受邀到市委党校宣讲统计法治1次；推动靖西市人民政府常务会专题学习《监督意见》；推动靖西市人民政府印发《靖西市开展第十三届“中国统计开放日”活动方案》，在全市各乡镇营造浓厚的统计法治宣传氛围；推动靖西市人民政府印发《靖西市统计造假不收手不收敛问题专项纠治实施方案的通知》，持续审查纠正对统计工作和数据质量造成不当压力和不良影响的有关文件和做法，统计部门监督作用得到进一步发挥。

三、努力促改革，调查业务有序开展

一是住户调查全面加强。克服边境新冠疫情多次实施静默管理的实际困难，及时调整工作方法，确保住户调查各项工作紧跟总队步伐，坚决

2022年12月5日，靖西调查队组织干部职工在单位开设统计法治“小课堂”，吸引过往群众参与宪法学习，积极营造良好的统计法治环境

2022年12月7日，靖西调查队到靖西市中山休闲广场开展国家宪法日及统计法律法规宣传活动

按照调查方法制度要求审核上报数据。全力做好住户调查大样本轮换和农民工市民化调查工作，统筹靖西调查队及地方各部门力量，做实做细样本轮换各个环节。二是农业调查协调推进。靖西调查队从“强化业务培训、强化信息共享、强化数据服务”三方面着手，力推农业统计调查工作迈上新台阶。严格按照农作物对地抽样调查样本轮换工作的通知要求，通过强化组织领导、及时动员部署、加强沟通协调、深入实地调查等举措，在规定的时间点内高效率高质量完成农业调查样本轮换各阶段的工作任务。三是主要畜禽调查稳中有进。努力克服经费紧缺、调查户不配合等困难，有序推进畜牧业统计调查电子化记账工作，实现大型养殖户电子记账率达100%，中小型养殖户电子记账率达51.89%。并结合靖西实际，加强辅助调查员、记账户培训和原始调查资料的归档整理，推进主要畜禽监测调查名录库摸底工作。四是劳动力调查克难奋进。新冠疫情期间，探索通过梳理一份预判问题清单、结合一次防疫敲门行动、举办一次线上培训会议、模拟一场电话调查登记、总结一份特殊调查经验等“五个一”克服新冠疫情影响推动劳动力调查工作开展，保障工作不断档。完成劳动力扩样工作，样本点从8个扩大到10个，创新实行市县联动、局队互助等方式提高工作质量。五是专项调查规范有序。如期完成新设立小微企业和个体经营户跟踪调查工作任务；高质量完成全面从严治党问卷调查的入户采集、录入、审核上报工作。通过加强业务培训、深入调查网点、加强审核把关等举措，确保专项调查基础工作再上新台阶。

四、奋力谋发展，综合统计持续推进

在统计优质服务方面保持创优争先，深化“党建+综合统计”示范点创建，充分调动全队力量发挥统计服务能力。据总队通报反馈，靖西队参与撰写调查信息报告获广西调查总队采用109篇共1104分，政务信息获得国家统计局内网采用24篇，获广西调查总队内网采用41篇，均排名县队首列。在统计宣传方面保持良好势头。队领导班子主动履行意识形态职责，巩固全队团结奋斗的思想基础，充分利用本地资源开展民族团结进步宣传活动，在营造民族团结进步良好氛围上作出积极贡献。积极撰写正能量宣传稿件，靖西调查队微信公众号推送文章80篇，其中原创文章12篇，推送文稿获中国信息报微信公众号综合采用3篇，国家统计局微信公众号综合采用1篇，广西调查总队微信公众号单篇采用2篇、综合采编7条，获地方媒体采编信息6条。

2022年12月8日，靖西调查队党支部前往念八部落开展“学习二十大 奋进新征程”主题党日活动

纪违法案例，利用身边事教育身边人，以案释纪释法，以案讲德讲责，筑牢拒腐防变思想防线。开展“清廉机关”建设工作，强化使命担当，营造风清气正的政治生态。

2023年2月13日，广西调查总队党组成员、副总队长黄茂平（右二）带队到靖西调查队开展居民收支情况调研

五、接力建机制，队伍活力明显增强

持续打造“党建+人事”教育示范点，在人事管理和干部培训教育上出成绩。一是一名领导干部获“全国统计系统先进工作者”表彰。根据人力资源社会保障部和国家局通报，授予靖西调查队队长农凤情“全国统计系统先进工作者”称号，较好地发挥了先进示范作用。二是干部教育培训列入地方干部教育培训计划有新进展。年内，选派靖西调查队干部赴深圳改革开放干部学院、靖西市委党校等参加各类专业培训班5人次，融合地方资源加强干部教育培训取得较好成果。

六、大力转作风，全面从严治党纵深推进

把贯彻落实中央八项规定精神情况作为监督重点，加强对“三重一大”决策制度落实情况、“一把手”末位表态制执行情况、廉洁自律、坚持厉行节约带头过“紧日子”等方面的监督。开展常态化警示教育，通过本系统典型违规违

七、竭力惠民生，持续展现国家调查队担当

在广西调查总队帮扶靖西市武平镇多纳村、新甲乡弄那村取得成果的基础上，继续作为多纳村乡村振兴帮扶单位之一，在多纳村党的建设、产业发展、基础设施建设等方面注入统计调查力量。2022年底按照广西调查总队和自治区党委组织部要求，组织原派驻村党组织“第一书记”、乡村振兴工作队员到村开展“回头看”，驻村一周继续开展帮扶工作，在巩固脱贫攻坚成果与乡村振兴有效衔接工作中接力奉献调查队力量。作为驻扎在边境的中直单位，在疫情防控阻击战中始终坚守在前线，持续做好网格排查、服务疫苗接种、隔离人员管控、政策宣传等工作，抗击疫情工作纪实获国家统计局内网采编，获广西调查总队微信公众号多次宣传报道。

2023年4月19日，广西调查总队一级巡视员梁开光（右二）带队赴靖西市开展主要畜禽样本轮换摸底调查现场核查核验工作

国家统计局富川调查队

2022年以来，国家统计局富川调查队（以下简称富川调查队）坚持以习近平新时代中国特色社会主义思想为指导，认真贯彻落实党的二十大精神，在广西调查总队党组的正确领导下，在富川党委、政府的大力支持下，各项工作取得较好成绩。

一、深入学习贯彻落实党中央、国务院关于统计工作重大决策部署

富川调查队把学习贯彻习近平新时代中国特色社会主义思想和党的二十大精神作为深化理论武装工作的首要政治任务，作为理论学习的重中之重，不断增强“四个意识”，坚定“四个自信”，做到“两个维护”，始终在思想上政治上行动上与党中央保持一致。自觉用习近平新时代中国特色社会主义思想武装头脑、指导实践、推动工作。坚持问题导向，以学促干，加强党性锤炼，强化责任担当，为实现富川队高质量发展提供有力的思想保证和精神力量。深入贯彻落实习近平总书记关于统计工作重要讲话指示批示精神以及《意见》《办法》《规定》《监督意见》等重要统计改革文件，推动统计改革落实落细。

2022年10月11日，富川调查队开展专项调查工作

2022年12月14日，富川调查队到富阳镇仁升社区开展劳动力调查工作

二、2022年工作成效

（一）坚持政治建设和党建创新，不断强化思想引领功能

一是围绕中心强思想。坚持讲政治，不断提高政治“三力”。支部开展“第一议题”学习8次，队领导上党课4次，专题研讨3次。召开党支部党员大会（扩大会议）深入贯彻学习党的二十大精神，通过集中学习党的二十大精神，狠抓意识形态工作，自觉在思想上政治上行动上保持一致。二是精准发力打造廉洁机关。持续开展“一月一警示”教育活动，创新活动形式，通过参观廉政教育基地、观看廉政教育片、开展廉政知识小测验、开展家风建设主题党日活动以及《致调查干部家属的一封廉洁家书》等活动，扎实推进清廉机关建设。三是丰富载体添活力。开展“送

法进企业 党员我先行”“红心测产 真数献党”学习贯彻党的二十大精神基层宣讲等主题党日活动，促进党建业务深度融合，进一步提高统计人员依法统计意识。四是顺利完成党支部换届工作。4月按照《中国共产党章程》《中国共产党基层组织选举工作暂行条例》有关规定，顺利完成党支部换届工作，年内新发展一名预备党员，支部力量进一步加强。

（二）坚持夯实基础和改革创新，助推调查工作提质增效

1.稳扎稳打，扎实做好住户日常工作和住户调查大样本轮换工作。一是做到“日审周结月清”，分点包户加强审核力度，保障数据质量。二是牵头组织召开2022年富川住户调查大样本轮换工作推进暨业务培训会，要求各有关部门高度重视密切配合，积极支持富川调查队开展住户调查大样本轮换工作。三是强化人员经费保障。队领导就住户大样本轮换工作向有关县领导做专题汇报，积极争取经费支持和人员保障，地方财政拨付大样本轮换经费25万元已落实到位。四是多形式宣传。主动联系县融媒体在富川融媒公众号上发布《账量民生 复兴圆梦 广西住户调查样本轮换宣传片》，同时印制横幅50余条在相关社区、村委悬挂宣传住户调查和大样本轮换工作。截止到目前，顺利完成摸底调查2789户，落实户新样本100户，换户率为8%。

2.固本强基，确保农业调查提质增效。一是加强农业部门和统计部门的联系，提前交流电子化记账推进工作情况，建立良好沟通机制，三部门共同推进电子化记账工作。同时针对推进过程中出现的新情况、新变化、新问题，联合开展调研，一体推进电子化记账全覆盖，现电子记账率已达100%。购买无人机，保障硬件基础，为主要畜禽监测调查提供有力保障。二是实行业务员实地初审、分管领导复审、联网直报平台审核公式深入审核的“三级审核”机制，层层审核有力夯实农产品生产者价格调查数据质量。三是顺利完成72个样方实地核实和图像采集，高质量完成对地抽样调查轮换工作。

3.谋篇布局，做好专项调查工作。富川调查队严格规范调查组织实施，落实劳动力调查各项工作要求，按照要求陪访及回访，全力抓好数据审核，确保劳动力调查数据质量。顺利完成劳动力扩样工作，全年共开展3次劳动力培训会，有效提高辅调员工作能力，抓牢一手数据。统计开放日借助县人

2022年5月27日，富川调查队开展“美好生活·民法典相伴”暨“民法典+统计法治”进入农村主题宣传活动

社局主办的大型招聘活动，开展劳动力宣传活动，获取广大群众支持。扎实开展新设立小微企业和个体经营户跟踪调查，每季度按时填报平台并进行审核，根据要求开展典型案例调查，撰写调研报告。在总队反馈报表数据质量中，新设立小微企业和个体经营户跟踪调查均获得优秀等次。

（三）坚持监测分析和科学解读，切实提升调查服务水平

富川调查队高度重视优质服务工作，将优质服务工作和政务信息写作列入干部职工年度考核，2022年，根据广西调查总队反馈，富川调查队信息报告获得采用93篇，得分1011分；政务信息获广西调查总队采用82篇，获国家统计局采用21篇。严格按照要求管理约稿调查原始数据资料，分类保存好相关专业各类电子数据；紧密围绕专业调查与地方活动主题融合，多措并举积极开展第十三届“中国统计开放日”宣传活动；积极发布“富川调查”微信公众号，转载“广西国家调查”推文，印发富川调查资料小册子，做好新闻宣传工作。富川调查队2022年以来未发生重大负面舆情事故。

（四）坚持落实责任和防惩造假，全面推进统计法治监督

一是强化中央《监督意见》贯彻落实。积极推动领导干部、调查人员、调查对象和社会公众深入学习《意见》《办法》《规定》《监督意见》等统计法律法规，积极推动《监督意见》进富川党委、政府，分别在十五届第17次富川县委常委会议和富川县十届人民政府第11期常务会议上传达学习《监督意见》。推动《监督意见》纳入富川县委党校干部培训必修课，派员为2022年富川瑶族自治县科级副职领导干部学习贯彻党的十九届六中全会专题研讨班（第二期）学员作统计法治知识专题辅导，对《监督意见》进行全面详细的讲解。二是持之以恒开展统计法治宣传。以民法典宣传月为契机，构建总队、市县队三级联动的宣传新模式，开展民法典宣传月活动，让民法典创新化宣传进农村、进学校、进调查网点，促统计普法宣传与调查业务水平双提升。三是创新统计执法监督新模式。邀请贺州调查队联合到大广食品集团有限公司富川服务部开展“双随机”统计执法检查，调查对象防范统计造假、弄虚造假意识进一步增强。四是认真配合总队“双随机”执法检查，保障检查组顺利完成执法检查，切实维护统计数据质量。

（五）坚持严格管理和日常监督，纵深推进全面从严治党

一是强化“两个责任”落实。富川调查队认真学习贯彻党中央、中央纪委、国家统计局党组、广西调查总队党组关于全面从严治党、党风廉政建设和反腐败工作的决策部署。全年召开2次专题会议听取领导班子成员落实全面从严治党主体责任情况汇报。二是加大精准监督力度。2022年以来纪检监察员与主要领导就全面从严治党进行了3次交换意见，就履行主体责任、一岗双责等提出了意见建议。针对学习党章党规党纪和宪法法律法规、贯彻执行党的路线方针政策以及重大决策部署等情况进行政治监督检查3次。修订完善《廉政风险防控手册》，强化关键岗位风险防控责任。三是聚焦主责主业，持续深化“三转”。调整纪检监察员工作分工，尽量做到不分管与数据紧密相关的专业，持续深入落实“三转”。四是积极配合广西调查总队对富川调查队队长翟有清同志2019年1月至2022年9月任职期间履行经济责任情况审计，并对审计发现的四个方面共七种类型问题开展举一反三整改落实，并形成长效机制。五是积极开展“三项清理”专项治理全覆盖检查工作，检查富川调查队未存在“三项治理”存量问题。

2022年9月1日，广西调查总队党组成员、党组纪检组组长姜永亮（右三）到朝东白面寨开展住户调查工作

国家统计局宜州调查队

2022年7月19日，宜州调查队和河池调查队、农业农村局开展大豆玉米带状复合种植测产

2022年，在国家统计局及国家统计局广西调查总队党组、河池市宜州区人民政府的正确领导下，国家统计局宜州调查队（以下简称宜州调查队）坚持以习近平新时代中国特色社会主义思想为指导，深入贯彻落实习近平总书记关于统计工作重要讲话指示批示精神和《意见》《办法》《规定》以及《关于更加有效发挥统计监督职能作用的意见》等重要统计改革文件精神，认真学习党的二十大精神，以统计现代化改革为契机，凝心聚力，踔厉奋发，圆满完成了各项工作任务。

一、求真务实，锐意进取，多项工作取得新突破

（一）新闻宣传工作取得新突破。制作的《农忙山歌助双抢 奋进统计新篇章》原创歌曲有幸被广西调查总队选送，在参加国家统计局“统计行业原创歌曲”大赛评选中荣获三等奖；《河池日报》纸质版首次登用本单位稿件，实现市级官方报刊采用稿件“零突破”；统计开放日活动报道首次登上河池电视台《社会扫描》栏目荧屏；主题微文两次被广西国家调查微信公众号单篇采用。

（二）突出重点狠抓统计调查业务改革见实效。大力推进畜牧业电子化记账，抓早抓细开户工作，在4月已100%完成大型畜禽养殖户电子记账工作，截至10月中型养殖场户电子记账覆盖率90.91%，散养殖户70.31%，远高于全年40%的目标，工作成效得到广西调查总队领导在全区畜牧业电子化记账阶段性工作总结视频会上表扬。有条不紊开展住户大样本轮换工作，协调政府相关部门、乡镇共同推进，区长亲自部署动员，狠抓摸底工作质量，使一次开户成功率大为提高，换户率仅为8%。

（三）多方式助推《监督意见》落地见效。持续推动区委、区政府学习中央关于统计工

2022年9月21日，举办第十三届“中国统计开放日”，宜州调查队干部职工在向群众解读统计法

2022年9月23日，宜州调查队开展农业玉米鲜苞测产工作

作重要文件和统计法律知识，区委书记召集区四家班子领导及相关部门负责人专题学习《监督意见》；邀请上级调查队法治专家到宜州区科级领导干部班进行《监督意见》专题授课；在新任公务员初任培训班、“党课开讲啦”党组织书记讲党课活动中传达学习《监督意见》主要精神。

二、以进固稳，真抓实干，为统计现代化改革添砖加瓦

（一）圆满完成住户调查样本大轮换。按照住户调查制度设计要求，国家统计局决定于2022年开展新一轮住户调查大样本轮换工作，新一轮样本周期为2022—2027年。宜州队积极向区党委、政府汇报相关工作开展情况，发挥好住户工作联席会议的作用，加强组织领导、密切协作配合、强化工作保障、广泛宣传动员、保证数据质量，高质量如期完成住户样本轮换工作。11月1日起，新样本的100户记账户已经开始试记账。

（二）扎实做好粮食监测点工作。根据国家统计局要求，粮食播种面积及产量调查样本点已经确定，涉及12个乡镇15个村。分别为龙头乡的高明村、建立村，北山镇的板敢村、龙安村，安马乡北关村，庆远镇洛岩村，洛西镇洛富村，洛东镇坡榄村，福龙乡的永良村、翁同村，北牙乡保安村，三岔镇羊角村，德胜镇德胜社区，石

2022年12月3日，宜州调查队前往调查点开展十九届六中全会精神宣讲活动和慰问记账户

2022年12月12日，宜州区人民政府常务副区长韦景超（右三）到宜州调查队开展调研工作

查质量稳步提升。

（四）坚守初心抓党建，为工作高质量发展补足养分。一是严格落实“第一议题”制度，不断强化对习近平新时代中国特色社会主义思想的学习理解，坚定拥护“两个确立”，做到“两个维护”，全年共开展“第一议题学习”11次，专题学习13次。二是强化组织建设，建强战斗堡垒。完成支部换届选举工作，选优配强支部委员，严格执行党员发展程序，2022年共确定入党积极分子1名，共召开支部委员会11次，党员大会4次，上党课3次。三是做实做细意识形态工作，牢牢把握意识形态工作主导权。统筹谋划党建阵地建设，充分利用内网、微信公众号等平台开展常态化宣传教育，弘扬传播正能量，加强网络意识形态正面引导，做到了管理不失位、引导不失语、阵地不失守。

别镇四合村，祥贝乡大莫村。今后5年的粮食播种面积及产量将以这15个样本村为监测调查点，监测点的调查数据将直接影响全区粮食播种面积、粮食产量、畜牧业数据的评估核算，宜州调查队联合农业农村局及各相关乡镇深入新样本点，核查粮食监测点新的样方地块，目前已经完成粮食监测点的确定工作，从2023年开始使用新样本调查。

（三）劳动力调查工作迎来新挑战。通过劳动力调查得到的调查失业率是宏观经济四大指标之一，2022年，自治区政府首次将失业率列为经济社会发展的预期性指标。2022年3月4日，自治区政府办公厅下发了《关于开展市级城镇调查失业率统计工作的通知》（桂政办电〔2022〕25号），将宜州区劳动力调查点继续扩增至11个176户调查对象，调查难度进一步增大。但宜州队和人社部门深入研究，增加调查人员力量，保证了劳动力调

2023年2月16日，宜州区区长戚啸（左三）到农业调查点进行调研

国家统计局环江调查队

2022年，国家统计局环江调查队（以下简称环江调查队）在广西调查总队的正确领导下，在环江县党委、政府的关心支持下，坚持以习近平新时代中国特色社会主义思想为指导，全面贯彻落实党的二十大精神，学习贯彻习近平总书记关于统计工作重要讲话指示批示和《意见》《办法》《规定》《监督意见》等重要统计改革文件精神，着力提升服务水平、努力提高数据质量，从严建好干部队伍，各项工作任务顺利推进。

2022年7月8日，环江调查队到巴马革命教育基地开展廉政主题党日活动

一、夯实基础工作，切实加强机关党支部建设

一是研究制定《2022年环江调查队落实全面从严治党主体责任清单》。构建了“一把手”履行第一责任人职责，领导班子、股室负责人履行“一岗双责”的党风廉政建设责任体系。

二是扎实开展“三会一课”、谈心谈话、民主评议、党性分析等工作。2022年来，共组织召开党员大会4次、上党课5次、召开民主生活会（组织生活会）2次、开展谈心谈话20人次，其中廉政谈话5人次。

三是加强政治理论学习。每月组织党员干部集中学习中国特色社会主义理论体系和习近平总书记系列重要讲话精神，年内组织集中学习政治理论12次，引导干部树牢“四个意识”，坚定“四个自信”，做到“两个维护”。

2022年9月9日，环江调查队到明伦镇干城村开展中稻实测实割

四是严肃党内政治生活。坚持每季度召开一次党员大会，组织学习贯彻党的路线、方针、政策，贯彻落实上级党组织的决议、决定和工作部署，每季度给党员上1次以上党课，每月积极组织开展主题党日活动。

五是严格落实意识形态工作责任制，牵头成立意识形态和宣传思想工作领导小组，主持召开领导小组会议2次。强化网络和数据安全工作，印发《国家统计局环江调查队网络安全和数据安全责任制》《国家统计局环江调查

2022年9月20日，环江调查队联合县统计局开展第十三届“中国统计开放日”宣传活动

队网络信息安全应急预案》，不断提高应对网络信息安全事件能力，减轻和消除突发事件引起的损失与危害。同时注重抓意识形态阵地建设，落实专人专门负责网站、微信群、新媒体等文化阵地管理，传播正能量、弘扬主旋律。

二、坚持问题导向，扎实推进清廉机关建设

一是开展专项整治。认真开展巩固“三项清理”专项整治回头看活动，坚决防止“四风”反弹。始终坚持不等待、不观望、不遗漏的原则，对照问题 “清单”逐项进行整改，杜绝思想上的麻痹大意和行动中的“走过场”不良现象发生。

二是深化正风肃纪。扎实开展警示教育活动，组织全体机关干部观看违纪违法典型案例，教育全体干部职工以案为鉴， 特别是干部酒驾、参赌涉赌、奢侈浪费等问题做到警钟长鸣，营造风清气正的政治生态。年内组织观看廉政教育纪录片3次、观摩廉政警示教育基地2次，领导班子成员讲廉政党课3次，组织机关全体党员及干部职工进行党纪法规知识测试2次，不断增强干部职工廉洁意识，提升廉政风险防控能力。

三是严格落实意识形态工作责任制。牵头成立意识形态和宣传思想工作领导小组，主持召开领导小组会议2次。注重抓意识形态阵地建设， 落实专人专门负责网站、微信群、新媒体等文化阵地管理，传播正能量、弘扬主旋律。

三、科学部署安排，各项调查任务圆满完成

一是积极做好住户调查、农民工调查工作。按照总队基层基础工作和数据质量检查实施方案要求，开展住户和农民工调查数据质量检查工作。认真开展对120户记账户的记账质量检查，杜绝多报虚报收入、少报漏报支出等行为，进一步提高了住户调查工作水平与数据质量。

二是扎实做好调查样本的维护和轮换工作。2022年是住户和农业调查样本轮换年，环江调查队积极与县农业农村局等县直相关部门联系沟通，共同做好新点、新户思想工作和培训指导，摸清全县基本情况，形成工作合力。

三是高度重视县级粮食产量调查工作。运用无人机识别系统进行数据采集、后台处理等操作，顺利完成相关报表上报工作。严格按照产量抽样调

2022年10月11日，广西调查总队一级巡视员梁开光（左一）到环江毛南族自治县督导秋粮实产调查工作

查的基本要求进行“实割实测”，牢记“两个坚持”，确保了产量调查每个环节的调查质量。

四是高标准开展畜禽监测调查工作。密切与畜牧部门联合开展各畜禽调查点的督导和检查，充分利用好部门力量，积极探索畜禽监测调查新模式，创新工作方法，保质保量地完成了2022年的畜禽监测调查工作。

五是高质量完成价格调查工作。对辅助调查员进行入户调查技巧培训，提高辅助调查员的工作技能；面对面对调查户进行台账填写培训，督促调查户记好台账，发生一笔记录一笔，及时解决问题，掌握第一手资料。

六是夯实新设立小微企业和个体经营户跟踪调查基础。认真学习调查方案制度，规范开展调查工作，建立健全统计台账工作，认真做好跟踪调查走访调研。强化信息分析提升服务水平，走访中，全面了解企业的生产经营形势，并结合深挖企业数据了解到的情况撰写调查信息。

七是狠抓专项调查工作。认真开展广西青年发展调查工作，年内选派1人参加文明城市测评工作，专项调查工作顺利完成。狠抓劳动力调查数据质量，坚持每月下点入户指导督查，由分管领导带头下村入户，陪同辅助调查员进行现场调查，防止弄虚作假，从源头上把控调查数据的真实可靠性。

四、发挥职能作用，强化综合服务工作

一是持续强化数据管理工作。建立健全各项调查数据管理台账，全面把控各专业调查规范化流程，按要求对调查数据、约稿信息原始资料等进行分类存档，确保调查数据源头质量。明确数据管理工作要求和责任分工，扎实开展各专业数据整理、分类、装订、归档等工作，及时、完整保存相关专业报表数据、汇总数据和上级反馈数据。严格规范对外提供审批制度，对尚未公开发布的数据、上级统计部门尚未反馈的数据一律不对外提供，所有对外提供的数据必须经分管领导审批。

二是大力加强推进依法治统工作。每季度组织全体干部职工集中学习《意见》《办法》《规定》《监督意见》等统计改革文件精神，树立防范和惩治统计造假弄虚作假的思想防线。结合“八五”普法、“9·20”统计开放日等特殊时间点、节日点，协同县统计局开展统计法治宣传活动，深化法治宣传，将统计法治教育作为宣传必讲内容，提升普法实效。积极开展线下宣传活动，通过编印宣传折页、发放调查宣传品等形式扩大普法宣传的覆盖面，提升统计法治宣传效果。

三是认真搞好统计优质服务。建立写作“传帮带”制度，通过写作能手带新手、传授写作技巧等方式，帮助新人快速提升写作水平。2022年环江调查队参与约稿信息74篇，撰写政务信息获广西调查总队内网采用24篇，获国家统计局网站采用9篇。

2023年3月2日，环江调查队到洛阳镇团结村开展住户一季度季报工作

国家统计局都安调查队

2022年来，国家统计局都安调查队（以下简称都安调查队）以习近平新时代中国特色社会主义思想、习近平总书记关于统计工作的重要指示批示精神为统领，深入学习党的二十大及二十届一中全会精神，贯彻落实全国统计工作会议精神，紧紧围绕广西调查总队和都安县委县政府的工作部署，深入推进全面从严治党，坚持疫情防控和调查工作两手抓，不断提升治理能力和效能，切实提高数据质量，持续优化统计服务、统计法治建设水平，加强统计基础建设，较好地完成了全年工作任务，开拓统计工作新局面。

一、坚定不移坚持党的建设统领，着力推进全面从严治党

（一）坚持推进党建引领，建设政治型机关。一是持续加强理论武装。制定《2022年中共国家统计局都安调查队支部理论学习计划》、每月政治理论学习计划。二是全力打造“党建引领强调查 凝心聚力办实事”支部党建品牌。三是认真履行意识形态工作的主体责任。

（二）严守政治纪律规矩，建设清廉型机关。一是认真学习廖金昌总队长在2022年广西国家调查队系统全面从严治党工作水平会议上的讲话精神，深刻认识开展全面从严治党工作的重要性，制定了《国家统计局都安调查队落实全面从严治党主体责任工作计划》。二是抓牢廉政教育重要节点，在重大节假日通过组织节前廉政集体谈心谈话、推送微信及QQ工作群、群发短信等方式，教育干部职工牢固树立廉洁过节意识，筑牢反腐倡廉防线。三是强化警示教育，做到警钟长鸣。2022年以来共组织开展警示教育8次，通过观看警示教育片、对典型案例进行剖析，结合三项清理专项治理全覆盖现场检查反馈结果进行警示教育等方式，引导干部职工进一步强化自我约束，增强全队干部职工纪律规矩意识。

2022年8月26日，都安调查队到东庙乡古立村开展住户调查样本轮换现场调查试点工作

二、久久为功抓好统计法治建设，防惩统计造假弄虚作假

（一）以学笃行筑牢思想防线。一是深化“四个文件”的再学习再理解，将《监督意见》

2022年9月8日，都安调查队党支部深入下坳镇肯友村开展“访农户、察民情、助增收、解难题”慰问活动

2022年9月20日，都安调查队、自治县统计局联合开展以“数说新时代、奋进新征程”为主题开展第十三届“中国统计开放日”宣传活动

《意见》《办法》《规定》纳入常规学习内容。二是推动统计法律法规政策文件在属地落地生根。及时向地方县委、政府报告国家统计局、广西调查总队依法治统系列文件精神。

（二）建章立制健全法治工作机制。一是落实统计法治工作责任制。印发《国家统计局都安调查队防范和惩治统计造假弄虚作假责任制实施办法》，落实队领导班子履行防范和惩治统计造假、弄虚作假主体责任。二是严格执行《关于建立领导干部违规干预统计工作记录制度的办法》《关于认真做好领导干部违规干预统计工作记录台账填报工作的通知》要求，队主要领导切实抓好贯彻落实，全面、如实记录领导干部违规干预统计工作情况，认真填写领导干部违规干预统计工作记录台账并按时上报。

（三）广泛开展统计法治宣传工作。一是利用统计调查业务培训、工作会议等工作，组织基层统计人员认真学习统计法律法规知识。二是开展普法宣传进乡村、进社区活动，通过座谈会、有奖知识问答等多形式，促进乡镇领导干部、统计员深刻领会统计法治的背景和深刻意义。三是扎实开展“普法宣传月”活动，利用“9.20”统计开放日、“12.4”国家宪法日、“12.8”《统计法》颁布纪念日组织开展普法宣传活动，通过悬挂横幅、发放宣传资料、发放法治宣传纪念品、制作宣传展板、设置统计法律咨询台等方式开展丰富多彩的普法宣教活动，提高统计法律法规的社会影响力。

三、持之以恒夯实统计工作基础，助推调查工作提质增效

（一）扎实做好统计调查改革工作。一是在做好各项调查工作的同时，有序开展住户调查大样本轮换、劳动力扩样调查、畜牧业电子记账推广、农作物对地抽样调查样本轮换工作。二是建立健全调查业务交叉检查制度，从源头管控数据质量，定期在单位内部开展业务交叉检查。三是严格执行《业务专业数据质量控制办法》，狠抓数据报送规范化建设，完善报送评估流程。

（二）大力推进统计基层基础建设。一是深入贯彻落实国家统计局《关于进一步加强统计基层基础建设的意见》，领导班子上半年就基层基础工作召开专题研究会。二是积极争取地方政府对统计基层基础建设的支持，2022年推动县政府以文件形式印发《关于进一步加强都安国家调查工作的通知》，促进提升基层统计机构和有关单位统计工作的规范化、标准化水平。三是积极向县财政争取调查业务经费，以保障统计调查工作顺利开展。四是在主流媒体对统计工作进行宣传。

2023年2月13日都安瑶族自治县委常委、常务副县长杨波（中）到都安调查队指导工作

2023年2月23日，广西调查总队党组成员、党组纪检组组长姜永亮（左一）带队到都安县开展督导检查工作

四、多措并举加强信息化建设，切实提升规范化管理水平

（一）建立完善制度，明确主体责任。一是牢固树立网络安全“一盘棋”意识，将网络安全工作纳入全年度工作重点，年初班子专门召开专题会议研究部署全年度网络安全工作，成立网络安全和信息化工作领导小组，明确工作责任，让网络安全工作落细落实。二是修订《国家统计局都安调查队网络安全工作责任制实施细则（试行）》《国家统计局都安调查队网络安全管理办法》《国家统计局都安调查队网络信息安全应急预案》等工作制度，做到领导到位、责任到位、人员到位、措施到位。

（二）开展除旧更新，清除安全隐患。一是在签署好保密工作协议，落实外来人员进入机房申请审批制度，定期安排网络公司的工作人员对全单位的网络布局，综合布线进行排查，拆除不规范的Wi-Fi光猫设备、走线等，消除硬件条件造成的高风险问题。二是保障调拨国产终端“不闲置”，保证国家局调拨的新电脑设备安装使用率达到100%，除部分程序必须使用Windows系统外，公文流转、数据传输、报表上报审核等日常工作均在国产终端进行。三是学习居民收支调查“日审周清月结”制度，建立“日杀毒、周汇报、月总结”制度，各股室坚持在每日关机前对电脑进行杀毒，并在每周对本股室网络安全情况进行汇报，按月在全队会议上对每月总队通报开关机情况、强口令密码修改情况等进行总结，补齐网络安全“短板”。

五、统筹兼顾做好统计监测分析，打造资政优质服务品牌

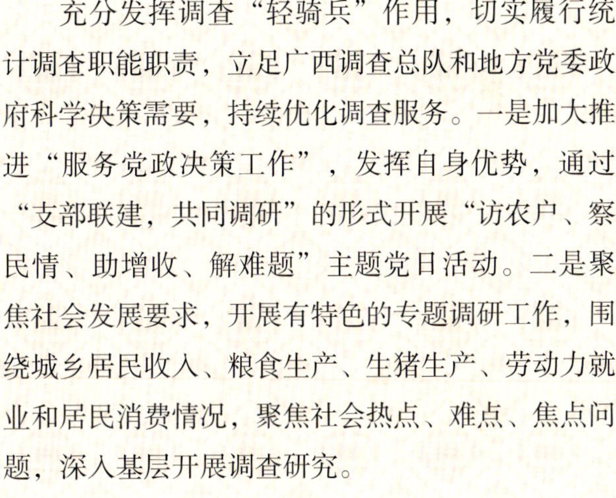

充分发挥调查“轻骑兵”作用，切实履行统计调查职能职责，立足广西调查总队和地方党委政府科学决策需要，持续优化调查服务。一是加大推进“服务党政决策工作”，发挥自身优势，通过“支部联建，共同调研”的形式开展“访农户、察民情、助增收、解难题”主题党日活动。二是聚焦社会发展要求，开展有特色的专题调研工作，围绕城乡居民收入、粮食生产、生猪生产、劳动力就业和居民消费情况，聚焦社会热点、难点、焦点问题，深入基层开展调查研究。

2023年4月19日，都安调查队利用无人机遥感技术开展春播面积调查工作

国家统计局忻城调查队

2022年10月17日，忻城调查队入村入屯开展第十三届“中国统计开放日”宣传、统计法宣传活动

2022年，国家统计局忻城调查队（以下简称忻城调查队）始终围绕贯彻落实习近平总书记关于统计工作重要讲话指示批示精神、《意见》《办法》《规定》《监督意见》等重要统计改革文件精神、全国统计工作会议精神、2022年广西国家调查工作会议和年中工作推进会议精神，赓续推进调查事业高质量发展。

一、发挥党建引领作用，学习贯彻党的二十大精神

一是强化政治思想学习。忻城调查队党支部通过集中学习和个人自学相结合的方式，多次组织党员学习习近平新时代中国特色社会主义思想、党的二十大报告等，进一步提高党员干部政治素质，深刻把握“两个确立”坚决做到“两个维护”。二是以“红”带“专”，持续推进“党建+调查业务”深度融合。忻城调查队各股室负责人均由党员干部担任，党员干部在开展各项调查业务过程中勇于担当、冲锋在前，充分发挥了党员先锋模范作用。忻城队党支部还积极组织党员干部深入调查点调查员户家中开展“为民办实事”活动，巩固党史学习教育成果。如党支部书记韦涵波带头到住户调查点慰问关怀家庭困难记账户，入户与缺劳动力的记账户家庭同劳动等。通过发挥党员作用助推调查业务顺利开展。

二、坚持依法调查，为调查事业提供坚实支撑

一是联动统计法治学习制度化、经常化、扩大化。以忻城调查队班子带头、全体队员共同参与的方式坚持学习习近平总书记关于统计工作重要讲话指示批示精神、《意见》《办法》《规定》和《监督意见》以及《统计法实施条例》等统计法律法规、重大政策文件。推动《监督意见》在县十八届人民政府第15次常务会议上得到传达学习。二是以统计执法检查为契机，全面开展自查自纠，办公室跟踪督办自查和整改情况，确保自查整改取得实效。

三、加强调查基层基础建设，完成国家调查任务

一是认真学习样本轮换工作方案和实施细则，准确把握工作要求，确保各项调查工作顺利开展。二是充分调动县乡村级力量，多级联动圆满完成住户调查大样本轮换、农作物对地抽样调查样本

2022年10月18日，忻城调查队到林况村开展晚稻测产工作

2022年9月13日，忻城调查队到劳动力调查新增调查点走访调研

轮换、劳动力扩点工作，为今后五年的三项主要调查工作打下坚实基础。三是克服困难，加强现场培训指导，加大数据审核力度，推进畜禽电子记账工作。四是抓好网点样本维护和原始台账填报，做好农产品生产者价格、中间消耗、小微企业和个体经营户跟踪调查工作。

四、线上线下相结合，力促宣传立竿见影

一是利用线上新媒体平台开展宣传。在《统计法》颁布纪念日、中国统计开放日等时间节点，在住户样本大轮换期间，精心制作有吸引力的公众号推文、宣传小视频在队微信公众号、“忻城家园”公众号、“忻城发布”公众号发布，提升宣传有效性。二是队员们利用下乡开展调查工作之机，在街道、村委显眼处张贴统计调查宣传海报、悬挂宣传横幅，并利用通俗易懂、接地气的语言对辅助调查员、调查对象开展“面对面”“一对一”宣传，便于公众对调查业务工作理解的同时提高调查数据的真实性。

五、发挥“轻骑兵”作用，坚持不懈开展优质服务

忻城调查队高度重视调查信息、调研报告优质服务工作，采取多种措施提高优质服务工作水平：一是纳入目年度标管理责任考核，规定队员撰写任务，作为年底评优条件之一；二是组织队员参加上级举办的调查信息写作培训，提高队员写作能力，同时鼓励队员多看多写，学以致用；三是集全队之力组织开展调查信息约稿的调研、撰写上报工作；四是每个月向忻城县党委、政府办公室上报一篇党委政府信息，为忻城县制定稳增长计划提供了参考依据。此外，还向民政、计生、财政等多部门准确提供统计调查数据，为宏观经济决策提供可靠的参考。

2023年1月28日，忻城县县长沈国章到忻城调查队走访慰问

六、纠“四风”树新风，巩固拓展作风建设成效

一是强化廉洁从政教育，筑牢廉洁自律思想防线。分别在元旦、春节、中秋国庆等重要时间节点传达上级纪委重要文件精神和通报典型违纪案例开展警示教育，进一步提高干部职工廉洁意识，提高拒腐防变能力。二是做细做实日常监督，提升监督实效。坚持重点监督和专项监督相结合，坚决纠治“四风”，密切关注苗头性、倾向性和隐蔽性问题。督促公务活动零接待制度等落地生效。

2023年5月5日，忻城调查队到高塘村核查记账户记账情况

国家统计局象州调查队

2022年，国家统计局象州调查队（以下简称象州调查队）在广西调查总队的正确指导下，在象州县委、县政府的关心与支持下，以习近平总书记关于统计工作重要讲话重要指示批示为根本遵循，坚决贯彻落实党中央、国务院关于统计工作重大决策部署，主动担当，奋发作为，努力开创象州调查队统计调查事业新局面。

2023年5月10日，广西调查总队党组成员、副总队长陆奉昌（左三）率调研组在象州县三江口节能环保生态产业园开展调研

一、举旗帜，抓好党建引领，品牌成果优势持续巩固

（一）规范开展“三会一课”，严肃党内政治生活

党支部制定党建工作要点及理论学习计划，并按计划认真开展学习，通过系统学习抓深化、聚焦主题抓延伸、联系实际办实事，注重突出统计调查特点，要求全体干部积极参与党史专题党课、主题党日活动、参观红色教育基地、结对帮扶共建、志愿服务活动等多种学习教育活动，在细照笃行中不断修炼自我，在知行合一中主动担当作为，做到信念坚、政治强、本领高、作风硬。2022年象州调查队共召开支部大会11次，开展主题党日活动11次、上党课4次、结对共建3次、志愿服务活动15次，高标准高质量推动党建工作和“我为群众办实事”实践活动取得成效。

（二）借力红色资源，持续推进“一支部一品牌”活动

以秋粮实割实测为契机，联合象州县农业农村局机关党委等党支部开展“筑梦乡村振兴·共庆粮食丰收”主题党日活动，通过品牌的推动，引领党员干部主动担当，深刻认识保障国家粮食安全的极端重要性，推动党建引领为数据质量筑起防线。

2022年6月29日，象州调查队开展“支部共建促活力 干群连心庆七一”支部共建活动

（三）牢固树立防疫大局观，扎牢疫情防控的篱笆

2022年5月，象州调查队组

2022年10月26日，象州调查队以秋粮实割实测为契机开展“筑梦乡村振兴 共庆粮食丰收”主题党日活动

织党员、干部下沉疫情防控一线，切实保障人民群众生命安全。积极配合社区完成了入户摸排工作、春节期间外地返乡人员信息登记工作，主动下沉新冠疫情防控一线参加值守工作，积极承担分配的关键岗位和重要任务，先后参加防疫守卡共22人次，用知重负重、攻坚克难的实际行动，诠释统计调查干部的新担当、新作为。

二、保落实，抓好数据质量，基层监督取得显著成效

（一）以核查促监督，提高基层数据质量

象州调查队联合县统计局组成核查组于2022年6月8—10日、10月25—30日对全县11个乡镇级开展统计数据核查工作，同时推动将乡镇统计基础工作纳入地方绩效考评。通过对基础工作的落实情况进行督查，对各乡镇（村）的农村统计调查数据质量进行核查，严格统计监督流程，视情对不依法不规范情况进行通报，筑牢统计数据质量堤坝。

（二）构建长效机制，提升统计监督有效性

以统计检查为契机，落实好统计监督与纪检监督信息互通、线索移交、协作配合工作机制；加强对严格执行领导干部违规干预工作记录制度的监督；细化监督任务分工，构建股室职责清晰、联动融合、聚指成拳的协同工作机制，更加有效发挥统计监督职能作用，为全面建设社会主义现代化国家提供统计保障。

三、促改革，抓好工作落实，业务发展潜力逐步释放

（一）推陈出新，勇挑住户千斤担

为优化住户调查基础台账整理，依托台账一体化思路，象州调查队工作人员将记账户家庭成员基本信息、劳动力从业情况等基础台账，与访户记录、审核查询记录等规范化台账整合，建立“一户一台账”，充分发挥台账的整合信息作用，提高台账的利用效率。截至2022年11月底，老户使用率达到100%，110户新户使用率正加紧推进。

（二）多重强化，高质量完成农作物对地抽样调查样本轮换各项工作

强化组织领导，注重责任落实；强化收集整理，注重审核把关；强化安全意识，注重自我防范。合理规划，做好人、财、物保障工作，高质、快速完成各项农作物对地抽样调查样本轮换工作。

2022年5月，象州调查队青年干部下沉村口积极参加防疫值守

2022年5月18日，广西调查总队党组成员、党组纪检组组长姜永亮（左二）一行人在象州县石龙镇花山村委会调查点与记账户座谈，了解记账户家庭人口就业及种植养殖情况

（三）扎实开展城镇调查失业率统计工作

主要领导积极向县领导汇报工作，落实工作经费，象州县人民政府于2022年9月27日同意追加调查经费，为城镇调查失业率样本扩点工作提供资金保障；多措并举规范工作流程，全力做好城镇调查失业率统计工作。

（四）大力推进主要畜禽监测调查电子化记账

在新制度和新技术应用的双重支持下，开展电子记账业务培训和实地指导，有效提高象州县大型养殖户、中小型养殖户电子化记账覆盖率，按期推进畜禽监测调查电子化记账工作。

四、提效能，抓好统筹协调，优质服务工作彰显成效

（一）准确把脉，聚焦问题办实事

早晚稻种植期间，象州县部分乡镇出现旱情严重无法及时种植的现象。象州调查队会同县农业农村局实地勘察，将分析结果上报象州县人民政府，并建议实施打井取水、补助抗旱用油等有效措施，避免了因水源不足而影响早晚稻及时种植现象的发生。象州调查队通过与县人民政府协调20万元专项资金，推进调查点象州镇龙门村农田灌溉深井项目建设，做好抗旱保水工作。该项目受益农田400亩左右，有力保障项目区内早晚稻按时种植，保面积促增产，为国家粮食安全提供有效保障。

（二）综合分析，调研服务齐头进

象州调查队认真履行国家调查队职责，强化服务意识，积极对接广西调查总队以及象州县党委政府的信息需求。截至2022年11月底，向广西调查总队及县党委政府报送信息共127篇，其中向总队报送88篇，向县党委、政府报送72篇，《象州县：民营企业对李克强总理〈政府工作报告〉反响热烈》等10篇政务信息获得象州县政府政务信息红榜通报，统计优质服务取得显著成效。

（三）高效宣传，多方联动聚合力

象州调查队加强与地方媒体融合互动，与象州县融媒体有效合作，开展住户调查大样本轮换入户采访宣传报道工作，并通过象州电视台进行展播，“微观象州”“大象州APP”县级融媒体等平台同步转发。同时与宣传部门沟通协调，由宣传部向象州各有关单位发送协助做好住户调查大样本轮换、农作物对地抽查调查样本轮换工作的要求，象州各县直相关单位充分利用LED显示屏、宣传栏等轮播相关宣传标语，有效引导公众正确认识和支持统计调查工作。

2022年5月24日，象州调查队开展主要畜禽监测调查电子化记账实地指导工作

国家统计局大新调查队

2022年，国家统计局大新调查队（以下简称大新调查队）坚持以习近平新时代中国特色社会主义思想为指导，深入学习宣传党的二十大精神，贯彻落实习近平总书记关于统计工作重要讲话指示批示精神和党中央、国务院关于统计工作各项决策部署，紧紧围绕广西调查总队的总体要求，坚持高站位谋划、高标准推动、高质量落实，努力开创大新调查工作发展新局面。

2022年，大新调查队获评为“全国统计系统先进单位”，大新调查队党支部获评为广西国家调查队系统“一支部一品牌”党建品牌先进党支部荣誉称号。2022年21项单项业务考评中，获得10优6良的好成绩，优秀率达48%，优良率达76%，居全区县级调查队第3位。

一、坚持党的全面领导，强化党的政治建设

1.突出政治建设，将“两个维护”贯穿统计调查工作全过程。坚持以党的政治建设为统领，深刻认识“两个确立”的决定性意义，把“两个确立”转化为做到“两个维护”的思想自觉、政治自觉、行动自觉，坚决维护习近平总书记党中央的核心、全党的核心地位，坚决维护党中央权威和集中统一领导，坚定不移深化全面从严治党。

2.强化学习成效，把党的二十大精神作为首要政治任务。以视频会议、队务会议、班子会议、“三会一课”等形式专题学习党的二十大精神6次，结合工作实际，谋划今后贯彻落实党的二十大精神的工作思路。

3.聚力品牌赋能，以高质量党建引领调查工作发展。以党建品牌“国调尖兵争一流 崇法唯实创先锋”获评为“一支部一品牌”先进党支部荣誉为契机，充分发挥党支部战斗堡垒和党员的先锋模范作用，持续擦亮品牌推动政治机关建设。

4.建设清廉机关，大力营造优良政治生态。扎实推进“五基三化两创”工作，学习型党组织建设，开展“书记谈书记”活动深化推进“书记领航”工程。召开清廉机关建设动员部署会，制定工作方案及重点任务清单，以书写廉洁寄语活动，进一步增强干部职工清廉意识。

二、牢牢扛起防控责任，彰显疫情责任担当

坚决贯彻落实县委县政府“外防输入，内防反弹，动态清零”策略方针，积极投身抗疫工作，切实把2片责任小区1300户和2个核酸检测采样点的新冠疫情防控工作做细做实做到位。干部职工放弃

2022年6月，大新调查队党员干部到冠林小区责任区采样点开展疫情防控协助采样工作

2022年9月20日，大新调查队将统计法律法规和“统计法治进校园”结合，在第十三届“中国统计开放日”，首次面向中小学师生开展“统计法治进校园”活动，“统计法治”公开课讲述农作物对地抽样调查3个调查方式变革、展示无人机对地调查技术和“e农调”智能识别系统的应用等

周末、节假日休息，投入网格小区，对责任小区执行网格化管理，落实好小区值守员、入户宣传员、核酸采样数据录入人员、物资配送员等岗位，统筹安排新冠疫情期间应急值守，全天候值守巡逻等。

三、精准谋划推进落实，重点工作提质显效

1.谋定快动提速，住户大样本轮换弯道超车。一是抓进度巧安排。学习样本轮换工作实施方案，掌握工作要求，县政府发文布置样本轮换工作，落实人员经费双保障，抽调2名乡镇人员协助轮换工作。二是做宣传提推力。县官方媒体“今日大新”微信公众号分3期报道样本轮换宣传文章，广场LED巨屏播放样本轮换宣传片，村级疫情防控群转发样本轮换知识和时间节点，营造良好氛围。三是勤沟通解难题，队内每周沟通样本轮换工作进展情况，协调解决推进困难。

2.稳步落实推进，畜牧业统计电子记账达到预期。一是以县政府名义印发《大新县人民政府办公室关于印发大新县开展畜牧业统计调查电子化记账工作方案的通知》文件，明确工作目标，细化措施安排；二是加强部门联动，与县农业农村局县统计局、乡镇人民政府等部门联合到各样本村开展集中培训，凝聚合力，共同推进畜牧业统计调查电子记账；三是建立日审与通报机制，每天登录平台查看养殖户记账情况，在微信群进行通报，督促养殖户养成日记账习惯。

四、强化联动发力，法治工作落地铿锵有力

1.筑牢防惩统计造假思想堤坝，以学习贯彻《监督意见》为重点。干部职工持续深化《意见》

2022年10月5—10日，大新调查队到康合村等12个样本村开展2022年农作物对地抽样调查样本轮换省级样本村调查样方确认及影像采集工作

2022年11月4日，大新调查队组织全体干部职工到县新华书店开展二十大精神读书会，借助书店浓厚的红色文化氛围，沉浸式学习大会精神、交流学习感悟

《办法》《规定》《监督意见》的学习，不断聚合法治思想驱动力。加强与地方统计局协作，合力推动统计法治工作向前向好，7月推动县政府常务会学习《监督意见》。推动《监督意见》纳入地方党校学习课程，加强对广大党员干部的统计普法宣传教育，不断凝聚法治行动驱动力。

2.聚焦新时代调查队精神宣传，统计开放日影响力继续扩大。9月20日，将统计法律法规和“统计法治进校园”结合，在第十三届“中国统计开放日”，首次面向中小学师生开展“统计法治进校园”活动，“统计法治”公开课讲述农作物对地抽样调查3个调查方式变革、展示无人机对地调查技术和“e农调”智能识别系统的应用等，投稿内容《大新调查队：走进校园普及知识》首获《中国信息报》采用。

2023年4月27日，广西调查总队党组成员副总队长黄茂平到大新调查队开展主题教育调研

附录 全国及各省（自治区、直辖市）主要统计调查指标

APPENDIX Main Statistical Survey Indicators by Region

附录1-1 全国及各省（自治区、直辖市）居民人均可支配收入

Per Capita Disposable Income of Households by Region

单位：元 （yuan）

地 区	Region	2018	2019	2020	2021	2022
全 国	**National**	**28228.0**	**30732.8**	**32188.8**	**35128.1**	**36883.3**
北 京	Beijing	62361.2	67755.9	69433.5	75002.2	77414.5
天 津	Tianjin	39506.1	42404.1	43854.1	47449.4	48976.1
河 北	Hebei	23445.7	25664.7	27135.9	29383.0	30867.0
山 西	Shanxi	21990.1	23828.5	25213.7	27425.9	29178.2
内蒙古	Inner Mongolia	28375.7	30555.0	31497.3	34108.4	35920.6
辽 宁	Liaoning	29701.4	31819.7	32738.3	35111.7	36088.8
吉 林	Jilin	22798.4	24562.9	25751.0	27769.8	27974.5
黑龙江	Heilongjiang	22725.8	24253.6	24902.0	27159.0	28345.5
上 海	Shanghai	64182.6	69441.6	72232.4	78026.6	79609.8
江 苏	Jiangsu	38095.8	41399.7	43390.4	47498.3	49861.7
浙 江	Zhejiang	45839.8	49898.8	52397.4	57540.5	60302.5
安 徽	Anhui	23983.6	26415.1	28103.2	30904.3	32745.2
福 建	Fujian	32643.9	35616.1	37202.4	40659.3	43117.7
江 西	Jiangxi	24079.7	26262.4	28016.5	30609.9	32418.7
山 东	Shandong	29204.6	31597.0	32885.7	35705.1	37560.1
河 南	Henan	21963.5	23902.7	24810.1	26811.2	28222.4
湖 北	Hubei	25814.5	28319.5	27880.6	30829.3	32913.6
湖 南	Hunan	25240.7	27679.7	29379.9	31992.7	34036.0
广 东	Guangdong	35809.9	39014.3	41028.6	44993.3	47064.6
广 西	Guangxi	21485.0	23328.2	24562.3	26726.7	27980.7
海 南	Hainan	24579.0	26679.5	27904.1	30456.8	30956.6
重 庆	Chongqing	26385.8	28920.4	30823.9	33802.6	35665.9
四 川	Sichuan	22460.6	24703.1	26522.1	29080.1	30679.2
贵 州	Guizhou	18430.2	20397.4	21795.4	23996.2	25508.2
云 南	Yunnan	20084.2	22082.4	23294.9	25666.2	26936.8
西 藏	Tibet	17286.1	19501.3	21744.1	24949.9	26674.8
陕 西	Shaanxi	22528.3	24666.3	26226.0	28568.0	30115.8
甘 肃	Gansu	17488.4	19139.0	20335.1	22066.0	23273.1
青 海	Qinghai	20757.3	22617.7	24037.4	25919.5	27000.0
宁 夏	Ningxia	22400.4	24411.9	25734.9	27904.5	29599.3
新 疆	Xinjiang	21500.2	23103.4	23844.7	26075.0	27062.7

附录1-2 全国及各省（自治区、直辖市）居民人均消费支出

Per Capita Consumption Expenditure of Households by Region

单位：元 （yuan）

地 区	Region	2018	2019	2020	2021	2022
全 国	**National**	**19853.1**	**21558.9**	**21209.9**	**24100.1**	**24538.2**
北 京	Beijing	39842.7	43038.3	38903.3	43640.4	42683.2
天 津	Tianjin	29902.9	31853.6	28461.4	33188.4	31323.7
河 北	Hebei	16722.0	17987.2	18037.0	19953.6	20890.3
山 西	Shanxi	14810.1	15862.6	15732.7	17191.2	17536.7
内蒙古	Inner Mongolia	19665.2	20743.4	19794.5	22658.3	22298.4
辽 宁	Liaoning	21398.3	22202.8	20672.1	23830.8	22603.7
吉 林	Jilin	17200.4	18075.4	17317.7	19604.6	17897.5
黑龙江	Heilongjiang	16994.0	18111.5	17056.4	20635.9	20411.9
上 海	Shanghai	43351.3	45605.1	42536.3	48879.3	46045.4
江 苏	Jiangsu	25007.4	26697.3	26225.1	31451.4	32848.1
浙 江	Zhejiang	29470.7	32025.8	31294.7	36668.1	38971.1
安 徽	Anhui	17044.6	19137.4	18877.3	21910.9	22541.9
福 建	Fujian	22996.0	25314.3	25125.8	28440.1	30041.7
江 西	Jiangxi	15792.0	17650.5	17955.3	20289.9	21707.9
山 东	Shandong	18779.8	20427.5	20940.1	22820.9	22640.4
河 南	Henan	15168.5	16331.8	16142.6	18391.3	19019.5
湖 北	Hubei	19537.8	21567.0	19245.9	23846.1	24827.8
湖 南	Hunan	18807.9	20478.9	20997.6	22798.2	24082.7
广 东	Guangdong	26054.0	28994.7	28491.9	31589.3	32168.7
广 西	Guangxi	14934.8	16418.3	16356.8	18087.9	18342.8
海 南	Hainan	17528.4	19554.9	18971.6	22241.9	21500.4
重 庆	Chongqing	19248.5	20773.9	21678.1	24597.8	25371.1
四 川	Sichuan	17663.6	19338.3	19783.4	21518.0	22301.9
贵 州	Guizhou	13798.1	14780.0	14873.8	17957.3	17938.7
云 南	Yunnan	14249.9	15779.8	16792.4	18851.0	18950.8
西 藏	Tibet	11520.2	13029.2	13224.8	15342.5	15885.6
陕 西	Shaanxi	16159.7	17464.9	17417.6	19346.5	19848.4
甘 肃	Gansu	14624.0	15879.1	16174.9	17456.2	17489.4
青 海	Qinghai	16557.2	17544.8	18284.2	19020.1	17260.8
宁 夏	Ningxia	16715.1	18296.8	17505.8	20023.8	19136.3
新 疆	Xinjiang	16189.1	17396.6	16512.1	18960.6	17927.1

附录1-3　全国及各省（自治区、直辖市）城镇居民人均可支配收入

Per Capita Disposable Income of Urban Households by Region

单位：元　　（yuan）

地　区	Region	2018	2019	2020	2021	2022
全　国	**National**	**39250.8**	**42358.8**	**43833.8**	**47411.9**	**49282.9**
北　京	Beijing	67989.9	73848.5	75601.5	81517.5	84023.1
天　津	Tianjin	42976.3	46118.9	47658.5	51485.7	53003.2
河　北	Hebei	32977.2	35737.7	37285.7	39791.0	41277.7
山　西	Shanxi	31034.8	33262.4	34792.7	37433.1	39532.0
内蒙古	Inner Mongolia	38304.7	40782.5	41353.1	44376.9	46295.4
辽　宁	Liaoning	37341.9	39777.2	40375.9	43050.8	44002.6
吉　林	Jilin	30171.9	32299.2	33395.7	35645.8	35470.9
黑龙江	Heilongjiang	29191.3	30944.6	31114.7	33646.1	35042.1
上　海	Shanghai	68033.6	73615.3	76437.3	82428.9	84034.0
江　苏	Jiangsu	47200.0	51056.1	53101.7	57743.5	60178.1
浙　江	Zhejiang	55574.3	60182.3	62699.3	68486.8	71267.9
安　徽	Anhui	34393.1	37540.0	39442.1	43008.7	45133.2
福　建	Fujian	42121.3	45620.5	47160.3	51140.5	53817.1
江　西	Jiangxi	33819.4	36545.9	38555.8	41684.4	43696.5
山　东	Shandong	39549.4	42329.2	43726.3	47066.4	49049.7
河　南	Henan	31874.2	34201.0	34750.3	37094.8	38483.7
湖　北	Hubei	34454.6	37601.4	36705.7	40277.8	42625.8
湖　南	Hunan	36698.3	39841.9	41697.5	44866.1	47301.2
广　东	Guangdong	44341.0	48117.6	50257.0	54853.6	56905.3
广　西	Guangxi	32436.1	34744.9	35859.3	38529.9	39703.0
海　南	Hainan	33348.7	36016.7	37097.0	40213.2	40117.5
重　庆	Chongqing	34889.3	37938.6	40006.2	43502.5	45508.9
四　川	Sichuan	33215.9	36153.7	38253.1	41443.8	43233.3
贵　州	Guizhou	31591.9	34404.2	36096.2	39211.2	41085.7
云　南	Yunnan	33487.9	36237.7	37499.5	40904.9	42167.9
西　藏	Tibet	33797.4	37410.0	41156.4	46503.3	48752.9
陕　西	Shaanxi	33319.3	36098.2	37868.2	40713.1	42431.3
甘　肃	Gansu	29957.0	32323.4	33821.8	36187.3	37572.4
青　海	Qinghai	31514.5	33830.3	35505.8	37745.3	38735.8
宁　夏	Ningxia	31895.2	34328.5	35719.6	38290.7	40193.7
新　疆	Xinjiang	32763.5	34663.7	34838.4	37642.4	38410.2

附录1-4　全国及各省（自治区、直辖市）城镇居民人均消费支出

Per Capita Consumption Expenditure of Urban Households by Region

单位：元　　　　（yuan）

地　区	Region	2018	2019	2020	2021	2022
全　国	**National**	**26112.3**	**28063.4**	**27007.4**	**30307.2**	**30390.8**
北　京	Beijing	42925.6	46358.2	41726.3	46775.7	45616.9
天　津	Tianjin	32655.1	34810.7	30894.7	36066.9	33823.6
河　北	Hebei	22127.4	23483.1	23167.4	24192.4	25071.3
山　西	Shanxi	19789.8	21159.0	20331.9	21965.5	21922.6
内蒙古	Inner Mongolia	24437.1	25382.5	23887.7	27194.2	26666.8
辽　宁	Liaoning	26447.9	27355.0	24849.1	28438.4	26652.2
吉　林	Jilin	22393.7	23394.3	21623.2	24420.9	21834.9
黑龙江	Heilongjiang	21035.5	22164.9	20397.3	24422.1	24011.0
上　海	Shanghai	46015.2	48271.6	44839.3	51294.6	48110.5
江　苏	Jiangsu	29461.9	31329.1	30882.2	36558.0	37795.7
浙　江	Zhejiang	34597.9	37507.9	36196.9	42193.5	44511.2
安　徽	Anhui	21522.7	23781.5	22682.7	26495.1	26832.4
福　建	Fujian	28145.1	30945.5	30486.5	33942.0	35692.1
江　西	Jiangxi	20760.0	22714.3	22134.3	24586.5	25975.5
山　东	Shandong	24798.4	26731.5	27291.1	29314.3	28555.2
河　南	Henan	20989.2	21971.6	20644.9	23177.5	23539.3
湖　北	Hubei	23995.9	26421.8	22885.5	28505.6	29120.9
湖　南	Hunan	25064.2	26924.0	26796.4	28293.8	29580.1
广　东	Guangdong	30924.3	34424.1	33511.3	36621.1	36936.2
广　西	Guangxi	20159.4	21590.9	20906.5	22555.3	22438.1
海　南	Hainan	22971.2	25316.7	23559.9	27564.8	26417.6
重　庆	Chongqing	24154.2	25785.5	26464.4	29849.6	30573.9
四　川	Sichuan	23483.9	25367.4	25133.2	26970.8	27637.3
贵　州	Guizhou	20787.9	21402.4	20587.0	25333.0	24229.9
云　南	Yunnan	21626.4	23454.9	24569.4	27440.7	26239.7
西　藏	Tibet	23029.4	25636.7	24927.4	28159.2	28265.4
陕　西	Shaanxi	21966.4	23514.3	22866.4	24783.7	24765.8
甘　肃	Gansu	22606.0	24453.9	24614.6	25756.6	25207.0
青　海	Qinghai	22997.5	23799.2	24315.2	24512.5	21700.2
宁　夏	Ningxia	21976.7	24161.0	22379.1	25385.6	24213.4
新　疆	Xinjiang	24191.4	25594.2	22951.8	25724.0	24142.3

附录1–5 全国及各省（自治区、直辖市）农村居民人均可支配收入

Per Capita Disposable Income of Rural Households by Region

单位：元 （yuan）

地 区	Region	2018	2019	2020	2021	2022
全 国	**National**	**14617.0**	**16020.7**	**17131.5**	**18930.9**	**20132.8**
北 京	Beijing	26490.3	28928.4	30125.7	33302.7	34753.8
天 津	Tianjin	23065.2	24804.1	25690.6	27954.5	29017.8
河 北	Hebei	14030.9	15373.1	16467.0	18178.9	19364.2
山 西	Shanxi	11750.0	12902.4	13878.0	15308.3	16322.7
内蒙古	Inner Mongolia	13802.6	15282.8	16566.9	18336.8	19640.9
辽 宁	Liaoning	14656.3	16108.3	17450.3	19216.6	19908.0
吉 林	Jilin	13748.2	14936.0	16067.0	17641.7	18134.5
黑龙江	Heilongjiang	13803.7	14982.1	16168.4	17889.3	18577.4
上 海	Shanghai	30374.7	33195.2	34911.3	38520.7	39729.4
江 苏	Jiangsu	20845.1	22675.4	24198.5	26790.8	28486.5
浙 江	Zhejiang	27302.4	29875.8	31930.5	35247.4	37565.0
安 徽	Anhui	13996.0	15416.0	16620.2	18371.7	19574.9
福 建	Fujian	17821.2	19568.4	20880.3	23228.9	24986.6
江 西	Jiangxi	14459.9	15796.3	16980.8	18684.2	19936.0
山 东	Shandong	16297.0	17775.5	18753.2	20793.9	22109.9
河 南	Henan	13830.7	15163.7	16107.9	17533.3	18697.3
湖 北	Hubei	14977.8	16390.9	16305.9	18259.0	19709.5
湖 南	Hunan	14092.5	15394.8	16584.6	18295.2	19546.3
广 东	Guangdong	17167.7	18818.4	20143.4	22306.0	23597.8
广 西	Guangxi	12434.8	13675.7	14814.9	16362.9	17432.7
海 南	Hainan	13988.9	15113.1	16278.8	18076.3	19117.4
重 庆	Chongqing	13781.2	15133.3	16361.4	18099.6	19312.7
四 川	Sichuan	13331.4	14670.1	15929.1	17575.3	18672.4
贵 州	Guizhou	9716.1	10756.3	11642.3	12856.1	13706.7
云 南	Yunnan	10767.9	11902.4	12841.9	14197.3	15146.9
西 藏	Tibet	11449.8	12951.0	14598.4	16932.3	18209.5
陕 西	Shaanxi	11212.8	12325.7	13316.5	14744.8	15704.3
甘 肃	Gansu	8804.1	9628.9	10344.3	11432.8	12165.2
青 海	Qinghai	10393.3	11499.4	12342.5	13604.2	14456.2
宁 夏	Ningxia	11707.6	12858.4	13889.4	15336.6	16430.3
新 疆	Xinjiang	11974.5	13121.7	14056.1	15575.3	16549.9

附录1-6　全国及各省（自治区、直辖市）农村居民人均消费支出

Per Capita Consumption Expenditure of Rural Households by Region

单位：元　　（yuan）

地　区	Region	2018	2019	2020	2021	2022
全　国	**National**	**12124.3**	**13327.7**	**13713.4**	**15915.6**	**16632.1**
北　京	Beijing	20195.3	21881.0	20912.7	23574.0	23745.4
天　津	Tianjin	16863.3	17843.3	16844.1	19285.5	18934.2
河　北	Hebei	11382.8	12372.0	12644.2	15390.7	16270.6
山　西	Shanxi	9172.2	9728.4	10290.1	11410.1	12090.9
内蒙古	Inner Mongolia	12661.5	13816.0	13593.7	15691.4	15443.6
辽　宁	Liaoning	11455.0	12030.2	12311.2	14605.9	14326.1
吉　林	Jilin	10826.2	11456.6	11863.6	13411.0	12729.2
黑龙江	Heilongjiang	11416.8	12494.9	12360.0	15225.0	15161.8
上　海	Shanghai	19964.7	22448.9	22095.5	27204.8	27430.3
江　苏	Jiangsu	16567.0	17715.9	17021.7	21130.1	22596.9
浙　江	Zhejiang	19706.8	21351.7	21555.4	25415.2	27483.4
安　徽	Anhui	12748.1	14545.8	15023.5	17163.3	17980.4
福　建	Fujian	14942.8	16281.4	16338.9	19290.4	20466.5
江　西	Jiangxi	10885.2	12496.7	13579.4	15663.1	16984.4
山　东	Shandong	11270.1	12308.9	12660.4	14298.7	14686.7
河　南	Henan	10392.0	11546.0	12201.1	14073.2	14823.9
湖　北	Hubei	13946.3	15328.0	14472.5	17646.9	18991.0
湖　南	Hunan	12720.5	13968.8	14974.0	16950.7	18077.7
广　东	Guangdong	15411.3	16949.4	17132.3	20011.8	20800.0
广　西	Guangxi	10617.0	12045.0	12431.1	14165.3	14657.7
海　南	Hainan	10955.8	12417.5	13169.3	15487.3	15145.5
重　庆	Chongqing	11976.8	13112.1	14139.5	16095.7	16727.1
四　川	Sichuan	12723.2	14055.6	14952.6	16444.0	17199.0
贵　州	Guizhou	9170.2	10221.7	10817.6	12557.0	13172.5
云　南	Yunnan	9122.9	10260.2	11069.5	12386.3	13308.6
西　藏	Tibet	7452.1	8417.9	8917.1	10576.6	11138.9
陕　西	Shaanxi	10070.8	10934.7	11375.7	13158.0	14094.2
甘　肃	Gansu	9064.6	9694.0	9922.9	11206.1	11494.2
青　海	Qinghai	10352.4	11343.1	12134.2	13300.2	12515.8
宁　夏	Ningxia	10789.6	11464.6	11724.3	13535.7	12825.3
新　疆	Xinjiang	9421.3	10318.4	10778.2	12821.4	12169.1

附录1-7　全国及各省（自治区、直辖市）居民消费价格指数

Consumer Price Indices by Region

（上年=100）　　(preceding year=100)

地　区	Region	2018		2019		2020		2021		2022	
		指　数 Index	排　位 Rank	指　数 Index	排　位 Rank	指　数 Index	排　位 Rank	指　数 Index	排　位 Rank	指　数 Index	排　位 Rank
全　国	**National**	**102.1**		**102.9**		**102.5**		**100.9**		**102.0**	
北　京	Beijing	102.5	3	102.3	29	101.7	28	101.1	10	101.8	24
天　津	Tianjin	102.0	22	102.7	19	102.0	25	101.3	5	101.9	19
河　北	Hebei	102.4	6	103.0	10	102.1	24	101.0	13	101.8	25
山　西	Shanxi	101.8	25	102.7	17	102.9	3	101.0	12	102.1	8
内蒙古	Inner Mongolia	101.8	24	102.4	25	101.9	27	100.9	20	101.8	21
辽　宁	Liaoning	102.5	2	102.4	26	102.4	15	101.1	11	102.0	15
吉　林	Jilin	102.1	13	103.0	9	102.3	19	100.6	23	102.1	9
黑龙江	Heilongjiang	102.0	20	102.8	15	102.3	16	100.6	24	101.9	17
上　海	Shanghai	101.6	29	102.5	22	101.7	29	101.2	9	102.5	1
江　苏	Jiangsu	102.3	9	103.1	6	102.5	14	101.6	1	102.2	5
浙　江	Zhejiang	102.3	10	102.9	12	102.3	21	101.5	2	102.2	6
安　徽	Anhui	102.0	19	102.7	16	102.7	8	100.9	14	102.0	12
福　建	Fujian	101.5	31	102.6	20	102.2	23	100.7	22	101.9	20
江　西	Jiangxi	102.1	14	102.9	14	102.6	11	100.9	19	102.0	14
山　东	Shandong	102.5	5	103.2	4	102.8	5	101.2	8	101.7	26
河　南	Henan	102.3	11	103.0	8	102.8	6	100.9	15	101.5	31
湖　北	Hubei	101.9	23	103.1	7	102.7	7	100.3	26	102.1	11
湖　南	Hunan	102.0	21	102.9	11	102.3	20	100.5	25	101.8	22
广　东	Guangdong	102.2	12	103.4	3	102.6	9	100.8	21	102.2	4
广　西	Guangxi	102.3	8	103.7	1	102.8	4	100.9	18	101.9	16
海　南	Hainan	102.5	4	103.4	2	102.3	18	100.3	29	101.6	27
重　庆	Chongqing	102.0	16	102.7	18	102.3	17	100.3	28	102.1	7
四　川	Sichuan	101.7	27	103.2	5	103.2	2	100.3	27	102.0	13
贵　州	Guizhou	101.8	26	102.4	24	102.6	12	100.1	31	101.6	29
云　南	Yunnan	101.6	30	102.5	21	103.6	1	100.2	30	101.6	28
西　藏	Tibet	101.7	28	102.3	27	102.2	22	100.9	16	101.5	30
陕　西	Shaanxi	102.1	15	102.9	13	102.5	13	101.5	3	102.1	10
甘　肃	Gansu	102.0	17	102.3	28	102.0	26	100.9	17	101.9	18
青　海	Qinghai	102.5	1	102.5	23	102.6	10	101.3	6	102.4	2
宁　夏	Ningxia	102.3	7	102.1	30	101.5	30	101.4	4	102.3	3
新　疆	Xinjiang	102.0	18	101.9	31	101.5	31	101.2	7	101.8	23

附录1-8　全国及各省（自治区、直辖市）商品零售价格指数

Retail Price Indices by Region

（上年=100）　　　　(preceding year=100)

地　区	Region	2018		2019		2020		2021		2022	
		指　数 Index	排　位 Rank	指　数 Index	排　位 Rank	指　数 Index	排　位 Rank	指　数 Index	排　位 Rank	指　数 Index	排　位 Rank
全　国	**National**	**101.9**		**102.0**		**101.4**		**101.6**		**102.7**	
北　京	Beijing	101.1	28	100.5	30	101.0	23	101.7	11	101.8	30
天　津	Tianjin	101.6	19	101.7	21	101.0	22	101.5	17	102.0	29
河　北	Hebei	102.2	8	101.8	19	101.4	16	101.9	9	102.5	22
山　西	Shanxi	101.7	15	101.8	20	100.9	26	102.7	2	103.7	3
内蒙古	Inner Mongolia	101.6	18	101.5	26	100.5	31	103.8	1	103.8	1
辽　宁	Liaoning	101.4	24	101.7	23	101.1	21	101.9	8	102.6	20
吉　林	Jilin	102.4	5	102.1	11	100.7	28	101.8	10	103.1	8
黑龙江	Heilongjiang	101.1	29	102.1	12	101.5	14	101.6	14	102.5	24
上　海	Shanghai	101.6	20	100.4	31	100.9	25	101.3	25	101.7	31
江　苏	Jiangsu	102.6	3	102.6	3	101.8	9	102.3	3	102.9	11
浙　江	Zhejiang	102.1	9	102.5	5	101.2	20	102.2	4	103.2	4
安　徽	Anhui	101.9	13	101.9	18	101.6	11	101.6	12	102.7	17
福　建	Fujian	101.5	21	101.9	17	101.3	19	101.1	30	102.7	18
江　西	Jiangxi	101.0	30	101.9	15	101.6	13	101.2	28	102.6	19
山　东	Shandong	102.2	7	102.2	10	102.0	6	101.4	24	102.3	26
河　南	Henan	102.9	1	102.4	7	100.9	24	101.5	16	102.7	15
湖　北	Hubei	101.2	26	102.6	4	102.2	4	101.2	29	102.8	14
湖　南	Hunan	102.3	6	102.3	9	101.3	17	101.6	15	103.2	5
广　东	Guangdong	102.1	12	101.4	27	100.8	27	101.4	20	102.5	23
广　西	Guangxi	101.6	17	103.2	1	101.4	15	101.1	31	102.2	27
海　南	Hainan	102.5	4	102.5	6	101.6	12	101.3	26	102.1	28
重　庆	Chongqing	101.2	27	101.6	24	102.2	5	101.4	22	102.5	21
四　川	Sichuan	101.4	25	102.7	2	102.7	1	101.4	23	102.9	12
贵　州	Guizhou	101.8	14	101.7	22	101.6	10	101.2	27	103.0	10
云　南	Yunnan	101.5	22	101.5	25	102.4	3	101.4	21	103.1	9
西　藏	Tibet	101.5	23	102.0	14	102.0	7	101.5	19	102.7	16
陕　西	Shaanxi	102.1	11	102.4	8	101.9	8	101.6	13	103.1	7
甘　肃	Gansu	101.7	16	101.9	16	101.3	18	102.0	5	103.7	2
青　海	Qinghai	102.1	10	102.0	13	102.4	2	101.5	18	103.2	6
宁　夏	Ningxia	102.9	2	101.1	29	100.6	30	102.0	6	102.4	25
新　疆	Xinjiang	100.9	31	101.3	28	100.6	29	102.0	7	102.8	13

附录1-9　全国和36个大中城市居民消费价格指数

Price Indices of Consumer in China and 36 Large and Medium-sized Cities

（上年=100）　(preceding year=100)

地区	Region	2018		2019		2020		2021		2022	
		指数 Index	排位 Rank	指数 Index	排位 Rank	指数 Index	排位 Rank	指数 Index	排位 Rank	指数 Index	排位 Rank
全国	**National**	**102.2**		**102.8**		**102.1**		**101.1**		**102.1**	
北京	Beijing	102.5	8	102.3	32	101.7	32	101.1	20	101.8	27
天津	Tianjin	102.0	25	102.7	23	102.0	24	101.3	10	101.9	23
石家庄	Shijiazhuang	102.3	13	102.7	19	102.3	17	100.9	26	101.2	35
太原	Taiyuan	101.8	29	102.7	22	102.6	4	101.0	23	102.1	16
呼和浩特	Hohhot	102.1	20	102.6	24	102.0	26	100.9	25	102.1	17
沈阳	Shenyang	103.0	2	102.4	30	102.3	20	101.3	11	101.7	28
大连	Dalian	103.0	1	102.4	29	102.1	22	101.4	7	102.2	14
长春	Changchun	102.0	22	102.9	13	101.9	29	100.5	31	101.9	21
哈尔滨	Harbin	102.5	7	102.6	25	101.4	35	100.6	27	101.9	22
上海	Shanghai	101.6	33	102.5	28	101.7	33	101.2	17	102.5	1
南京	Nanjing	102.4	10	103.1	8	102.4	13	101.5	6	102.2	12
杭州	Hangzhou	102.3	15	103.1	7	102.1	21	101.3	13	102.4	3
宁波	Ningbo	102.2	17	103.0	12	101.9	28	102.1	1	102.3	9
合肥	Hefei	102.0	24	102.9	14	102.3	14	101.7	2	102.4	7
福州	Fuzhou	101.5	34	102.5	26	102.4	9	100.6	28	102.4	6
厦门	Xiamen	101.8	28	103.0	11	102.5	6	101.2	16	101.8	26
南昌	Nanchang	102.3	14	102.8	17	102.5	7	101.0	22	101.8	24
济南	Jinan	102.6	5	103.3	5	102.4	11	101.5	5	101.4	33
青岛	Qingdao	102.1	19	103.3	3	102.4	10	101.5	4	102.0	18
郑州	Zhengzhou	102.4	11	103.1	9	102.3	15	101.1	21	101.2	34
武汉	Wuhan	101.9	27	103.2	6	102.4	8	100.6	29	102.3	10
长沙	Changsha	102.0	23	102.9	15	101.8	30	101.1	19	101.7	31
广州	Guangzhou	102.4	12	103.0	10	102.6	3	101.1	18	102.4	4
深圳	Shenzhen	102.8	3	103.4	2	102.3	18	100.9	24	102.3	11
南宁	Nanning	102.5	6	103.4	1	102.3	19	101.4	9	101.7	30
海口	Haikou	102.4	9	103.3	4	101.6	34	100.5	30	101.1	36
重庆	Chongqing	102.0	21	102.7	20	102.3	16	100.3	35	102.1	15
成都	Chengdu	101.4	35	102.8	16	102.5	5	100.5	33	102.4	5
贵阳	Guiyang	101.7	32	102.7	18	102.4	12	100.5	34	101.9	20
昆明	Kunming	101.7	31	102.3	31	103.1	1	100.2	36	101.7	29
拉萨	Lasa	101.1	36	102.2	33	102.0	25	100.5	32	101.8	25
西安	Xi'an	101.9	26	102.7	21	102.1	23	101.7	3	102.2	13
兰州	Lanzhou	101.7	30	102.2	34	102.0	27	101.3	14	102.3	8
西宁	Xining	102.7	4	102.5	27	102.7	2	101.3	12	102.5	2
银川	Yinchuan	102.2	18	102.2	35	101.8	31	101.4	8	102.0	19
乌鲁木齐	Urumqi	102.2	16	102.0	36	100.9	36	101.3	15	101.6	32

附录1-10 全国和36个大中城市商品零售价格指数

Price Indices of Retail in China and 36 Large and Medium-sized Cities

（上年=100） (preceding year=100)

地 区	Region	2018		2019		2020		2021		2022	
		指 数 Index	排 位 Rank	指 数 Index	排 位 Rank	指 数 Index	排 位 Rank	指 数 Index	排 位 Rank	指 数 Index	排 位 Rank
全 国	**National**	**101.7**		**101.6**		**101.2**		**101.6**		**102.5**	
北 京	Beijing	101.1	29	100.5	35	101.0	21	101.7	16	101.8	35
天 津	Tianjin	101.6	23	101.7	22	101.0	20	101.5	21	102.0	32
石家庄	Shijiazhuang	101.9	15	101.6	24	101.3	17	101.7	15	101.9	33
太 原	Taiyuan	101.7	20	101.5	26	100.5	32	102.8	3	103.8	3
呼和浩特	Hohhot	101.6	22	101.3	29	99.9	36	105.3	1	103.6	4
沈 阳	Shenyang	101.7	18	101.4	28	100.8	26	102.5	4	102.6	21
大 连	Dalian	101.5	26	102.1	16	101.4	14	102.0	10	102.2	31
长 春	Changchun	102.9	2	102.2	14	100.0	35	101.8	14	103.1	9
哈尔滨	Harbin	100.7	34	102.2	13	101.5	11	101.8	13	102.2	27
上 海	Shanghai	101.6	24	100.4	36	100.9	23	101.3	30	101.7	36
南 京	Nanjing	102.8	3	102.1	15	101.4	13	102.1	6	102.6	22
杭 州	Hangzhou	102.0	13	103.1	2	100.9	24	101.6	19	102.9	12
宁 波	Ningbo	102.1	11	102.3	10	100.2	34	103.3	2	104.1	1
合 肥	Hefei	101.7	21	101.6	25	101.3	18	101.9	11	102.7	19
福 州	Fuzhou	101.5	25	101.8	21	100.8	28	100.9	36	103.1	7
厦 门	Xiamen	101.8	17	102.5	4	102.1	6	101.5	20	102.4	25
南 昌	Nanchang	100.8	33	101.3	30	101.5	10	101.6	18	102.8	16
济 南	Jinan	102.6	5	102.5	6	101.9	8	101.3	29	102.2	28
青 岛	Qingdao	101.8	16	102.4	7	101.5	12	101.4	23	102.8	14
郑 州	Zhengzhou	103.6	1	103.0	3	100.8	27	101.3	33	102.4	26
武 汉	Wuhan	101.4	27	102.5	5	102.2	3	101.3	31	102.8	17
长 沙	Changsha	102.5	6	102.2	12	100.8	25	102.0	9	103.3	5
广 州	Guangzhou	102.2	9	100.6	34	100.6	30	101.3	32	102.5	24
深 圳	Shenzhen	102.0	12	101.3	31	100.5	33	101.8	12	102.7	20
南 宁	Nanning	101.1	30	103.1	1	100.9	22	101.1	35	102.2	30
海 口	Haikou	102.4	7	102.4	8	101.3	16	101.4	24	101.8	34
重 庆	Chongqing	101.2	28	101.6	23	102.2	5	101.4	26	102.5	23
成 都	Chengdu	100.7	35	101.9	20	102.2	4	101.1	34	102.8	15
贵 阳	Guiyang	102.3	8	102.3	11	101.2	19	101.7	17	103.1	10
昆 明	Kunming	101.1	32	101.5	27	102.3	2	101.5	22	102.7	18
拉 萨	Lasa	101.1	31	102.3	9	102.1	7	101.4	25	102.9	13
西 安	Xi'an	102.2	10	102.1	17	101.5	9	101.4	27	103.1	8
兰 州	Lanzhou	101.7	19	102.0	18	101.4	15	102.0	8	103.8	2
西 宁	Xining	102.0	14	101.9	19	102.4	1	101.3	28	103.0	11
银 川	Yinchuan	102.7	4	101.1	33	100.5	31	102.0	7	102.2	29
乌鲁木齐	Urumqi	100.5	36	101.2	32	100.7	29	102.2	5	103.1	6

附录1-11　全国及各省（自治区、直辖市）农产品生产者价格指数

Producer Price Indices for Farm Products by Region

上年=100　　(preceding year=100)

地　区	Region	2018	2019	2020	2021	2022
全　国	**National**	**99.1**	**114.5**	**115.0**	**97.8**	**100.4**
北　京	Beijing	103.6	109.9	110.9	98.2	102.7
天　津	Tianjin	104.2	108.8	114.9	109.8	98.4
河　北	Hebei	104.7	107.1	111.5	108.1	103.5
山　西	Shanxi	104.7	115.2	109.4	104.8	104.0
内蒙古	Inner Mongolia	102.0	105.6	111.0	107.6	100.8
辽　宁	Liaoning	103.7	107.6	108.1	105.1	103.6
吉　林	Jilin	106.1	108.7	117.1	109.3	100.7
黑龙江	Heilongjiang	100.8	106.2	118.5	111.1	102.5
上　海	Shanghai	100.5	105.6	106.7	104.4	102.6
江　苏	Jiangsu	100.9	109.3	107.5	100.3	100.1
浙　江	Zhejiang	100.8	109.9	107.3	99.3	101.5
安　徽	Anhui	99.0	109.3	115.6	101.3	102.8
福　建	Fujian	102.6	106.9	102.3	104.5	100.8
江　西	Jiangxi	97.4	113.2	111.0	96.1	97.5
山　东	Shandong	100.5	112.2	108.7	104.2	100.6
河　南	Henan	97.9	119.9	116.8	98.0	97.2
湖　北	Hubei	96.6	110.1	118.1	101.0	100.6
湖　南	Hunan	95.4	118.0	123.3	90.1	103.6
广　东	Guangdong	101.3	107.3	104.7	98.8	100.1
广　西	Guangxi	97.3	115.5	115.5	94.9	100.8
海　南	Hainan	97.3	109.2	112.8	106.3	106.8
重　庆	Chongqing	99.7	112.1	113.6	98.4	98.7
四　川	Sichuan	100.2	115.6	116.1	94.3	99.1
贵　州	Guizhou	92.6	116.2	122.6	86.4	95.9
云　南	Yunnan	96.9	109.6	120.2	96.8	96.7
西　藏	Tibet					
陕　西	Shaanxi	100.9	107.7	112.3	99.3	104.4
甘　肃	Gansu	101.7	109.9	106.6	101.9	100.2
青　海	Qinghai	100.3	109.6	122.6	104.1	98.4
宁　夏	Ningxia	105.0	106.4	113.1	106.5	98.3
新　疆	Xinjiang	106.3	99.6	111.0	114.2	99.6

附录1-12 全国及各省（自治区、直辖市）工业生产者出厂价格指数

Producer Price Indices for Industrial Products by Region

上年=100 （preceding year=100）

地区	Region	2018	2019	2020	2021	2022
全国	**National**	**103.5**	**99.7**	**98.2**	**108.1**	**104.1**
北京	Beijing	100.0	99.6	99.1	101.1	102.3
天津	Tianjin	105.4	99.3	97.1	110.9	105.8
河北	Hebei	106.2	100.2	98.5	116.4	100.5
山西	Shanxi	106.7	99.7	96.7	130.2	111.4
内蒙古	Inner Mongolia	103.2	102.1	99.7	128.5	108.6
辽宁	Liaoning	104.8	99.5	97.0	113.6	107.9
吉林	Jilin	102.8	98.9	98.6	105.1	101.9
黑龙江	Heilongjiang	109.0	98.2	93.4	112.3	110.9
上海	Shanghai	101.7	98.8	98.3	102.1	102.6
江苏	Jiangsu	102.8	98.9	97.8	106.3	103.2
浙江	Zhejiang	103.4	98.9	96.9	106.3	104.0
安徽	Anhui	103.0	100.3	99.1	107.7	103.2
福建	Fujian	102.8	100.6	98.4	104.9	102.9
江西	Jiangxi	104.2	98.9	98.3	110.5	103.5
山东	Shandong	103.7	99.7	98.1	110.3	105.1
河南	Henan	103.6	100.2	99.2	107.8	105.0
湖北	Hubei	104.2	100.2	99.1	104.1	103.4
湖南	Hunan	103.2	99.6	99.0	105.9	102.0
广东	Guangdong	101.8	100.2	99.0	103.4	103.0
广西	Guangxi	103.2	99.3	99.4	108.9	102.5
海南	Hainan	108.2	97.4	93.8	113.5	115.0
重庆	Chongqing	102.1	99.8	99.1	103.2	102.3
四川	Sichuan	103.6	100.4	98.8	105.9	102.8
贵州	Guizhou	101.8	99.8	98.3	106.5	105.7
云南	Yunnan	102.4	100.0	98.6	110.0	105.4
西藏	Tibet	100.1	98.9	99.4	101.5	104.1
陕西	Shaanxi	105.4	100.8	95.1	116.9	107.3
甘肃	Gansu	109.5	98.3	93.9	116.4	110.9
青海	Qinghai	104.8	98.5	96.6	114.5	112.2
宁夏	Ningxia	107.3	99.4	96.9	119.9	111.1
新疆	Xinjiang	111.2	98.5	91.6	119.4	112.3

附录1-13　全国及各省（自治区、直辖市）工业生产者购进价格指数

Purchasing Price Indices for Industrial Producers by Region

上年=100　　(preceding year=100)

地　区	Region	2018	2019	2020	2021	2022
全　国	**National**	**104.1**	**99.3**	**97.7**	**111.0**	**106.1**
北　京	Beijing	100.8	99.6	99.5	103.7	106.2
天　津	Tianjin	106.2	98.8	96.9	114.7	104.4
河　北	Hebei	104.0	102.1	98.4	119.8	104.7
山　西	Shanxi	105.5	101.1	97.2	116.3	109.7
内蒙古	Inner Mongolia	102.4	101.1	99.5	128.0	111.2
辽　宁	Liaoning	104.5	100.8	98.2	115.0	110.1
吉　林	Jilin	103.5	99.2	98.7	106.2	104.6
黑龙江	Heilongjiang	109.0	100.3	95.1	110.5	110.0
上　海	Shanghai	105.2	98.7	96.9	107.3	104.9
江　苏	Jiangsu	104.6	97.2	96.5	113.8	105.8
浙　江	Zhejiang	105.1	97.1	95.9	114.5	106.1
安　徽	Anhui	105.3	99.9	98.5	111.5	104.0
福　建	Fujian	102.8	99.0	98.6	109.2	105.2
江　西	Jiangxi	103.2	98.2	97.0	112.3	109.4
山　东	Shandong	103.6	99.2	97.5	109.5	105.8
河　南	Henan	104.0	101.2	99.4	109.5	105.7
湖　北	Hubei	104.8	99.3	98.4	108.5	107.8
湖　南	Hunan	103.5	100.2	98.9	108.1	104.8
广　东	Guangdong	102.5	99.2	97.4	108.0	104.1
广　西	Guangxi	103.4	99.5	98.5	110.7	107.3
海　南	Hainan	110.8	103.1	92.0	116.5	119.8
重　庆	Chongqing	102.5	100.1	99.9	107.2	104.4
四　川	Sichuan	105.3	100.6	98.1	107.5	105.8
贵　州	Guizhou	103.4	99.4	98.6	112.0	111.2
云　南	Yunnan	104.4	99.0	97.3	108.9	107.9
西　藏	Tibet					
陕　西	Shaanxi	104.2	100.3	97.6	116.3	106.2
甘　肃	Gansu	109.8	99.0	94.1	118.1	113.5
青　海	Qinghai	104.5	98.2	96.1	111.5	114.0
宁　夏	Ningxia	106.5	97.5	94.7	120.8	117.6
新　疆	Xinjiang	109.2	100.0	93.4	115.0	114.6

附录1-14　全国70个大中城市住宅销售价格指数（2022年）

（上年同期=100）

地　区	Region	新建商品住宅价格指数				
		1 月 January	2 月 February	3 月 March	4 月 April	5 月 May
北　京	Beijing	105.5	105.5	105.7	105.8	105.9
天　津	Tianjin	101.3	101.0	100.5	99.7	98.6
石家庄	Shijiazhuang	98.0	98.3	98.0	97.8	97.1
太　原	Taiyuan	97.4	97.1	97.1	96.3	95.7
呼和浩特	Hohhot	98.9	98.9	99.1	98.6	98.3
沈　阳	Shenyang	101.2	100.6	100.0	99.2	98.2
大　连	Dalian	104.3	103.6	102.0	101.2	99.8
长　春	Changchun	100.9	100.8	100.9	100.6	100.1
哈尔滨	Harbin	97.5	96.2	95.2	94.4	93.6
上　海	Shanghai	104.2	104.1	104.1	103.8	103.4
南　京	Nanjing	104.0	104.1	103.6	102.4	101.0
杭　州	Hangzhou	105.8	106.0	106.2	106.3	106.1
宁　波	Ningbo	103.3	103.5	102.8	102.0	101.3
合　肥	Hefei	102.5	101.2	100.1	99.5	99.4
福　州	Fuzhou	103.2	103.1	101.6	100.4	99.7
厦　门	Xiamen	103.3	102.3	101.7	101.0	99.7
南　昌	Nanchang	100.5	100.8	100.8	100.7	100.9
济　南	Jinan	105.0	104.8	104.5	103.5	102.9
青　岛	Qingdao	103.7	103.4	103.3	102.6	102.0
郑　州	Zhengzhou	101.5	100.8	99.4	98.4	97.5
武　汉	Wuhan	103.2	102.4	101.5	99.7	98.2
长　沙	Changsha	106.9	106.0	105.9	105.5	104.8
广　州	Guangzhou	104.5	104.2	103.0	102.0	101.0
深　圳	Shenzhen	103.5	103.8	104.5	103.9	103.9
南　宁	Nanning	101.8	100.9	100.2	99.9	99.6
海　口	Haikou	103.7	102.8	103.0	102.3	102.4
重　庆	Chongqing	108.3	108.5	108.1	106.1	103.9
成　都	Chengdu	102.5	102.5	102.7	102.9	103.4
贵　阳	Guiyang	100.3	99.5	99.3	99.2	98.7
昆　明	Kunming	99.4	99.2	98.1	97.1	96.6
西　安	Xi'an	105.9	106.1	105.6	105.2	104.9
兰　州	Lanzhou	101.6	100.6	99.7	98.4	97.7
西　宁	Xining	102.7	101.2	100.4	99.8	98.0
银　川	Yinchuan	107.7	106.8	106.6	106.2	105.4
乌鲁木齐	Urumqi	102.6	102.3	102.9	103.2	103.2

Residential Sales Price Index in 70 Large-scale and Medium-scale Cities（2022）

（preceding year=100）

Housing Price Indices of Newly Constructed Commercial Residential Buildings						
6 月 June	7 月 July	8 月 August	9 月 September	10 月 October	11 月 November	12 月 December
105.8	105.5	105.8	106.1	105.9	105.7	105.8
97.6	96.5	95.8	95.7	95.9	96.0	96.0
96.9	96.4	96.3	95.6	95.9	96.8	97.1
96.0	95.7	95.5	95.5	95.3	95.1	95.4
97.7	98.0	96.8	97.3	97.7	98.2	96.9
97.6	96.8	95.8	95.5	95.2	94.9	94.8
98.5	97.8	97.0	96.3	95.4	95.1	95.1
99.3	98.8	98.7	97.7	96.9	96.5	95.7
93.2	93.0	92.8	92.5	92.2	92.0	92.4
103.4	103.5	103.7	103.8	104.0	104.0	104.1
100.6	100.6	100.9	100.3	99.9	100.6	100.3
106.3	106.6	106.5	106.5	106.4	106.6	106.4
100.8	100.3	100.3	100.4	100.9	101.2	101.8
99.7	100.3	100.4	100.7	101.5	101.9	101.6
99.6	99.7	99.0	98.2	97.9	98.0	97.7
99.4	98.6	97.6	97.0	96.1	96.4	96.1
100.3	100.9	100.8	101.2	101.5	101.9	101.8
101.7	101.4	101.0	100.9	101.5	102.0	101.9
101.9	100.8	100.3	100.1	100.1	100.2	100.6
96.6	96.4	96.2	96.2	96.2	96.4	96.6
97.1	96.3	94.7	93.9	93.6	94.2	94.4
103.9	103.2	103.0	102.7	102.7	103.0	103.2
100.3	100.4	100.3	100.1	100.2	100.2	100.4
103.6	103.0	101.6	100.9	100.5	100.0	99.8
99.2	98.0	97.7	97.5	97.0	96.5	96.6
101.5	100.8	100.7	100.6	100.5	100.8	101.0
103.4	103.1	101.2	101.4	100.8	100.7	100.0
104.5	105.1	105.3	106.2	107.2	108.0	109.0
98.7	97.9	97.8	98.0	98.0	98.4	98.6
97.1	97.2	97.2	97.3	97.3	97.5	97.0
104.2	104.1	103.6	102.5	101.8	101.4	102.0
96.7	95.8	95.0	94.5	94.2	94.5	94.4
97.5	96.9	96.0	95.5	95.3	95.7	96.4
104.7	104.2	104.3	103.5	102.7	101.8	102.3
102.9	102.3	101.4	101.1	101.2	101.7	101.7

附录1-14 续表 1

（上年同期=100）

地 区	Region	新建商品住宅价格指数				
		1 月 January	2 月 February	3 月 March	4 月 April	5 月 May
唐 山	Tangshan	99.0	99.2	99.0	98.8	98.8
秦皇岛	Qinhuangdao	96.1	96.0	94.8	94.5	94.7
包 头	Baotou	99.8	99.8	98.7	97.7	96.6
丹 东	Dandong	100.8	99.9	99.0	97.9	97.7
锦 州	Jinzhou	102.5	101.3	101.7	100.0	99.7
吉 林	Jilin	102.5	102.0	101.7	100.9	100.0
牡丹江	Mudanjiang	98.2	97.8	97.4	97.0	97.0
无 锡	Wuxi	104.5	104.9	104.4	103.6	102.6
徐 州	Xuzhou	104.0	102.6	102.1	100.7	100.2
扬 州	Yangzhou	102.7	101.7	100.7	98.7	97.2
温 州	Wenzhou	104.3	103.3	102.5	101.1	99.8
金 华	Jinhua	103.0	102.7	102.4	102.3	101.7
蚌 埠	Bengbu	100.5	100.4	100.3	99.3	99.2
安 庆	Anqing	98.2	98.1	97.9	97.7	97.5
泉 州	Quanzhou	103.0	102.6	101.4	100.5	99.2
九 江	Jiujiang	101.0	99.8	99.3	98.7	98.1
赣 州	Ganzhou	101.9	101.6	101.5	101.4	101.1
烟 台	Yantai	100.8	100.6	99.9	99.0	98.1
济 宁	Jining	103.7	102.4	101.2	100.7	99.7
洛 阳	Luoyang	102.3	101.9	101.3	99.9	98.5
平顶山	Pingdingshan	101.3	100.3	99.7	99.4	98.9
宜 昌	Yichang	102.1	101.2	100.5	99.5	99.0
襄 阳	Xiangyang	100.1	99.5	99.3	97.4	96.6
岳 阳	Yueyang	97.8	96.7	96.3	95.0	94.1
常 德	Changde	96.9	96.0	95.8	94.8	94.6
韶 关	Shaoguan	99.7	98.8	98.9	97.4	97.1
湛 江	Zhanjiang	98.6	98.2	97.1	95.3	93.5
惠 州	Huizhou	100.4	100.6	99.9	99.1	98.1
桂 林	Guilin	99.9	99.2	98.2	97.3	96.7
北 海	The North Sea	98.5	96.7	96.3	95.0	93.7
三 亚	Sanya	105.4	105.0	104.1	103.4	102.8
泸 州	Luzhou	96.9	96.8	95.6	95.3	94.0
南 充	Nanchong	97.6	95.9	95.5	94.4	93.5
遵 义	Zunyi	99.4	99.1	99.3	98.8	97.7
大 理	Dali	95.5	95.1	94.4	93.9	94.0

continued

(preceding year=100)

Housing Price Indices of Newly Constructed Commercial Residential Buildings						
6 月 June	7 月 July	8 月 August	9 月 September	10 月 October	11 月 November	12 月 December
97.7	98.2	98.3	98.6	99.2	98.7	97.9
94.0	93.6	93.6	93.5	93.6	93.7	94.1
96.3	96.0	95.3	94.9	95.2	95.3	95.4
97.6	96.5	95.9	95.2	95.0	95.1	95.2
99.4	98.9	98.4	97.6	96.4	96.7	96.5
99.6	98.1	97.2	96.8	96.8	96.7	96.2
97.1	97.4	97.1	97.7	97.1	96.7	96.8
101.6	100.4	100.5	99.6	98.8	98.8	99.7
100.0	99.8	99.3	99.5	99.2	98.9	99.0
95.8	96.0	95.7	95.6	95.6	96.1	96.7
98.7	97.5	96.9	95.6	94.9	94.2	93.7
100.8	100.1	99.4	98.7	98.3	98.1	97.9
98.9	98.0	97.5	97.4	97.5	97.2	97.3
97.3	96.4	96.0	95.1	95.3	95.4	95.1
98.1	97.0	95.8	95.0	94.6	95.5	96.9
97.3	97.2	96.8	96.9	96.8	96.9	97.5
101.1	101.3	101.0	101.2	100.9	100.6	99.9
97.9	97.0	97.2	97.1	97.3	97.9	98.0
98.6	97.6	96.8	96.3	95.8	95.1	95.3
97.8	97.4	96.6	96.0	95.2	95.0	95.2
98.7	98.9	98.1	97.6	97.0	97.1	97.4
97.0	96.0	95.9	95.5	94.9	94.9	95.0
96.0	95.5	94.7	94.5	94.6	94.7	95.6
92.9	93.0	92.9	92.7	92.6	92.0	91.8
94.9	94.3	94.0	94.3	94.4	94.3	94.3
95.8	96.4	96.2	96.3	97.0	96.5	96.5
93.0	92.0	91.1	91.2	91.3	91.2	91.7
97.7	97.9	98.0	98.0	97.9	97.6	97.2
96.4	96.2	95.9	96.1	96.5	96.2	95.3
92.6	91.2	89.9	89.7	89.3	89.4	89.7
101.8	101.6	101.4	101.0	100.1	99.5	99.2
93.7	93.7	93.4	94.3	94.9	96.0	95.7
93.7	94.2	94.2	93.8	95.3	96.4	97.2
98.0	98.3	98.1	98.6	98.5	99.3	98.7
93.7	93.4	93.1	94.0	94.3	95.3	95.4

附录1-14　续表 2

（上年同期=100）

地　区	Region	二手住宅价格指数				
		1 月 January	2 月 February	3 月 March	4 月 April	5 月 May
北　京	Beijing	108.0	107.4	107.2	106.5	105.3
天　津	Tianjin	100.7	100.8	100.1	99.3	98.0
石家庄	Shijiazhuang	96.1	95.9	95.5	95.1	95.1
太　原	Taiyuan	96.0	95.6	95.1	93.8	94.7
呼和浩特	Hohhot	98.2	97.6	97.1	97.0	96.6
沈　阳	Shenyang	101.1	99.7	98.5	97.6	97.0
大　连	Dalian	103.2	102.4	101.3	99.7	98.6
长　春	Changchun	99.2	99.0	99.2	99.4	97.4
哈尔滨	Harbin	97.9	96.6	95.5	94.0	92.8
上　海	Shanghai	105.8	105.3	104.6	103.7	103.0
南　京	Nanjing	102.7	101.3	100.3	99.1	97.6
杭　州	Hangzhou	104.8	104.6	103.6	102.7	101.6
宁　波	Ningbo	101.8	101.5	100.9	100.1	99.4
合　肥	Hefei	101.5	100.5	99.5	98.2	97.3
福　州	Fuzhou	101.8	100.8	99.8	99.3	98.9
厦　门	Xiamen	101.0	100.4	100.1	100.0	100.4
南　昌	Nanchang	99.0	99.0	99.2	98.6	98.2
济　南	Jinan	100.7	100.8	100.5	99.1	98.2
青　岛	Qingdao	101.1	100.8	100.5	99.4	98.7
郑　州	Zhengzhou	100.5	99.8	99.2	98.2	97.3
武　汉	Wuhan	101.3	100.1	99.1	98.1	97.3
长　沙	Changsha	104.4	103.7	102.9	101.9	101.4
广　州	Guangzhou	104.1	103.8	102.7	102.0	101.3
深　圳	Shenzhen	98.5	97.4	96.7	97.2	97.4
南　宁	Nanning	97.7	97.3	96.8	06.6	96.1
海　口	Haikou	107.2	106.6	106.6	105.8	105.1
重　庆	Chongqing	104.7	104.4	103.7	101.9	100.5
成　都	Chengdu	103.6	103.3	103.2	103.6	103.8
贵　阳	Guiyang	97.8	97.7	96.6	96.0	95.0
昆　明	Kunming	100.6	99.4	99.5	99.5	99.5
西　安	Xi'an	104.5	103.2	102.7	101.8	100.4
兰　州	Lanzhou	100.4	99.4	98.7	97.9	96.4
西　宁	Xining	100.7	99.6	99.4	99.3	98.7
银　川	Yinchuan	101.9	101.1	100.2	99.1	97.8
乌鲁木齐	Urumqi	98.0	97.0	97.4	96.9	97.0

continued

(preceding year=100)

Housing Price Indices of Second-Hand Residential Buildings						
6 月 June	7 月 July	8 月 August	9 月 September	10 月 October	11 月 November	12 月 December
104.5	104.1	103.9	104.6	105.2	105.2	103.9
97.4	96.5	95.8	94.4	93.9	93.8	93.6
95.0	95.3	95.5	95.6	95.6	95.7	96.6
95.2	94.5	94.5	94.5	94.3	94.8	95.3
96.0	96.0	94.9	95.0	95.5	95.9	94.9
96.3	95.4	94.5	94.1	93.8	93.4	93.1
98.2	97.8	97.1	96.2	95.4	95.0	94.9
96.3	95.5	94.9	94.5	94.1	94.0	93.6
91.6	91.1	90.5	90.5	90.3	90.5	90.9
102.3	102.4	102.8	103.9	103.9	103.5	102.6
96.5	96.3	96.6	96.6	96.2	96.4	96.3
101.4	100.6	100.0	99.8	99.5	99.4	99.1
99.2	99.1	98.6	98.5	98.3	98.2	98.4
97.6	98.1	98.4	98.8	98.8	98.5	98.6
98.1	97.8	97.7	97.6	97.4	97.0	96.9
100.4	99.6	99.0	98.7	98.6	98.5	98.4
98.0	98.5	98.6	98.4	98.6	98.4	98.3
97.6	97.0	96.4	96.7	96.6	96.6	96.5
99.0	98.4	97.9	97.5	97.0	96.8	96.6
96.2	95.4	94.9	94.7	94.7	94.5	94.3
95.9	95.4	94.9	94.4	94.2	93.8	93.9
100.7	99.9	99.6	99.6	99.9	99.9	99.9
101.2	100.6	100.0	99.8	99.8	99.7	99.5
96.6	96.5	96.4	96.5	96.5	96.4	96.3
95.4	95.1	94.6	94.5	94.0	94.2	93.9
104.7	103.1	102.1	100.8	99.9	99.3	98.7
100.1	100.2	99.8	99.1	98.5	97.9	97.9
105.4	106.7	106.8	107.0	107.5	108.5	109.1
94.6	94.1	94.8	95.3	95.0	95.3	96.0
100.1	99.8	100.8	101.5	101.2	102.1	101.9
99.6	99.3	98.5	97.9	97.9	97.7	97.7
96.0	95.2	95.0	94.9	94.8	95.1	94.9
97.5	97.0	96.8	96.5	96.3	96.6	96.8
97.3	96.8	96.8	96.5	96.5	96.3	96.4
96.5	96.4	96.6	97.1	97.6	98.0	97.7

附录1-14　续表 3

（上年同期=100）

地　区	Region	二手住宅价格指数				
		1 月 January	2 月 February	3 月 March	4 月 April	5 月 May
唐　山	Tangshan	98.3	97.7	97.6	97.5	96.9
秦皇岛	Qinhuangdao	96.8	96.9	96.2	96.3	96.6
包　头	Baotou	100.0	99.6	98.8	97.7	97.0
丹　东	Dandong	99.5	98.4	97.6	97.0	96.6
锦　州	Jinzhou	97.5	96.7	96.4	96.1	95.7
吉　林	Jilin	98.8	98.1	97.8	97.6	95.9
牡丹江	Mudanjiang	93.4	92.2	90.3	90.4	89.5
无　锡	Wuxi	103.0	102.5	102.1	101.1	101.5
徐　州	Xuzhou	102.0	101.2	99.3	98.3	97.5
扬　州	Yangzhou	101.7	100.7	100.2	98.1	97.1
温　州	Wenzhou	102.5	101.5	100.4	99.1	97.8
金　华	Jinhua	101.5	100.4	99.2	98.4	96.8
蚌　埠	Bengbu	101.2	100.7	99.9	99.4	98.2
安　庆	Anqing	95.6	95.5	94.8	94.7	94.5
泉　州	Quanzhou	102.2	101.2	100.0	98.5	97.3
九　江	Jiujiang	100.5	100.0	99.2	99.0	98.7
赣　州	Ganzhou	100.4	99.8	100.0	100.4	100.9
烟　台	Yantai	101.5	100.6	99.8	98.5	97.5
济　宁	Jining	100.7	99.7	99.2	98.4	97.1
洛　阳	Luoyang	100.6	99.9	99.1	97.3	96.0
平顶山	Pingdingshan	99.8	99.2	98.6	98.1	97.7
宜　昌	Yichang	97.4	97.1	96.6	96.6	96.0
襄　阳	Xiangyang	99.0	98.9	98.5	97.6	96.5
岳　阳	Yueyang	97.0	97.0	97.4	97.8	97.1
常　德	Changde	97.1	96.6	96.2	95.7	95.2
韶　关	Shaoguan	99.3	98.5	97.9	96.7	96.5
湛　江	Zhanjiang	99.2	98.8	97.9	97.1	96.0
惠　州	Huizhou	100.3	100.4	99.7	99.2	98.6
桂　林	Guilin	98.3	97.8	97.9	97.7	97.9
北　海	The North Sea	97.2	96.9	96.7	96.7	95.8
三　亚	Sanya	103.7	103.0	102.4	101.6	100.5
泸　州	Luzhou	99.1	98.6	98.4	97.8	97.2
南　充	Nanchong	94.8	95.3	95.6	95.7	96.6
遵　义	Zunyi	97.7	97.2	96.3	96.1	95.8
大　理	Dali	97.3	96.0	95.3	94.3	93.6

continued

（preceding year=100）

Housing Price Indices of Second-Hand Residential Buildings						
6 月 June	7 月 July	8 月 August	9 月 September	10 月 October	11 月 November	12 月 December
95.8	95.5	95.4	95.3	95.0	94.3	94.2
96.5	96.6	96.1	95.9	95.5	95.3	95.5
96.5	96.4	96.1	95.6	95.7	95.6	95.5
96.5	95.6	95.0	94.0	93.5	93.3	93.0
95.5	95.5	94.9	94.7	94.1	94.4	94.4
94.9	93.9	93.2	92.9	92.3	91.6	91.4
89.6	89.5	89.3	89.0	88.9	88.2	88.4
101.0	100.7	100.7	100.3	100.2	100.3	100.4
96.5	96.3	95.8	95.8	96.3	97.0	97.7
96.4	96.6	96.5	96.3	96.6	96.8	97.2
96.5	95.9	95.3	95.4	95.5	95.0	95.2
95.4	94.6	94.5	94.2	94.1	93.9	93.9
97.4	96.8	96.1	95.9	95.9	96.7	96.9
94.0	94.0	93.8	93.6	93.6	93.3	93.3
96.3	95.4	94.3	93.9	93.7	93.7	93.8
98.2	97.8	97.4	97.4	96.8	96.9	97.0
100.9	100.7	100.5	100.1	99.5	98.9	98.8
97.2	97.5	97.3	97.0	97.4	97.2	97.2
96.1	96.1	95.5	94.5	93.8	92.9	92.9
95.0	94.3	93.6	93.0	92.3	92.5	92.4
97.5	97.1	96.7	96.4	96.1	96.0	95.8
94.9	94.8	93.8	93.5	93.1	93.3	93.2
95.7	95.4	94.9	94.3	94.3	94.1	94.3
96.2	96.2	96.2	95.7	95.4	95.2	95.2
94.9	94.6	94.4	94.4	93.8	93.5	93.4
96.5	96.1	95.6	95.3	95.8	95.8	95.7
95.6	95.3	94.6	94.2	94.2	93.4	93.5
97.8	98.1	98.2	98.2	98.3	98.4	98.4
97.4	96.5	96.4	96.2	96.5	96.4	96.1
95.1	94.3	93.5	92.7	92.1	91.9	91.4
100.0	99.4	99.2	98.9	97.9	97.6	98.1
96.8	97.0	96.4	96.5	96.5	96.6	96.9
98.1	99.4	99.7	99.9	101.1	101.4	101.4
95.3	95.8	95.8	95.6	95.6	95.6	95.0
94.0	94.2	94.7	95.0	95.5	95.6	95.9

附录1-15 全国粮食作物播种面积（1980—2022年）

Sown Area of Grain Crops by Nationwide（1980—2022）

单位：千公顷 （1000 hectares）

年 份 Year	粮食作物播种面积 Sown Area of Grain Crops	稻 谷 Rice	小 麦 Wheat	玉 米 Corn	大 豆 Soybean	薯 类 Tubers
1980	117234	33878	28844	20087	7226	10153
1981	114958	33295	28307	19425	8024	9620
1982	113462	33071	27955	18543	8419	9370
1983	114047	33136	29050	18824	7567	9402
1984	112884	33178	29576	18537	7286	8988
1985	108845	32070	29218	17694	7718	8572
1986	110933	32266	29616	19124	8295	8685
1987	111268	32193	28798	20212	8445	8868
1988	110123	31987	28785	19692	8120	9054
1989	112205	32700	29841	20353	8057	9097
1990	113466	33064	30753	21401	7560	9121
1991	112314	32590	30948	21574	7041	9078
1992	110560	32090	30496	21044	7221	9057
1993	110509	30355	30235	20694	9454	9220
1994	109544	30171	28981	21152	9222	9270
1995	110060	30744	28860	22776	8127	9519
1996	112548	31406	29611	24498	7471	9797
1997	112912	31765	30057	23775	8346	9785
1998	113787	31214	29774	25239	8500	10000
1999	113161	31283	28855	25904	7962	10355
2000	108463	29962	26653	23056	9307	10538
2001	106080	28812	24664	24282	9482	10217
2002	103891	28202	23908	24634	8720	9881
2003	99410	26508	21997	24068	9313	9702
2004	101606	28379	21626	25446	9589	9457
2005	104278	28847	22793	26358	9591	9503
2006	104958	28938	23613	28463	9304	7877
2007	105999	28973	23770	30024	8801	7902
2008	107545	29350	23715	30921	9225	8057
2009	110255	29793	24442	32948	9339	8088
2010	111695	30097	24459	34977	8700	8021
2011	112980	30338	24523	36767	8103	7998
2012	114368	30476	24576	39109	7405	7821
2013	115908	30710	24470	41299	7050	7727
2014	117455	30765	24472	42997	7098	7544
2015	118963	30784	24596	44968	6827	7305
2016	119230	30746	24694	44178	7599	7241
2017	117989	30747	24508	42399	8245	7173
2018	117038	30189	24266	42130	8413	7180
2019	116064	29694	23727	41284	9332	7142
2020	116768	30080	23380	41260	9883	7210
2021	117632	29921	23568	43324	8415	7333
2022	118332	29450	23519	43070	10240	7185

附录1-16　全国粮食作物总产量（1980—2022年）

Total Output of Grain Crops by Nationwide（1980—2022）

单位：万吨　　(10000 tons)

年份 Year	粮食作物总产量 Total Output of Grain Crops	稻谷 Rice	小麦 Wheat	玉米 Corn	大豆 Soybean	薯类 Tubers
1980	32056	13991	5521	6260	794	2873
1981	32502	14396	5964	5921	933	2597
1982	35450	16160	6847	6056	903	2705
1983	38728	16887	8139	6821	976	2925
1984	40731	17826	8782	7341	970	2848
1985	37911	16857	8581	6383	1050	2604
1986	39151	17222	9004	7086	1161	2534
1987	40298	17426	8590	7924	1247	2821
1988	39408	16911	8543	7735	1165	2697
1989	40755	18013	9081	7893	1023	2730
1990	44624	18933	9823	9682	1100	2743
1991	43529	18381	9595	9877	971	2716
1992	44266	18622	10159	9538	1030	2844
1993	45649	17751	10639	10270	1531	3181
1994	44510	17593	9930	9928	1600	3025
1995	46662	18523	10221	11199	1350	3263
1996	50454	19510	11057	12747	1322	3536
1997	49417	20073	12329	10431	1473	3192
1998	51230	19871	10973	13295	1515	3604
1999	50839	19849	11388	12809	1425	3641
2000	46218	18791	9964	10600	1541	3685
2001	45264	17758	9387	11409	1541	3563
2002	45706	17454	9029	12131	1651	3666
2003	43070	16066	8649	11583	1539	3513
2004	46947	17909	9195	13029	1740	3558
2005	48402	18059	9745	13937	1635	3469
2006	49804	18172	10847	15160	1508	2701
2007	50414	18638	10953	15512	1279	2742
2008	53434	19261	11293	17212	1571	2843
2009	53941	19620	11589	17326	1522	2793
2010	55911	19723	11614	19075	1541	2843
2011	58849	20288	11863	21132	1488	2924
2012	61223	20653	12254	22956	1344	2883
2013	63048	20629	12371	24845	1241	2855
2014	63965	20961	12832	24976	1269	2799
2015	66060	21214	13264	26499	1237	2729
2016	66044	21109	13327	26361	1360	2726
2017	66161	21268	13433	25907	1528	2799
2018	65789	21213	13144	25717	1597	2865
2019	66384	20961	13359	26077	1809	2883
2020	66949	21186	13425	26067	1960	2987
2021	68285	21284	13695	27255	1640	3044
2022	68653	20849	13772	27720	2028	2977

附录1-17 全国及各省（自治区、直辖市）粮食作物播种面积

Sown Area of Grain Crops by Region

单位：千公顷 （1000 hectares）

地　区	Region	2018	2019	2020	2021	2022
全　国	**National**	**117038.2**	**116064.0**	**116768.0**	**117631.5**	**118332.1**
北　京	Beijing	55.6	47.0	49.0	60.9	76.7
天　津	Tianjin	350.2	339.0	350.0	373.5	376.7
河　北	Hebei	6538.7	6469.0	6389.0	6428.6	6443.8
山　西	Shanxi	3137.1	3126.0	3130.0	3138.1	3150.3
内蒙古	Inner Mongolia	6789.9	6828.0	6833.0	6884.3	6951.8
辽　宁	Liaoning	3484.0	3489.0	3527.0	3543.6	3561.5
吉　林	Jilin	5599.7	5645.0	5682.0	5721.3	5785.1
黑龙江	Heilongjiang	14214.5	14338.0	14438.0	14551.3	14683.2
上　海	Shanghai	129.9	117.0	114.0	117.4	122.8
江　苏	Jiangsu	5475.9	5381.0	5406.0	5427.5	5444.4
浙　江	Zhejiang	975.7	977.0	993.0	1006.7	1020.4
安　徽	Anhui	7316.3	7287.0	7290.0	7309.6	7314.2
福　建	Fujian	833.5	822.0	834.0	835.1	837.6
江　西	Jiangxi	3721.3	3665.0	3772.0	3772.8	3776.4
山　东	Shandong	8404.8	8313.0	8282.0	8355.1	8372.2
河　南	Henan	10906.1	10735.0	10739.0	10772.3	10778.4
湖　北	Hubei	4847.0	4609.0	4645.0	4686.0	4689.0
湖　南	Hunan	4747.9	4616.0	4755.0	4758.4	4765.5
广　东	Guangdong	2151.0	2161.0	2205.0	2213.0	2230.3
广　西	Guangxi	2802.1	2747.0	2806.0	2822.9	2829.3
海　南	Hainan	286.1	273.0	271.0	271.4	273.0
重　庆	Chongqing	2017.8	1999.0	2003.0	2013.2	2046.7
四　川	Sichuan	6265.6	6279.0	6313.0	6357.7	6463.5
贵　州	Guizhou	2740.2	2709.0	2754.0	2787.7	2788.7
云　南	Yunnan	4174.6	4166.0	4167.0	4191.4	4211.0
西　藏	Tibet	184.7	184.0	182.0	187.2	192.6
陕　西	Shaanxi	3006.0	2999.0	3001.0	3004.3	3017.5
甘　肃	Gansu	2645.3	2581.0	2638.0	2676.8	2699.8
青　海	Qinghai	281.3	280.0	290.0	302.4	303.5
宁　夏	Ningxia	735.7	677.0	679.0	689.3	692.3
新　疆	Xinjiang	2219.6	2204.0	2230.0	2371.7	2433.9
广西居全国位次	**Order of Precedence of Guangxi in the Country**	**17**	**17**	**17**	**17**	**17**

附录1-18 全国及各省（自治区、直辖市）粮食作物总产量

Total Output of Grain Crops by Region

单位：万吨 （10000 tons）

地 区	Region	2018	2019	2020	2021	2022
全 国	**National**	**65789.2**	**66384.3**	**66949.0**	**68285.1**	**68652.8**
北 京	Beijing	34.1	28.8	31.0	37.8	45.4
天 津	Tianjin	209.7	223.3	228.0	249.9	256.2
河 北	Hebei	3700.9	3739.2	3796.0	3825.1	3865.1
山 西	Shanxi	1380.4	1361.8	1424.0	1421.2	1464.3
内 蒙 古	Inner Mongolia	3553.3	3652.5	3664.0	3840.3	3900.6
辽 宁	Liaoning	2192.4	2430.0	2339.0	2538.7	2484.5
吉 林	Jilin	3632.7	3877.9	3803.0	4039.2	4080.8
黑 龙 江	Heilongjiang	7506.8	7503.0	7541.0	7867.7	7763.1
上 海	Shanghai	103.7	95.9	91.0	94.0	95.6
江 苏	Jiangsu	3660.3	3706.2	3729.0	3746.1	3769.1
浙 江	Zhejiang	599.1	592.2	606.0	620.9	621.0
安 徽	Anhui	4007.3	4054.0	4019.0	4087.6	4100.1
福 建	Fujian	498.6	493.9	502.0	506.4	508.7
江 西	Jiangxi	2190.7	2157.5	2164.0	2192.3	2151.9
山 东	Shandong	5319.5	5357.0	5447.0	5500.7	5543.8
河 南	Henan	6648.9	6695.4	6826.0	6544.2	6789.4
湖 北	Hubei	2839.5	2725.0	2727.0	2764.3	2741.1
湖 南	Hunan	3022.9	2974.8	3015.0	3074.4	3018.0
广 东	Guangdong	1193.5	1240.8	1268.0	1279.9	1291.5
广 西	Guangxi	1372.8	1332.0	1370.0	1386.5	1393.1
海 南	Hainan	147.1	145.0	145.0	146.0	146.6
重 庆	Chongqing	1079.3	1075.2	1081.0	1092.8	1072.8
四 川	Sichuan	3493.7	3498.5	3527.0	3582.1	3510.5
贵 州	Guizhou	1059.7	1051.2	1058.0	1094.9	1114.6
云 南	Yunnan	1860.5	1870.0	1896.0	1930.3	1958.0
西 藏	Tibet	104.4	103.9	103.0	106.5	107.3
陕 西	Shaanxi	1226.0	1231.1	1275.0	1270.4	1297.9
甘 肃	Gansu	1151.4	1162.6	1202.0	1231.5	1265.0
青 海	Qinghai	103.1	105.5	107.0	109.1	107.3
宁 夏	Ningxia	392.6	373.2	380.0	368.4	375.8
新 疆	Xinjiang	1504.2	1527.1	1583.0	1735.8	1813.5
广西居全国位次	**Order of Precedence of Guangxi in the Country**	**17**	**17**	**17**	**17**	**17**